데이 스윙 트레이딩 바이블

TOOLS AND TACTICS FOR THE MASTER DAY TRADER
Original edition copyright © 2000 by Oliver Velez, Greg Capra
Korean edition copyright © 2025 by Ire Media Co., Ltd.
All rights reserved.
This Korean edition published by arrangement with McGraw Hill through Shinwon Agency.

'스윙 트레이딩' 창안자의 실전 도구와 기법

데이 스윙
트레이딩 바이블

올리버 벨레즈, 그렉 캐프라 지음 | 송미리 옮김

TOOLS AND TACTICS

FOR THE MASTER DAY TRADER

이레미디어

일러두기

- 이 책은 한글 맞춤법 통일안에 따라 편집했습니다. 의미 전달을 위해 허용 범위 내에서 표현한 것도 있습니다.
- 최근 바뀐 외래어 표기법에 따라 정리했으나 몇몇 이름과 용어는 사회에서 더 많이 통용되는 것으로 정리했습니다.
- 이미 국내에 출간된 도서는 책 제목을 적었고 출간되지 않은 도서는 번역문 뒤에 원문을 같이 표기했습니다.
- 이 책의 그림은 모두 The Executioner.com에서 제공받았습니다.

이 책을 아름답고, 인내심 있고, 나를 항상 지원해주는,
내가 투자했던 최고의 투자처인 아내 브렌다와 내가 받아본 가장 소중한
배당인 나의 딸 레베카 그리고 아들 올리버 주니어에게 바친다.
또한 자신을 지배한 사람은 쉽게 삶을 통달할 수 있다는 점을 가르쳐주신
나를 사랑해주시는 부모님 드와이트 벨레즈(Dwight Velez)와
루이즈 벨레즈(Louise Velez)에게 이 책을 바친다.
O. V.

흥미로운 이 여정을 지나는 동안 이해와 지지, 사랑을 보내준
나의 아내 로리(Lori)를 위해.
G. C.

감사의 말

지금까지 우리(올리버 벨레즈와 그렉 캐프라)에게 재무에 관한 전권을 넘겨준 분들께 감사의 말씀을 드린다. 그들은 우리가 이 책을 쓸 수 있는 동력이 되었고, 이 책은 우리가 평생 추구할 목적을 찾는 시발점이 되었다.

사랑과 가르침, 지혜를 가르쳐주신 부모님들께 감사드린다. 끝 모르는 희생을 보여준 우리의 아내들에게도 고마움을 전한다. 브렌다, 로리. 당신들의 사랑에 영원히 감사합니다.

이 책을 추진하며 보여준 데이브 부시(Dave Bush)의 무한한 에너지와 열정에 대한 감사도 전하고 싶다. 책 전반에 걸친 자료들을 편집하고 꾸미는 데 그가 보탠, 지칠 줄 모르는 열정적인 노력이 드러나 있다. 레벨 II*에 대한 폭넓은 지식을 공유해 준 마이크 캠피온(Mike Campion)에게도 고마움을 표하고 싶다.

---

* level II: 현재 호가뿐만 아니라 각 가격별 호가 정보 전체, 즉 주문대장 전체를 보여주는 호가 장부, 혹은 오더 북 정보

마지막으로, 앞서 언급한 분들과 마찬가지로 큰 도움을 준 맥그로-힐의 제프리 크레임스(Jeffrey Krames)와 스티븐 아이작스(Stephen Isaacs)에게 특별한 감사 말씀을 전하고 싶다. 이 책의 진행이 연기되고 차질이 있을 때마다 인내하고 지지하면서 우리를 믿어주었다. 진심으로 말하건대, 그들의 도움이 없었다면 이 책을 끝내지 못했을 것이다.

들어가기 전에

  6년 전 나는 당시 기준으로 매우 앞선 트레이딩 시스템 앞에 앉아 개장을 기다리고 있었다. 거래를 준비하며 매우 긴장한 상태였다. 전문 데이 트레이더로서 하는 나의 첫 거래가 될 것이기 때문이다. 개장 종이 울렸다. 그 즉시 빨강과 초록의 호가가 나스닥 시장의 시장 조성자 사이를 오가며 깜박이면서 내 주의를 끌기 위해 고군분투했다. 그들은 나의 컴퓨터 모니터를 자신들의 영토처럼 사용하고 있었다.

  혼란스러운 가격 호가들 중 이상적인 기회라고 생각되는 것이 눈에 들어왔다. 초조해졌다. 마침내 결과가 진실이 되는 순간이 도래한 찰나, 의심도 찾아왔으나 나는 전문 트레이더로 성공하겠다고 이미 마음먹은 상태였다. 쌓여가는 신용카드 청구서, 아내에 갓 태어난 아기까지. 나는 성공해야만 했다. 하지만 순간적으로 공포와 씨름하며 거래를 보류할 뻔했다. "안 돼." 나는 되뇌었다. 해야만 해. 그 거래에 들어가야 해. 키보드에 손을 올리고는 잠시 눈을 감았다. 키보드를 몇 번 누른 후 나는 당일 장외 거래에서 가장 빠르게 움직인 종목 중 하나였던 마이크로터치

(Microtouch, Inc, MTSI) 4,000주를 보유한 주주가 되었다. 순식간에 15만 달러어치의 주식을 매수하고 보유할 수 있다는 사실이 놀라웠다. 잠시 후 나는 4,000달러라는 거금을 수익으로 거뒀다. 내 눈을 믿을 수 없었다. 몇 분이 지나자, 이전 직장에서 두 달을 꼬박 일해야 벌 수 있었던 돈보다 훨씬 많은 수익을 올렸다. 정말로, 찢어지게 기분 좋았다. 인생 최고의 순간이었다.

그러다 일이 터졌다. 나는 금방 올렸던 수익을 실현해야 한다는 생각과 싸워야 했다. 어쨌든 데이 트레이더로서 첫날 4,000달러의 수익은 대단한 시작 아닌가. "그래. 매도하고 돈을 챙겨서 영웅처럼 집에 돌아가자." 혼잣말하며 다시 키보드로 손을 뻗었다. 그리고 내가 그 어떤 행동을 취하기도 전에, MTSI 매수 호가는 폭락했다. 심장이 멎었다. 침묵만 감돌았다. 내 수익 4,000달러는 눈 깜짝할 새 사라져 본전으로 돌아갔고, 오만하게 무시했던 공포가 다시 나를 찾아왔다. "어떻게 이럴 수 있지?" 나는 물었다. 정신이 아득하고 혼란스러웠다. 갑자기 MTSI의 매수 호가가 또다시 곤두박질쳤다. "맙소사!" 나는 소리쳤다. 이제 4,000달러 손실이었다. 대체 무슨 일인 걸까? 내 주변의 70여 명 트레이더들 중 나를 쳐다보는 사람이 있는지 확인하려고 좌우를 재빨리 살폈다. 아무도 나를 보고 있지 않았다. 내가 봤던 면면으로 판단하건대, 그들도 자기 나름의 처리해야 할 문제가 있는 듯했다. 이성을 잃지 않고 평정을 다시 찾기가 어려웠다. 그런데 MTSI 하락은 아직 끝나지 않았다. 1달러 더 떨어졌고 적자는 8,000달러로 늘었다. 숨을 쉴 수 없었다. 지금이라도 이 손실을 감내하고 빠져나와야 한다고 판단했지만, 무언가 나를 가로막았다. 움직일 수 없었다. 물리적으로 꼼짝할 수 없었다. 그저 쳐다보고 또 쳐다보기만 할 뿐이었다.

그렇게 25분이 넘도록, MTSI가 1만 6천 달러 이상을 내게서 빼앗아 가는 상황을 고통 속에서 바라보았다. 낙심, 우울, 절망 상태로 나는 마침내 겨우 용기를 내어 거래를 마무리하기로 했다. 끝났다. 다 끝난 것 같았다. 다시금 주변을 둘러보았다. 내가 방금 저지른 끔찍한 실수를 누군가가 목격했는지 알아야 했다. 하지만 아무도 눈치채지 못했다. 설령 눈치챘다 해도, 아무도 신경 쓰지 않았다. "어떡하지?" 나는 조용히 자문했다. "아내와 가족, 날 지원해준 동업자들에게 뭐라고 하지?" 이 질문에 걸맞은 답을 찾지 못한 내가 할 수 있는 일은 단 하나였다. 나는 천천히 고개를 두 손에 파묻고는, 흐느껴 울었다.

✕✕✕✕

내 이름은 올리버 벨레즈. 이것은 소위 전문 데이 트레이더로서 겪은 나의 첫 경험이다. 많은 사람들이 아마도 이를 나의 신고식이라고 할지 모르겠다. 하지만 나는 항상 졸업식이라고 말한다. 빨리 돈 벌고 쉽게 부자 되는 것이 시장의 표준이라 여기는, 반짝거리는 눈의 순진한 데이 트레이더의 지위를 포기한 고통스러운 암흑의 날이기 때문이다. 나는 초보 집단을 떠나 데이 트레이딩이라는 예술을 있는 그대로, 즉 지구상에서 가장 큰 노력이 필요한 일이라고 판단하는, 더 현명한 현실주의자 집단으로 진급했다. 그날 깜빡이는 화면 앞에서 나의 일부를 크게 상실했다는 점은 분명하다. 하지만 그 대신, 더 찬란하고 위대한 것이 내 삶에 들어왔다. 그것은 모든 것을 이해하겠다는 맹렬한 의지의 형태로 다가왔다. 불명예스러웠던 그날, 나는 새사람이 되었다. 짓밟힌 트레이더의 잿더미에서 나는 보통 사람들처럼 대충 육감으로 지르는 방식을 뛰어넘어, 합리적인 방법으로 현명하게 트레이딩에 접근하려는 결의에 찬 사람으로 다시 태어났다. 바로 그날 나는 더 많은 것을 향한 갈망을 품었다. 더 많은 지식, 더 많은 절제력, 더 많은 기술, 더 많은 목표를 원했고 어떤 대가를 치르더라도 이를 얻어내겠다는 의지가 생겼다. 그리고 다행히 이루어졌다.

이후 6년 동안 나는 합리적인 트레이딩 철학을 세워나갔다. 이 철학을 기반으로 한 트레이딩 계획이 서서히 형태를 갖추기 시작했고, 단계별 계획은 그럴싸한 이론을 넘어 실제로 작동하면서 수익을 창출해냈다. 당신 손에 들려진 이 책은 지금부터 내가 몰아치면서 만들어낸 이 시기의 트레이딩 철학과 계획 중 상당 부분을 다루고 있다.

✕✕✕✕

나는 망연자실했던 첫날 저녁 일어났던 일을 아내에게 말한 적이 없다. 하지만 아내는 분명히 그 일에 대해 아는 듯했다. 내가 자신을 추스를 수 있도록 침묵하며 배려해 준 것이다. 그 일을 아내에게 솔직하게 설명할 수 있기까지 수개월이 걸렸다. 그 즈음 나의 결의도 열매를 맺기 시작했다. 나의 거래 계좌는 25만 달러의 수익을 나타냈고, 처음으로 아내는 삼촌에게 돈을 빌리지 않아도 되었다. 갚지 못할 결제 금액이 쌓여가던 신용카드로 아이의 기저귀를 사지 않을 수 있었다. 그로부터 10개월 후 계좌 잔고는 100만 달러를 찍었고 나는 동업 지분을 정리하고 독립했다.

이제 나는 솔직하게 "해냈다"라고 말할 수 있다. 대어를 낚은 것이다. 나는 시장을 이겼다. 매일 밤낮으로 공부하고 엄청나게 노력하면서 합리적인 트레이딩 철학과 계획을 고안했다. 더 중요한 사실은 돈을 벌었다는 것이다. 내가 번 거의 모든 돈이 내 것은 아니지만 만족스러웠다. 모든 것이 안락한 상태였다. 그러다가 나를 훨씬 더 눈부신 트레이딩 기술 단계로 이끌어준 트레이더를 만났다. 나의 동업자이자 형제이며 친구인 그렉 캐프라다.

✕✕✕✕

내 이름은 그렉 캐프라. 올리버 벨레즈의 트레이딩 동료이자 동업자 그리고 깊은 애정을 지닌 친구다. 내가 진지한 시장 거래를 처음 맛본 즈음에, 올리버는 인생을 변화시키는 경험을 하고 있었다. 그를 만나기 전 나의 일은 지루한 지방 정부채와 그보다 약간 흥미로운 뮤추얼 펀드(mutual fund) 트레이딩 영역에 국한되어 있었다. 그러므로 트레이딩이라는 역동적인 세계로의 진출을 결심한 내가, 세상에서 가장 변동성 심한 시장, 즉 지수 옵션 시장을 택한 것은 너무나 자연스러운 행보였다. 초보자인 내게 주식은 역동성이 부족했다. 나는 움직임을 원했다. 한 번에 정신이 아찔할 정도의 수익, 그것도 빨리 얻을 수 있는 그런 수익을 내고 싶었다. 수많은 사람들이 시도하는 '여기서 몇 달러, 저기서 몇 달러씩 버는' 방법은 안중에 없었다. 나는 그 단계는 이미 뛰어넘었다. 혹은 그렇다고 생각했다. 게다가 10년 이상 나는 성공적인 사업가로 큰돈을 벌고 있었다. 인생에서 이제는 생존 그 이상의 무언가가 필요한 시기였다. 동전 한 닢, 지폐 한 장은 더는 내게 매력적이지 않았고, 잘하고 싶다는 나의 갈망도 충분히 해갈되었다. 말하자면 나는 식도락을 쫓고 있었다. 거대한 수익을 원했다. 내 심장이 고동칠 만큼 엄청난 수익이 빨리 나기를 바랐다. 지수 옵션은 정확히 그런 두근거림을, 그보다 훨씬 더 많은 것을 내게 주었다. 물론 거기에는 내가 지금처럼 데이 트레이더가 될 가능성을 거의 날릴 뻔한 경험도 포함된다.

나는 최첨단 위성 통신으로 수신한 쏟아져 나오는 지연 호가와 월가의 주요 증권사에 연 옵션 계좌로 무장하고 있었다. 나를 위태롭게 할 '빠른 대박 기회'를 알리는 옵션 소식지도 하나 신규 구독했다. 모든 준비를 마친 나는 수화기를 들어 중개 담당자 단축 번호를 누르고 주문을 외쳤다. "XYZ 3월 물 200 계약 매수요!" 수화기 건너편은 조용했다. "확실하십니까?" 그가 말했다. "확실하냐니 그게 무슨 말씀이죠?" 내가 내뱉었다. "지금 당장 처리해 주세요!" 나는 전화를 끊고 상당 규모의 이 계약이 얼마에 체결되었는지 알려줄, 통상 오기 마련인 계약 체결 전화를 기다렸다. 잠시 후 전화기가 울리고 건너편의 긴장한 목소리가 내 진입 가격을 알렸다. 나는 곧바로 지연 전달되는 호가를 지켜보기 시작했다. 호가 단위가 바뀔 때마다 내 계좌는 급격히 오르내렸고 혈관에 아드레날린이 솟구쳤다. 나는 트레이딩이라는 게임에 겁 없이 뛰어든 햇병아리였다. 그래서 지수 200 계약은 마치 변동성이 엄청 심한 주식을 2만 주나 보유하는 것과 비슷하다는 사실, 즉 초짜는 감당 불가능한 규모라는 것을 알지 못했다. 당시 서비스가 필요한 손님이 우리 매장 문을 열고 들어왔지만 나는 화면에서 거의 떨어질 수 없었던 것이 기억난다.

10분 후 사무실 뒤편에 장만한 트레이딩 공간으로 돌아온 나는, 끔찍하게도 2만 6,000달러 하락한 계좌 잔고를 목도했다. 사지의 감각이 완전히 사라졌다. 두 가지 상반되는 생각이 내 마음을 차지하기 위해 다투는 동안 나는 중개 담당자에게 즉시 전화를 걸었다. 신호음도 없이 곧바로 연결되었다. 그 역시 화면에 거의 붙다시피 한 상태로 내 돈이 공중분해되는 상황을 지켜보고 있었던 것이다. 나는 침묵했다. "여보세요? 여보세요!" 그가 반복했지만 그저 깊은 신음만 낼 뿐이었다. "캐프라 씨! 캐프라 씨?" 그가 엄숙하게 물었지만 나는 재차 침묵했다. 말이 안 나왔다. 마치 죽은 것처럼 말을 할 수 없었다. 수화기 건너편에서는 계속 캐프라 씨를 찾고 있었다. 내 인생에서 처음으로 캐프라 씨가 아니기를 바랐다. 더 중요한 것은, 해야만 하는 일을 알지만 정말 하기 싫다는 사실이었다. 포지션을 매도해서 서류상의 큰 손실이 실제가 되는 것을 원치 않았다. 하지만 해야만 했다. 사업을 오래 했기 때문에 이쯤 되면 손절만이 유일한 옳은 행동임을 알았다. 겨우 입이 떨어지자, 나는 트레이더의 어휘에서 가장 고통스러운 두 단어를 미약하게 우물거렸다. "모두 던져주세요. 빌어먹을 것 전부 던져요!" 담당자가 물었다. "시장가로요?" "네. 시장가든 뭐든 간에." 나는 전화를 끊고 사무실 문을 닫고 세상과의 단절을 꾀했다.

결과적으로 나는 그 거래에서 3만 달러를 잃었다. 재정적으로 치명적인 금액은 아니지만 중요한 건 돈이 아니었다. 내 자존심과 자신감이 위태로워졌다. 이제껏 시도했던 모든 일에서 성공을 거뒀던 터라 트레이딩도 그러리라 여겼던 것이다. 그날 집으로 돌아가서 나는 트레이딩을 그만둘까 고민했다. '사업에서 잘 벌고 있잖아. 왜 굳이 시장에 뛰어들어야 하지?' 하지만 그만두는 것은 나답지 않았다. 예리하게 시장을 거래하는 트레이더가 되고픈 바람을 포기한다고 세상이 끝나는 건 아니라고 생각하면 할수록 더 포기할 수 없었다. 그리고 그만두지 않았다. 믿기지 않겠지만 바로 그다음 날 나는 용감하게 같은 행동을 반복했다. 동일한 옵션 200 계약을 구체적인 계획 없이 매수한 것이다. 그런데 이번에는 큰 건을 해냈다. 머리카락이 곤두섰던 한 시간도 채 지나지 않아, 3만 2,000달러 수익을 실현한 것이다. 나는 크게 심호흡하며 방금 일어난 일을 만끽하기 위해 의자로 물러나 앉았다. 하지만 성공의 기쁨은 금세 사그라들었다. 수익을 냈는데도 여전히 우울했다. 내가 진정한 승자가 아니라는 사실을 알기 때문이었을 것이다. 그날 행운이 어쩌다 내 편이었을 뿐, 그걸로는 부족하다는 느낌을 지울 수 없었다. 내가 취한 행동에는 능력이 보이지 않았다. 나의 접근법에는 지적 능력이 부재했고, 그 사실 때문에 괴로웠다.

그날 나는 옵션 계좌를 닫고 내 인생의 흐름을 바꿀 결의를 다졌다. 행운이 준 보상을 선물로 받아들이고 내게 정말 필요한 배움에 모든 것을 쏟겠다고 결심한 것이다. 비용이 얼마가 되든 올바른 방법으로 전문 트레이더가 되겠다고 마음먹었다. 올리버를 만났을 때 우리가 비슷한 상황이라는 것을 알았다. 나는 그때 이후 우리가 함께한 세월 동안 수익을 내는 트레이딩 철학을 만들어냈다고 자랑스럽게 말할 수 있다. 그중 상당 부분을 이 책을 통해 당신에게 제시한다.

올리버 벨레즈
그렉 캐프라

들어가며

　당신이 분명히 알아야 할 것이 있다. 우리는 지금 완전히 새로운 시대의 문턱에 서 있다. 이 새로운 시대에 이름을 붙인다면 '자기 주도의 시대(self-empowerment era)'라고 하겠다. 그 여명을 알리는 혁명이 이제 막 태동을 시작했다. 새로운 주문 처리 방식과 20년간 계속된 수수료율 인하, 인터넷 그리고 엄청난 기술 발전 덕에 기울어진 운동장이 평평해지고 월가로 통하는 문이 영원히 열렸다. 일반 투자자가 진정한 수익의 핵심에 직접 다가갈 수 없도록 설계된, 보수적이었던 오랜 체제가 지금 이 순간에도 조금씩 허물어지면서 숨겨진 핵심의 실체가 드러나고 있다. 노련한 투자자들도 이 변화가 계속되기를 요구한다. 역사상 월가에서 이 정도로 완전한 민주주의 재현에 근접한 적은 없다. 평범한 투자자들에게 이처럼 많은 기회가 주어진 적도 없다. 자, 당신에게 묻겠다.

　"준비되었는가?"

　머지않은 미래에 미국에서는 분절된 단편적인 거래소가 사라질 것이다. 통합된 거대한 미국 증권 거래소가 출현할 무대가 준비 중이다. 곧

이어 전 세계를 아우르는 하나의 거래소가 세상 구석구석에 진정한 자본주의를 순수한 형태로 실현하는 날이 올 것이다.

그리고 나면 곧, 혹은 심지어는 그 이전에 이러한 세계 시장과 직접 연결된 트레이딩 시스템이 설치된 컴퓨터가 판매되면서 개인이 주식, 채권, 옵션, 선물, 돌, 나무, 친척 등 지구상의 모든 것을 거래할 수 있는 능력을 갖게 될 것이다(아, 친척까지는 아니겠지만). 다시 한번 묻겠다.

"준비되었는가?"

향후 5~10년간 분명히 펼쳐질 놀라운 드라마를 위한 무대가 설치되고 있다. 오늘 준비된 사람, 지금 훈련받고 교육받은 사람들은 월가의 새로운 게임에서 우뚝 설 새로운 거인이 될 가능성을 얻었다.

새로운 시대는 이미 시작되었으며, 받아들이기 싫어도 익숙해져야 한다. 자기 주도형 트레이더들이 등장했고, 이들은 사라지지 않을 테니까.

무엇이 이 새로운 혁명을 일으켰는가?

10년 동안 여전히 태동기에 있는 이 엄청난 혁명에 불을 지핀 중대한 발전들이 있었다.

- 지난 10년간 수수료율이 가파르게 떨어져 잠재적 수익률이 상승했을 뿐 아니라 단기 트레이딩이 가능한 선택지가 되었다. 수수료율이 떨어지기 전에는 오직 기관과 자산 가치가 높은 개인들만 할인된 기본 수수료율의 혜택을 받았다. 오늘날에는 10원 한 장으로도 주식

시장에 접근할 수 있다.
- 전 세계적으로 급락한 이자율 때문에 주식 소유가 필수 불가결해졌다. 이러한 변화와 더불어 쫓아갈 수 없을 정도로 급격히 상승한 시장은 사람들을 더 높은 트레이딩 및 투자 수준으로 이끌었으며 더 강력한 자기 주도 능력이 필요해졌다.
- 정신을 차리지 못할 만큼 기술이 빠르게 진보하면서 월가는 평범한 중심가와 다를 바 없어졌다. 큰 규모로 투자하는 사람과 작게 투자하는 사람, 부자와 빈자, 초보와 전문가 구분 없이 모두 거실 한편에서 클릭 한 번으로 간편하게 전 세계에서 가장 큰 시장에 직접 접속할 수 있다. 경이로운 기술이 개인들을 위해 운동장을 평평히 고르는 데 큰 역할을 한 것이다. 기술이 접근을 방해했던 경계를 제거했고 그 결과 '회원 전용 클럽'의 엘리트 회원들만 즐기던 불공정한 혜택의 많은 부분이 사라졌다.
- 새로운 주문 처리 방식은 월가의 작동 체계를 항구적으로 바꾸었다. 주문을 처리하는 금융사들의 주문 처리 방식이 바뀌면서 공정성과 투명성이 높아졌을 뿐 아니라, 금융계의 업무 방식에도 근본적인 변화를 일으켰다. 바로 전자 통신 네트워크(Electronic Communications Network), ECN의 등장이다.
- 마지막이자 가장 중요한 발전은 인터넷의 출현이다. 알렉산더 그레이엄 벨의 전화기 이래로, 인간의 생활과 생각 방식을 이처럼 근본적으로 바꿔놓은 것은 없었다. 오늘날 정보의 원천과 수신자 간의 거리는 0에 수렴하고, 인터넷을 통해 우리는 진정한 글로벌 사회의 구성원이 되었다. 오늘날 지역 소비자는 곧 글로벌 소비자이다. 노스캐롤라이나주 시카모어에 사는 6학년 학생은 이제 세계의 학생이며,

과거 한때 미국 북동부의 틈새시장만 장악했던 사업이 지금은 세계의 틈새시장을 비집고 확장할 수 있다. 이후 100년간 인터넷은 우리가 생각하고, 걷고, 말하고, 살고, 사랑하는 방식을 이끌 것이며 다가올 시대에서 이를 수용하지 못하는 사람은 선사시대의 유물로 남게 될 것이다.

올바른 트레이딩은 무엇인가?

올바른 트레이딩이란 올바른 '생각하기'의 부산물이다. 이 책은 우선 당신의 정신에 혁명을 일으키고자 한다. 시장을 대하는 관점과 사고를 바꾸도록 하는 것이다. 일례로, 당신은 먼저 '주식 트레이딩이 아닌 사람 트레이딩 방법'을 배우게 될 것이다. 모든 매매의 맞은편에 항상 누군가가 존재한다는 사실을 모르는 초보 트레이더들이 너무나 많다. 당신이 매도할 때마다 맞은편에는 당신의 주식을 매수하는 누군가가 있다. "누가 더 똑똑한가? 당신인가 아니면 거래 맞은편에 있는 사람 혹은 기관인가?"라는 질문이 1등 상금 수상 여부를 판가름한다. 이 책을 통해 사람을 다루는 정교한 기술을 훈련하면, 그 똑똑한 사람이 바로 당신이 될 수 있다.

성공적인 트레이딩을 위해서는 잘못된 판단이 만들어내는 두 집단의 사람들, 즉 너무 낮은 가격에 매도하려는 사람과 너무 비싼 가격에 매수하려는 사람을 분별할 수 있는 능력이 필요하다는 사실도 이 책을 통해 배울 수 있다.

건방진 말 같지만, 성공적인 트레이딩이란 멍청이를 찾아내는 기술이다. 그리고 이 책은 당신이 그 멍청이가 되도록 내버려두지 않을 것이다.

데이 트레이딩*의 범주는 사람들이 일반적으로 생각하는 것보다 훨씬 크다. 안타깝게도 업계 안팎의 많은 이들은 다음날까지 포지션을 절대 넘기지 않고 속사포처럼 매수와 매도를 쏟아내는, 광란이나 다를 바 없는 접근법을 데이 트레이딩이라고 잘못 정의한다. 그것도 데이 트레이딩의 한 방식이지만 유일한 형태는 아니다.

우리는 날마다 의지를 갖고 포지션을 보유하며 시장을 관심 있게 살펴보는 사람이라면 정의에 충실한 데이 트레이더(day trader)라고 본다. 반면 주식 하나를 매수해 놓고선 잠자는 숲속의 미녀처럼 한참 잠들었다가 깨어나면 백마 탄 왕자가 문제를 해결해주고 모든 것이 괜찮기를 바라는 태도로 시장을 대하는 사람은 데이 트레이더가 아니다.

중요한 것은, 데이 트레이딩은 투자가 아니라는 사실이다. 여러 면에서 이 둘은 완전히 정반대이다.

이 책의 목적은 무엇인가? 당신이 얻을 것은 무엇인가?

우리가 이 책을 집필한 이유는, 독학하는 트레이더가 지적 능력을 갖추고 잘 설계된 계획을 바탕으로 시장에 접근할 수 있는 도구를 갖추게

---

* Day Trading: 일반적으로 매일 포지션의 진입과 청산을 하루 안에 완료해서 마감 때 포지션을 남기지 않는 트레이딩 유형

하는 것이다. 이 책은 당신이 무엇을 해야 할지 파악할 수 있도록 돕는다. 하지만 거기서 그치지 않는다. '해야 할 일'을 안다고 해서 당연히 그렇게 행동하지는 않기 때문이다. 트레이딩이라는 게임의 85%는 본질적으로 정신과 관련되어 있다. 따라서 우리는 활발한 시장 참여자라면 반드시 당면하는 정신적, 심리적 문제를 다루는 데도 도움이 되고자 한다.

당신은 어떤 방법으로 종목을 선정하는가?

이 책은 기술적 분석 방식을 채택한다. 기술적 분석은 시장 심리의 주요 단기적 이동을 나타내는, 매우 믿을 만한 수많은 차트 패턴을 기반으로 한다. 차트 패턴 중에는 매수자와 매도자 사이의 힘이 균형이 바뀔 때를 집어내는 것들이 있다. 이 책은 당신에게 그런 차트 패턴을 알아보는 방법을 알려줄 뿐 아니라 해당 패턴을 최대한 활용해 수익을 낼 수 있도록 전술과 전략을 수립하도록 돕는다.

차트는 돈의 흔적이다. 그리고 자신 있게 말하는데, 차트는 거짓말하지 않는다. 차트는 의사들이 환자를 꿰뚫어 보도록 보조하는 엑스레이나 마찬가지며, 트레이더가 봐야 하는 환자는 시장이다.

일례로 우리는 상당한 모멘텀을 보유한 주식이 3~5일 휴식 기간 같은 가격 조정을 거친 후 상향 움직임을 재개한다는 사실을 발견했는데, 이 3~5일의 하락 움직임은 실력 좋은 스윙 트레이더*에게는 흔치 않은 기회이다. 우리는 바로 이런 트레이더들이 언제 진입해야 하는지, 어디를 손절 가격대로 설정해야 하는지, 거래 시 무엇을 찾아봐야 하는지 등을 알려주고자 한다.

---

* swing trader: 보통 3~5일, 길게는 2주 혹은 그 이상 포지션을 보유하며 가격 변동성에서 수익을 얻는 트레이더 유형

차례

감사의 말 ··· 6
들어가기 전에 ·· 8
들어가며 ··· 17

PART I

마스터 트레이더를 위한 지혜의 씨앗 : 위대한 성공을 위한 정신적 준비

1장   마스터 트레이더를 향한 시작 : 마스터 트레이더의 세계 이해하기
- 비용이 얼마나 큰지 알고 있는가 ·· 35
- 마스터 트레이더에게 필요한 도구는 몇 가지뿐이다 ·· 38
- 지금 그리고 여기라고 하는 공간에서의 성공을 찾아서 ···································· 40
- 마스터 트레이더가 차트로 거래하는 이유 ·· 44
- 차트는 거짓말하지 않는다 ··· 47
- 돈의 흔적을 따라서 ··· 50
- 기술적 분석이 아니면 죽음을 달라 ··· 53
- 권총 결투에 무딘 칼을 갖고 가지 말라 ·· 56
- 지식 추구가 먼저, 수익은 그다음 ··· 60
- 단기 : 더 높은 트레이딩 정확도를 위한 만능 열쇠 ·· 62
- 단기가 가장 안전한 시간 틀인 이유 ·· 64
- 나의 가장 위대한 깨달음 세 가지 ··· 67
- 사랑 : 트레이더의 가장 큰 힘 ··· 72
- 트레이더와 점쟁이 ·· 75

2장   마스터 트레이더가 되기 위한 심리 갖추기 : 트레이딩을 위한 올바른 행동의 핵심
- 당신이 하는 것은 도박인가, 트레이딩인가 ·· 79

- 성공이 항상 성공은 아니며, 실패가 항상 실패는 아니다 ········· 82
- 대중의 성공은 오래갈 수 없다 ········· 84
- 편승 효과(Bandwagon Theory) : 시장은 어떻게 작동하는가 ········· 86
- 돈이 전부는 아니다 ········· 90
- "왜"라는 질문의 위험성 ········· 92
- 정확도가 문제가 될 때 ········· 95
- 진입이 거래의 85%를 좌우한다 ········· 98
- 당신의 인식이 당신의 현실이 된다 ········· 101
- 사실이 돈이 되지는 않는다 ········· 104
- 월가에서 진실은 중요하지 않다 ········· 106
- 성공적으로 거래하려면 비인간적이어야 한다 ········· 109
- 기회는 다수가 두려워하는 곳에 있다 ········· 112
- 구름 한 점 없는 하늘? 조심하세요! ········· 114
- 성공적인 트레이더를 판단하는 진짜 기준 ········· 116
- 아무것도 안 하는 것이 최선일 때 ········· 119
- 가만히 있기 : 모든 것 중 최상위의 행동 ········· 122
- 가만히 있는 기술의 교훈 ········· 124
- 저기요, 생각하는 법 말고 트레이딩하는 법을 알려주세요! ········· 127
- 오늘 가진 것으로 무엇을 하고 있는가 ········· 130
- 과거가 발목을 잡는가 ········· 133
- 고통과 기쁨의 순환 고리 끊기 ········· 136
- 견고한 기술이 견고한 직감으로 이끈다 ········· 139
- 약간의 편집증은 정신에 좋다 ········· 142
- 긍정적인 태도가 차이를 만든다 ········· 145
- 긍정적인 정신적 태도가 차이를 만든다 ········· 148
- 태도를 갖춘 트레이딩 ········· 151
- 트레이더를 위한 8가지 개념 ········· 154

3장 손실 : 트레이딩의 힘과 성공을 위한 전제 조건

- 역경의 힘 ········· 159

- 손실이 득이 되게 하라 …………………………………………………… 162
- 작은 손실 : 마스터 트레이더의 증표 ………………………………… 164
- 시장은 우리에게 어떻게 말하는가 …………………………………… 166
- 어떻게 길을 잃고 성공으로 가는가 …………………………………… 168
- 매일 새롭게 시작하기 …………………………………………………… 170
- 변화할 수 없는 것을 받아들이는 방법을 배운다 …………………… 172
- 지는 것이 이기는 것일 수 있다 ……………………………………… 175
- 큰 손실을 경멸할 줄 알아야 한다 …………………………………… 178
- 마스터 트레이더의 두 가지 삶 ……………………………………… 180
- 성장은 때가 오면 피는 꽃과 같다 …………………………………… 183
- 손실을 더는 참을 수 없을 때 ………………………………………… 186
- 수업료에서 최대한을 얻어내자 ……………………………………… 189

4장 마스터 트레이더 교육 : 오랜 시간과 돈을 절약하는 방법

- 모방할 수 있는 성공한 트레이더를 찾은 다음 그를 넘어선다 …… 193
- 스승의 성격도 중요하다 ……………………………………………… 196
- 미래를 위한 비용에 인색하지 말라 …………………………………… 198
- 요즘은 트레이딩을 잘하는 사람이 잘 가르친다 …………………… 202

5장 트레이딩의 7대 죄악 : 이들을 물리치고 이겨내는 방법

- 첫 번째 죄 : 손절매 실패 ……………………………………………… 207
- 두 번째 죄 : 돈 세기 …………………………………………………… 211
- 세 번째 죄 : 기간 바꿔치기 …………………………………………… 215
- 네 번째 죄 : 더 알고 싶은 욕구 ……………………………………… 218
- 다섯 번째 죄 : 과도한 자기만족과 안주 …………………………… 222
- 여섯 번째 죄 : 잘못된 방법으로 거두는 수익 ……………………… 225
- 일곱 번째 죄 : 합리화 ………………………………………………… 229
- 가장 치명적인 악마를 찾아 없애는 법 ……………………………… 233

6장   트레이딩의 12가지 성공 법칙 :
마스터 트레이더가 지키며 살아가는 철칙

- 첫 번째 철칙 : 너 자신을 알라 ········· 239
- 두 번째 철칙 : 적을 알라 ········· 242
- 세 번째 철칙 : 당장 교육을 받으라 ········· 245
- 네 번째 철칙 : 너의 가장 소중한 트레이딩 대상을 보호하라 ········· 250
- 다섯 번째 철칙 : 단순해질지어다 ········· 253
- 여섯 번째 철칙 : 너의 손실에서 교훈을 찾을지어다 ········· 255
- 일곱 번째 철칙 : 트레이딩 일지를 쓸지어다 ········· 258
- 여덟 번째 철칙 : 저가 종목에 초점을 두지 말라 ········· 263
- 아홉 번째 철칙 : 분산하지 말라 ········· 266
- 열 번째 철칙 : 아무것도 안 하는 것이 때로는 최선임을 깨달을지어다 ····· 268
- 열한 번째 철칙 : 우아하게 퇴장할 때를 알라 ········· 271
- 열두 번째 철칙 : 변명하지 말라-변명으로는 한 푼도 벌 수 없다 ········· 274

7장   마스터 트레이더의 비밀 :
모든 트레이더가 알아야 하지만 모르는 15가지

- 첫 번째 비밀 : 월가에 선물은 없다 ········· 279
- 두 번째 비밀 :
  누군가는 당신 거래의 맞은편에 있으며, 그는 당신의 친구가 아니다 ········· 283
- 세 번째 비밀 : 전문가는 희망을 팔고 초보는 희망을 산다 ········· 286
- 네 번째 비밀 : 홈런은 패자를 위한 것이다 ········· 289
- 다섯 번째 비밀 : 차트를 만들면 대중이 이를 따를 것이다 ········· 292
- 여섯 번째 비밀 : 주요 주식 시장의 모든 평균 지수는 거짓을 말한다 ········· 295
- 일곱 번째 비밀 : 보통 개장 후 매수하는 것이 더 낫다 ········· 299
- 여덟 번째 비밀 : 보통 개장 전 수익 실현은 도움이 되지 않는다 ········· 301
- 아홉 번째 비밀 : 동부 시간 11시 15분~2시 15분은 최악의 시간대다 ········· 304
- 열 번째 비밀 : 동트기 직전이 가장 어둡다 ········· 306
- 열한 번째 비밀 : 월가의 스승들은 항상 틀릴 것이다 ········· 309

- 열두 번째 비밀 : 실적 발표를 노리는 일은 초보들이나 한다 ·········· 312
- 열세 번째 비밀 : 높은 가격을 지불하면 확률은 올라간다 ·········· 314
- 열네 번째 비밀 :
  저가 매수, 고가 매도법은 데이 트레이더에게 통하지 않는다 ·········· 317
- 열다섯 번째 비밀 : 다음 일을 아는 것으로 부자가 될 수 있다 ·········· 320

8장 마스터 트레이더를 위한 10가지 교훈
- 첫 번째 교훈 : 월가에 피바람이 불 때는 현금이 왕이다 ·········· 323
- 두 번째 교훈 : 시간대 분산이 시장 위험을 최소화한다 ·········· 326
- 세 번째 교훈 : 매수 대 축적 ·········· 328
- 네 번째 교훈 : 최고의 의사 결정 도구 ·········· 329
- 다섯 번째 교훈 : 탱자는 팔고 감귤을 산다 ·········· 331
- 여섯 번째 교훈 : 진정한 실력인가 혹은 그저 상승장인가 ·········· 333
- 일곱 번째 교훈 : 소식지와 기타 자문 서비스 평가 ·········· 334
- 여덟 번째 교훈 : 시간은 돈과 같다 ·········· 336
- 아홉 번째 교훈 : 승자는 상황을 만들고 패자는 상황을 따른다 ·········· 338
- 열 번째 교훈 : 약속의 힘을 이용하는 법 ·········· 340

9장 진정한 마스터가 전하는 마지막 지혜
- 어머니가 전해주신 삶과 트레이딩의 기초를 위한 여덟 가지 가르침 ·········· 343

PART II

마스터 트레이더를 위한 도구와 기술 :
마스터 트레이더의 무기고 갖추기

10장 시장 타이밍을 잡기 위한 도구와 전술
- 첫 번째 시장 도구 : S&P 선물(S&P) ·········· 352

- 두 번째 시장 도구 : NYSE 호가 지표(Tick Indicator, $TICK) ········· 356
- 세 번째 시장 도구 : NYSE 트레이더 지수(Trader Index, TRIN) ········· 363
- 네 번째 시장 도구 : 신저가(New Lows, NLs) ········· 369
- 다섯 번째 시장 도구 : 강력 5 지수 ········· 373
- 주식 시장 퀴즈 ········· 379
- 시장에 대한 당부의 말 ········· 381

11장 차트 도구와 전술

- 차트에 들어가며 ········· 385
- 차트 입문을 위한 기초 ········· 387
- 첫 번째 차트 도구 : 좁은 폭 막대(Narrow-Range Bar, NBR) ········· 394
- 두 번째 차트 도구 : 반전 막대(Reversal Bars, RB) ········· 399
- 세 번째 차트 도구 : 머리 및 꼬리 ········· 404
- 네 번째 차트 도구 : 갭 ········· 410
- 다섯 번째 차트 도구 : 지지와 저항 ········· 416
- 여섯 번째 차트 도구 : 되돌림(retracement) ········· 425
- 일곱 번째 차트 도구 : 반전 시간대(reversal time) ········· 431
- 여덟 번째 차트 도구 : 극적인 거래량(climactic volume) ········· 437
- 아홉 번째 차트 도구 : 이동평균 ········· 441
- 열 번째 차트 도구 : 3~5 하락 막대 ········· 450

12장 거래 처리를 위한 도구와 전술

- 첫 번째 주문 처리 도구 :
  ECN(Electronic Communication Network, 전자 통신 네트워크) ········· 462
- 두 번째 주문 처리 도구 :
  SOES(Small-Order Execution System, 작은 주문 처리 시스템) ········· 469
- 세 번째 주문 처리 도구 : SNET(Selectnet, 선별 네트워크) ········· 475
- 네 번째 주문 처리 도구 : ARCA(Archipelago, 아키펠라고) ········· 482
- 다섯 번째 주문 처리 도구 : 슈퍼닷 시스템 ········· 487

- 여섯 번째 주문 처리 도구 : 온라인 증권 중개사 ········· 489

13장   나스닥 레벨 II 도구와 전술
- 나스닥 레벨 II 입문을 위한 기초 ········· 495
- 혼잡 구간 만들기 ········· 518

14장   입문 도구와 전술 :
프로처럼 종목에 들어가기 위한 단계별 안내서
- 거래의 성공은 85%가 적절한 진입에 달려 있다 ········· 527
- 첫 번째 진입 기법 : 핵심 매수점 ········· 529
- 두 번째 진입 기법 : 30분 매수법 ········· 534
- 세 번째 진입 기법 : 늦은 오후 브레이크아웃 ········· 539

15장   거래 운영의 도구와 전술 :
프로처럼 거래를 운영하기 위한 단계별 지침
- 첫 번째 도구 : 최초 스톱-보험 증서 ········· 548
- 두 번째 도구 : 본전 스톱-시장의 돈으로 게임하기 ········· 553
- 세 번째 도구 : 추적 스톱 설정법-수익으로 이어진 계단 ········· 556
- 네 번째 도구 : 시간 스톱 설정법-시간은 돈이다 ········· 559

16장   청산을 위한 도구와 전술 :
프로처럼 거래를 청산하는 단계별 지침
- 점증적 매도 ········· 565
- 올리버 벨레즈가 개인적으로 전하는 당부의 말 ········· 568
- 수익을 극대화하는 법 ········· 570
- 매도 촉발 사건 인식하기 ········· 573
- 최악의 상황이 발생했다면 ········· 575
- 갭 하락이라는 괴물을 처리하는 방법 ········· 577
- 최악의 상황이 덮쳤을 때 취해야 할 행동 ········· 578

- 임박한 위험을 알리는 신호 ······ 582

PART III

앞을 내다보며

17장 종합하기
- 일일 차트에서 종합하기 ······ 587
- 일중 차트에서 종합하기 ······ 600
- 여러 시간대에서 종합하기 ······ 602
- 마스터 트레이더를 위한 세 가지 시험 ······ 609

18장 ESP : 전자 트레이딩 소프트웨어의 미래
- 차세대 트레이딩 도구 ······ 617
- 자동 거래 발견 알림 기능 ······ 619
- 자동 종목 탐색 및 선별 기능 ······ 621
- 작동 방법 ······ 623

19장 마치며
- 당신이 리더다 ······ 627
- 잘 소비한 시간 ······ 629
- 당신은 성공'할 것이다' ······ 630
- 나머지는 당신의 몫 ······ 631

PART I

MASTER TRADE

마스터 트레이더를 위한 지혜의 씨앗 : 위대한 성공을 위한 정신적 준비

트레이딩 전술과 전략은 밑바탕이 될 정신이 제대로 준비되지 않으면 무의미하다. 이번 장은 먹기 쉽고 소화도 잘될 낱알 크기의 지혜의 씨앗이 당신의 정신에 널리 뿌려지도록 구성되었다. 시간이 흐르면 이 씨앗들이 싹을 피워 당신의 인식을 높이고 이해 수준을 끌어올려 우리가 깊이(depth)라고 부르는 개념을 길러줄 것이다. 사람들이 아직 잘 모르는 진리 중 하나는, 성공한 트레이더들의 부가 그들이 이용한 방법이 아닌 그들의 사고에 기인한다는 사실이다. 건전한 정신의 트레이더에게 건전한 방법은 자연스럽게 따라온다. 다른 방식으로 표현하자면 "제대로 된 트레이딩은 곧 제대로 된 사고다." 앞으로 다룰 내용을 읽고 소화시키는 트레이더는 그 경험을 토대로 더 노련한 사람으로 거듭날 수 있을 것이다. 지혜의 씨앗을 하나씩 주울 때마다 더 깊은 의미를 이해하고 더 깨어 있는 의식의 상태를 유지하며, 더 자유자재로 감정을 조절하는 능력을 갖출 것이다. 이 책에는 성공한 트레이더들만 알고 있는 진주 같은 지혜의 씨앗들이 담겨 있다. 이 지혜의 씨앗들이 시장에 참여하는 당신의 삶을 더욱 풍요롭게 해주리라 확신한다.

당신은 이 책에 담긴 주제 중 많은 부분이 반복된다는 사실을 깨닫게 될 것이다. 우리는 반복이 큰 가치를 지닌다고 항상 믿고 있다. 진리와 지혜를 이해하려다가 장벽에 부딪혔을 때, 한 방법으로는 뚫리지 않던 장벽이 다른 방법으로는 뚫릴 수도 있기 때문이다. 트레이딩을 완전히 습득한 마스터가 되는 과정의 첫 단계를 부디 즐기길 바란다.

1장

마스터 트레이더를 향한 시작 : 마스터 트레이더의 세계 이해하기

비용이 얼마나 큰지
알고 있는가

　마스터 트레이더가 되기 위한 비용은 얼마일까? 정확한 값을 따지기는 어렵겠지만, 오랜 기간 업계 종사자였던 우리는 보통 사람들의 생각보다 많다는 사실을 안다. 데이 트레이더가 되려고 일을 그만둔다는 사람을 데려오면, 데이 트레이더가 된다는 것이 무엇인지 모르는 사람을 바로 보여줄 수 있다. 바로 그 사람이다.

　이 게임을 몇 달 만에 완벽한 수준으로 습득하고 정복할 수 있다고 생각하는 사람은 망상에 빠진 사람이다. 시장에서 노련해지려면 수많은 해와 달이 지나는 동안에도 지치지 않는 노력이 필요할 뿐 아니라, 상상 가능한 모든 경우와 방법으로 손실을 경험하고 배운 후에야 탁월함이 그 모습을 드러내기 때문이다. 실제로 베테랑 트레이더의 고통, 고뇌 그리고 상처는 특히 더 깊고 오래간다. 시장의 달인이 되고자 하면서 불굴의 정신력을 갖지 못하거나, 결단력이 부족하거나, 열정이 결여되었거나,

모든 것을 버릴 의지가 없다면 절대로 오래 갈 수 없다. 시장에서 진정으로 성공을 바라는 사람은 피 땀 눈물, 돈과 삶의 상당 부분을 대가로 치러야 한다. 학비가 비싸다는 사실은 부정할 수 없다. 하지만 값을 치르려는 의지가 있는 사람들이 최종적으로 얻을 보상은 가늠할 수 없을 정도로 크다.

성공한 트레이더는 대부분의 사람들이 꿈도 못 꿀 정도로 독립적인 삶을 누린다. 그들은 노트북 컴퓨터와 휴대폰만 있으면 전 세계 어디서든 자유롭게 거래하고 수익을 창출한다. 두 시간 만에 남들의 한 달 월급보다 많은 돈을 벌 수 있다. 마우스 클릭 한 번, 키보드 몇 번 두들겨서 자신이 가진 모든 물질적인 욕구를 실현할 수 있고, 보통 사람들을 힘들게 하는 전형적인 일상의 고민을 애당초 차단할 수 있다. 컴퓨터 화면에 깜박이는 전기 자극에 제대로만 반응하면 나의 선택으로 세계를 만들고, 모든 상상을 뛰어넘는 삶을 누리며, 지구상의 어느 누구도 이런 인생을 빼앗을 수 없다는 사실에 안도할 수 있다. 하지만 그 단계까지 가려면 **시장에 남아 있어야 한다!** '생존하는' 수준에 도달하려면 수많은 어려움을 겪어야 한다. 결코 쉬운 일이 아니다. 그런데도 진정으로 값을 치를 의향이 있다면, 우리가 해줄 조언은 이것이다. 계획을 세우고, 가르쳐 줄 스승을 찾고, **절대로 항복하지 말라!**

우뚝 설지 사라질지 오늘 지금 결심하라. 만약 결심했다면, 이후 흔들리지 않는 결심이 구체적인 일들이 자연스럽게 해결해 나가는 것을 지켜보기만 하면 된다. 할 수 있다. 우리도 그렇게 했고, 그러면 된다는 것을 안다.

> **🌱 지혜의 씨앗**
>
> 트레이딩의 고수가 되려면 큰 비용이 든다는 것을 인식하라. 그리고 그 비용을 받아들이기로 했다면 인생의 성공을 '훌륭한 집착' 거리로 삼기로 결심하라. 찬란한 마스터 트레이딩의 단계에 도달할 때까지 열정의 불길을 풀무질해서 새하얗게 불사르라. 포기를 떠올리지 않고 성공의 모든 방해물을 극복하는 것을 인생의 유일한 임무로 여기라. 마스터가 되려는 불타는 열망이야말로 존재하는 모든 수익을 거두기 위해 항해 중인 트레이더 뒤에서 부는 순풍이다. 이 열망은 새롭게 시작하는 트레이더에게 새로운 트레이딩 인생에서 곳곳에 함정이 도사린 첫해를 무사히 넘기고 생존할 능력을 제공한다.

마스터 트레이더에게 필요한 도구는 몇 가지뿐이다

나는 몇 가지 도구면 매우 성공적인 트레이더가 될 수 있다고 믿는다. 성공한 트레이더가 될 수 있었던 대부분의 사람들이, 트레이딩으로 먹고살려면 무수한 세월을 거치며 축적한 경험이 필요하다는 오해 때문에 무능력해지고는 한다. 하지만 이는 전혀 사실이 아니며 오히려 정반대다. 내 경험상 트레이딩에 관한 지식이 제한적인 사람이 과다한 경험을 가진, 소위 선수들보다 더 효율적인 시장 참여자가 될 가능성이 훨씬 크다. 왜 그럴까? 다양한 시장 경험을 올바로 활용, 해석하지 못하면 그 경험이 잘못된 믿음으로 굳어버리고, 오래 방치된 잘못된 믿음은 결국 틀린 이념으로 활짝 피어나 트레이더의 몰락을 가져오기 때문이다. 아는 것은 힘이다. 어디까지나 그 아는 것이 옳을 때 말이다.

이 책의 전술편에 포함된 많은 트레이딩 기법 중 두세 개를 숙련하면 꾸준히 수익을 내는 트레이더가 될 수 있다. 실제로 작동하는 기법을 말 그대로 두세 개만 습득하면 우리가 트레이딩이라고 부르는 이 게임의 선두로 올라설 것이다. 이 책이 필요한 만큼, 그보다 넘치게 그 기법들을 알려줄 것이다.

> **지혜의 씨앗**
>
> 최고의 트레이더는 미니멀리스트(minimalist)다. 그들은 한결같이 효과적인 두세 가지 전술을 알아내려 하고, 일단 찾아내면 그저 적용하고 적용하고 또 적용한다. 진정한 가치는 그러한 반복에 있다.

지금 그리고 여기라고 하는
공간에서의 성공을 찾아서

　시장에 언제 그리고 왜 '암 덩어리'가 발생했는지 알아보려고 회고하는 것은 나름의 의미가 있다. 하지만 암으로 진행되기 전에 이를 알아차리는 일보다 중요한 것은 없다. 그런데도 후행적으로 되돌아보는 편을 선호하는 월가의 분석가와 기술적 분석 전문가들이 많은 이유는 무엇일까? 아마도 미래를 내다볼 때 그들이 힘들여 얻은 평판에 책임을 지고 행동해야 하는 위험 때문이다. 미래를 예측하려면 산처럼 쌓인 과제를 해내야 하고 그 공부의 결과도 세상에 내놓아야 한다. 거기에 우리가 살아가는 세상은 매우 비판적이라는 사실은 더 말할 필요도 없다. 그런 위험을 고려하면 잃을 게 많은 금융 기관과 서비스 기업들이 미래 지향적인 태도로 모난 정이 되기를 꺼리는 것이 놀랍지 않다. 그래서 〈프리스틴 데이 트레이더〉* 및 기타 비슷한 서비스가 자리 잡을 수 있다고 말

---

*　저자들이 발간했던 온라인 데이 트레이딩 서비스. 현재는 운영하지 않음

하고 싶다. 지난 6여 년 동안 인터넷 덕분에 미래 예측 관점을 제시하는 강단 있는 기업과 서비스가 늘었다. 오늘날 활발하게 거래하는 시장 참여자들이 같은 일을 했을 때 잃을 것이 더 많은 월가의 기존 거대 기업보다 이들 기업에서 더 많은 가치를 발견할 것이다.

우리 서비스는 단기간에 48개국에 걸쳐 전 세계적인 구독자를 끌어들였다. 어떻게 그럴 수 있었을까? 우리 서비스가 시장을 지배할 수 있었던 이유는 간단하다. 우리, 그리고 새로운 부류를 대표하는 다른 기업들이 매일 이름을 걸고 최선을 다해서 향후 일어날 일에 대해 이야기했기 때문이다. 우리는 이미 일어난 일을 붙잡고 거기에 시간을 소요하지 않는다. 회고는 학문적으로나 약간의 가치가 있을 뿐, 우리는 곧 일어날 일에 최선의 노력을 쏟아붓는다. 그리고 과거보다 훨씬 수준 높은 오늘날의 시장 참여자들은 이를 잘 활용해 성장하고 있다.

하지만 모든 것이 그렇듯 그 이면에는 간과하면 안 될 매우 중요한 점이 있다. 예측의 관점에서 시장에 접근하는 것은 매우 중요하고 뒤돌아보는 것은 그보다 덜 중요하긴 하지만, 개인의 생각과 시장의 견해를 너무 먼 미래로 확장하는 것이 항상 좋거나 옳진 않다. 그래서 우리는 8개월 후 일어날 일에는 큰 관심이 없다. 과거에는 능력이 턱없이 부족한 자들이 이 이유를 역으로 이용해 비판적인 시선을 피하는 안전책으로 사용하기도 했다. 시장에 대한 견해를 정기적인 보고서로 작성해야 했던 전직 헤지 펀드 운용역으로서, 나는 월가에 대충 법칙처럼 통용되고 있던 비밀을 빨리 배웠다. 왜 더 많은 일반 투자자들이 이를 모르는지 의아하다.

그 비밀의 법칙은 이렇다. **불확실하고 의문에 붙잡혀 있을 때는 6~8개 월짜리 예측을 한다.** 그러면 감을 잡을 수 있는 충분한 시간을 벌 수 있다. 그런데도 감을 못 잡았다면(대부분은 못 잡는다), 대중은 오래 기억하지 않으므로 말을 바꾸거나 또 다른 의견을 낼 수 있다. 그러면 다시 6~8개월을 벌 수 있다. 당연히 한심한 일이다. 흔하지 않은 월가의 진짜 실력자는 6~8개월이라는 시간의 틈에 숨지 않는다. 그럴 필요가 없으니까. 물론 그들이 항상 옳지는 않지만 적어도 나름의 확신이 있다. 그들은 필요하다면 "우리는 당신이 이것을 알아야 한다고 생각합니다. 당신이 수익을 낼 수 있는 방법으로 이것을 제안합니다" 식으로 말하면서 책임을 지고 행동에 나서려 한다. 분석가의 보고서나 소식지, 트레이딩 서비스에서 이와 같은 배짱 있는 행동을 발견할 때마다 나는 먼저 경의를 표한다. 그런 후 그 서비스를 받아보며 그들에 대해 알아가려 하거나 가능하다면 개인적으로 친분을 맺으려고 노력한다.

트레이더로서 우리의 영역은 **지금 그리고 여기**다. 이 점을 강조하고 싶다. 우리는 과거에 머물러 있지도, 먼 미래를 떠돌고 있지도 않다. 지금 여기 이 순간의 현실을 피해 살아갈 수 없다. 활발한 시장 참여자로서 우리의 삶은 언제나 다음 2일부터 10일까지의 시간에 머물러 있다. 이해되는가? 적어두자. 우리는 소화하기 매우 쉬운 단위인 2일부터 2주까지의 기간으로 시장을 쪼개어 앞을 내다본다. 잘못 예측한다면(때때로 그럴 것이다) 재빨리 추스르고 넘어간다. 이것도 적어두자. 다음 2일~10일 기간은 항상 제대로 예측할 수 있다. 설령 2~10일 예측이 빗나가더라도 적어도 예측이 완전히 틀리는 바람에 트레이딩 인생에서 8~12개월을 통째로 잃거나 낭비할 일은 없다. 그건 범죄라고 생각한다. 지금처럼 급변하는 세상에서는 더더욱 구제받을 길 없는 범죄다. 굳이 그럴 이유가 무엇인가?

> **지혜의 씨앗**
>
> 과거를 돌아보느라 에너지를 낭비하지 말라. 2일부터 2주까지의 앞을 보는 관점으로 시장에 접근하라. 트레이더로서 우리는 과거를 트레이딩할 수 없으며, 아주 먼 미래를 정확히 볼 수 있는 능력도 없다. 다만 우리 바로 앞에 놓인 얼마간의 시간을 지배할 수 있는 힘은 있다. 더 좋은 표현이 없으니 이 기간을 지금 그리고 여기라고 하자. 트레이더인 우리가 추구하는 안식과 성공, 더 높은 정확성을 찾아내야 할 곳은 지금 바로 여기다.

마스터 트레이더가 차트로
거래하는 이유

    시장과 관련된 일은 기술적 분석이 대부분이다. 단기 트레이더가 현명한 매수, 매도 결정을 할 수 있는 더 견고한 토대를 제공하기 때문이다. 많은 트레이더가 개인적인 경험으로 알고 있듯이 펀더멘털로 보았을 때 가장 건전한 회사들조차도 며칠 혹은 몇 시간 만에 2달러~10달러 하락할 수 있고, 가장 나쁜 회사가 정반대로 상승할 수도 있다.* 때때로 유용한 펀더멘털, 즉 기본적 분석은 특히 1년 6개월~5년의 기간을 고려할 때 가장 큰 가치를 지닌다. 그러나 가격 움직임의 증명된 패턴, 지지

---

* fundamentals: 기업의 가치, 즉 주가는 기업이 창출하는 이익을 포함하는 기업의 실적이 결정한다는 관점을 바탕으로 기업의 재무제표와 이를 바탕으로 비율 분석 등 다양한 분석을 진행하는 분석 방법이다. 기본적 분석이라고도 한다. 이와 대치되는 개념으로 기술적 분석(technical analysis)이 있다. 기술적 분석은 주가가 시장의 수요와 공급에 의해 결정된다는 관점을 바탕으로 한다. 수요와 공급 간 힘의 균형 내지는 불균형의 결과인 주가의 움직임과 그에 따른 거래량을 평균 등 여러가지 산술적인 방식으로 계산해 시각적으로 표현한 차트를 이용해 분석한다. 이때 기술적 분석과 관련된 요소를 테크니칼(technicals)이라고도 한다.

와 저항, 거래량의 특징, 기관의 물량 축적 및 유통, 브레이크다운* 등을 이용하는 기술적 분석은 앞서 말한 **지금 그리고 여기**가 기준이기 때문에 단기 트레이더가 선택하는 도구다.

그런데 이를 이용하기 전 먼저 알아야 할 점이 있다. 잘 조성된 기술적 여건과 차트 패턴은 단지 안내 표식일 뿐, 그 이상도 이하도 아니라는 사실이다. 차트 패턴은 특정 매매 방법의 장점과 매매 당시의 위험을 보여주어 매매의 성공 가능성을 평가하는 데 도움을 줄 뿐, 매매 성공을 보증하지 않는다. 무패를 보장하는 증서가 아니며 당연히 절대적으로 확실하다는 안도감을 줄 수도 없다. 그런데 생각해 보면, 과연 그런 것이 존재할까? 특정 사건 발생 확률을 판단하는 직접적인 척도에 관한 한 기술적 분석 요소와 차트에 버금갈 것은 없다.

많은 초보자들이 잘못된 정보를 갖고 가격 지지선 같은 기술적 분석을 사용해 올바르게 예측하지 못하고는 '이 개념은 신뢰할 수 없고 쓸모없다'고 오해한다. 이는 전염병처럼 우리가 꼭 피해야만 하는 치명적 오류다. 기민한 트레이더는 기술적 개념을 이용해서 실패했을 때, 마치 성공했을 때처럼 혹은 그 이상을 배운다. 네 번 연속 효과를 보았던 가격 지지선이 갑자기 작동하지 않는다면, 그 사실은 매우 가치 있고 유용한 정보가 된다. 우리가 볼 때 이 개념은 실패하지 않았으며, 모든 것을 통틀어 가장 강력하고 가치 있는 의미를 전달한다. 바로 변화다. 일례로 1998년 10월 중순 인텔(Intel Corporation)이 주요 지지 가격대인 3개월 지지선을 90달러에서 깼다. 이를 보고 누군가는 "기술적 분석이 얼마나

---

* 주가가 지지선 혹은 저항선을 하락 방향으로 돌파하는 것

신뢰할 수 없는지 봤지? 지지선이 틀렸잖아!"라고 했을 것이다. 대부분은 인텔이 추가 하락으로 70달러로 떨어졌을 때 상처 입은 영혼이었을 것이다. 그러나 인텔의 90달러 지지선이 깨진 것은 기술적 개념의 실패를 뜻하지 않는다. 지지선이 깨지면서 많은 사람들이 이해하면 좋았을 의미가 전달된 것이다.

> **지혜의 씨앗**
>
> 기본적 분석 요건은 중요하지만 지금 그리고 여기에서 위험과 트레이딩 시점을 판단하는 데는 도움이 되지 않는다. 그런 면에서는 기술적 분석과 차트가 기본적 분석을 능가한다. 차트 분석상의 개념들이 항상 옳다고 생각하거나 기대하는 것은 지나치게 순진한 생각이다. 그런 일은 있을 수 없다. 기술적 분석은 때때로 틀릴 것이다. 하지만 그럴 때도 기민한 트레이더에게는 가치 있는 의미를 전달한다. 트레이더는 듣는 법만 배우면 된다.

차트는 거짓말하지 않는다

기술적 분석 혹은 차트 해석이라는 예술이 무엇인지 전혀 이해하지 못하는 비전문 트레이더가 너무나 많다. 이것이 죄는 아니지만, 비극적인 점은 이 예술을 가장 대놓고 비난하는 사람들 대부분이 잘못된 정보를 보유했다는 사실이다. 앞서 언급했듯이 가격 차트는 시각적으로 우리가 돈의 '흔적'이라고 부르는 것을 보여줄 뿐 그 이상은 하지 않는다. 차트는 작동 중인 인간의 심리 그리고 공포와 탐욕과 불확실성의 반복되는 주기를 나타낸다. 차트가 항상 좋은 이유는 사실에 입각하고 있다는 점이다.

대규모의 자금 운용역들은 실제로는 자신들이 보유한 큰 덩어리의 매도 주문을 상쇄할 매수 물량을 일으킬 생각뿐이면서도 막상 CNBC, MSNBC 또는 머니라인(MoneyLine)에 얼굴을 비추고는 '이 종목이 무척 좋다'며 거짓말한다. 하지만 차트는 거짓말하지 않는다. 매수 주문 하나가 나오면 주문이 나오는 순간 차트에 나타나고 거래량이 매수 주문의 크기를 바로 드러낸다. "딱 걸렸어!" 지적할 수 있는 것은 차트 덕분이다. 주요 분석가가 'XYZ라는 종목이 산업을 지배할 수 있는 여건을 갖추었다'는 큰 증권사의 보고서를 발행했을 때, 당신은 그 진위 여부를 알 수 있다. 어떻게? 종목 차트가 산업군보다 더 빨리 상승하고 있으면 "오, 훌륭한 친구로군"이라고 할 수 있다. 차트가 연옥의 심연으로 내려가는 계단처럼 보이면 "딱 걸렸어! 이 사람 사기꾼이거나 자기가 무슨 말을 하는지도 모르는군" 하고 알아차릴 수 있다. 실적 보고서에서는 멋진 회계 처리를 이용해 거짓 그림을 그려 놓을 수 있지만 차트는 거짓말을 하지 않는다. 회사 대표가 회의를 주최해 회사에 관한 부정확한 발표를 대담하게 내놓을 수는 있지만, 차트는 절대로 거짓말하지 않을 것이다.

　투자자와 트레이더는 크건 작건 본인의 말이 아닌 돈을 건다. 그 내기의 방향이 항상 옳을 수는 없겠지만 적어도 차트를 만드는 그들의 내기(매수와 매도)는 진실한 확신, 진정한 믿음을 바탕으로 한다. 그리고 혹시 잊었다면 다시 기억하라. 내기 하나하나가 실제로 차트를 구성하는 요소이며, 그 차트는 거짓말하지 않는다.

> **🌱 지혜의 씨앗**
>
> 모든 주가의 움직임은 세 가지 감정 중 하나가 이끈다. 탐욕, 불확실, 공포. 불확실한 감정은 가장 지배적인 두 감정인 탐욕과 공포 사이에 잠시 쉬어가는 곳이다. 종목을 대상으로 지배적인 참여 집단이 탐욕에 이끌리면 주가는 상승한다. 이를 강세장(bull phase)이라고 한다. 지배적인 참여 집단이 공포의 고통을 겪고 있을 때 주가는 꾸준히 아래를 향한다. 지배 집단이 불확실함을 느낄 때, 말하자면 경계에 있을 때 가격은 마치 돌아갈 집이 없거나 갈피를 못 잡는 사람처럼 횡보 형태로 안정된다. 차트는 어떤 종목이든 실제 종목 참여자들이 겪고 있는 경험을 신속히 평가하게 해준다. 차트는 거짓말하지 않는다. 결정적인 주요 참여 집단의 느낌과 행동을 그대로 드러낸다. 차트를 분석에 이용하지 못하면 남에게 이용당하는 순진하고 어수룩한 다수 중 한 명에 불과하다. 기민한 트레이더는 차트를 사용하지 않는 위험을 감수하지 않는다.

돈의 흔적을 따라서

우리 소식지를 처음 구독하거나 구독을 고려하는 많은 사람들은 우리가 하는 거의 대부분의 분석이 전통적인 기본적 분석과는 반대인 차트 패턴과 여타 기술적 지표를 근거로 한다는 사실에 어느 정도 우려하는 경향이 있다. 대대로 일반 투자자들은 순수익, PER 비율*, 부채 수준, 산업의 발전도 등에 관한 분석에 익숙하다. 자주 반복되는 차트 패턴, 브레이크아웃, 증가 추세의 거래량, 반전 일수**, 이동평균*** 등 기술적 분석 요소는 비판의 대상이자 야바위처럼 피하고 제거해야 마땅한 것

---

*   price to earnings: 당기순이익 대비 주식이 몇 배로 거래되고 있는지 알아보는 비율 지표. 주가수익률, PER라고도 한다. 일례로 현재 주가가 10달러이고 주당 순이익이 1달러라면 PER는 10, 즉 10배다. 뉴욕 증권거래소와 나스닥에 상장된 기업 중 500대 기업으로 구성된 미국 시장을 대표하는 S&P 500지수의 경우 가장 낮았을 때가 5.31, 가장 높았을 때가 131.39였으며 중앙값은 17.89다.

** reversal days: 일정 기간 추세의 반전이 나타난 날 수

*** moving average: 특정 기간의 평균 주가

이었다. 하지만 사실상 기술적 분석이나 더 구체적인 차트 이용은 돈의 흐름을 따라가는 기술일 뿐이다. 그리고, 혹시 모를까 봐 말하는데 돈은 거짓말하지 않는다. 투자자, 분석가, 월가의 기관들은 그들이 원하는 것을 말할 수 있고 그럴 것이다. 의견과 투자 조언을 매우 관대하고 인심 좋게 방송으로 널리 알린다. 하지만 무엇을 말하건 간에 그들의 진정한 믿음은 그들이 어떻게 언제 돈을 쓰는지 추적 관찰하면서 어떻게 판돈을 거는지 따라갈 때 드러난다. 증권사가 실제로는 대규모 기관 고객들이 매도하는 종목을 '매수'로 등급 상향하거나 의견을 반복하는 경우는 너무 많아서 일일이 언급하기도 어렵다. 대표이사부터 미화원까지 유통 시장에서 주식을 팔아 치우는 동안, 기업 임원들과 고위 관리자들은 휘황찬란한 향후 전망을 내놓는다는 사실을 아는가?

돈은 진실을 가져온다. 돈의 움직임을 추적하면 오류로 이끄는 외관, 겉모습을 지울 수 있다. 주류 참여자들의 순수한 의도를 드러낸다. 그래서 기민한 트레이더는 차트를 이용한다. 가격 차트는 실제 돈이 남긴 흔적 그 이상도 이하도 아니다. 물론 이익과 다른 것들도 중요하지만, 숫자와 보고서는 주식을 움직이지 않는다. 돈만이 주가를 움직인다. 그러니까 보고서를 보여줄 것이 아니라 돈을 보여달라!고 하라.

지혜의 씨앗

활발하게 활동하는 트레이더로서 우리는 엑스레이를 확인한 후에야 제대로 환자 내부를 들여다볼 수 있는 내과 전문의와 마찬가지다. 의사는 환자의 느낌과 자신의 소견으로 차트를 작성하지만, 훌륭한 의사는 거기서 멈추지 않는다. 환자의 상태를 듣고 환자에 대한 기록을 보는 한편, 직접 '내부'를 볼 수 있도록 환자의 엑스레이 촬영을 준비시킨다. 우리는 이렇게 하지 않는 의사에게 주저 없이 돌팔이, 엉터리 의사라는 딱지를 붙일 것이다. 단기 트레이더도 이들과 비슷하다. 장밋빛 호재 뉴스와 공포스러운 뉴스, 완전히 상충하는 의견들의 끊임없는 폭격을 받는다. 친구에서 포춘 500대 기업의 대표이사에 이르기까지, 모든 사람이 트레이더의 생각 방식은 물론 보고 믿는 것에까지 영향을 끼치려 한다. 영리한 트레이더는 '내부'를 보는 자신만의, 말하자면 엑스레이를 찍고 난 후에야 이들 모두를 받아들일 때 외부 영향력으로부터 자유로워지기를 그나마 바랄 수 있다는 사실을 안다. 그제야 비로소 차트는 누가 거짓을 말하고 누가 진실을 말하는지 알려준다. 기민한 트레이더는 차트로 돈의 흐름을, 대규모 투자자들이 판돈을 언제 어디에 거는지, 또 언제 짐을 싸고 집에 돌아가는지를 찾아낼 수 있다. 우리가 특정 방식으로 생각하고 믿어야 이득인 사람들은 의심하며 비판적인 눈으로 봐야 하지만, 차트는 우리의 진정한 친구다. 차트는 돈의 흔적을 보여준다. 그리고 혹시 잊었을까 봐 다시 말하는데, 돈은 트레이더의 최고이자 절대적인 친구다. 마땅히 그 돈의 지도를 손에 넣어야 하지 않을까?

기술적 분석이 아니면
죽음을 달라

꽤 많은 트레이더들이 우리의 트레이딩 분석이 종목의 배경인 성장 시나리오 혹은 기본적 분석 요건을 깊게 파지 않고 거의 전적으로 기술적 요소*를 기반으로 한다는 사실에 놀란다. 사실 우리는 오직 기술적 분석에만 치중하기 때문에 간단한 시황 보고나 재미로 보는 CN-BC(CNBC는 지루한 주제를 재미있는 흥미거리로 잘 만든다) 외에는 낮엔 뉴스를 거의 안 본다. 기본 정보나 회사의 성장에 관한 이야기가 무가치하다는 말은 아니다. 단기 트레이딩에 있어서 이런 요소들이 상대적으로 가치가 적거나 때로 무관하다고 넌지시 알리려는 것이다. 왜 그런지 설명하겠다. 20달러짜리 주식을 매수했다고 하자. 목표가는 22.50달러이고 보호막이 되는 손절가(심리적이든 다른 거든), 즉 내가 정한 한계선은 19달러다. 예상치 못한 부정적인 뉴스 기사가 갑자기 보도되어 주가가 급락

---

*   거래량, 가격 패턴, 모멘텀-추세를 지속하려는 힘, 동력

해 손절매를 요청한다면 어떤 결과가 나올까? 1달러 손실이다(편의를 위해 수수료는 제외했다). 이제 이 시나리오를 다른 방식으로 살펴보자. 20달러에 매수한 같은 주식이 특별한 이유 없이, 다시 말하면 하락을 촉발할 뉴스가 없는데도 떨어져 손절가 19달러가 되었다. 이유가 어떻든지 결과는 똑같은 1달러 손실 아닌가? 심사숙고한 트레이딩 계획에 따라 손절 가격에서 거래를 청산해야 한다면, 하락 이유를 안다는 것의 진정한 가치는 무엇일까? 오히려 이유를 인식했기 때문에 행동이 필요할 때 트레이더가 실수하는 경향이 매우 강하다. 사실은 나도 뉴스나 과한 연봉을 받는 월가 분석가의 주장, 채팅방의 소문에 흔들려 진입한 거래에서 나왔다가 이후 해당 종목이 치솟는 것을 보고만 있어야 했던 경험이 수두룩하다. 그 반대의 경우 때문에 엄청난 과실을 범했던 적도 많다. 이제껏 겪어왔던 수많은 경험을 통해 나는 소문과 이야기가 아닌, 심사숙고한 트레이딩 계획의 지시에 따라 행동 하나하나를 취해야 한다는 확신을 얻었다.

계획을 따르는 것은 트레이더가 혼돈을 직면했을 때 원칙에 충실할 수 있는 방법이다. 다른 사람들 모두 혼란스러워하며 머뭇거릴 때 트레이더 고수들이 이성을 유지하는 비결이다. 즉, 주식의 움직임에 집중해서 귀 기울이며 수익을 내는 마스터 트레이더의 방법인 것이다. 주식의 움직임을 제외한 다른 것들은 모두 쓸모없는 보푸라기와도 같다. 모든 트레이더는 미국 독립 혁명의 아버지인 패트릭 헨리(Patrick Henry)의 이 말을 인용하여 용감히 선언해야 한다고 생각한다. "다른 이들이 취하려는 길을 나는 알지 못한다. 하지만 나에 관한 한 기술적 분석이 아니면 죽음을 달라!"*

> **지혜의 씨앗**
>
> 뉴스, 이야기, 소문, 정보는 때로는 관련 주식이 의도한 방향으로 갑작스럽게 움직이게 만드는 도화선 역할을 한다. 하지만 영리한 트레이더는, 특히 매도 결정을 내려야 할 때 그런 외부요인으로 계획을 변경하지 않는다. 가격 하락의 근거가 되는 원인은 그들에게 큰 의미가 없다. 기술적 요소를 바탕으로 일단 매도 구간을 설정했다면 거기서 끝, 뉴스나 소문에 따라 계획을 변경하지 않는다. 'XYZ가 왜 후두둑 떨어지지?', 'ABCD가 쭉쭉 빠지는데 관련 뉴스가 있나?' 초보 트레이더는 이런 질문을 생각하며 실패한 거래를 붙잡고 있어도 되는 이유를 찾아 헤맨다. 하락의 배경이 되는 뉴스를 보고는 '오, 그래도 아주 나쁜 뉴스는 아니네. 한 시간, 아니 하루 더 보유하면 돌아올 거야'라고 생각하며 정당화하려고 한다. 반면 마스터 트레이더는 기술적 분석 결과와 사전에 결정한 손절가를 무슨 일이 있어도 고수한다. 기술적 요소와 손절을 위한 스톱(stop) 주문이 시키는 대로 따른다.** 질문은 차후에 할 일이다. 질문은 경기장 밖에 있을 때 해야 한다. 전투 시작 전이나 끝난 후에 해야지 전투 중에 해서는 안 된다는 뜻이다. 참호 안에 있을 때(거래에 진입해 있을 때)는 지도(차트)를 기반으로 한 당신의 계획(트레이딩 전략)을 반드시 고수하라. 전투 중인 참호에서 계속 질문을 쏟아내는 사람과 함께 있다면 안전하다고 느낄 수 있을까?

---

* 패트릭 헨리는 미국의 정치가이며 독립 운동가다. 그의 명연설 중 마지막 부분인 '다른 이들이 취하려는 길을 나는 알지 못한다. 하지만 나에 관한 한 자유가 아니면 죽음을 달라!'를 인용한 것이다.
** 스톱 매도 주문: sell stop order. 주가가 스톱 가격에 이르면 시장가 주문으로 전환되는 매도 주문 방식. 스톱 주문을 이용해 매도 주문을 넣어 놓으면 주가가 스톱 가격에 이를 때 해당 시점의 시장가로 매도할 수 있어 기계적으로 손절매를 할 수 있기 때문에 추가 하락 위험을 차단할 수 있다. 반대로 주가가 상승한 상황에서 목표가를 정해 놓고 해당 가격에 이르렀을 때 기계적으로 수익을 취하는 방편으로 이용할 수도 있다. 이후 장에서 자세히 설명하겠다.

권총 결투에 무딘 칼을
갖고 가지 말라

〈프리스틴 데이 트레이더〉가 자신의 나라에서 평판이 높은 이유를 알고 싶어 하던 캐나다 기자에게 강도 높고 철저한 질문을 받은 적이 있다. "전문 트레이더입니까?" 그가 물었다. "네." 내가 답했다. "얼마나 오래 트레이딩을 하셨습니까?" "이제 12년 됐네요. 전문 트레이더로 6년, 초보 트레이더로 6년입니다." "트레이딩에서 완전히 실패한 적이 있습니까?" "당연히 있습니다. 실패도 최고로 했죠." "잠깐만요. 다시 한번 확인할게요." 그가 말했다. "벨레즈 씨가 완전히 실패한 적이 있다고요?" "네, 그것도 꾸준하고 완전하게요." "얼마 동안이요?" 그는 의심스러운 듯했다. "뭐, 4~5년 즈음이요." 기자는 인터뷰가 예상대로 진행되지 않아 당황한 기색이 역력했다. 〈바론스(Barron's)〉*가 최고의 온라인 데이 트레이딩 서비스라며 칭송해 마지않던 〈프리스틴 데이 트레이더〉의 수석

---

*   다우존스가 1921년부터 발행한 금융 시장 전문 주간지

편집인 올리버 벨레즈가 본인은 꾸준히 실패하던 트레이더였다고 덤덤하게 고백하니 말이다. 그는 말을 이었다. "그런데…그런데…〈바론스〉는 벨레즈 씨의 서비스를 최우수 서비스로 꼽았는데요." "그게 왜요? 저희 서비스가 최고라고 해서 제가 실패하지 않는 건 아니죠." 내 답변에 약간 날이 섰다. 기나긴 침묵이 흘렀고 나는 그 침묵을 깨고 싶지 않았으며 그가 불편해하는 것이 기분 좋았다. 그가 마침내 입을 열었다. "음, 이건 말씀해주세요." "네, 뭐든지요." "지금은 성공적인 거죠?" 이제야 기자가 무슨 말을 듣고 싶은지 알았다. 그는 진실을 가감 없이 말하는 사람에 익숙하지 않았고, 전혀 예상치 못한 상황에 당황하고 있었다. 그리고 솔직히 나는 그 순간이 너무 재밌었다. 그가 유도하는 대로 따라가기 싫었다. "네, 때때로 성공합니다." 또 한 번의 침묵. "거의 대부분이라는 말씀이죠?" 그의 궁금증은 최고조에 달한 듯했다. 침묵이 또 찾아왔다.

이제 마지막 질문이 나올 차례였다. "벨레즈 씨, 마지막 질문입니다." "마음껏 물어보세요." "다른 이들이 실패하지 않도록 해주실 수 있나요?" 그가 답을 종용하듯이 물었다. 이건 덫이었다. 서비스를 제공하는 수많은 다른 회사의 기획자, 홍보 담당자, 영업 담당자들이라면 여기서 무너졌을 것이다. 하지만 나는 아니다. 덫에 걸리게 하려는 빤한 시도에 넘어가지 않았다. 내가 그렇다고 대답하게 만든 후 그는 우리 서비스로 손해 본 무리를 찾아 나설 것이 분명했다. "아니요! 저는 다른 사람들이 실패하지 않도록 해주지 못합니다." "그럼 뭘 하실 수 있죠, 벨레즈 씨? 실패하지 않도록 도와주지 못한다면 사람들은 정확히 무엇을 위해 돈을 지불하는 겁니까?" 이번에는 내가 침묵했다. 그리고 말했다. "권총 결투인데 무딘 칼만 갖고 나가는 일이 없도록 하지요!" 그러자 그가 크게 웃어 젖혔다.

우리의 강의를 원하는 대부분의 트레이더들은 우리가 성공을 안겨주지 못한다는 사실을 들으면 충격을 받는다. 인기 있는 투자 자문 소식지의 편집자인 우리가 기적을 행하며, 자신들의 꿈을 이루어주고, 희망과 행운과 거대한 부를 보장해 주는 사람이라는 개념을 영업하리라 예상하는 것이다. 하지만 우리를 잘 아는 사람들은 우리가 결코 그런 약속을 하거나 개념을 팔지 않는다는 사실을 안다. 사실 트레이딩에서 예언할 수 있는 사람은 아무도 없다. 정신 상태, 마음과 태도, 절제력, 성공한 트레이더의 비법은 마술봉 몇 번 휘둘러서 전해줄 수 있는 것이 아니다. 오직 당신 자신만 그걸 할 수 있다. 성공할 자격은 스스로 각자 획득하는 것이다. 트레이더가 되려는 개개인 모두 성공 가능성을 잠재하고 있으나, 그것을 깨우고 끄집어내는 일은 스스로 해야 한다. 아무도 대신해줄 수 없는 개인적인 도전 과제다.

우리처럼 가르치는 사람들이 할 수 있는 일은 그 여정에서 길을 안내하고 방향을 잡아주는 것이다. 우리의 고급 지식으로도 할 수 있는 건 트레이더의 생명을 완전히 끝장내기 위해 설계된 많은 함정과 술책이 있는 곳을 가리키는 것뿐이다. 우리는 무엇이 효과 있고 무엇이 효과 없는지 알려줄 수 있다. 갈고닦은 지식을 내놓고 직접 시험해서 매우 안정적이라고 입증된 전술과 기술을 알려줄 수도 있다. 하지만 트레이더들이 이것으로 어떻게, 무엇을 할지는 어떤 방법으로도 통제할 수 없다. 우리는 트레이더가 생각하고 느끼고 대응하는 방식을 조종할 수 없다.

그들의 공포심에 영향을 미칠 수 없고 그들 개개인의 심리적이고 감정적인 특성을 바꿔줄 수도 없다. 그러나 그들이 필요한 모든 것을 갖추고 게임에 참여하게 할 수는 있다. 우리는 가방을 꾸려주고, 무릎 꿇고 키를 맞춰 자신감과 용기를 북돋는 말을 당신 귓가에 속삭여 줄 수는 있지만, 실행은 당신 혼자 해야 한다. 우리는 시험 준비를 도와줄 뿐 시험을 대신 봐줄 수는 없다. 우리의 임무는 그것이며 이 책은 그 임무를 위해 설계했다. 전 세계의 구독자가 우리에게 구독료를 지불하는 이유는 도움을 받기 위해서다. 우리가 밤을 새워가며 이루려는 것도 그것이다. 우리는 이 책을 단 하나의 목적을 염두에 두고 썼다. 당신이 절대로 권총 결투에 무딘 칼 하나만 갖고 나가지 않게 하는 것, 바로 그것이다.

> **지혜의 씨앗**
>
> 트레이딩을 완전히 터득한 마스터 단계는 먼저 자신을 통달하지 못하면 절대 다다를 수 없다. 강사 혹은 트레이딩 서비스 등 형태와 상관없이, 가르치는 사람에게는 트레이딩의 성공을 전달하고 전수하는 능력에 한계가 있을 수밖에 없다. 교사의 역할은 학생이 맞설 전투를 위해 제대로 장비를 갖추고 철저히 준비시키는 것이다. 전투는 당신이 한다는 사실을 결코 잊지 말라. 아무도 당신 대신 싸워줄 수 없다. 아무도 당신의 자리를 대신하거나 당연히 발생할 역경을 없애주지 못한다. 오직 당신만이 성공을 만들어낼 수 있다. 적절한 가르침이 있다면 당신은 할 수 있고 하게 될 것이다.

지식 추구가 먼저,
수익은 그다음

성공은 각 개인에 따라 진정한 의미가 결정되는 매우 모호한 개념이다. 사람은 각기 자신만의 고유한 성공의 정의와 의미를 갖고 있기 때문이다. 하지만 개념을 범주로 살펴보면, 성공의 정반대에 위치한 실패는 단 하나로 정의된다. 바로 **사소한 것에 집중하는 행동 또는 습관**이다. 얼마나 많은 사람들이 삶에 별 가치도 없는 사소한 것들에 집중하고 그것을 좇느라 대부분의 시간을 허비하는가!

우리 일간 소식지는 두 가지 유익한 정보를 제공한다. 트레이딩 관련 지식과 트레이딩 관련 수익이다. 대부분의 관심이 수익에 몰리겠지만 둘 중 훨씬 더 중요한 것은 지식이다. 2달러, 3달러의 단기 트레이딩 수익은 일단 취하면 없어지지만, 그 수익을 창출하는 지식을 습득하거나 접하면 평생 수익을 낼 수 있는 가능성이 생긴다. 이를 잘 표현하는 유명한 동양 속담이 있다. "자녀에게 물고기를 주면 하루를 먹일 수 있지만, 물고기 잡는 법을 가르치면 평생을 먹일 수 있다."

트레이더가 중요한 것에 집중하기를 바라기 때문에 우리는 소식지에 교육적인 요소를 제공한다. 물론 당연히 트레이더들이 수익을 좇고 수익을 내길 바란다. 하지만 그 과정에서 그 순간의 수익을 결정할 뿐 아니라 향후 수익 유지 여부를 결정할 지식을 확실히 얻길 원한다.

> **지혜의 씨앗**
>
> 중요도를 본다면 지식이 항상 우선이어야 한다. 영리한 트레이더는 수익을 내고 싶은 욕구를 알고자 하는 욕구보다 후순위에 두어야 한다. 지식을 추구하는 트레이더는 일시적으로 수익을 희생하더라도 가까운 미래에 엄청나게 큰 수익이 기다리고 있다는 사실을 알게 될 것이다. 먼저 지식을 확실히 얻으면 풍족한 수익이 거의 확실히 따를 테고, 그때의 수익은 확실하고 믿을 만하며 매우 오래 지속될 것이다. 가능한 모든 방법을 동원해 지식을 추구하고 이해하라. 그러면 마르지 않는 샘을 찾아낼 것이다.

단기 : 더 높은 트레이딩 정확도를 위한 만능 열쇠

앞서 말했듯 우리는 매우 짧은 기간을 기준으로 시장을 보는데(2일~2주), 우리 학생 및 구독자들이 항상 뒤처지지 않고 따라올 수 있도록 자주 알림을 보낸다. 그런데 구독자들이 몇 달 후를 감안해서 우리 접근법을 판단하기 위해 중장기적 견해를 요구하기도 한다. 우리는 몇 주 후 시장 예측은 별로 중요하게 생각하지 않는다. 기본적으로 우리가 단기 트레이더라서 그렇지만 또 하나의 이유가 있다.

분석 대상 기간이 확장될수록 정확도가 극적으로 떨어지기 때문이다. 대부분의 학계와 월가 분석가들은 그 반대라고 주장하는데, 이는 근본적으로 말이 되지 않는다. 보는 사람과 볼 대상인 사물 사이의 거리가 증가할수록 시각의 정확도가 감소하는 것이 상식 아닌가? 지금부터 1년 후 우리가 어디쯤 있을지보다 15분 후에 정확히 어디 있을지 알 확률이 더 높지 않은가? 당연히 15분 후 우리가 어디 있을지 알 가능성이 더 크다. 시장을 볼 때도 마찬가지다. 정확도는 단기 기준일 때 매우 높을 수 있지만 셀 수 없이 많은 상황이 있을 수 있고, 이들이 더 긴 기간을 거치며 변화하면서 높은 정확도를 성취하기란 무한히 어려워진다. 그래서 우리는 2~10일 기간에 온전히 집중하는 것이다.

> **지혜의 씨앗**
>
> 기민한 스윙 트레이더는 향후 몇 년 대비 다음 며칠을 올바로 예측할 확률이 비교할 수 없을 만큼 더 높다는 것을 안다. 영리한 데이 트레이더는 다음 며칠에 비해 다음 몇 시간을 올바로 예측할 확률이 훨씬 더 유리하다는 것을 안다. 기민한 마이크로 트레이더*는 다음 몇 시간 대비 다음 몇 분을 올바로 예측할 확률이 훨씬 더 높다는 점을 완전히 이해한다. 잘하는 트레이더는 기본적으로 진정한 확률의 대가다. 절대적 확실성에는 절대로 다다를 수 없지만, 트레이더에게는 단축된 기간의 틀에서 작업함으로써 시장의 확률을 매우 우호적인 조건으로 치우치게 만드는 힘이 있다. 최상급 트레이더는 이를 이해하는 사람이다. 시장을 보는 견해 및 접근법에 있어서 그들이 단기에 치중하는 경향이 있는 이유가 여기에 있다.

---

* micro trader: 일반적으로 몇 분 사이에 일어나는 엄청나게 작은 가격 변동에서 수익을 노리는 트레이딩 유형. 스캘퍼(scalper)라고도 한다.

단기가 가장 안전한
시간 틀인 이유

우리가 단기 트레이더라서 다행이라고 생각하는 시기는 시장이 가장 어려워졌을 때다. 장기적인 시장 접근 방식은 언제든 적용 가능하지만, 시장이 급락하며 공황 상태로 들어가면 그 한계가 진정한 시험을 받는다. 트레이더를 둘러싼 환경은 시장이 요동치는 시기에 더 힘들어지긴 하지만, 단기 시장 참여자들은 이 시기에 언제나 시장의 우위에 선다. 왜 그럴까? 민첩한 트레이더들은 매일 암울한 상황에서도 챙길 것이 있다. 단기 트레이더는 즉각적으로 방향을 전환할 수 있는 여유를 누릴 수 있다. 빛의 속도로 문제를 피해 사방으로 움직이며 태세를 전환하고, 한동안 공포를 수익화하는 포지션을 만들기도 한다. 그러고 나서 분위기가 개선되기 시작하면 다시 신속하게 돌아온다. 암흑의 시기에 장기적 성격이 있다면 무엇이든 완전히 박살 나거나 큰 타격을 받는 데 반해, 시장을 드나드는 트레이더는 더 밝게 빛난다는 사실은 부인할 수 없다.

1998년 후반 전능했던 헤지 펀드인 '장기캐피탈운용(Long-Term Capital Management)'이 고사 직전까지 갔던 것을 떠올리라. 전능한 연준*과 메릴린치, 제이피 모건 같은 전국에서 가장 큰 규모의 은행 집단의 도움이 없었다면 전 세계적으로 최대 규모의 금융 기관이자 경외의 대상이 되었던 헤지 펀드 중 하나는 추억 속에만 존재했을 것이다. 아마 회사명과 접근 방식을 '장기캐피탈운용'이 아닌 '단기캐피탈운용'으로 했다면 더 잘되지 않았을까? 일어난 일을 보면 사명 변경을 심각하게 고려했을지도 모른다. 그런데 이런 것이 무슨 소용이 있는가. 당신과 우리가 단기 트레이더라서 다행이다. 상황이 나빠지고 성난 시장의 격노를 느끼게 되면 당연히 아프다. 하지만 장기 선수들은 항상 더 아프다는 것을 알아야 한다. 오늘날과 같은 새로운 세계에서는 단기가 더 좋은 선택이다.

---

*   Federal Reserve: 미국의 중앙은행인 연방준비제도(Federal Reserve System)의 줄임말

🌱 지혜의 씨앗

그리 오래되지 않은 과거에는, 시장에 민첩하게 드나드는 트레이딩을 편두통과 위염, 신경 쇠약, 스트레스의 주요 원인으로 꼽았다. 시장 참여자들이 제정신을 유지하려면 어떤 주식이든 장기 보유해야 한다고 믿던 시기도 있었다. 하지만 오늘날 특정 종목의 40~60% 하락을 흔히 초래하는, 자주 발생하는 발작적인 하락에 결부된 과도한 시장 변동성 때문에 시장 참여자들은 거의 강제적으로 단기를 보게 되었다. 오늘날 민첩한 단기 트레이더라고 하면 스트레스가 덜하다는 의미를 지닌다. 주식이 2주 후 40% 하락을 관찰하는 입장이면 큰 스트레스를 받지 않지만, 보유 주식이 2주 후 40% 하락하면 엄청난 스트레스를 받는다.

단기 트레이더는 이제 더 안전한 접근 방식을 실천한다고 자랑스럽게 말할 수 있다. 주식을 내 포지션의 반대 방향으로 40%나 움직이도록 놔두는 데는 변명의 여지가 없다고 생각한다. 최고의 트레이더들은 절대로 그러지 않는다. 왜 그럴까? 다음과 같은 점을 믿기 때문이다.

1. 의심이 들 때는 나가는 것이 최선이다.
2. 항상 다시 들어갈 수 있다.
3. 판을 치우는 것(전량 매도)이 마음을 정화하는 것이다.
4. 시장이 겁쟁이에게 보상을 줄 때가 있다.
5. **20%** 하락하는 종목에 발생한 **5%** 손실은 성공이다. 실패가 아니다.
6. 때때로 방어를 잘하는 것은 최선의 공격이다.
7. 물러나 있으면 반드시 다음날 살아남아 다시 뛸 수 있다.

뮤추얼 펀드나 주의 깊게 선별한 블루칩 신뢰주(bluechip stalwarts: 10장 '다섯 번째 시장 도구: 강력 5 지수' 편 참고)로 장기로 시장을 대하는 것은 은퇴 투자 유형으로 언제나 할 수 있는 접근 방법이다. 하지만 이런 투자 유형과 대상을 제외하면 단기는 모든 시간 틀을 압도한다.

나의 가장 위대한 깨달음 세 가지

내가 전문 트레이더로서 보람 있는 경력을 쌓을 수 있도록 이끌어준 몇 가지 깨달음을 공유하고자 한다. 한 개인의 존재를 극적으로 변화시키고 인생을 바꾸는 발견은 흔하지 않다. 나는 내가 그럴 수 있는 사람이 되었다고 느끼면서, 이후 나의 말이 누군가에게 들어가 도움과 가르침이 되기를 바란다.

생계를 위한 트레이딩은, 당연히 트레이딩에 대한 열망을 처음 경험한 모든 초보자의 목표이자 동경이다. 완전한 독립, 절대적 자유, 잠재하고 있는 거대한 재정적 보상 등은 그들의 상상력을 사로잡고 새로운 희망에 불을 지피며 매일 밤 꿈꾸는 가능성이다. 나는 13년 전 시장을 통달하겠다는 집요한 의지에 사로잡혔다(당시 스무 살이었다). 나는 미래 주가에 관한 모든 지식이 과한 연봉을 받는 회계사와 고속 인쇄기가 생성하는 상당히 조작된 재무제표 안에 있다고 믿는, 엄격한 기본 분석가 유형이었다. 그런데 비율 하나, 세세한 비용까지 원론적으로 분석하면서 필요 이상으로 오래 좌절했다. 기업을 알아보기 위해 재무제표에 담긴 모든 내용을 숙지한다고 해서 언제, 어디서 기업의 주식을 사야 하는지 알 수 있는 건 아니라는 사실을 깨달았다. 여러 해에 걸쳐 손실이 연속되고 자금 주머니도 극적으로 작아진 후 나는 인생을 뒤바꿀 깨달음을 찾았다. 이를 다음과 같이 소개한다.

1. 연속적으로 기록한 손실로 봤을 때 시장 조성자*는 적정 주식을 틀린 시점에 매수할 수 있으며 가진 걸 몽땅 날릴 수 있다. 나는 이 교훈을 얻기 위해 상당한 대가를 치렀는데, 이를 깨달았을 때 시장에 대해 생각하고 접근하는 나의 방식은 획기적으로 바뀌었다.

2. 마찬가지로 중요한 깨달음은, 트레이더는 틀린 주식을 적정 시점에 매수하고 큰돈을 벌 수 있다는 점이다. 이는 내 사고를 한 단계 뛰어넘게 한 마법의 특효약이다. 덕분에 월가가 제시한 일반적인 개념과 방법에 오류가 있음을 알 수 있었다.

3. 1, 2번을 발견한 덕에 나는 모든 시장 참여자가 안다고 주장하지만 사실은 모르는, 가장 기초적인 원리를 온전히 이해할 수 있었다. 명심하라. 지구상에 주가를 올리고 내릴 수 있는 힘은 단 하나밖에 없다. 그건 바로 **매도를 압도하는 강력한 매수다!** 그것뿐이다. 좋은 기본 요건이 주가를 끌어올린다. 좋은 경영진은 주가를 올리지 않는다. 좋은 실적도 주가를 올리지 않는다. 있을 수 있는 모든 주가의 상승 움직임 뒤에 있는 직접적인 힘은 단순히 매도보다 많은 매수다. 그 힘

---

* market maker: 거래소에서 거래가 항상 가장 좋은 호가에 성사되도록 매도, 매수 양방향으로 거래하며 시장에 유동성을 공급하는 주체

에 불을 붙이는 이유는 여러 가지일 수 있다. 다양한 여건이 주가를 움직여 행동하게 만들 수도 있지만, 모든 주가 움직임의 직접적인 힘은 매도보다 더 많은 매수, 그것뿐이다.

이 깨달음에는 잠재되어 있기 때문에 주의를 기울이지 않으면 놓치기 쉬운 미세한 점이 있다. 특히 3번에는 흔히 발견되지 않는, 트레이딩을 성공하는 만능열쇠가 들어 있다. 그래서 다음 질문과 함께 더 자세히 설명하겠다. 시장에 아무도 나오지 않는 주말에 탄탄한 실적을 보고하려는 기업이 있을까? 당연히 없다. 매수하려는 사람이 나타나지 않으면 실적 보고는 쓸모가 없다. 실적 보고로는 주가를 띄우지 못하며 강한 매수세만이 주가를 올릴 수 있다는 방증이다. 말장난이라고 생각할지 몰라도 이 말의 섬세한 의미, 그 조용한 단서를 잡으면 당신의 사고는 획기적으로 전환될 것이다.

이 사실을 깨달은 후 나는 차트를 이용해 내가 선택한 종목의 저변에 있는 '매수'의 수준을 분명히 관찰할 수 있었다. 차트를 충분히 잘 이용해 매수가 매도를 압도하기 시작하는 시점을 간파하면, 항상 1년 단위 재무제표에 머리를 파묻고 있는 시장의 선수들이 발견하기 훨씬 전에 급격히 상승하는 종목을 잡을 수 있을 것 같았다. 그건 차트를 이용해서 더 일찍 들어가고 더 일찍 나오면서 꾸준히 다수를 이길 수 있다는 의미였다. 그리고 어떻게 됐을까? 빠르게 그렇게 되었다. 그때 이후로 나는 차트가 매수를 가리킨다면, 특히 배경에 있는 기본적 요소가 매수를 가리키지 않는다면 눈에 보이는 모든 것을 매수하기로 결심했다. 왜? 차트가 유망한데 펀더멘털로 그림이 그려지지 않을 때 회계 항목만 들여다보는 선수들이 실제로 무슨 일이 벌어지고 있는지 깨닫기 전에 다수보다 일찍 진입할 가능성이 높으니까. 상승 중인 종목의 PER 비율이 말도 안 되게 높고 차트가 상승을 가리키면 나는 매수했다. 실적이 없다? 문제되지 않았다. 종목이 상승하고 있다면(본질적으로, 매수세가 있다면) 나는 뛰어들었다. 높은 부채 수준, 터무니없는 수주출하비율*, 순현금흐름 유출** 같은 부정적인 지표들도 종목 상승을 방해하지 않았다면 나에게는 기쁨의 노래나 마찬가지였다. **도움말:** 이 부분은 차트 이용 시 중요한 포인트이니 다시 읽으라. 이런 간과된 보석들은 당연히 내 트레이딩 포트폴리오 맨 꼭대기의 특별한 자리를 차지했다.

   요점만 말하면 기업의 서사, 재무제표 등의 보고서, 특별한 정보, 소문, 갑부인 기업 대표가 약속하는 공허한 향후 실적 전망이 아닌 종목 자체에 집중한 이후부터 나는 시장에서 꾸준히 성공하는 사람이 되었다. 26세에 트레이딩으로 생계를 책임질 수 있게 되었다. 그 이후는 알려진 바 그대로다.

   이 책의 모든 독자가 차트 해석이야말로 실제 효과 있는 진짜임을 분명히 알면 좋겠다. 전통적이고 구시대적인 월가의 부대가 어떤 말을 해도 기술적 분석은 작동한다. 전문 트레이더로서 내 인생 전체와 우리 트레이딩 서비스가 보유한 높은 정확도가 이를 나날이 증명하고 있다. 기

---

*   book-to-bill ratio: 반도체 제조 기업의 실적을 평가하는 지표 중 하나로 출하량(bill) 대비 수주량(book)의 비율. 1.0 이상이면 수요가 공급보다 더 높은 호재 신호로 본다.

** negative cashflow: 회계 기간 기업에 유입된 현금보다 기업에서 유출된 현금이 더 많은 것

본적 분석은 분명히 가치가 있고 당신이 투자 전반에 걸쳐 이용하는 무기고에 갖추어 놓아야 할 항목이다. 그러나 시장의 모든 단기 트레이더는 기업의 기본 요소가 트레이더의 가장 중요한 질문에 답하지 못한다는 사실을 알아야 한다. "언제 매수해야 할까?" 말이다. "경영진이 제대로 하고 있고, 회사 제품이 좋고, 분기 실적이 상승세에 있다는 걸 알았는데, 그래서 언제 매수하지?" '언제(언제 행동을 개시해야 하는가)'에 집중하지 않고 '무엇(무슨 기업이 좋은가)'에만 집중하는 단기 트레이더는 실제로 매우 초단기 트레이딩을 할 것이다.

> **지혜의 씨앗**
>
> 기민한 트레이더는 월가의 기본 분석 관련 숫자가 바뀌기 전에 주가가 먼저 움직인다는 사실을 안다. 시장은 할인 구조*로 돌아가기 때문이다. 시장이라는 집단은 2~6개월 이후를 예측하려 한다. 주가가 내내 움직임을 통해 전달한 메시지를 기본 분석 관련 숫자로 확인하려 한다면 막상 확인되었을 땐 이미 몇 달 늦었고 가격도 상승한 후일 것이다. 더군다나, 기술적인 원칙과 조합해서 이용한다면 차트 해석은 이 질문에 답을 줄 수 있는 유일한 분석법이다. "기업이 좋다는 것은 알겠는데, 언제 매수하지?" 그러니까, 누군가가 "차트 공부는 헛짓이고 효과도 없다"고 한다면 그저 그를 우리에게 보내면 된다. 사실 우리 소식지 중 한 부를 주고 이렇게 물어도 된다. "음, 이건 어떻게 설명할 수 있을까? 이들은 차트를 해석하는 사람들인데?"

---

* discounting mechanism: 미래 일어날 일을 현재에 선반영하려는 현상이 고착화된 구조

사랑 : 트레이더의 가장 큰 힘

　미국의 위대한 발명가 토마스 에디슨은 "나는 단 하루도 인생에서 일을 한 적이 없다. 모든 것이 재미있었다"는 유명한 말을 남겼다. 트레이딩에 관해서라면, 솔직히 나도 딱 그렇게 느낀다. 트레이딩 때문에 기쁨과 고통이 혼재하는 끝없이 반복되는 감정을 겪어야 하지만, 마우스를 움직여 클릭 한 번에 실행되는 시스템, 실시간 차트 앞에 앉아 있을 때 가장 살아 있음을 느낀다. 그럴 땐 시간이 멈춘 것 같다. 시장 환경이 어려워지고 좋은 기회가 좀처럼 생기지 않아도 매일 아침 눈을 뜨면 두근거린다. 이 게임에 대한 나의 애정 덕분에 힘들고 어려운 시기조차 내게는 장미의 아름다움을 상쇄하지 못하는 가시처럼 보인다. 트레이딩이라고 부르는 이 게임은 개인이 노력을 들여 시도할 수 있는 일 중에서 가장 어렵다. 고난과 역경에도 불구하고 나는 트레이딩에 대한 진심 어린 애정을 품고 있다. 사실 고난과 역경이 있어서 애정이 생긴다. 대부분의 사람들은 오래갈 수 없고 오래가지 못하기 때문에 트레이딩을 좋아하며, 내가 살아남았다는 사실은 다른 어떤 일도 주지 못한 성취감을 준다. 모든 사람이 그렇듯 나도 지기 싫어하지만, 만약 지고 잃는다고 해도 트레이딩에 대한 나의 사랑은 여전히 넘쳐 흐를 것이다. 트레이딩에서 얻을 수 있는 것 때문이 아니라 트레이딩 자체가 좋아서 트레이딩하는 사람이 더 많았다면 능력이 탐욕을 대체하고, 부주의가 신중함에 자리를 내주며, 지식이 모든 행동의 초석이 되었을 것이다.

나는 내가 비밀 무기를 갖고 있고 그 덕분에 기꺼이 나를 제물로 희생시키고 전리품을 챙기려 하는 탐욕스러운 다수를 언제나 앞설 수 있다고 믿어 의심치 않는다. 내 비밀 무기는 순수하고 때 묻지 않은 트레이딩에 대한 나의 사랑이다. 피자나 햇살이 비치는 오후 등을 좋아하는 감정 같은 약한 의미의 사랑이 아니다. 내가 말한 '사랑'은 너무나 깊어서 이 세상의 어떤 힘과 존재도 꺾을 수 없는 인간의 정신적인 상태를 의미한다. 그토록 깊은 사랑, 바로 아가페적 사랑이 나의 비밀 무기이며 온 세상을 다 준대도 이 사랑과 맞바꾸지 않을 것이다. 나의 사랑이, 나의 비밀 무기가 나를 살아남게 한다. 시장의 다수보다 더 오래 지속할 수 있게 하고 성공으로 가는 길에 마주치는 모든 장애를 극복하게 하며 모든 고난과 시련 그리고 시장과 나의 개인적인 어리석음으로 발생하는 모든 어둠의 순간을 이겨낼 힘을 준다.

매우 자랑스럽게 다시 말하는데, 나는 트레이딩을 사랑한다. 그리고 특히 힘든 시기를 거칠 때는 내가 사랑한다는 사실이 좋다. 만약 그렇지 않았다면 지금의 나는 존재하지 않았을 테니까. 당신도 나와 같은 사랑을 트레이딩에 준다면 그 사랑을 돌려받을 수 있을 것이다. 명심하라. 트레이딩이 사랑을 돌려주기로 결정하는 순간 당신의 삶은 참으로 위대해진다.

> **지혜의 씨앗**
>
> 많은 철학자들은 인간의 가장 강력한 힘은 사랑이라고 생각한다. 자녀에게 아낌없는 사랑을 주면 강인하게 자라고 당당한 성격을 형성해서 성공적이고 대담하게 미래를 개척해 나갈 것이다. 사랑이 배우자와 (혹은) 선택한 분야로 향하면 매일 눈을 뜨는 순간 번영을 향해 난 따뜻한 환영이 기다리는 길을 걷게 될 것이다. 인생과 세상은 사랑의 힘에 전적으로 길을 내준다고 확신한다. 사랑이 풍족하고 관대하게 베푸는 사람은 충분한 보상을 받는다. 트레이더가 트레이딩이라는 이 예술을 진정으로 사랑하는 방법을 배운다면, 사랑과 성공하고자 하는 열망의 위대한 조합이 만든 강력한 힘을 막아낼 장애물은 없다. 트레이더가 트레이딩 자체가 좋아서 트레이딩을 사랑할 때, 손실은 장애물이 아니다. 그를 방해할 힘이 없기 때문이다. 트레이딩 자체가 좋아서 트레이딩을 사랑하면 역경을 더욱 쉽게 인내할 수 있다. 좌절과 위기는 기회로 보이고 여느 때보다 잘할 이유가 된다. 사실 사랑은 트레이더의 강력한 무기이다. 지금 이 부분이 트레이딩 관련 도서의 내용으로 적합하지 않다고 생각한다면, 한번 시도해 보라. 엄청난 수익을 내는 성공한 트레이더 중에서 자신은 트레이딩을 싫어한다고 인정하는 사람을 찾으라. 예리한 통찰력으로 시장을 호령하면서 이 일을 경멸하는 사람을 찾아보라. 원한다면 전 세계 구석구석 뒤져도 좋다. 그래도 장담컨대 그런 사람을 찾아낼 수 없을 것이다. 우연히 못 찾는 것이 아니다. 보통 사람들의 상상보다 더 큰 수익을 내는, 훌륭한 트레이더는 진심으로 트레이딩을 사랑한다고 말할 것이다. 그렇다면 그들은 지금 성공해서 트레이딩을 사랑할까, 아니면 그런 사랑이 없는 대부분의 사람들이 떨어져 나갔을 때, 트레이딩이라는 예술에 대한 사랑이 그들을 살렸고 성공하게 되었을까? 나는 후자에 베팅하겠다. 트레이딩을 사랑해보라.

트레이더와 점쟁이

안락과 확신을 원하는 것은 인간의 본성이다. 우리는 안락과 확신을 바라고 숭배하고 좇는다. 실상 우리는 다른 모습으로 위장한 안락과 확신을 얻기 위해 고군분투하고 열정적으로 추구하며 인생의 많은 부분을 보낸다. 예컨대 자신과 자녀를 위한다는 교육은 자세히 들여다보면 안정 욕구에 불과하다. 우리는 교육 자체를 유익한 목적으로 삼는 대신 안전함, 확실성, 안정성이라는 목적을 위한 수단으로 생각하고 접근한다. 직장에서 오랜 시간 열심히 일하거나 하지 않는 이유는 모두 확실성을 찾기 때문 아닌가? 우리가 하는 거의 모든 것은 안전하다고, 안정되었다고, 확실하다고 느끼고 싶은 욕구와 연결되어 있다. 하지만 참 재미있게도, 인생에 진정한 확실함은 없다. 그리고 인생과 거의 거울처럼 닮아 있는 시장으로 눈을 돌려 보면 그 말이 사실임을 알 수 있다.

확실성은 신화처럼 근거 없는 믿음에서 나온 개념이다. 확실함은 미래를 완전히 알아야만 비로소 존재 가능한데, 인간이자 트레이더인 우리는 미래를 알 수 없다. 물론 내일 일어날 일을 추측할 수 있고 그게 맞을 때도 있다. 그러나 그럴 때조차 확실함은 없다. 어떤 의미에서 확실성을 찾아 나서는 일은 어김없이 좌절과 실망으로 이어질, 열매 맺지 못할 시도다. 그런데도 너무나 많은 트레이더들이 시장에서 확실성을 찾으려 한다. 우리는 이 서비스 저 서비스 옮겨 다니고 이 강사 저 강사 찾아다니며 좌절하고 실망하는 사람이 많은 이유가 이것임을 알아냈다. 초보들은 트레이더가 아닌 점쟁이가 되고 싶고, 타로를 해석하고 싶어 한다. 그들이 진정 바라야 할 것은 맞출 확률을 평가할 수 있는 뛰어난 능력이라는 사실을 모르는 듯하다. 올바른 트레이더들은 진정한 확률 전문가다. 그게 다다. 그들은 아는 것이 아니다. 하지만 그것만으로 하는 방법을 배웠다.

> 🌱 **지혜의 씨앗**

확실함에 대한 열망은 많은 트레이더들이 계속 빠지는 함정이다. 인생에서도 주식 시장에서도 확실함은 절대 찾을 수 없다는 걸 명심하라. 모든 트레이더는 결코 미래를 확실히 알 수 없다는 사실을 받아들이는 법을 배워야 한다. 그러면 분명 엄청난 상승을 경험할 것이다. 왜 그럴까? 확실함을 구하는 것은 무거운 짐을 지고 돌아다니는 일이기 때문이다. 휴식이 없고 끝도 없는 무의미한 활동이다. 이상하게도 사람들은 확실함에 도달하면 정신이 명료해지고 평화가 깃들리라 믿는다. 하지만 역설적으로, 확실함에 도달할 수 없다는 것을 깨달아야 정신의 명료함과 평화에 도달할 수 있다. 확실함은 이루기 힘든 신화처럼 근거 없는 믿음이다. 내일은 절대로 '알' 수 없다. 우리가 할 수 있는 일은 내일 일어날 일을 확률적으로 평가하는 데 도움이 되도록 설계된 몇 가지 도구와 기술을 습득하는 것뿐이다. 그것이 우리가 취할 수 있는 유일한 행동이며, 이 책의 후반부를 통해 당신이 얻게 될 것이다.

좋은 확률을 찾기 위해 배우는 사람은 이미 전문 트레이더가 되는 길에 들어섰다. 확실함을 찾는 사람은 실패와 실망과 낙담으로 점철된 미래를 불러들일 것이다. 확실함이 아닌 더 좋은 확률을 찾으라.

2장

마스터 트레이더가 되기 위한 심리 갖추기 : 트레이딩을 위한 올바른 행동의 핵심

당신이 하는 것은 도박인가, 트레이딩인가

트레이딩은 사람이 하는 일 중에서 가장 활기찬 것이다. 매일, 매시간, 심지어 매 호가에 따라 활발히 시장에 참여한 사람들의 금전적인 삶의 안정성이 극적으로 높아지거나 줄어든다. 수익은 신속하고 거대할 수 있지만 부주의했을 때의 실패는 빠르고 영원한 퇴출로 이어진다. 빠르고 지속적인 부를 획득할 수 있는 잠재력과 이상하리만큼 흥분되는 경제적인 파멸 가능성 덕분에, 전문 트레이딩은 금융계에서 가장 인기 있는 활동이 되었다. 하지만 요구되는 것이 많은 이 직업에 나선 사람들 대부분은 실패한다. 그것도 처참하게. 이 냉정한 현실에는 여러 이유가 있지만 그중 가장 큰 손해를 끼칠 수 있는 것 하나를 지적하고 싶다.

많은 초보 트레이더들이 실패하는 이유는 항상 '도박'과 '전문적인 거래'의 차이점을 모르기 때문이다. 긍정적인 실적이 '기대되는' 기업의 실적 발표 직전에 주식을 매수하거나, 빛의 속도로 폭락하는 주식을 사들이는 행위는 무분별한 도박에 가깝다. '아무렇게나 난사하는 식'의 접근법이 크게 적중할 때도 있긴 하지만, 이런 접근법의 가장 큰 가치는 지적인 접근법과 관계없는 순간적인 오락이다. 지적이고 잘 계획된 트레이딩 체계에 이런 접근법이 낄 자리는 없다. 시장에서 꾸준히 수익을 내고 싶다면 전문적이고 극도로 원칙을 준수하는 절제된 방법을 써야 한다. 그래서 우리는 〈프리스틴 데이 트레이더〉에서 선택한 종목 각각에 상세하고 전문적인 트레이딩 전략을 함께 제공한다. 추측이나 감을 이용할 여지를 거의 남기지 않고 (1) 적정 진입 지점에 들어가며, (2) 적절한 포지션을 운용하고, 물론 (3) 적정 청산 지점에 나오도록 하는 데만 집중한다.

이런 방식으로 지식과 잘 짜인 계획을 갖고 시장에 접근할 때 두는 수는 '도박'이 아니며 역동적인 기대에도 종종 부합하지 못한다. 하지만 전문적인 접근법을 사용하면서 하루 또 1년, 또 10년 후까지 시장에 살아남아 있을 수 있다는 확신을 가질 수 있다. 영리한 트레이딩에는 계획의 실행이 필요하다. 도박은 내가 옳기를 바라는 희망보다 아주 조금 나은 것을 바탕으로 사고파는 것, 그 이상도 이하도 아니다. 그러니까 영리하게 트레이딩을 하는 것이 무엇보다 중요하다. 성공하려면 일단 지속할 수 있어야 한다. 이 사실을 잊지 말라. 영리하게 트레이딩 하는 사람은 지속할 수 있지만 도박을 하는 사람은 지속하지 못한다. 모든 트레이더는 트레이딩과 도박을 구별하는 법을 배워야만 한다.

> **지혜의 씨앗**
>
> 큰 점수를 따고 싶은 욕망, 다시 말해 도박에 대한 욕망은 초보 트레이더에게서 나타나는 명백한 특징이다. 전문가들은 단기 트레이딩이라는 예술 전체가 결국 1/8달러,

1/4달러 때로는 50센트짜리 게임으로 귀결된다는 것을 완전히 이해한다. 생각해보자. 시장 조성자와 특별경매인*들은 월가의 가장 기민한 선수의 대표 주자다. 어느 시점에서든지 그들은 수천만 달러를 통제 가능하다. 그들이 대표하는 기관은 거대하며 영향력 있고 매우 강력하다. 이 마스터 트레이더들 자체가 실질적인 의미의 월가다. 이 게임의 거인이자 우두머리이며 결과적으로 금융 먹이 사슬의 최고봉에 영원히 자리 잡았다. 시장 조성자와 특별경매인은 진정한 전문가들이다. 그런데, 그래서, 그들의 유일한 목적은 무엇일까? 당신은 아는가? 그들의 트레이딩 생애에서 모든 순간의 목표는 단순히 그들이 거래하는 주식의 매수 호가와 매도 호가 간의 차이, 즉 스프레드를 손에 넣는 것이다. 이 문장을 다시 읽으라. 단기 트레이딩의 성공을 위한 만능열쇠가 들어 있으니 말이다. 월가에서 가장 크고 강력한 기관, 알려지지 않은 부를 쌓았고 통제해 온 금융의 신들은 다른 어떤 것도 아닌 단 하나, 스프레드를 찾는다. 그들이 찾는 것은 아마존닷컴(Amazon.com)에서 나오는 40달러 수익이 아니다. 아메리카온라인(America Online)의 상승을 잡아 꽤 큰 4달러 수익을 내려고 하는 것도 아니다. 간단히 말해, 그들은 도박꾼이 아니라 최상위에 있는 전문 트레이더이며, 그들의 유일한 목표는 스프레드 획득이다. 이것은 엄청나게 중요한 메시지를 전달한다. 그 의미를 이해한 사람은 이 게임에서 가장 깊이 숨은 진실을 깨달았을 것이다. 가끔 초보가 운이 좋아서 티끌만큼 지불하고 매력적인 큰 수익을 얻기도 하지만, 진정한 전문가는 작아도 확실한 수익을 좇는다. 그들은 그 작은 수익을 몇 천 번씩 다시 잡을 뿐이다. 능력이 부족한 초보는 할 수 있는 일은 큰 점수를 한 번 받는 수밖에 없다고 생각한다. 계획을 세우지 못하고 번번이 목표를 놓치고는 더 나은 미래가 복권을 긁듯 트레이딩을 하는 것이라고 생각한다. 월가의 가장 기민한 트레이더들은 복권을 사지도, 바라지도 않는다. 그들은 복권을 판다. 초보자는 그 복권을 산다. 어떤 경우라도 트레이딩을 해야 한다, 도박이 아니라.

---

* specialist: 거래소 내의 경매인. 뉴욕증권거래소 입회장에서 주식을 자신의 계정에 보유하고 매매하면서 시장에 유동성을 공급하는 사람들. 거래 시간에 자신이 담당한 주식에 대해 경매를 위해 최선의 매수, 매도 호가를 제시하며 거래를 성사시키는 책임을 진다. 증권 중개 회사를 통해 주문이 들어가면, 이 주문은 입회장에 있는 중개인을 통해 특별경매인으로 전달되며 거래된다. 지금은 이들을 지정 시장 조성자(designated market maker)라고 한다.

성공이 항상 성공은 아니며, 실패가 항상 실패는 아니다

　수익이 거래가 건전했는지 혹은 옳았는지 결정할까? 손실을 보았다면 자동적으로 잘못했다고 생각해야 할까? 답은 당연히 둘 다 "아니다!" 특정 거래 하나의 최종 결과가 방법 혹은 거래를 결정한 의사결정의 옳고 그름을 결정하지 않는다. 이 사실을 이해하지 못하는 많은 트레이더들이 이런저런 기법을 만지작거리고 영원히 옮겨 다니다가 결국 어떤 전문성도 습득하지 못한다. 너무나 많은 트레이더들이 어떤 기술도 필요 없는 동전 던지기도 가끔은 맞는다는 사실을 깨닫지 못한다. '앞면이 나오면 매수, 뒷면이 나오면 매도'가 때로 수익을 안겨줄진 몰라도 옳은 방법은 결코 아니다. 현실에서는 전략이 얼마나 건전한지, 가능한지와 무관하게 모든 거래에서 수익을 낼 수는 없다. 기법에 오류가 전혀 없어도 최종 결과는 손실일 때가 있다. 반대로 오류가 있는 접근법이지만 수익을 내기도 한다. 전문가는 모든 거래의 각 요소가 확실히 제대로 처리되었다면 (기다리는 시간, 실거래 시점, 진입, 자금 운용, 청산 등) 수익은 결국 자연스럽게 발생한다는 것을 안다. 그래서 특정 트레이딩 전술의 건전성 여부를 판단하려면, 하나가 아닌 10여 개 정도 거래의 최종 결과가 필요하다. 거래에 들어가기 전, 이것은 '평생' 있을 거래들 중 하나에 불과하다는 사실을 항상 주지하라. 수익 하나, 손실 하나는 모든 것을 아우르는 큰 그림에서 별로 중요한 차이를 만들지 못한다. 당신이 거래 하나를 할 때마다 공포를 느끼고, 기회비용을 생각하면서 결국 이성을 잃을 정도까지 많은 시간을 걱정하며 보내는 트레이더라면, 이런 생각이 정신적으로 도움을 줄 것이다.

> **지혜의 씨앗**
>
> 전문 트레이더가 되는 일은 평생 끝나지 않는 과정으로 여기라. 이런 마음과 태도를 갖춘 트레이더는 하나의 거래를 평생 계속할 거래의 일부로 본다. 그 한 거래의 결과가 수익인지 손실인지는 사소한 문제다. 모든 트레이딩에 관한 결정을 이런 방식으로 접근하라. 처음 시작하는 트레이더가 거래를 진행할 때마다 나타나는 압박감을 떨칠 수 있을 것이다. 맑은 정신과 마음의 평화를 얻는 데 도움이 되어 더욱 독립적으로 행동하고 더욱 지적인 의사결정이 가능해진다. 진지하게 트레이딩에 임하는 모든 트레이더가 꼭 알아야 할 핵심 개념은 이것이다. 개별 거래는 당신이 트레이더로서 어디쯤에 있는지, 어떤 수준인지 알려주지 않으며 알려줄 수도 없다. 진정한 수준은 상당 횟수의 거래가 쌓인 후에야 드러난다. 실패자도 때로 복권에 당첨되며 하루 동안은 세상을 다 얻은 기분일 것이다. 성공하는 사람도 가끔 녹초가 될 정도로 치이고, 짧은 시간에 탁월함을 드러나지 못할 수 있다. 하지만 10~12회 정도 거래한 후에는 대부분 진짜와 가짜가 분리된다. 거래가 쌓이면 쭉정이와 알맹이가 분리되고 성공하는 트레이더가 출현하여 마땅히 오를 우두머리의 자리를 차지한다. 절대로 성공과 실패를 거래 하나의 결과로 판단하지 말라. 점수는 열 번의 거래 이후 매기라. 내가 어떤 트레이더이며 지금 어디에 있는지 알기 위해 필요한 모든 것은 10~12개의 연속 거래 후에 얻을 수 있다. 기억하라, 10회 한 세트 후에 진실이 드러난다.

2장 마스터 트레이더가 되기 위한 심리 갖추기 : 트레이딩을 위한 올바른 행동의 핵심

대중의 성공은 오래갈 수 없다

시장이 크게 동요하면 개인 투자자들은 집단적으로 시장을 빠져나간다. 이런 상황의 발생은 하락세의 바닥이 가까워졌음을 의미한다. 원래 주식시장에는 상승세를 재개하기 전 '약한 손'*들을 털어내려는 경향이 있다. 개인 투자자들의 엄청나게 긍정적인 기대와 좌절의 집중도는 사실 기민한 트레이더들이 시장의 꼭짓점과 바닥을 짚어내는, 매우 흥미로운 시장의 직접적인 척도다. 그것도 꽤 잘 통하는 척도 말이다. 살펴보면 완벽히 논리적이다. 금융 시장은 다수의 이익을 위해 설계되지 않았기 때문에, 조정 과정에서 일반 투자자(다수)는 제거되지만 영리한 선수들은 (물론 소수) 시장이 마침내 돌아설 때 떨어진 조각들을 주워 담는다. 전문가집단(professionals)은 평범한 투자자를 항상 틀린 쪽으로 몰아가는 데

---

* weak hands: 최근 가격 상승세의 끝에 진입해서 비싼 가격에 매수했기 때문에 심리적으로 약하며 쉽게 흔들려 물량을 내놓아 버리는 보유자

선수다. 초보가 매수하고 싶어 하면 전문가집단은 그걸 매도하려 한다. 초보가 링 위에 수건을 던지며 포기하고 매도할 때 전문가집단은 기꺼이 매수하며 그를 고통에서 해방시켜 줄 것이다.

그러니 진지하게 자문하라. '이 대단한 희극에서 나는 어떤 인물인가?' 게임이 때마침 우호적으로 바뀌려 할 때 항복하는, 가련하게 조종당하는 쪽인가? 이 업계에는 능력이 있는 사람만 살아남고, 당연히 살아남는 사람만 성공할 수 있다. 생존자가 되기 위해 최선을 다하라. 그래야 살 수 있다. 상황이 힘들어지면 승자는 더욱 강해진다. 이 게임에서 이기려면 계속 게임에 참여할 수 있어야 한다. 그만두고 싶은 생각이 들 때마다 자신에게 질문하라. '이 대단한 희극에서 내 역할은 뭘까?' 사고를 명료하게 환기시키고 정답을 가르쳐주는 질문이다.

> **🌱 지혜의 씨앗**
>
> 트레이딩이라는 게임은 소수와 다수, 영리한 트레이더와 멍청한 트레이더, 가진 자와 못 가진 자들 사이의 영원한 싸움이다. 그리고 언제나 다수, 영리한 트레이더, 가진 자가 이긴다는 사실을 명심하라. 시장이 그렇게 설계되었다. 시장에서 성공하려면 이기는 집단에 속해야 한다. 하지만 다수인 패자 집단에서 모두가 선망하는 소수의 승자 집단으로 이동하는 사람은 현실에서는 지극히 드물다. 앞서 말했듯이 시장은 다수가 보상을 받도록 설계되지 않았다. 사실 그들이 게임에 참여라도 할 수 있도록 허락된 본질적 목적은 음식(항구적인 수익)을 신들, 즉 승리자들에게 바치기 위해서다. 다음 이야기를 보면 시장이 어떻게 돌아가도록 설계되었는지 명확히 알 수 있다.

편승 효과(Bandwagon Theory) :
시장은 어떻게 작동하는가

조금 빠르게 전진하고 있는 악대차*를 상상해보자. 악대차의 사방에 설치된 스피커에서 매우 흥겨운 음악이 흘러나오고, 뒤 칸에 탄 사람들은 신나게 파티를 즐긴다. 크고 선명한 음악 소리가 길 바깥쪽에 할 일 없이 서서 지켜보던 수많은 구경꾼을 유혹한다. 흥을 이기지 못한 구경꾼들은 결국 달려와 파티라고 생각한 행사에 참여한다. 악대차 뒤 칸에 올라탄 사람들이 점점 늘어나고, 처음부터 파티를 즐겼던 몇 안 되는 사람들은 자리를 뜨기 시작한다.

광란의 파티를 즐기는 무리가 많아지면서 악대차는 이전과 같은 속도로 나아가기가 힘들어진다. 속도가 느려진 덕분에 즐거워 보이는 파티를 지켜만 보고 있던, 뒤늦게 온 더 많은 사람들이 올라탈 기회를 얻는

---

*   밴드왜건. 음악을 틀거나 연주하면서 서커스단이나 축제 등의 시가 행렬을 가장 앞에서 이끄는 차량

다. 사람들이 계속 늘어나니 악대차에 실린 무게는 더욱 무거워지고 급기야 차는 더 이상 앞으로 가지 못한다. 마침내 악대차는 멈춰 섰다. 완전한 정지 상태가 되자 더 많은 사람들이 차에 올라탄다. 안 탈 이유가 없지 않은가. 이 시점에는 파티에 참여하기가 무척 쉬우니까. 앞으로 나아가는 차에 올라타는 것이 아니니 힘들 일이 전혀 없다. 하지만 악대차는 원래 전진해야 한다. 움직이지 않는 부자연스러운 상태는 오래 지속될 수 없다. 다시 앞으로 나아가려고 시도하지만 그럴 수 없다. 뒤 칸에 사람이 너무 많다. 과도한 무게를 다 덜어내야 한다. 그리고 그렇게 된다. 기어가 재빨리 후진으로 맞춰지자 악대차가 뒤로 급진하는 바람에, 신나게 즐기던 뒤 칸 사람들이 몇몇 떨어져 나간다. 음악이 멈춘다. 당황하는 얼굴들이 보인다. 무슨 일인지 깨닫기 전에 악대차는 또다시 뒤로 급진하는데, 이번에는 움직임이 더 격하다. 또 한 무리의 사람들이 뒤 칸에서 떨어진다.

이제 현실 감각이 돌아온다. 즐겁던 파티는 무섭고 비극적인 악몽으로 변하고 미칠 듯한 공포가 덮친다. 죽기를 각오하고 뛰어내리는 사람도 나타난다. 또 한 번의 발작적인 후진으로 취해 있던 수많은 사람들이 균형을 잃고 진흙 바닥에 내동댕이쳐진다. 끝이 아니다. 악대차의 급후진은 계속되고 움직임은 회를 거듭할수록 더 거칠어진다. 이젠 끈질긴 몇 명만 위태롭게 매달린 채 살려고 버티는 중이다. 완전히 자유로워지지 못한 악대차가 가속 페달을 거칠게 마구 밟아댄다. 후방을 향한 최후의 추진력이 심했던 탓에 앞바퀴가 높이 들리고, 악대차는 순간 수직으로 서버린다. 목숨을 걸고 마지막까지 매달려 있던 사람들은 그대로 땅에 부딪혀 쓰러진다. 부러지고 깨지고, 얼마나 심하게 다쳤는지 알 수 없을 만큼 엄청난 상해를 입는다.

이 시점에서 새로운 무리의 구경꾼들이 근처 공원 숲에서 나온다. 다들 취하지 않고 멀쩡한 상태다. 그들의 움직임 하나하나가 의도적이며 힘과 에너지로 가득하다. 방금 일어난 비극적인 사건에 가담하지 않았기 때문이다. 아니, 정말 그럴까? 땅바닥에 널브러진, 불쌍하고 낙담한 몇몇이 그들을 자세히 살펴보고는 놀라운 점을 발견한다. 그들의 낯이 익다. 전혀 새로운 사람들이 아니다. 파티가 난폭한 사고로 끝나기 전에 조용히 파티장을 빠져나간 무리인 것이다. 만신창이가 된 구경꾼들이 더 자세히 관찰해 보니, 이 무리는 파티에서 일찍 떠났을 뿐 아니라 처음부터 파티를 시작한 사람들이다. "세상에!" 누군가가 외친다. 온몸이 크게 다쳐 제대로 움직일 수 없는 이 좌절한 영혼들이 할 수 있는 일은 다시 작업에 나서는 게임의 주인, 게임 마스터를 그저 지켜보는 것이다.

차의 바퀴가 땅에 닿자마자 이 전문가 집단은 즉시 악대차로 달려가 순식간에 올라탄다. 정말 쉽고 여유롭게. 커다란 무리가 사라지자 악대차는 더 기민한 사람들을 여유롭게 태운 채 자유롭고 기품 있는 모습으로 전진할 수 있다. 속도는 점점 빨라지고 악대차는 금세 매끄럽고 우아하게 굴러간다. 그렇게 몇 마일을 간 후 전문가 집단의 누군가가 스위치를 켜자 흥겨운 음악 소리가 다시 흘러나온다. "자, 여러분! 사람들이 옵니다. 다시 시작합시다." 외치는 소리가 들린다. 그러자 후방 급진 사고를 당했던 피해자들이 다시 관심을 나타낸다. 마치 음악이 마치 무덤에서 그들을 끌어내는 듯하다. 또다시 상황은 끝없이 반복된다.

> 🌱 **지혜의 씨앗**

이 이야기의 내용을 이해했다면, 이 책값의 몇 배 이상을 훌쩍 넘는 가치를 얻은 것이다. 은유 뒤에 숨은 지혜를 찾아내고 메시지를 제대로 받아들인 사람은 더 높은 단계의 이해와 숙련도에 다다를 것이다. 시장의 내부가 작동하는 방식, 월가의 금융 현자들이 수익을 위해 이를 조종하는 방법 등을 더 깊게 통찰하고 깨달을 수 있다. 앞서 말했듯이 이 책의 가장 중요한 목적은 당신이 다수인 초보자의 무리에서 소수 승자 집단으로 이동하도록 돕는 것이다. 승자 집단으로 옮겨가는 사람은 극히 적다. 이동하지 못하면 이미 그곳에 속한 사람들이 갖고 노는 수많은 장난감 중 하나로 남아야 한다. 그리고 더는 게임을 하려 하지 않아 신들을 즐겁게 해주지 못하면, 그들은 좌절하고 비참히 무너진 당신을 버려둘 것이다. 그런 일이 일어나서는 안 된다. 이 책 안에 모든 답이 있다. 사실상 트레이딩이라는 게임 전체에 대한 매우 큰 단서가 방금 설명한 편승 효과론에 담겨 있다. 위의 예화를 지금 다시 읽어보라. 당신의 미래가 달려 있으니까.

돈이 전부는 아니다

"젊었을 때 나는 돈이 인생에서 가장 중요하다고 생각했다. 나이 든 지금은 정말 그렇다는 것을 안다." 내가 즐겨 인용하는 오스카 와일드의 명언이다. 단기 트레이더에게 이 말은 불변의 진리다. 시장 참여자로의 최종 성공은 항상 돈을 벌 수 있는 능력이 결정하며, 앞으로도 그럴 것이다. 그러니까 현실적인 의미로 돈은 가장 중요한 것이 맞다. 그럼에도 불구하고, 진실의 울림이 있는 와일드 님의 해학이 담긴 이 문장을 조금 확대 해석해보자. 일례로, 어떻게 봐도 손실인 거래가 오류가 있는 전략의 실행만 의미하지는 않는다. 현실을 사는 우리는 때때로 최선의 생각, 가장 견고한 전략도 정작 실제로는 작동하지 않는다는 사실을 잊지 말아야 한다. 여기저기 한 번씩 발생한 손실이 특정 접근법의 전체적인 효과를 판단하는 충분한 증거는 아니라는 뜻이다. 단일 손실은 안 좋은 시장 상황, 갑작스러운 확률적 변동, 예상치 못한 뉴스, 뒤늦은 진입, 조기 청산, 서투른 주문 실행 등의 결과일 수 있다.

특정 전략의 효과를 시험하려면 최소한 거래를 열 번은 한 이후부터 살펴야 한다. 가급적 여러 시장 환경에서 실행한 10~12개의 거래 이후 결과로 수익이 기록되었다면, 이때 이용한 전략이 유효하다고 볼 수 있다. 반대로 결과가 손실의 영역으로 들어갔다면, 그때는 그 접근법을 무효하다고 분류할 수 있을까? 통합 25년의 경력으로 우리는 다음과 같은 깨달음을 얻었다. 접근법 내지는 전략이 견고하다면 돈은 알아서 따라온다. 우리는 우리에게 배우는 모든 사람에게 자신의 기술에 집중하라고 가르친다. 그렇게 하면 원하는 모든 것이 자연스럽게 따라온다.

> ✥ 지혜의 씨앗
>
> 트레이더라면 잘못된 전략으로 인한 손실과 잘못된 실행으로 인한 손실을 반드시 구분할 수 있어야 한다. 안 그러면 많은 것을 이것저것 바쁘게 하지만 결국 아무것도 못 하고 주변만 뱅뱅 맴돌게 된다. 접근법을 하나 시도하다가 금방 다음 접근법으로 뛰어들면서, 한 접근법의 장점을 알 수 있는 충분한 시간을 갖지 못하면 발전할 수 없다. 전략에 대한 견해는 돈이나 수익에 영향을 받아서는 안 된다. 이런 면에서 보면 돈은 전부가 아니다. 매우 엉성한 오류투성이인 전략도 한동안 수익을 안겨줄 수 있다. 반대로 매우 견고한 전략도 한동안 손실을 끼칠 수 있는 것이다. 이때 견고한 전략이란 일정 시간 동안 진행된 시험에서 최종적으로 살아남는 방법이며, 우리가 생각하는 그 시간은 10개의 거래 단위다. 열 번의 거래 후 이용한 전략이 아무 결과를 내놓지 못했다면, 그것의 유효성을 의심해도 될까? 앞서 언급했듯 진보는 10개 한 세트 단위로 이루어진다. 이 점을 잊지 말자.

"왜"라는 질문의 위험성

"주식시장은 너무 복잡하고 헷갈려" 같은 시장 참여자들의 평을 들으면 재미있다. 나는 이 생각에 동의한 적이 없으며 당신도 동조해서는 안 된다. 사실 주식시장의 구조는 매우 단순하다. 대부분의 사람들은 이 말에 동의하지 않겠지만, 조금만 생각하면 부인할 수 없는 사실임을 깨닫는다. 주식과 시장은 각각 혹은 함께 아래 세 가지 중 하나만 할 수 있다.

1. 상승
2. 하락
3. 횡보

이게 전부다. 이것이 문자 그대로 모든 주식이 하는 일이다. 위, 아래, 옆. 단순하다. 하지만 '단순함'이 '쉬움'을 의미하진 않는다. 정말이다. 트레이딩이 쉬웠다면 모든 사람이 일에 얽매이지 않고 경제적으로 독립했을 것이다. 트레이딩은 결코 쉽지 않지만 그 구조는 단순하다. 너무 단순명료해서 대부분이 그 중요성을 놓치거나 무시하는 또 하나의 근본적인 이치를 살펴보자.

진리: A주식은 (혹은 시장) 매도보다 매수가 더 많을 때만 오를 수 있다. 물론 매도가 매수보다 많을 때는 떨어질 수밖에 없다는 의미이기도 하다. "저기요, 벨레즈 씨, 캐프라 씨? 너무 당연한 소리 아닌가요?"라고 묻고 싶은가? 글쎄, 과연 이 개념이 그렇게 명백한지 잘 모르겠다. 우리가 매일 수도 없이 받는 다음과 같은 질문을 감안하면 더더욱 말이다.

질문 "인텔에 매도 포지션이 있는데 올라가네요. 왜 오르죠?"

프리스틴 데이 트레이더 팔려는 사람보다 더 많은 사람이 주식을 사려하기 때문입니다.

질문 "네! 그런데 왜일까요?"

프리스틴 데이 트레이더 친애하는 우리 선생님. 오늘 오전 인텔 관련 나쁜 뉴스가 나왔지만 주식이 오르고 있습니다. 이것의 의미는 명확합니다. 매수 편(수요)이 매도 편(공급)을 압도하고 있고 부정적인 뉴스에 관심이 없다는 거지요. 저희 의견으로는 귀하가 취할 수 있는 행동으로 남은 선택지는 단 하나입니다. '이유'를 중요하게 생각할 이유가 있나요? 이유가 뭐든 3달러 손실은 3달러 손실인 겁니다. 안 그래요?

마지막 부분을 분명히 짚고 넘어가자. '무엇' 대신 '왜'를 찾으려 할 때마다, 절대적으로 확실히 큰 문제가 생긴 거다. 주식은 무엇을 하고 있는지가 왜 하는지보다 훨씬 중요하다. '왜'는 항상 가격에 반영되어 있다. 차트가 모든 것을 말한다! 왜 주식이 오르는지, 그 이유를 찾자면 끝이 없다. 그건 기본 분석가에게 물어볼 일이다. 기술적 분석을 하는 사람들은 주식이 오르고 있다는 사실과 우리가 그 움직임을 타고 있는지만 신경 쓰면 된다. 결국 그것이 수익을 결정한다.

> **🌱 지혜의 씨앗**
>
> 거래 도중 '왜'라는 질문은 정신이 혼란스럽고 마비 상태에 갇히는 바람에 행동을 취하지 못한다는 명백한 신호다. 그래서 '왜'라는 단어는 위험하다. 우리 트레이더 중 '왜'라고 질문하는 사람이 눈에 들어오면, 우리는 언제나 그의 포지션을 즉시 반으로 줄이도록 한다. 그것으로 '왜'라는 질문을 재빨리 피하지 못하면 나머지 거래는 포기하게 한다. 그러고 나서 하고 싶은 만큼 실컷 '왜'라고 묻게 한다. 전투가 벌어지는 현장은 작전 계획에 의심을 품어도 되는 곳이 아니기 때문이다. 계획을 의심하는 순간 거래 청산 신호는 발생한다. '왜'에 대한 탐구, 이유를 찾는 탐색은 방향을 잃고 지휘를 포기했다는 의미다. '왜'를 묻는 올바른 시점은 거래 전후다. 한창 전투 중일 때 선택할 수 있는 것은 질문이 아닌 행동뿐이다. 질문은 미리 혹은 안전한 피신처에 돌아왔을 때 하라. 전투 현장에서 저격수의 총알받이가 되고 싶지 않다면 질문은 삼가라.

정확도가 문제가 될 때

　국내에서 가장 인기 있는 서비스이자 48개국에 구독자를 둔 트레이딩 자문 소식지의 편집자로 일하면서, 우리는 말 그대로 모든 것을 보고 들었다고 믿었다. 하지만 오래지 않아 우리 생각이 틀렸다는 것이 아주 요란하고 확실하게 증명되었다.

　1998년 어느 추운 12월 아침 〈프리스틴 데이 트레이더〉를 1주일 정도 시험 구독하던 임시 회원의 전화를 받았다. 이전 5 거래일 동안 우리가 추천한 종목 실적이 매우 뛰어났고 신입인 친구는 그 사실을 그냥 지나칠 수 없었다. 그런데 이상하게 들리겠지만, 추천 종목이 잘된 것이 그에게는 문제였다. 구체적으로 그는 수익이 아닌 손실을 기록한 종목을 찾고 있었다며, 분명히 이렇게 말했다. "5일 동안 소식지를 추적 관찰했는데, 인정합니다. 틀릴 때보다 맞을 때가 훨씬 많더군요. 그런데 저에게는 전혀 도움이 되지 않네요. 저는 하락할 종목을 찍는 소식지를 찾고 있다고요. 〈프리스틴 데이 트레이더〉의 추천 종목은 하락하지 않고 상승하잖아요." 나는 얼떨떨해서 그렉에게 물었다. "어, 어떻게 생각해? 정확히 맞췄다고 싫어하다니." 처음에 우리는 별일 다 있다며 포복절도했다. 하지만 잠시 후 더 깊고 의미 있는 깨달음에 도달하자 웃음을 그쳤다. 그는 하락 주식을 매수해야만 수익을 만들 수 있다는, 매우 대중적인 견해를 주장하는 사상의 감옥에 갇힌 사람이었던 거다. 우리의 결과가 그것이 옳지 않음을 증명했지만 그에게는 중요하지 않았다. 이걸 깨닫자마자 나는 우리도 많은 면에서 이런 과오를 저지르고 있다는 생각이 들었다. 종목이 너무 빨리 오른다고 생각해 공매도하는 실수를 얼마나 자주 저질렀던가? 따지고 보면 이런 행동은 내가 섣불리 웃어버린 그 생각과 같은 것이 아닐까? 물론 같다. 방향만 반대일 뿐이다.

　핵심은 트레이딩과 관련한 어떤 일관된 견해나 중심 생각은 나름의 가치가 있지만, 중요한 것은 결과라는 사실이다. 때로는 내가 따르고 있는 신념 자체가 너무 멋있어서 정작 중요한 것을 놓치기도 한다. 트레이딩은 똑똑해지려고, 즐기려고 혹은 내 의견이 옳음을 증명하려고 하는 것이 아니다. 트레이딩의 목표는 돈을 버는 것, 그 이상도 이하도 아니다. 자, 그런데 우리는 앞에서 돈이 전부가 아니라고 했고, 그것은 사실이다. 다만 당신이 본인의 거래 안을 좋아하고 10번 정도의 거래 후에도 전혀 수익을 못 내고 있다면, 다른 거래 안을 찾을 때가 되었거나 생각하는 것에 돈이 훨씬 덜 드는 카드놀이나 도미노 게임 아니면 철학을 위해 트레이딩을 포기할 때다.

> **지혜의 씨앗**
>
> 앞에서 언급했듯이 돈이 전부는 아니다. 하지만 어떤 시점에서는 사실상 전부가 된다. 개념, 전술, 기술을 대할 때 첫 10번의 시도로는 판단하지 않는다. 하지만 10번 정도의 거래 후에는 거래에 이용한 개념을 돈을 기준으로 해서 현미경으로 보듯 세밀하게 평가해야 한다. 트레이딩하는 이유는 개념을 펼치기 위해서가 아니라 돈을 벌기 위해서다. 자신의 접근 방식과 과도한 사랑에 빠진 사람은 그들이 이용하는 그 높은 수준의 접근법을 의심하고, 변경하고, 심지어 폐기하라는 신호가 나올 때, 이를 무시할 수 있는 위험을 안고 있다. 전문 트레이더는 생각이나 멋진 트레이딩 개념에 충성을 바칠 여유가 없다. 충성심은 중요한 것들, 즉 발전과 진보 그리고 당연히 돈!을 향해야 한다.

진입이 거래의 85%를 좌우한다

성공한 트레이더가 되려면 광범위하고 많은 요소가 필요하며 그 모든 것을 습득해야 하지만, 전문 트레이더로서 나는 종목에 들어가는 방법을 아는 것이 성공의 약 85%를 차지한다고 확신한다. 적절한 매도가 좋은 트레이딩의 핵심이라고 믿는 사람들도 있지만, 개인적으로 나는 이 의견에 동의하지 않는다. 트레이더가 마주하는 대부분의 문제는 잘못된 진입 시점 혹은 잘못된 진입 가격과 직결된다. 부적절하게 진입하면 사실상 수익이 확실한 거래를 손실로 바꿀 수 있다. 반대로 그다지 확실하지 못한 거래지만 올바른 시점과 지점에서 진입했다면 수익으로 바꿀 수 있다. 그러므로 진입은 단기 트레이딩의 토대라고 할 수 있다. 적절하게 적시에 진입하면 몇 분 (경우에 따라 몇 시간) 안에 수익의 영역에 있을 가능성이 크다. 어설프게 너무 높은 가격에 진입하면 거래는 즉시 내 의도와 반대 방향으로 흘러갈 것이다.

거래 하나에서 겪는 경험은 한 가지 요소로 결정된다. 언제, 어디서 진입하는가. 다시 말해, 공격이 결정한다. 전문 투자 집단들이 모든 요소 중 가장 결정적인 이 문제를 무시하면서 어물쩍 넘어간다는 사실은 정말 놀랍다. 당신은 주요 증권사의 '매수' 추천을 몇 번이나 보았는가? 그 추천의 의미는 무엇일까? 그들은 정작 가장 중요한 정보인 언제 해야 하는지는 빼고 무엇을 해야 하는지만 말한다.

추천 종목의 수익성은 매수를 했는지가 아니라, 언제 매수를 했는지가 좌우한다. '무엇'(매수, 매도 혹은 유지)을 할지 아는 것도 필요하지만, 위대한 트레이더가 되려면 그 '무엇'을 '언제' 해야 할지 알아야 한다. 그러니까 진입의 기술을 연마하라. 그러면 그때 얻을 그 큰 수익을 현금화하는 시점을 크게 고민할 필요가 없다. 진입에 필요한 요소에 대해서는 책 후반부에서 깊이 있게 살펴볼 것이다(14장 참고). 공부를 끝낸 즈음 당신은 종목 진입의 체계적인 기술을 충분히 익히고 노련한 트레이더가 되어 있을 것이다.

> 🌱 **지혜의 씨앗**
>
> 일반적으로 월가에서는 트레이딩이라는 게임을 통달하는 핵심은 매도 시점을 아는 데 있다는 것을 진리로 여긴다. 우리는 그 주장을 전적으로 폐기하지 않는 한편, 적절하게 종목에 진입하면 매도 시점을 찾는 것과 관련한 문제를 크게 줄일 수 있다고 확신한다. 모든 트레이더는 최상의 거래는 즉각적으로 수익을 내는 거래라는 사실을 언젠가는 깨닫는다. 그런 거래는 시작되는 순간부터 종료되는 순간까지 고통을 일으키지 않는다. 매수한 후 곧 하락하는 종목과 포지션을 시작하고 급등하는 종목의 차이는 무엇일까? 유일한 차이는 진입이다. 적절히 진입한 거래는 문제를 전혀 일으키지 않는, 행동이 매우 바른 모범생 같다.
>
> 해야 할 일을 해야 할 때 한다. 당신의 모든 명령에 복종한다. 적절히 진입한 거래를 매도할 때는 '언제 은행에 갈까?'라는 질문만 신경 쓰면 되기 때문에 매우 쉽다. '이 거래로 은행을 갈 수는 있을까?' 혹은 '이 거래는 포기할까?' 같은 질문과는 완전히 다르다. 앞의 질문은 성공한 사람이 하는 질문이다. 뒤의 질문은 실패자와 피해자의 질문이다. 적절한 진입은 성공한 사람의 질문을 자주 던질 것이다. 그렇다. 언제 매도할지 아는 것은 중요하지만 어떻게 그리고 언제 진입할지 아는 것이 훨씬 더 중요하다. 종목에 진입하는 기술에 대해서는 2부에서 자세히 살펴보자.

당신의 인식이
당신의 현실이 된다

　시장에 참여하는 사람들의 대부분은 자신이 경험하는 트레이딩 세계의 현실이 시장에 대한 본인의 해석에 따라 결정된다는 것을 깨닫지 못한다. 현실이 시장이 하는 것에 따라 결정되는 것만은 아니다. 다른 말로 하면, 결과를 결정짓는 것은 시장의 현실이 아니라 그 현실에 대한 해석과 반응이다. 실용적이기보다는 철학적인 주장 같지만, 트레이딩에 엄청난 도움이 되는 관점이다. 시장 전반의 본질적인 부분을 생각해보자. 시장은 그 자체가 '퀀텀 수프'*다. 시장은 안내도, 방향도, 질서도 제시하지 않는다. 기민한 트레이더라면 시장에 질서를 부여할 것이다. 질서는 시장의 책임이 아닌 우리의 책임이다. 다른 방식으로 설명하자면, 시장은 그 자체로 우리 삶에 영향을 미치거나 결과를 결정하지 않는다.

---

* quantum soup: 미시 세계에서 물질과 장이 복잡하고 역동적인 방식으로 끊임없이 변동하며 서로 영향을 미치고 있다는 양자 역학적 개념

시장에 대한 우리의 반응이 시장에 영향을 미치며, 우리의 반응은 우리의 고유한 해석에 따라 결정된다. 이런 시각은 전적인 책임의 소재를 본래 있어야 할 곳에서 찾는다. 바로 우리다. "시장이 공정합니까?" 마치 시장이 직접 적과 친구를 선택한 듯한 이런 질문을 얼마나 많이 듣는가? 올바른 질문은 이것이다. "당신은 시장에 어떻게 반응합니까?" 우리는 시장에게 해를 당하는 피해자가 아니다. 시장을 오해했거나 잘못 읽어서 돈을 잃거나 고통을 겪기도 하지만, 해석은 항상 우리의 몫이거나 적어도 우리가 받아들이기로 선택한 것이다.

> **지혜의 씨앗**
>
> 시장은 인생의 완벽한 거울에 가깝다. 그래서 성공적인 삶을 사는 사람들 중 성공적으로 트레이딩하는 사람이 꽤 있다. 삶의 많은 부분, 삶이 선사하는 많은 것들은 우리 인식에 달려있다. 위대한 미국이라는 나라를 보면 이 시각이 잘 설명된다.
>
> **❶ 부정적인 인식**
> 풍요롭고 멋진 이 땅(미국)에 사는 한 사람이 불행과 실망, 실패 외에 아무것도 경험하지 못하고 있다. 그 결과로 그 사람에게 보이는 것이라고는 어둠, 부정적 견해, 겪고 있는 비극적인 상황을 확인시켜주는 온갖 종류의 수많은 이유뿐이다. 그는 삶이 인식의 완벽한 거울이며, 인식이 만들고 지속적으로 반영하는 그대로를 투사하고 있다는 것을 모른다. 이런 사람이 하는 행동마다 불행으로 이어지는 것은 놀라운 일이 아니다.
>
> **❷ 긍정적인 인식**
> 이야기의 반대편에 있는 이 기회의 땅에 도착한 다른 사람을 보자. 이 사람의 상황은 위의 사람과 거의 동일하지만 그는 상황에 대해 달리 보고 달리 반응한다. 위대한 기회의 땅인 미국에 있기 때문에 이 외국인은 나쁜 상황이 오래 지속될 현실이 아니라는 걸 안다. 그는 '삶이 왜 이렇게 힘들지?'

묻는 대신 '어떻게 내 삶을 지금보다 더 낫게 만들 수 있을까?'라고 묻는다. 절망을 보는 대신 가능성과 기회를 본다. 피해자의 눈으로 현재 상황을 대하는 대신, 상황을 통제하는 지휘관으로 자리를 잡는다. 그의 인생에는 이런 시각과 일치하는 상황이 분명히 모습을 드러낼 것이다. 삶은 우리의 생각, 반응 그리고 믿음의 완벽한 거울이기 때문이다.

❸ 시장의 거울 효과

시장도 이와 동일한 거울 효과를 갖고 있다. 일관되게 손실을 보는 트레이더는 시장을 극복하고, 속이고, 심지어 정복해야 할 성난 적으로 본다. 실패자의 마음에 시장은 자신을 잡으러 오는 적이다. 그들은 시장을 무시무시한 강적으로 여기며, 완벽한 거울인 시장은 바로 그 부정적인 인식을 상세 부분까지 모두 재투영한다. 손실을 보고 있는 트레이더의 시장에 대한 인식이 현실이 되는 것이다. 반대로 성공적인 트레이더는 시장을 완전히 다른 방식으로 본다. 그에게 시장은 친구이며 그를 위해 일하거나 보상을 주는 존재다. 성공한 트레이더는 시장을 사냥에 나선 피에 굶주린 악마로 여기지 않는다. 오히려 꿈이 실현되고 나날이 인생이 나아질 장소로 본다. 너무 철학적으로 들릴지 모르겠지만, 우리가 인식을 건강하고 호의적으로 확실히 설정하고 나서 얼마나 많은 도움이 됐는지 모른다. 삶 자체가 그렇듯 트레이딩에서 가장 중요한 것은 인식이다. 올바른 인식을 가지면 성공한다. 잘못된 인식을 갖게 되면 큰 고통과 함께 손실을 본다. 결국에는 내가 진짜라고 인식하는 것을 얻는다. 그러니 시장을 친구로 보고 그에 맞추는 것이 어떨까? 그 일에 힘을 집중하지 않을 이유가 있을까?

마지막으로 하고 싶은 말이 있다. 우리 학생 중 2년 동안 교육받은 후 숙련된 장인의 단계에 등극한 사람이 있다. 한 주에 60,000~100,000달러를 너끈히 벌어들인다. 일주일에 말이다. 이 엄청난 능력을 가진 트레이더는 시장을 적과 친구 중 무엇으로 여길까? 여기까지다.

사실이 돈이 되지는 않는다

긍정적인 뉴스가 나왔는데 하락하고 주가에 나쁜 뉴스가 계속되는데 상승하는 것을 보며 이유가 궁금했던 적이 있는가? 시장이, 혹은 특정 종목이 때때로 사실과 논리를 전적으로 무시하는 이유를 필사적으로 이해하려 하면서 경악하고 의아했던 적이 얼마나 많았는가? 현실은 투자의 세계에서 중요하지 않다. 현실에 대한 인식이 중요한 것이다. 사실과 전혀 혹은 거의 관련되지 않은 것들이 주식을 움직인다. 투자자가 전반적으로 그 사실을 어떻게 해석하는가가 현실, 바로 주식의 움직임 뒤에 있는 진정한 견인력이다. 이것이 주식이 논리와 분리되어 있고 분리될 수 있는 이유다. 그리고 트레이딩을 어렵게 만드는 현상이다.

시장의 참여자로서 우리는 단순히 주식에 돈을 걸지 않는다. 그렇게 하는 사람은 자주 잃을 것이다. 우리는 실제로 다른 사람들이 그 종목을 어떻게 느낄지에 돈을 건다. 왜 그럴까? 궁극적으로 주식을 움직이는 것은 사람, 그들의 감정과 심리이기 때문이다. 그리고 당신도 알듯이, 세상 모든 것 중 가장 예측하기 어려운 존재는 사람이다. 그러므로 월가를 놀라게 하는 치명적인 실적을 회사가 들고 나올 때는 해당 주식이 상승한다고 맹목적으로 추정하지 않는 것이 현명하다. 물론 반대의 경우도 마찬가지다. 이 사실을 잊지 말라. 우리는 주식이 아닌 사람을 트레이딩한다.

> **지혜의 씨앗**
>
> 월가와 뉴스 서비스들이 멈추지 않고 내놓는 사실을 파고들며 시간을 보내는 트레이더는 대중이 그 사실에 어떻게 반응하는지에 집중하고 이용하는 사람들만큼 성공하지 못한다. 영민한 트레이더는 수익을 만들어낼 잠재력은 반응과 반사적인 행동에 있다는 것을 깨닫고 최상급 트레이더들은 사실에 대한 대중의 인식, 반응 중 하나 혹은 둘 다가 사실에 기반한 현실과 합치하지 않을 수 있다는 것을 완벽히 이해한다. 반응이 사실과 완전히 정반대일 때도 있는데, 이때 초보 시장 참여자들은 추락하고 만다. 마스터 트레이더는 사람들과 그들의 움직임을 이해하는 것이야말로 진정한 수익을 내는 트레이딩이라는 지식을 아는 사람이다. 이 게임의 진짜 우두머리는 절대로 이렇게 묻지 않는다 "어떤 뉴스인가?" 그 대신 "이 뉴스에 사람들이 어떻게 반응할 것 같은가?"라고 묻는다. 여기에는 큰 차이가 있으며 계좌에도 큰 차이를 만든다.

월가에서 진실은 중요하지 않다

 트레이더 혹은 투자자로서 시장이 진실과 사실에 반응한다고 믿는다면, 안타깝지만 틀렸다. 더 나쁜 경우, 잘못된 가정을 근거로 시장에서 실제로 거래한다면 당신의 시장 경력은 곧 없어질 것이다. 주식은 사실이 아닌 믿음을 바탕으로 상승하고 하락한다. 이해했는가? 이해해야 한다. 정말 중요하다. 여기서 말하려는 것은, 진실이 중요한 게 아니라는 점이다. 중요했던 적도 없고 앞으로도 그럴 일은 없을 것이다. 시장을 조종하는 것은 사실에 대한 인식, 실제에 대한 인식이기 때문이다. 우리가 위험에 돈을 걸 때는 주식을 대상으로 하지 않는다. 주문을 넣으려고 거래 시스템을 띄울 때는 기업이나 기본적 요소를 보고 매수하는 것이 아니다. 아니다. 아니다. 절대로 아니다. '그럼 내가 도대체 무엇을 사고 있다는 말인가?' 우리는 주식의 저변에 깔려 있는 사람과 그들이 갖고 있는 믿음을 산다. 트레이더가 자기 의견에 책임을 지고 행동을 취하며 돈을 걸 때는 사람들, 즉 다른 투자자가 자신이 좋아하는 주식을 하루 정도 후에 어떻게 인식하는지를 안다는 데 돈을 건다. 어떤 방법으로든 주식을 움직이는 것은 사람이지, 실제가 아니다. 실제는 주식을 움직인 적이 없으며 앞으로도 그럴 수 없다.

  한 차원 더 높은 논의를 해보자. 인식은 실제보다 더 위험할 수 있고 정말로 그렇다. 이자율 상승에 대해 재점화된 공포를 예를 들어보자. 연준이 이자율을 높일 수 있다는 가능성과 관련된 공포의 결과로 시장이 폭락한 적이 몇 번인가? 연준이 이자율을 올리는 것에 대한 단서를 주지 않았다는 사실이 상관은 있을까? 아니다. 전혀 상관없다. 중요한 것은 트레이더와 투자자가 이자율 상승을 가능하다고 인식한 점이다. 그거면 대혼란을 초래하기에 충분했고 충분하다. 트레이더가 온전히 알아야 하는 것은, 시장이 본질적으로 선행한다는 점이다. 일어난 일이 아닌 일어날 일에 따라 움직인다. 실제는 과거의 잔재다. 실제가 내일에 대해 말해주는 것은 거의 없다. 그래서 진정한 전문 트레이더들은 소문(인식)에 사고 뉴스(사실)에 판다. 그러니 속지 말라. 시장에서 이기는 것은 진실이 아니라 진실에 대한 인식이다.

> **지혜의 씨앗**
>
> 진실(사실)과 월가 다수의 인식이 같거나 완전히 일치할 때가 있다. 진실과 그에 대한 인식이 완전히 반대이거나 불일치할 때도 있다. 많은 초보 시장 참여자들이 실패하는 이유는 후자다. 이런 경우를 수익 기회로 이용할 수 있도록 지켜보려면 기회가 사실 자체가 아닌 사실에 대한 대중의 반응에 있다는 것을 기억해야 한다. 단기적으로 볼 때 진실이 언제나 승리하는 건 아니다. 완벽하게 견실한 기업의 주식이 두 배가 되어야 할 때 정반대로 반토막이 나고, 시시한 회사가 과도한 관심으로 10억 달러 시가 총액을 달성하는 이유다.
>
> 물론 인식과 진실이 어긋난 채 영원히 갈 수는 없으며 궁극적으로는 진실이 이긴다고 주장할 수도 있다. 하지만 영원의 시간을 가진 사람이 있을까? 단기 트레이더에게 '언젠가'는 시간적으로 존재하지 않는다. 상당한 시간이라는 사치를 부릴 여유가 없다. 단기 트레이더의 생활과 생계와 안녕은 지금 그리고 여기에 좌우된다. 그리고 지금 그리고 여기에서 진실이 항상 의미 있지는 않다.

성공적으로 거래하려면
비인간적이어야 한다

연속적으로 수익을 낸 후에는 수용적인 시장 덕분에 자만심이 생기고 느슨해지는 경향이 있다. 매일 시장에서 싸우면서 우리는 편안함이 트레이더에게 최대의 적이라는 사실을 배운다. 제대로 된 트레이딩은 사람이 하는 일 중 가장 부자연스러운 것이기 때문이다. 정신적으로 즐거운 무언가가 있다면 대부분의 경우 틀렸다! 반대로 특정 전략이나 접근법이 심리적으로 또 감정적으로 해내기 어려우면 그것이 맞을 가능성이 매우 크다. 그러므로 자만심과 만족감은 보통 뭔가 잘못하고 있다는 신호다. 올바른 일은 하기가 쉽지 않고 잘못된 일은 종종 편안해서 매력적이다. 트레이딩이라는 예술에 숙련되기가 그렇게 어려운 이유는 말할 필요도 없이 이런 역설 때문이다. 불행하게도 이는 인간이기 때문에, 감정 때문에 발생하는 큰 단점이다.

하지만 강한 트레이더에게 옳고 그름 사이의 전쟁에서 이런 상황은 오래 지속되지 않는다. 항상 경계하는 한편 잘못되고 쉬운 것에 직면했을 때 옳은 것을 하려고 꾸준히 노력하면서 트레이더는 서서히 비인간적으로 변한다. 무수히 많은 고통과 즐거움, 승리와 실패는 마치 후진하는 기분을 주면서 그들 내부의 체계를 훈련한다. 경험을 통해 새로운 신경 회로가 구축되고, 이는 새로운 사고방식, 새로운 반응, 새로운 느낌을 만들어간다. 그 과정이 적당한 수준으로 형성되면 옳은 것이 옳게 느껴진다. 이러한 변화가 일어나면 잘못된 행동, 심지어 잘못된 생각이 내면의 자동 경고 시스템처럼 작동하면서 중앙 신경 체계에 고통과 불편이라는 메시지를 전달한다. 즉, 지속적인 성장의 과정을 통해 트레이더는 자신의 정신적이고 심리적인 반응 망 전체를 바꾸어간다. 천천히, 느리게, 작은 종소리에 침이 고이는 파블로프 방식에서 쉬운 것을 올바르다고 느끼는, 의식적으로 사고하는 인간으로 바뀐다. 일정 수준에 도달한 트레이더는 자연의 과정을 역행해 거의 비인간이 되는 셈이다.

🌱 지혜의 씨앗

정신과 의사들에 따르면 시간이 시작된 이래로 인간은 가장 올바른 행동을 가장 어려운 행동으로, 가장 잘못된 행동을 가장 쉬운 행동으로 인식해왔다. 쾌락의 기쁨을 추구하고 고통의 불편함을 기피하도록 조건화*되었기 때문이다. 그런데 때로 바른 것이 고통을 수반하며 잘못된 행동이 일시적인 편안함을 주기도 한다. 다음 경우를 생각해보자. 잘못된 매수로 큰 손실을 겪은 트레이더는 '매도해야 할까? 계속 보유할까? 아니면 더 매수할까?'라는 질문으로 괴롭다. 추가 매수는 꺼야 할 불에 기름을 붓는 격이므로 정답이 아님을 트레이더는 알고 있다. 계속 보유하는 것도 희망이라는 위험한 게임을 실행하는 것이고, 희망은 옳은 트레이딩의 요소가 아니므로 답이 아니라는 것도 안다. 그러면 이 트레이더에게는 결국 단 하나의 선택지, 매도만 남는다. 그는 지적으로는 매도가 단 하나의 현명한 선택지이며 이 거래는 출발부터 잘못되었으므로, 매도하고 다음 기회를 노리는 것 이외의 방법으로 문제를 바로잡으려 한다면 손실이 악화되리라는 것을 잘 알고 있다. 하지만 지적 능력의 지시에도 불구하고 심리적 자아는 매도를 극렬히 반대하며 투쟁한다. 이유가 무엇일까? 매도는 손실을 확정해서 영원한 사실로 만들어버리기 때문이다. 그리고 그 사실이 정신적, 물리적 체계 전반에 속속들이 실패라는 통렬한 메시지를 전달하며 심리적이고 육체적인 고통을 일으키기 때문이다.

그래서 트레이더는 대신 일시적인 편안함을 선택한다. 행동하는 대신 행동을 유보하기로 결심하고 꼼짝없이 앉아 아무것도 하지 않는다. 행동을 미루고 일시적인 안도감을 얻는 거다. 올바른 행동은 아니지만 희망의 감정을 불러일으키고 안도감을 유발한다. 올바른 일이 쉬운 일과 싸워서 패했다. 가끔 올바르다고 여기는 행동을 하면서 자신이 어떻게 느끼는지 판단하면 트레이더로서의 발전 과정을 평가할 수 있다. 옳은 것을 하면서 제대로 되어간다고 느끼고, 틀린 것 때문에 고통과 불편을 받는다면, 인간에서 비인간으로 가는 가장 중요한 변화의 과정이 진행 중이다.

---

* 특정 행동이 나오는 과정을 학습해서 익숙하게 하는 것

기회는 다수가 두려워하는 곳에 있다

당신은 하기 어려운 거래가 자주 극적인 상승으로 이어진다는 것을 깨달은 적이 있는가? 왜 그럴까? 행동을 주저하는 바람에 수익을 놓치는 경우가 많은데, 그 이유는 무엇일까? 대부분의 사람들이 발 디디기를 꺼리는 곳에 기회가 있다. PER가 20, 30을 넘어가는 종목을 매수하기가 어려워서 수많은 돈을 차지하지 못하고 버려두는 상황을 생각해보자. 흔히 들리는 "나스닥 주식은 변동성이 높고 스프레드가 커서 안 사"라는 말을 선언할 때마다 얼마나 많은 부를 이룰 기회를 빼앗기고 있는지 아는가? 그런데 우리의 망설임 뒤에 있는 가장 유력한 이유는 행동하기 전에 확실히 알고자 하는, 확실성에 대한 욕구다. 그렇게 조건화된 인간이기 때문에 우리는 거래를 감행하기 전에 그것의 성공 여부를 알고 싶어 한다. 이 거래가 잘 풀릴지 확실히 알고 싶다. 하지만 현실은 냉정해서 성공적인 트레이딩을 하려면 알기 전에 행동을 취해야 한다. 우리가 내리는 결정 하나하나는 절대로 '확실'할 수 없다는, 부정할 수 없는 사실을 마주하는 것이다. 왜 그럴까? 간단하다. 미래는 알 수 없기 때문이다. 절대로 알 수 없다. 신중히 평가한 확률을 바탕으로 건전한 트레이딩 전략을 세우는 것이 우리가 정직하게 행할 수 있는 전부다. 우리는 다양한 소식지 및 웹 기반의 실시간 트레이딩 방을 통해 확률을 평가하고 제공한다. 그러나 행동은 우리가 제공할 수 없다. 그것은 오롯이 구독자의 몫이다.

> **지혜의 씨앗**
>
> 확실함을 향한 열망 혹은 욕구는 트레이더 지망생이라면 반드시 극복하는 법을 배워야 할 인간의 본성 중 하나다. 왜 그럴까? 확실성은 신화처럼 근거 없는 믿음이다. 확실성은 보통 실제 삶에 존재하지 않으며 시장에도 없다. 너무나 많은 시장 참여자들이 찾아다니고 앞으로도 계속 찾아다닐 꿈이며 유령이다. 트레이더는 불확실성을 이용하는 사람이어야 한다. 불확실성에 맞서 행동해야만 한다. 거래 전 모든 사실을 알아야 한다면 영원히 기회에 뒤처질 것이다. 부는 불확실의 그림자 속에서 잡히기를 기다리고 있다. 사람들이 가장 가지 않은 길에 숨어 있다. 단타 위주의 활동적인 트레이더는 아무도 가려 하지 않는 곳에 가장 큰 기회가 있다는 사실을 깨닫게 될 것이다. 그는 자신이 방금 한 거래가 어떻게 될지 절대로 확실히 알 수 없다. 확률을 제대로 평가하고 최대한 이용하려고 시도하면서 현명한 전략을 고안할 수는 있다. 하지만 여전히 거래 하나하나가 실망을 줄 가능성이 있다. 시도 하나마다 실패가 잠재되어 있다. 트레이더 지망생은 이런 실패의 가능성을 처리하고 알기 전에 행동하는 법을 반드시 배워야 한다. 트레이더가 알게 될 즈음 기회는 이미 떠나버린 후일 테니까.

구름 한 점 없는 하늘?
조심하세요!

지금 하늘에 구름 한 점 없는가? 그렇다면 부디 조심하라! 아무 문제가 없어 보일 때, 세상이 온통 장밋빛이고 무지갯빛일 때, 모든 게 잘 돌아가는 것 같은 때야말로 경계를 강화해야 할 때다. 최근 얼마간 수익을 내기가 너무 수월할 때, 시장에서 '평범한' 사람이 스스로 대단하다고 생각하기 시작할 때가 영리한 트레이더가 긴장해야 할 때다. 왜? 시장이 평범한 사람에게 연장 기간 동안 보상을 주는 경우는 거의 없기 때문이다. 보통 사람들에게 유리한 기회가 생긴다면 게임의 판도가 달라졌다는 의미다.

항상 역발상적인 사고의 틀을 유지하면서, 결정적인 시점에서 보통 사람들 무리로 들어가지 말라. 성공 잠재력이 있는 많은 트레이더를 무력하게 만드는 군중 심리에 빠지지 않도록 자신을 보호하라. 미래는 예측할 수 없지만 확률에는 대비할 수 있다는 사실을 기억하라. 모든 것이 너무나 좋아 보일 때는 빨리 도망치는 것이 혹시 모를 위험에 대처하는 방법이다.

> **지혜의 씨앗**
>
> '시장은 걱정의 벽을 타고 올라간다'는 말이 있다. 그 걱정의 벽이 없어지면 시장은 오를 의지를 잃기 시작할 것이다. 기민한 트레이더는 금방 머릿속에 떠오르는 것이 없을 때는 시간을 걱정해야 한다는 것을 안다. 시장은 고요한 시기를 좋아하지 않는 듯하다. 우리가 참여하고 있는 금융 시스템은 다수에게 보상을 주도록 설계되지 않았다는 점을 기억하라. 그러니까 다수가 만족하고 구름 한 점 없을 때 우리가 해야 하는 최선의 행동은, 피난처를 향해 달려가는 것이다. 과거가 말해주듯 폭풍 전야는 고요하며 우리는 이를 경험으로 알고 있다.

성공적인 트레이더를 판단하는
진짜 기준

챔피언십 경기에서 15회 모두 패한 유일한 권투 선수 텍스 콥(Tex Cobb)이 인상적인 말을 남겼다. "오르막길을 오를 때는 누구든지 영웅이 될 수 있다. 사람을 진정으로 평가할 수 있는 척도는 어떤 것도 효과가 없을 때 어떻게 되는지, 그에게 계속할 배짱이 있는지다." 성공한 트레이더가 될 수 있는 본질적 요소를 적절히 포착한 명언이다. 트레이딩이라는 예술에 통달한 사람은 모든 것이 안 풀리는 시기에 나아가는 방법을 배운 사람이다. 발전하는 트레이더라면 누구나 온 세상이 나를 힘들게 하는 시기, 시장이 직접 모든 단계에서 나를 방해하는 듯한 시기를 겪는다. 하지만 성공하려면, 궁극적으로 고수의 경지로 이어질 필요한 경험을 얻으려면 어려운 시기를 맞았을 때 용기 내어 나아가야 하며 계속 앞으로 밀고 나아가는 방법을 배워야만 한다.

가장 큰 발전은 모든 일이 잘되고 있을 때 이루어지는 것이 아니다.

순금처럼 고난의 불길을 이겨내면서 우리 안의 찌꺼기와 불순물을 제거하고 연단해 나아가야 한다. 산적한 어려움 속에서 전진할 때 비로소 인성을 키우고 예리한 통찰력을 얻는다. 이런 고난의 시기에 넘어진 후 다시 일어나 기꺼이 다음을 마주한다면, 그때는 노련한 시장 참여자로서 어려움을 넘길 수 있다.

모든 일이 잘 풀리지 않을 때는 발전이 없는 것 같고, 모든 선택이 서투르게 느껴지겠지만, 이런 시기를 딛고 일어설 때마다 거대한 도약을 이룬다. 이겨내고 일어설 수 있는 능력 자체가 그 도약의 증거다. 발전의 시기에는, 오늘 겪는 모든 일로 인해 내일이 없는 듯할 때 내일을 맞이할 수 있는 능력이 잠재해 있는 성공의 진정한 척도다. 성공하려면 일단 지속할 수 있어야 한다는 것을 계속 상기해야 한다. 지속이 성공을 보장하는 것은 아니지만, 지속할 수 없으면 성공도 없다.

> **지혜의 씨앗**
>
> 빈번한 손실과 실패 속에서 꾸준히 밀고 나아가기는 당연히 매우 어렵다. 이런 손실이 계속되는 와중에 그 저변에서 진보와 발전이 진행된다는 개념을 받아들이고 이해하기는 더 어렵다. 하지만 땅 위의 세상에 수려함을 보이기 전에 먼저 땅 밑에서 성장하는 꽃처럼 트레이더는 먼저 내부부터 발전한다. 외부의 상황과 손익계산서는 한동안 극도로 궁해보일 수 있지만 진보의 바퀴는 밑에 숨겨진 채로 내내 바삐 움직이고 있다. 하지만 이런 멋진 일은 이 시기를 제대로 감당하는 트레이더에게만 일어난다는 사실을 명심하라. 이 숨겨진 진보의 법칙은 넘어질 때마다 반드시 일어서려는, 연이은 도전 과제를 점점 더 강한 결의로 대면하는 사람들에게만 작용한다. 그 방법을 배운 사람들은 종종 되돌아보았을 때, 실패에 맞서 싸웠지만 좌절했던 모든 경우가 결국 다음 회차를 준비하는 데 도움을 줄 목적이었다는 사실을 깨달을 것이다. 매번 넘어질 때마다 일어서는 것이 우리가 할 수 있는 가장 위대한 행동이라고 알려주기만 한다면, 치명적으로 쓰러진 줄 알았던 모든 경우가 단지 넘어진 것에 불과했음을 알게 될 것이다.

아무것도 안 하는 것이 최선일 때

다니엘 베리간(Daniel Berrigan)이 1960년대 반전 운동에서 행동의 중요성뿐만 아니라 생각의 중요성에 대해 얘기할 때 자주 외친 문구가 있다. "그냥 하지만 말고, 거기 서 봐(don't just do something, stand there)" 짧고 간결하지만 많은 지혜를 담은 강력한 말이다. 인간인 우리는 행동하는 생물 혹은 무언가를 위해 노력하는 생물이다. 노력하고, 성취하고, 이루어내고, 행동하는 사람은 우리 사회에서 우상이 된다. 역사는 항상 '행동하는 사람(doer)'에게 우호적이다. 행동과 활동은 매우 중요하지만 균형을 잊으면 안 된다. 행동이 중요하면 균형을 맞추기 위해 무활동 기간이 필요하다.

실제로 나는 행동하는 기간의 상태가 이를 선행하는 행동하지 않는 무활동 기간의 상태에 의해 좌우된다는 것을 알게 됐다. 오늘날 많은 단타 위주의 활동적인 트레이더들이 〈프리스틴 데이 트레이더〉의 고유 트레이딩 프로그램을 이용하는 몇몇 트레이더도 트레이딩을 하지 않을 때 불행함을 느낀다. 시장이 조용하고 낮은 위험의 기회가 거의 없을 때 무언가를 해야 한다고 느끼는 이런 트레이더들은 시장에게 유리한 환경을 내놓으라고 강요할 수 있다는 듯이 억지스러운 거래를 하기 시작한다. 이들은 때로는 무활동이 최선의 행동이라는 사실을 깨닫지 못한다. 때때로 가만히 있을 때 그들에게 정말 필요한 차분함과 명료함이 생긴다는 사실을 이해하지 못한다. 시장이 일시적 침체기에 들어가는 순간 우리에게는 자신을 추스르고 가다듬는 기회가 생긴다.

아무것도 하지 않는 이런 기간은 평정을 되찾고, 말하자면 바퀴에 기름칠을 해서 급변하는 상황에 대처해야 할 다음 기간을 준비하는 데 큰 도움을 준다. 나는 가만히 있는 것의 필요성을 인정하게 되었다. 궁극적인 행동을 준비하기 위한 수단으로 무활동 상태를 어떻게 이용해야 하는지 배웠다. 랄프 왈도 에머슨은 이렇게 말했다. "그것을 해라. 그러면 힘이 생길 것이다." 정말 맞는 말이다. 하지만 그는 가만히 있는 것이 때때로 힘을 유지하는 데 도움이 된다는 것을 알려주지 못했다. 활발하게 거래하는 트레이더가 되라. 하지만 때때로 가만히 정지한 상태가 도움이 된다는 것을 명심하라.

지혜의 씨앗

가만히 있는 것이 할 수 있는 가장 생산적인 행동일 때가 있다. 어떤 때는 행동을 줄인 조용한 시기에 균형을 찾기도 한다. 편견 없는 관찰자가 되기 위해 모든 행동을 버렸을 때 맑은 정신을 되찾는 경우도 많다. 트레이더에게 이런 기간이 필요하다는 것을 인식해야 한다.

고심하고 애쓰는 것도 의미 있지만 우리의 지적 능력에 휴식을 주고 감각을 회복시킬 때에 한해서는 애쓰지 않고 편안한 기간도 필요하다. 시장을 지켜보기 위해 한 발 뒤로 물러나 있거나 철수할 때마다 우리는 더 강력해지는 듯하다. 시장이 협조적이지 않거나 분위기가 좋지 않을 때는 가만히 관망하라. 무활동으로 인해 다음 행동을 결정하는 것과 관련해 얼마나 더 좋은 감이 생기는지 지켜보자.

가만히 있기 :
모든 것 중 최상위의 행동

13년 트레이딩 경험에서 나는 때때로 아무 행동도 하지 않는 것이 최선의 행동이며, 앉아 있는 것이 서 있는 것보다 더 낫고, 지켜보는 것이 하는 것보다 훨씬 우위에 있음을 배웠다. 서구 문화는 때로는 비활동이 더 지적이고 수준 높은 행위라는 점을 완전히 놓치고 지속적으로 행동하는 인간, 즉 행동하는 사람을 과도하게 중시한다.

> 🌱 지혜의 씨앗

행동은 그것 없이는 아무것도 이루어지지 않고 돈도 벌 수 없으므로 필요하다. 그런데 우리는 많은 트레이더들이 트레이딩을 하거나 거래에 들어갈 준비를 하는 것처럼 지속적인 동작이 필요하다고 느낀다는 것을 발견했다. 이런 생각은 잘못되었으며 행동이 너무 빈번하게 실행되면 한창 발전 단계에 있는 트레이더에게 큰 해가 될 수 있다. 아무것도 하지 않고 지켜보고 관찰하는 것, 즉 단순히 가만히 있는 것이 가장 높은 수준의 행동일 때가 있다.

시장 행동을 크게 조종할 수 있는 능력은 우리에게 주어지지 않았다. 어느 하루를 놓고 봤을 때 어떤 확률이 우리 앞에 놓일지는 우리 마음대로 정할 수 없다. 모든 시스템이 진행을 띄우고 실질적으로 우리가 보는 모든 것이 기회라고 소리칠 때도 있다. 시장이 너무나 비협조적이어서 위험도가 낮은 기회는 거의 없고, 수많은 함정과 시장 관련 지뢰들만 도처에 깔려 있는 경우도 있다. 후자의 경우에는 행동하지 않는 것이 최선일 뿐만 아니라 우리 의지대로 계좌를 구할 수 있는 단 하나의 방법이다. 이 점이 얼마나 중요한지 우리 사무실에서 막 트레이딩을 시작한 열정이 넘치는 트레이더의 경험을 함께 살펴보자. 이야기를 위해 이 트레이더를 겅호* 씨라고 하겠다.

---

* gung-ho: 무모할 정도의 열정과 충성심을 가진 사람 혹은 그런 태도를 일컫는 단어. 중국어 공치(工合)가 어원

가만히 있는 기술의 교훈

경호 씨가 우리 프리스틴사의 사내 트레이더로 일하는 첫날, 당연히 그는 들떠 있었다. 그날 S&P 지수 선물은 개장 전 10포인트 이상 내렸고 유력 정치인의 사임에 관한 우려가 금융계에 반향처럼 퍼지면서 시장은 명백히 적대적인 상황이었다. 하지만 경호 씨에게는 문제되지 않는 듯했다. 한 번도 더럽혀지지 않은 깨끗한 5만 달러의 계좌로, 그는 개장 종소리에 즉시 속사포처럼 같은 거래 여러 개로 자신의 운을 시험해 나갔다. 개장 전에 시장이 들려주는 이야기를 전혀 고려하지 않은 탓에 경호 씨는 30분 만에 850달러를 잃었다.

이런! 깊게 한 번 숨을 들이마시자 자기가 옛날에 하던 방식으로 돌아갔다는 생각이 떠올랐고, 그는 자신을 가라앉히기로 마음먹었다. 드디어 경호 씨는 2주 과정에서 우리가 교육한 기회 포착 기법 중 몇 가지를 적용하기 시작했다. 하지만 2시간 정도 지나자 그는 이 기법에 의도적으로 설정된 엄격한 기준을 충족하는 거래가 거의 없다는 사실을 깨달았다. 어쩔 수 없이 '무행동' 상태가 된 그는 불편함을 느꼈다. 경호 씨는 행동에 익숙한 사람이었다. '가만히 있는 것'은 그의 운영 방식이 아니었고 답답함이 얼굴에 그대로 드러나 보였다. 이전 회사에 있었다면 벌써 10~20개, 혹은 그 이상 거래를 벌써 끝냈을 것이다.

동부 시간으로 낮 12시에 가까워지고 있었고, 거의 잠이 들 것 같았다. 무언가가 바뀌어야만 했다. 사전 정의된 기준을 충족하는 저위험 거래 기회가 거의 없었는데도 그는 무언가를 하려는 결의에 찼다. 계획을 고수했다면 하지 않았을 많은 거래를 그는 몇 분 만에 계속했고, 당연히 손실이 발생했다. 그런데도 여전히 불안했던 그는 그런 거래를 몇 개 더 손댔다. 예상하듯이 역시 손실을 냈다. 우리가 옆에서 지켜보는 동안 (가끔은 자신의 실수를 직접 대면하게 해야 치료법을 받아들인다) 같은 상황이 지속되었다. 장이 끝나기 전 마지막 몇 시간이 되자 경호 씨를 엄습하던 답답함은 분노로 변했다. 한 시간 후 장 마감 때 경호 씨의 손실은 2950달러였다.

그날 경호 씨는 정확히 자신이 원했던 것, 즉 행동을 했다. 하지만 그 대가로 그는 좋은 트레이딩을 포기했다. 그는 수익을 원했을 뿐이라고 했겠지만 사실 그가 원한 것은 흥분이었다. 경호 씨는 그날 우리의 엄격한 트레이딩 기준이 제시했던 무행동이 자신으로부터, 좋지 않은 시장 상황으로부터 스스로를 보호하는 요소였음을 알지 못했다. 이럴 때, 특히 시장이 좋지 않은 때 그는 무행동(행동하지 않는 것)에 반격하지 말고 이를 수용했어야 했다. 그가 놓친 또 한 가지는 그가 선택한 '무행동'은 비겁함의 결과가 아니었다는 점이다(비겁함도 문제가 된다). 오히려 그런 무행동은, 단지 기준이 높고 조건이 엄격한 견고한 트레이딩 기법이 시장이 이를 절대로 만족시킬 수 없었던 상황에서 실행된 것이다. 경호 씨는 이 무행동이 지적 활동임을 몰랐다. 이 무행동은 돈을 버는 활동의 한 형태였다. 그가 가만히 있는 선택을 고수했다면 비록 장 마감 때 큰 수익을 뽐내지는 못했겠지만 2000달러만큼은 더 부자가 되어서 집으로 돌아갔을 것이다. 때로는 무행동이 최선이라는 것을 이 사례는 명확히 보여준다.

저기요, 생각하는 법 말고 트레이딩하는 법을 알려주세요!

"저기요, 생각하는 법 말고 트레이딩하는 법을 알려주세요!" 우리가 틀에 갇힌 생각 없는 행동 대신 생각이 필요한 주제를 발표할 때마다 들려오는 반응이다. '이렇게만 하면 된다' 식의 방법을 요구하는 열정에 찬 사람들은 제대로 된 생각이 제대로 된 트레이딩이라는 사실을 간과한다. 이런 경우는 너무나 흔하다. 사람들은 뉴욕 화이트플레인에 있는 우리 사무실에 와서 우리가 여는 상세한 내용의 설명회를 몇 번 참여하면, 돌아간 직후부터 수익에 수익을 거듭한 후 큰 부를 이뤄서 프랑스 남부로 가 오후에는 따뜻한 카푸치노를 마시고 시원한 저녁이면 희귀한 와인을 딸 수 있으리라 생각한다. 하지만 아니다. 실망스럽겠지만 우리가 설명회에서 중점적으로 다루는, 무엇을 해야 할지를 안다고 해서 그것을 할 수 있는 것이 아니다. 이는 냉혹한 진실이자 트레이딩의 '생각'하는 부분이 엄청나게 중요한 이유이기도 하다.

우리는 짧은 3일짜리 주말 과정이면 트레이더에게 성공에 필요한 온갖 도구와 기법, 전술을 알려줄 수 있다. 맞다. 주말 한 번에 말이다. 믿거나 말거나 시장에서 정확히 무엇을 해야 하는지를 배우고 시장 움직임에 따라 돈을 버는 동적 트레이딩 전략을 보유하기는 어렵지 않다. 그것을 따르고, 연습하고, 실행하기가 어렵다. 매도했어야 한다는 걸 알았던 시점을 훨씬 지나쳐 가면서 떨어지는 주식에 매달렸던 적이 얼마나 많은가? 그 종목을 사면 안 된다는 걸 알면서도 그냥 산 적은 얼마나 많았는가? 대부분의 경우 내가 아는 것을 하는 것이 아니라 무엇이 옳은지를 알지 못한다는 것이 문제다.

우리가 트레이딩이라고 부르는 잠재적인 보상이 있는 게임의 대부분은 정신적인 것이 차지한다. 트레이딩의 85%는 심리다. 모든 트레이딩 도구와 기법을 연장으로 갖추었다면 당신의 성공과 소멸은 당신이 하는 사고의 질이 결정한다. 지식이 부족해서 무너지는 것이 아니다. 그 지식에 주의를 기울이려 하지 않기 때문에 무너진다.

> 🌱 **지혜의 씨앗**

생계를 위해 트레이딩을 시도하는 사람의 85%가 첫 6개월 안에 실패한다. 여기서 가장 슬픈 점은, 그들이 간단한 하나 때문에 실패한다는 것이다. 바로 지식의 부족이다. 시장에서 사람들이 지식이 부족해 실패한다는 데는 의심할 여지가 없다. 실패의 첫 번째 이유다. 하지만 설명회, 책, 오랜 세월 거친 시행착오를 통해 지식을 얻은 사람들조차도 평생을 책임질 수 있는 수익을 내는 단계에 오르기는 매우 힘들다. 왜 그럴까? 지식은 트레이딩 마스터로 향한 여정에서 극복해야 할 첫 번째 장애물에 불과하기 때문이다. 올바른 도구를 갖추었다면 확실히 시장에서 대부분의 선수들 우위를 점할 수 있다. 대부분은 '아는' 단계까지도 못 가기 때문이다. 하지만 기억하라. 목수의 연장을 갖추었다고 해서 목공 장인이 될 수 있는 건 아니다. 경지에 이르려면 첫 번째 단계는 당연히 도구를 갖추는 것이지만, 각 도구를 다룰 수 있는 능숙함과 노련함을 갖추기 전에는 목공의 고수가 될 수 없다. 트레이더가 얻을 수 있는 가장 좋은 도구는 심리다. 심리를 적절히 다루면 성공적인 트레이딩 경력은 거의 보장되었다고 볼 수 있다. 심리를 부적절하고 비생산적으로 발휘한다면 당신의 트레이딩은 금전적인 사형 선고로 이어질 것이다.

또 하나 기억할 점이 있다. 트레이딩 관련 전술과 기법 같은 적절한 도구를 모두 갖추고 있어도 잘못된 사고를 한다면 실패할 것이다. 프리스틴 설명회에 참여하는 사람들이 몇천 명이 될 수는 있겠지만 아무리 많은 돈을 내도 그들 모두 트레이딩 마스터의 경지로 오르진 못한다. 그래서 다행이라고 생각한다. 대부분의 사람들이 지식을 얻지 못하는 것도 다행인 일이다. 지식은 있지만 제대로 사고하지 못하는 사람들이 많은 것도 다행이다. 만약 그렇지 않았다면 지식과 사고를 모두 갖춘 사람들을 위해 존재하는 기회가 엄청나게 줄어들 테니 말이다. 더 솔직히 말하면, 그럴 때를 위한 준비가 안 되었다. 무지는 무지한 사람의 적이다. 하지만 타인의 무지는 지식을 가진 사람에게는 힘이 되며, 지식과 올바른 사고를 다 갖춘 사람들에게는 마르지 않는 부의 원천이다.

오늘 가진 것으로
무엇을 하고 있는가

 논쟁의 여지가 있지만, 수십 년 동안 가진 것 이상을 바라는 것이 미국식 삶이 되었다. 역사와 세태를 주의 깊게 관찰하는 사람들은 더 많은 것에 대한 강한 욕구가 처음부터 미국 문화의 일부였다고 주장한다. 어쨌든 더 많은 돈, 더 많은 시간, 더 많은 지식이 있다면 진심으로 일도 더 잘 처리할 수 있고 삶 자체도 더 잘 영위할 수 있다고 느낀다.
 하지만 가진 돈에 대해서는 어떻게 생각하는가? 많든 적든 간에 지금 보유하고 있는 시간과 지식에 대해서는 어떻게 생각하는가? 충분히 활용하고 있는가 아니면 그냥 소모하고 있는가? 다른 말로 묻자면 훨씬 더 많은 공급을 찾아다니기에 앞서, 이미 가진 제한된 공급으로 모든 책임을 철저히 다하고 있는가? 일상에서 겪은 개인적인 경험으로 보면, 현재 자기 손안에 있는 것을 모두 소모하지 않고 더 많은 것을 얻고자 하는 인간의 성향을 시급히 살펴봐야 한다. 자신이 통제 가능한 현재 자유 시간의 부분 부분을 여기저기 낭비하는 사람은 더 많은 시간을 요구할 권리가 없다고 생각한다. 큰돈은 제한적으로 주어진 돈을 책임을 다해 현명하게 쓴 사람만 찾아다닌다. 그리고 모든 부를 통틀어 가장 위대하고 큰 부인 지식은 현재 가진 것을 책임 있게 이용하는 사람들과 함께할 때 넘치도록 커진다.

'그게 트레이딩과 무슨 상관이 있는가?' 의아하겠지만, 인간 성향과 관련된 모든 것은 트레이딩과 관련 있다. 모든 인간 성향은 나쁜 것이건 좋은 것이건 간에 일상적인 트레이딩에서 행동으로 나타나기 때문이다. 더 많은 것을 찾아다니기 전에 오늘 우리가 갖고 있고 알고 있는 것으로 책임을 다하는 데 만전을 기하는 것이 우리의 의무다. 현재 프리스틴 회원들은 모두 손절 스톱의 중요성을 안다. 우리가 매일 제공하는 서비스의 일환이며 그 중요성과 상세 실행법을 설명하는 교육 자료도 수없이 발송했다. 그런데 정작 그 지식으로 책임을 다하고 있는가? 그 지식을 존중하고 있는가? 우리 구독자는 모두 적절한 진입 시점을 기다리는 것, 주식을 뒤쫓지 않는 것이 얼마나 중요한지 알 것이다. 하지만 그 지식을 항상 고수하고 있을까? 어떤 사람들은 특히 엄격한 진입 기준을 통과하는 종목이 많지 않은 날이면 더 많은 추천 종목을 바란다. 그렇다면, 이미 얻은 종목에는 책임을 다했는가? 더 많은 것을 찾기 전에 지금 자신이 알고, 갖고 있는 것을 완벽히 통달하자.

지혜의 씨앗

더 많은 것에 대한 욕망은 아무 문제가 없다. 그런 욕망은 인간이 이룬 모든 위대한 업적의 기반이다. 그러니 날개를 활짝 펴고 싶은 욕구를 부끄럽게 생각할 필요는 없다. 하지만 오늘 가진 것을 완전히 소진하지 않고 더 많은 것을 원하는 행위는 탐욕이라는 죄다. 열망을 품은 트레이더는 이 함정에 매우 자주 빠진다. 성배를 찾아다니듯 소중한 불변의 진리를 찾으려고 이 책 저 책을 바꿔가며 더 많은 것을 알고자 한다. 이것도 더 많이 알아야 하고 저것도 더 많이 알아야 하니 끝없이 탐색하며 설명회를 찾아다닌다. 더 많은 전술, 더 많은 작전, 더 많은 요령. 더 많은 모든 것을 찾아 헤맨다. 그런데 이들 중 많은 트레이더가 안착하지 못하거나, 자신이 이미 축적한 것을 충분히 살피지 않는다. 여기서 배운 전술과 저기서 얻은 지식을 얼마나 잘 이용하는지 확인하지 않는 것이다. 우리가 운영하는 강도 높은 '1일 트레이딩 집중 교육 과정' 수강생 중에도 곧바로 '3일 트레이딩 과정', 이후 '2주 트레이딩 과정'으로 바로 넘어가고 싶어 하는 사람들이 많다. 금방 습득한 지식을 소화하고, 써보고, 최대한 이용해보는 과정은 시작도 하지 않았는데 말이다. 그들은 지식이 뿌리를 내리고 실질적인 것으로 열매를 맺을 때까지 놔두지 않는다. 그러면서 계속 더 많은 것만 원한다. 이미 보유한 지식에 책임을 다하지 않는 사람이 더 많은 지식, 더 많은 지혜, 더 많은 트레이딩 전술에 책임을 다할 수 있을까? 오늘 가진 것을 최대한 활용하라. 바로 지금 당신이 배운 모든 트레이딩 기법의 목록을 만들어 보겠다고 결심하라. 그러고 나서 그것을 닳아 없어질 때까지 쓴다는 마음으로 이용하라. 그때 비로소 더 많은 것을 요구할 권리가 생긴다.

과거가 발목을 잡는가

여러 가지 생각을 하게 만드는 격언이 있다. "어디서 왔는지 모르는 사람은 어디로 가는지 알 수 없다." 나에게는 이 말이 진실 같은데, 이 교훈을 중학교 때 알았다면 역사 수업 시간에 더 집중했을 것이다. 당시 역사를 가르쳐주셨던 나르디엘로 선생님께 죄송하다. 하지만 과거가 항상 가치 있는 걸까? 성실히 따르고, 사랑하고, 소중히 여기고, 항상 기억해야 할 것인가? 잘 모르겠다. 사실은 아니라고 답하고 싶다. 적어도 항상 그런 건 아니다. 그리고 트레이딩과 관련해서는 더욱 그렇다.

이건 조금 까다로운 부분이다. 트레이딩에서도 과거의 오류, 실수, 참사에서 배우기 때문이다. 드문 경우지만 과거 성공적인 거래에서 배우기도 있다. 하지만 과거를 짊어지고 가는 것은 트레이더에게 심각한 문제를 일으킬 수 있다. 사실 파괴적일 수 있다. 그 저변에 있는 가장 큰 이유는 트레이딩이라는 이 게임의 85%가 심리라는 사실에 있다. 쓸 수 있는 모든 전술, 기법, 요령, 묘책을 다 갖고 있어도 심리와 태도가 올바르지 않거나, 평정심을 잃거나, 꼭 필요한 적정 수준의 맑은 정신이 없다면 매번 자신이 한 모든 것을 되돌려야 할 것이다.

연달아 네 번 손실을 기록하고 시장에 대한 균형 잡힌 의견을 못 찾고 있는 트레이더를 떠올려보자. 다섯 번째 거래에는 과거 네 번의 거래가 없었던 것처럼 들어가야 한다. '과거' 트레이딩 기록이 미래의 트레이딩에 전이되는 것을 허락할 여유가 없다. 네 번째 거래의 잔재가 다섯 번째 거래로 넘어가면 이 트레이더는 이미 장애를 안은 채 일하는 것이다. 과거의 거래와 싸우지 않고 현재의 거래만으로도 성공하기는 힘들다. 현재는 깨끗하고 순순하며 어떤 오류도 없이 자유로운, 갓 태어난 아기 같아야 한다. 그러려면 이전 손실은 이미 지나간 일이며 무익한 걱정이라는 사실을 깨달아야 한다. 우리가 이전 손실로 오염된 상태임을 알려주는 신호는 다음과 같다.

1. **지속적인 망설임. 이는 실제로는 확실성에 대한 감춰진 욕구다.**
2. **방아쇠를 당기는 데 대한 두려움. 더 알려는 욕구에 불과하다.**
3. **수익을 너무 빨리 인식함**
4. **손실(손절 스톱) 인식에 실패함**

이처럼 과거도 우리의 적이 될 수 있음을 명심하라.

> **지혜의 씨앗**
>
> 균형 감각은 성공적인 트레이딩의 모든 것이다. 트레이딩의 세계에서 자유롭게 움직이려면 그 많은 것들의 섬세한 균형을 잡아야 한다. 좋은 뉴스는 종종 동시에 나오는 나쁜 뉴스로 균형을 맞춰야 한다. 분석가들의 상반되는 견해, 기술적 지표의 상충되는 신호, 우리 영혼 깊은 곳의 이중적 감정의 균형을 이루어야 한다. 모든 것은 균형에 있다. 과거를 돌아볼 때도 마찬가지다.
>
> 당연히 트레이더에게 과거는 중요하다. 과거는 가장 훌륭한 스승이며 "거울아 거울아~" 하고 물으면 항상 진실을 말해주는 거울이다. 하지만 순식간에 우리의 미래를 망가뜨릴 원수가 될 수도 있다. 간단히 말하자면, 과거를 너무 많이 지고 가면 해롭다. 과거가 미래로 전이되어 미래를 오염시킬 정도로 과거에 너무 큰 무게를 두면 안 된다. 과거는 일어난 일을 보는 창문의 역할일 뿐, 일어날 일을 들여다보는 창문의 역할이어서는 안 된다. 느슨한 나사를 조이도록 도와주는 도구로만 이용해야 한다. 일단 나사를 조이고 나면 도구는 할 일을 마쳤으니 내려놓으라. 트레이더는 새로운 게임에 들어갈 때마다 반드시 과거를 내려놓는 법을 배워야 한다. 현재의 수많은 요소를 처리하는 데 과거가 있을 자리는 없다. 모든 짐을 비우라. 트레이딩을 할 때는 가볍게 움직여야 한다.

고통과 기쁨의 순환 고리 끊기

모든 트레이더가 그렇듯 나도 트레이딩의 청소년기일 때 고통과 기쁨의 양극단을 끊임없이 오갔다. 수익을 내거나 거래가 연속적으로 수익을 기록할 때마다, 엄청난 성취감에 가득찼고 그 감정의 정점에 있는 기쁨이 내 존재를 감쌌다. 성공에 취해서 마치 트레이딩의 신이 된 느낌이었다. 손실의 고통을 경험할 때면 심장이 떨어지는 것 같았다. 몸이 아프고 깊은 좌절감이 나를 잠식했다. 모든 것이 암흑으로 변했고 이전의 성공으로 피어난 삶의 환희는 순식간에 어둠 속으로 사라졌다. 그러고 나서는 갑자기 수익 거래 몇 개로 찬란한 믿음과 등대의 희망의 불빛이 밝게 비추고는 했다. 새로운 주기가 시작된 것이다.

나는 수년간 고통과 기쁨이라는 두 주인을 섬기는 노예였다. 때때로 한 주인을 섬기는 데 더 많은 시간을 썼지만 항상 그 둘을 자주 찾았다. 하지만 마침내, 아주 느리게 나를 잡고 있던 두 주인의 힘이 약해지기 시작했다. 처음에는 이상한 생각이 들었는데, 손실이 날 때마다 고통이 이전처럼 괴롭거나 절망적이지 않다는 것을 깨달았다. 나는 좌절이 부정과 긍정이 섞인 양가 감정에게 자리를 내어주는 과정을 흥미롭게 관찰했다. 마찬가지로 성공 거래에서 오는 기쁨도 덜 느끼게 되었다. 자세히 관찰해보니, 한때 성공한 거래마다 있었던 정신적, 심리적인 상승이 점점 조용하고 평온함으로 바뀌었다. 이후 얼마 되지 않아 나의 트레이딩은 완전히 새로운, 훨씬 높은 단계로 도약했다. 이 경험으로 나는 매우 귀중한 교훈을 얻었다.

트레이더가 결과에 영향을 받지 않는 것은 중요하다. 많은 트레이더들이 거래 하나의 결과가 우리의 감정과 사고방식에 영향을 미쳐서는 안 된다는 사실을 알지 못한다. 수없이 많은 시장 경험으로 성숙해진 진정한 트레이더는 거래 하나하나를 거치면서도 영향받지 않고, 흔들림 없이, 침착하고, 평온을 유지한다. 이처럼 완전히 성숙한 트레이더는 결과의 중요성은 과정의 중요성에 크게 못 미친다는 것을 안다. 수익과 손실은 단순히 선택의 부산물임을 깨닫는다. 각 거래의 끝에 결과로 나타날 일에 주의를 기울이는 대신 거래 하나를 구성하는 개별 요소에 집중하다 보면 어느 순간 고통과 기쁨의 악순환에서 스스로 벗어나 해방된다. 그제야 비로소 마스터 트레이더 수준에 오르기를 바랄 수 있다.

🌱 지혜의 씨앗

대부분의 사람들이 기쁨을 추구하고 고통을 회피하는 데 자신의 시간을 소요한다는 것은 증명된 사실이다. 너무도 예상 가능한 이런 인간 행동의 패턴이 트레이더의 세계에도 널리 퍼져 있다. 트레이더는 시장에서 보내는 모든 순간을 손실을 벗어나려고 노력하고, 수익만을 경험하기 위해 할 수 있는 모든 능력을 동원한다.

이런 본능적인 충동은 매우 자연스럽지만, 우리는 이런 이중적인 난관을 뛰어넘어야 한다. 사실 그것은 함정이기 때문이다. 공자가 말한 "천 리 길도 한 걸음부터(시작한다)"는 옳은 말이다. 하지만 이 문장은 완성형이 아니라고 볼 수 있다. 공자가 잊고 언급하지 않은 부분이 있는 것이다. 우리가 밟는 모든 걸음 하나하나가 옳고 제대로여야만 그 길이 성공으로 향한다. 모든 사람은 성공이라고 부르는 먼 목적지에 도달하길 원한다. 그런데 그 발걸음, 즉 단계는 생각해 보았는가? 자, 이제 미묘하게 달라진 이 문장의 의미가 보이는가? 각 선택, 각 결정을 올바르게 하는 데 집중하면 성공은 저절로 따라온다. 우리는 성공적인 거래를 원할 뿐만 아니라 성공적인 트레이더가 되고픈 열망을 품어야 한다. 성공한 트레이더는 하나하나 모두 옳은지 확인하며 주의 깊게 발걸음을 밟아 나가는 사람이다. 성공으로 이어주는 것(각 발걸음)을 위해 노력하지 않고 결과(성공적인 여정)만 원하는 사람은 도둑과 다름없다. 수고하지 않고 추수하려는 사람, 나무를 심지 않고 열매만 구하려는 사람이다. 주의 깊게 지켜보지 않으면 그들은 '좋은 정보 있나?' 물으며 공짜로 얻을 것을 찾아 당신의 세상으로 숨어들 것이다. 우리에게 개인적으로 배우는 사람들은 성공하고 싶은 열망을 성공하는 사람이 되려는 열망으로 바꾸어야 한다는 우리의 믿음을 알고 있다. 성공하는 사람이 되고 싶은 열망은 분석, 생각, 의사결정, 적절한 시점, 진입, 초기 손절 지점, 심리적 균형, 기다림, 손절 지점 조정, 청산 등 거래의 모든 개별 단계를 제대로 하려는 의지다. 나는 학생들에게 거래 각 단계(발걸음)가 올바르다면 최종 결과(목적지)는 중요하지 않다고 말한다. 운이 좋아 성공하는 사람, 즉 정보를 받아서 수익을 내거나 소문에 돈을 걸고 실적 발표를 이용해 밤새 도박을 하는 사람들은 무시하라. 각 거래의 개별 단계가 옳다면 수익은 저절로 발생한다. 이것이 성공을 찾는 것과 성공한 사람이 되는 것의, 미묘하지만 매우 중요한 차이다. 그리고 우리 모두가 도달해야만 하는 지점이다. 거래가 시작되는 곳과 끝나는 곳 사이에는 큰 틈이 있다. 어디가 될지 모르는 끝나는 곳에만 집중하지 말고 그 틈에서 벌어지는 일이 제대로 되었는지 확인해야 한다.

견고한 기술이
견고한 직감으로 이끈다

〈뉴욕 타임스〉의 스포츠 관련 기고가가 최근 이런 말을 게재했다. "야구 선수에게 직관을 가르치는 것은 포크로 수프를 먹으라고 하는 것과 같다. 불가능은…(후략)." 트레이딩에도 똑같이 적용할 수 있는 내용이다. 직관은 참으로 중요하지만 가르치거나 남에게 전수할 수 없다. 재능은 수많은 상황과 오랜 기간의 경험을 통해 천천히 성장하고 점진적으로 진화한다. 가르칠 수 있는 것은 적절한 기술이다. 기술을 발전시키면서 수익을 내는 다양한 도구와 전술을 종합적으로 갖추면, 직관은 이를 빈번하게 사용하면서 점차 성장한다. 다시 말하면 직관력은 견고한 트레이딩 전략을 끊임없이 반복 적용하면 생성되는 부산물이다. 상급 트레이딩 1일 혹은 3일 집중 과정을 진행할 때 우리의 목표가 바로 이것이다.

우리는 생존을 위한 수많은 트레이딩 기술과 게릴라 같은 트레이딩 전술을 가르치는데, 이들은 수익 창출뿐만 아니라 전문적인 직관을 점진적으로 개발할 수 있도록 설계되었다. 직관은, 특히 전문분야와 관련된 직관은 진정한 전문가의 표식이다. 많은 트레이더가 맞닥뜨리는 문제는 잘못된 기술을 적용해 틀린 직관을 기르기 때문에 발생한다. 그리고 시장에 참여한 선수들에게 가장 위험한 것은 잘못된 직관이다. 트레이딩은 정확히 맞아떨어지는 과학이 아니며, 그렇기 때문에 제대로 발전시킨 직관이 이끄는 예술적 요소가 결부된다.

우리가 매일 지도하는 트레이더들은 자주 묻는다. "어떻게 정확히 그 시점에 이 거래에서 빠져나와야 하는 걸 압니까?" "어떻게 정확히 주가가 치솟기 직전에 그 거래에 들어가야 하는 걸 알았죠?" 시점을 정확히 맞춘 행동은 미세하게 느껴지는 감, 두뇌와 신경계의 잔잔한 당김이 보내주는 조용한 단서가 올바른 시점에 올바른 행동을 발생시킨 결과인 경우가 많다. 이 과정에 대해 적절히 언어로 소통할 수 있기를 바라지만 쉽지 않아 답답할 때가 있다. 하지만 우리와 함께하는 트레이더들은 결국 이런 직관력을 갖게 되리라 믿는다. 그들은 제대로 된 기법을 사용하기 때문이다.

> 🌱 지혜의 씨앗

트레이딩 전술과 기법은 자전거의 보조 바퀴와 같다. 배우는 동안에는 균형과 방향을 유지할 수 있도록 돕는다. 하지만 능숙해지면 보조 바퀴는 더는 필요 없다. 트레이딩에서 그 시점이 되면 트레이더로서의 감을 얻었을 텐데, 감은 앞서 말했듯 가르칠 수 없는 것이다. 이 직관은 특정 전략의 원칙을 바꾸거나, 무시하거나 혹은 폐기해야 할 때를 파악하는 데 도움이 된다. 시장은 절대로 협소한 작은 상자에 끼워 맞출 수 없다.

원칙은 시장 행동에 경직되게 적용할 수 없지만, 전술과 기법은 그렇게 하려고 한다. 하지만 전술과 기법이 무가치한 것은 아니다. 트레이딩 전략과 기법, 즉 보조 바퀴는 우리의 행동에 안내자의 역할을 하므로 매우 중요하다. 우리의 반응을 체계화하며 사고방식과 심리를 훈련한다. 그리고 오랜 기간 이를 사용하다 보면 트레이더는 육감이라는 것을 발달시킬 수 있다. 이 육감이 때때로 엄격한 기법이 낸 길을 벗어날 것이다. 육감은 정확히 그래야 할 때 트레이더가 원칙을 바꾸거나 깨도록 종용할 것이다. 이 육감이 형태를 갖추기 시작할 때가 트레이딩에서 엄격함을 덜 필요로 하는, 더 높은 영역에 들어섰다는 신호다. 이 영역에 도달할 때까지 트레이더는 감정의 어두운 부분과 심리적 자아로부터 자신을 보호하려는 하나의 목적만으로도 원칙, 전술, 기법을 엄격하게 고수해야 한다. 하지만 직관이, 육감이 뚜렷이 드러날 때 트레이더는 거의 무기법(techniqueless)의 영역, 즉 트레이딩 기법 없이 트레이딩할 수 있는 영역으로 이동한다. 바로 직관이 지배하는 영역이다.

약간의 편집증은 정신에 좋다

나는 어느 정도의 편집증은 성공을 이루는 필수 요소라고 믿는다. 거의 모든 일에서 그렇다는 것을 깨달았다. 트레이더가 성장하는 시기에는 실제로 어느 정도의 편집증은 성공의 선행 조건이라고 생각한다. 빠르게 부를 얻으려는, 또 일정 시간에 출퇴근하는 평범하고 지루한 일에서 쉽게 벗어나려는 너무나 많은 초보 트레이더들이 시장의 파괴적인 힘을 무시한 채 시장으로 달려든다. 적어도 초반에는 두려움이 지성이 있다는 것을 알려준다. 아주 약간의 편집증은 트레이더가 시장의 힘에 경의를 표하는 방식이다. 역사는 상대에 대한 존중 없이 괴롭히고 폭력을 행사하는 자들은 결국 파멸한다는 사실을 명확히 보여준다. 특히 성장하는 시기에 시장의 능력을 과소평가하면, 재정 파탄과 빈곤으로 이어진다. 전직 트레이더 대부분은 그만두고 나서야 시장이 겸손을 가르치는 거대한 장치라는 것을 온전히 이해한다.

> 두려움은 무지에서 발생하지만, 너무 무지해서 본인의 무지
> 함도 모르는 초보에게는 두려움도 없다.
> -올리버 벨레즈

발달기에는 지식과 적절한 도구가 부족한 트레이더를 노리는, 셀 수 없이 많은 함정과 올가미에 희생되기가 너무 쉽다. 그래서 일정 수준의 공포는 오히려 이로우며, 약간의 편집증이 우리를 구원할 수 있는 것이다. 하지만 경험이 더 많은 지식으로 이어지고, 지식이 더 많은 힘으로 이어지면, 힘에 대한 확고한 자각이 공포과 편집증을 물리친다. 그리고 한때 추악한 적이었던 시장은 매우 점진적으로, 심지어 조용히, 충실한 친구가 된다. 그때는 모든 것이 안녕한 상태다. 시장을 존중하면 시장도 당신을 존중해 줄 것이다.

> 지혜의 씨앗

공포는 우리에게 매우 큰 도움이 될 수 있는 원시적인 본능이다. 공포를 없애는 데 초점을 맞춘 시장 관련 책이 수없이 많지만, 나는 이런 방향의 접근은 틀렸다고 본다. 공포는 없애야 할 대상이 아니다. 제대로 자리 잡는다면 공포는 적이 아닌 좋은 친구다. 다른 모든 도구와 마찬가지로 공포는 우리가 제대로 이해하고 적절히 사용할 대상이다. 위험을 마주했을 때 공포 덕에 더 빨리 도망칠 수 있거나 더 맹렬하게 싸울 수 있다. 공포 덕분에 우리가 높은 수준으로 깨어 있고 능력이 최대치로 확대됐다면, 목적에 맞게 제대로 공포를 이용한 것이다. 공포는 특히 아직 길을 찾고 있는 초보 트레이더에게 유용하다. 이들이 경계하고, 주의를 기울이고, 항상 조심성을 유지하는 데 도움이 된다. 도주해야 할 때는 속도를 재촉해 높여주고 위험에 대한 경계를 강화하도록 한다. 초보자가 곤경에 빠지지 않도록 돕는다. 그리고 무엇보다도, 시작하는 트레이더가 저지를 수 있는 심각한 잘못 중 하나, 즉 시장의 파괴력을 간과하는 잘못을 공포가 방지한다.

초보 트레이더는 공포의 힘을 가장 잘 인식해야 하는 사람이다. 이를 고려하지 않아서 시장에서 퇴출된 트레이더들이 얼마나 많은지 모른다. 공포심이 전혀 없는 초보 혹은 너무 많은 초보 중 한쪽을 교육하라고 한다면 우리는 후자를 선택하겠다. 그들은 생존 가능성이 있기 때문이다. 전자는 통계치에 실리기만 할 뿐이다.

긍정적인 태도가
차이를 만든다

　영리한 트레이더라면 트레이더가 주식 아닌 사람을 트레이딩한다는 사실을 명심해야만 한다. 너무 많은 초보 시장 참여자가 이 결정적인 요소를 이해하지 못한다. 그 결과, 주식이 이성과 모든 합리적인 판단력에 반하는 이유를 영원히 혼란스러워한다.

　주식은 자체적으로 아무것도 할 수 없다. 주식의 가격은 오직 사람들의 인식으로 결정된다. 그리고 사람들의 인식은 전적으로 심리에 의해 통제된다. 종종 주가 움직임이 위, 아래 양방향으로 너무 멀리 확대되는 주된 원인은 탐욕과 공포, 이 두 가지 심리다. 세상이 장밋빛으로 물들고 매우 평안하면, 탐욕이 전망을 지배하고 주가는 합리적인 수준을 훨씬 초과해 움직이는 경향이 있다. 많은 정통 월가의 분석가들이 당황하고 혼란스러워하며 때때로 격노하는 순간이다. 왜 주식이 깔끔하게 정리된 수학적인 가치 측정치에 맞게 움직이지 않는지 알 수 없기 때문이다. 주식 자체는 삶과 생명을 갖고 있지 않다는 사실을 제대로 이해했다면 그렇게 당황하진 않을 것이다. 지배적인 태도 혹은 감정이 탐욕에서 공포로 같은 사람들에 의해서 바뀌면, 주식은 합리적인 수준보다 밑으로 떨어지는 경향이 있다. 영원한 시장 긍정론자들이 당황하고 혼란스러워하는 시기다. 갑자기 주식이 그렇게나 빨리 돌아선 이유를 모르기 때문이다. 과도하게 침체된 상태와 과도하게 확장된 상태 사이를 오가는 크고 빈번한 움직임은 절대로 멈추지 않으며 앞으로도 그럴 것이다. 이것이 미시적 시간 틀뿐만 아니라 거시적 시간 틀 속에서 트레이딩의 기회를 만들어낸다. 새 사람들이 들어오고 패배한 옛 사람들이 떠나가는 요인이다.

　영리한 트레이더는 이를 이해하고 한 심리적 상태가 다른 심리적 상태에게 자리를 내주는 시점을 알기 위한 방법을 위주로 능력을 키운다. 이것이 바로 트레이딩이다. 실적이 예상보다 좋을지 알려는 것이나 회사가 신상품을 발표하는 시기를 추측하려는 것이 아니다. 사람들과 그들의 심리가 가장 중요하며, 그래서 차트 해석이 중요하다. 대차대조표와 손익계산서는 사람들이 이미 심리적으로 반응한 과거의 그림을 보여준다. 반대로 차트는 거래마다 참여자들의 현재 심리 상태로 만들어지기 때문에 살아 있는 지도 역할을 한다. 차트는 적극적으로 거래하는 트레이더를 위한 최종 도구이며, 차트 없이 단기로 시장에 참여하는 사람들은 엄청나게 불리한 입장에 처해 있다.

> 🌱 **지혜의 씨앗**
>
> 시장 참여자로서 우리가 사람을 거래한다는 것은 피할 수 없는 사실이다. 우리는 주식을 거래하지 않는다. 우리가 깨달은 모든 진실 중에서도 가장 중요한 것이다. 시장을 숫자나 컴퓨터 화면의 2진법적인 전기 신호가 아닌, 사람으로 보는 트레이더는 트레이딩을 자유자재로 통제하는 완전한 통달의 수준까지 도달할 가능성이 훨씬 크다. 그들은 갑작스러운 가격 움직임 뒤에 있는 이유를 더 잘 이해하며, 이를 통해 그런 가격 움직임을 충분히 이용할 수 있는 위치에 오른다. 진정한 고수는 거래 주문을 내는 각 순간에 그 반대편에 다른 누군가가 반대 방향으로 돈을 걸고 있다는 사실을 절대로 잊지 않는다. 이 마스터 트레이더는 실제로는 사람을 조종하고 다루는 데 능숙한 선수이기 때문에 그들의 반대편을 택한 불쌍한 영혼들은 대부분 희생양이 된다. 당신이 사람을 다루고 있다는 것, 높이 날아오를 잠재력이 있다는 것을 알아야 한다. 이를 깨우치지 못하면 다음 희생양은 당신이 될 수도 있다.

긍정적인 정신적 태도가
차이를 만든다

주식시장에서 성공을 구성하는 세 가지 주요 요소가 있다. 정신(mind), 방법(method), 돈(money)이다. 《심리투자 법칙》의 저자 알렉산더 엘더 박사는 이를 '쓰리엠(three M)'이라고 부른다. 각 요소를 완벽히 통제하고 능수능란하게 다루는 것은 매우 중요하며, 그중에서도 정신은 무엇과 비교할 수 없을 만큼 가장 중요한 요소다. 성공의 태도가 없다면, 제대로 된 마음가짐이 없다면, 마음의 평정이 없다면 가장 견고한 방법을 사용한들 결국 손실로 이어질 것이기 때문이다. 이 게임의 승자는 방법이나 돈보다는 정신적인 태도로 결정된다. 패배자의 정신 상태인 트레이더가 훌륭한 접근법을 쓰면서도 무너지는 반면, 성공의 태도를 가진 트레이더가 오류 난 접근법으로도 여전히 긍정적인 결과를 만들어낼 수 있는 이유다.

어떤 트레이더는 연속으로 수익을 여섯 번 내는데, 어떤 트레이더는 여덟 번의 연이은 손실을 기록하는 이유는 무엇일까? 같은 투자 소식지를 이용하면서 왜 누구는 수익이고 누구는 손실일까? 똑같은 주식을 사서 수익인 사람과 손실인 사람의 차이는 무엇 때문일까? 간단하다. 그 차이는 정신에 있다. 내가 아는 가장 혁명적인 격언은 이것이다. "마음에서 생각하는 바가 곧 그 사람이며(As a man thinks in his heart, so is he, 잠언 23장 7절 일부)."* 이 보편적이고 범용적인 진리는 당연히 트레이더에게도 적용된다. 성공한 사람의 태도를 관찰하면 믿을 수 없을 정도의 자신감과 확신을 발견할 수 있다. 대부분의 사람들은 그들이 성공했기 때문에 자신감과 확신에 넘친다고 생각하지만, 사실은 자신감과 확신이 있어서 꾸준히 성공을 이어가는 것이다.

거래 주문을 내기 전에 실패를 마음으로 그리는 트레이더에게는 아무리 훌륭한 방법도 효과가 없다. 돈이 아무리 많아도 '내가 손대는 건 다 망해'라는 믿음을 비밀스럽게 마음에 담고 있는 사람을 구제할 수는 없다. 선택해야 하는 우리는 트레이딩이라는 이 숭고한 활동에 접근할 때는 상위에 있는 사고를 선택해야 한다. '결과가 나 자신은 아니다'라는 단순한 사실을 깨달으면 절대로 실패하지 않으며 실패자라고 느낄 수도 없다. 결과는 당신이 만든다. 이는 곧 당신이 결과에 개의치 않는다면, 결과를 바꿀 힘을 갖고 있다는 뜻이다. 디딜 곳 없어보이는 정상에도 항상 설 자리가 남아 있듯이. 헌신적으로 노력하는 트레이더에게는 성공의 기회가 있고, 그 첫 단계는 그것을 믿는 것이다. 두 번째는 그렇게 행

---

* 말이나 행동 등 겉으로 보이는 것은 생각하는 바와 다를 수 있으니 보이고 들리는 것에 현혹되지 말고 생각하는 바, 즉 진실에 집중해야 하며 이는 타인뿐 아니라 자신을 마주해서도 마찬가지라는 교훈을 담고 있다.

동하는 것이다. 역할에 대해 생각하고 그 역할에 맞게 행동하면 연기가 더욱 자연스러워진다. 머리로만 이해하지 말고 지금 당장 행동을 취해보라.

> **지혜의 씨앗**
>
> 정신 혹은 태도라는 것은 트레이더의 발전 단계에서 가장 큰 영향을 미친다. 믿기 어렵다면, 손실을 내고 있는 트레이더 다섯 명을 찾아 (그리 어렵지 않을 것이다) 그들의 태도를 주의 깊게 살펴보라. 그들은 각기 자기 방식으로 손실을 내겠지만 공통적인 특징은 시장을 대하는 좋지 않은 태도, 불안정한 정신 상태일 것이다. 좋지 않은 생각의 결과로 그들의 모든 행동은 힘을 잃고 결의가 부족해진다. 결정은 약하고 힘없이 쳐다보는 눈은 공포를 드러낼 것이다. 반대로 수익을 내고 있는 다섯 명의 트레이더를 찾았다면, 전혀 다른 형식의 생각이 작동하고 있다는 것을 즉시 감지할 수 있을 것이다. 이들은 마치 다른 세계의 사람처럼 느껴질 것이다. 의자에 앉아 있는 그들은 위엄 있어 보이기까지 한다. 눈빛은 맑고 예리하며, 다음 기회를 기다릴 때는 매서울 것이다. 행동 하나하나는 의도적이며 의사결정은 빠르고 정확할 것이다. 눈앞의 일에 모든 신경을 집중하면서도 긴장하지 않은 편안한 모습일 것이다. 성공은 당연한 것이므로 굳이 크게 외쳐 세상에 알릴 필요가 없을 것이다. 성공했기 때문에 그런 태도를 갖출 수 있다고 흔히들 오해하지만, 이는 사실과 전혀 다르다. 더 자세히 들여다보면 그들의 성공은 태도 덕분이라는 사실을 알 수 있다. 자수성가한 트레이더는 성공했기 때문에 긍정적인 태도를 보이는 것이 아니다. 긍정적인 태도를 가질 수 있는 용기가 있었기에 성공한 것이다. 이 사실을 꼭 기억하라.

태도를 갖춘 트레이딩

　시장에 대해 당신은 마음속에 어떤 견해를 품고 있는가? 시장 참여자들이 거의 이해할 수 없는, 병적인 불안과 흥분으로 야기된 혼돈의 집합체로 보는가? 아니면 거래에 용기 내어 들어갈 때마다 물리쳐야 할 나쁜 거대한 적이라고 생각하는가? 마음의 눈으로 보면 시장은 적인가, 친구인가? 선한가 악한가? 건설적인가 파괴적인가? 이는 매우 중요한 질문이다. 우리가 트레이딩이라는 예술에 접근하는 태도를 드러내는 데 도움이 되기 때문이다.

　야심찬 시장 개척자들은 자신의 기법을 다듬고, 트레이딩 전략에 완벽을 기하며, 새로운 전술 개발에 상당한 시간을 보낸다. 하지만 적절한 태도의 중요성을 이해하는 사람은 너무 적다. 시장을 당신을 파괴하려고 나타난 거대 괴물로 여긴다면, 당신이 내리는 모든 결정은 소극적이고 결단력이 부족할 것이다. 행동 하나하나가 나약하고 그 결과는 오래 지속되지 않으며, 당신 마음이 만들어낸 괴물은 바닥까지 당신을 뒤쫓을 것이다. 이를 다른 문구로 더 잘 표현하기는 어렵지만 나는 시장을 '모든 가능성의 장', 더 쉬운 말로는 '놀이터'로 보는 것을 좋아한다. 그곳은 내가 진짜로 혼자가 될 수 있는 공간이다. 완전히 독립된 그 순수한 상태가 가끔 두렵기는 하지만, 내 운명이 다른 누구도 아닌 내 손에 놓여 있다는 사실에 마음 깊은 곳에서 기쁨이 솟아난다. 내가 실패하면 그건 내가 만든 실패다. 내가 승리하면 나는 신과 다를 바 없다.

    시장은 나를 괴롭히는 존재가 아니다. 오히려 나를 해방시키는 존재이며, 응당 그렇게 여겨야 한다. 시장에는 우리의 모든 열망을 성취할 가능성이 잠재해 있지만, 이 가능성은 두들기고, 붙잡고, 손에 넣어야 할 대상이지 구걸의 대상이 아니다. 그러니까 다음에 누군가가 "시장한테 제대로 대우 받고 있습니까?" 하고 묻는다면 "그게 아니라, 내가 시장을 어떻게 대우하는지 묻는 거죠?"라고 답해야 한다. 당신이 기민한 트레이더라면 시장은 당신의 세상이다. 당당하게 거래하라. 그것이 우리가 해야 할 일이다.

> 🌱 **지혜의 씨앗**
>
> 시장에 접근할 때 갖는 태도는 흥미로운 방식으로 경험으로 실현된다. 어떤 면에서는 거울이 우리의 강점과 약점 모두를 반영하는 것 같다. 시장에 접근하는 우리의 태도는 세상을 향한 우리의 가장 깊게 숨겨진 욕망을 드러낸다. 시장이 친구로 대해주지 않을까 하는 두려움이 바로 적을 만든다. 공포가 분노를 자아내 멈추지 않는 적을 스스로 불러들이는 것이다. 시장을 말도 안 되게 큰돈을 뽑아낼 수 있는 장소로 보면 당신의 모든 물질적인 욕망이 실현될 가능성이 더 커진다. 매일 일어날 때마다 나는 시장이 단 하나의 이유만을 위해 열렸다는 믿음을 상기한다.
>
> 내가 돈을 벌도록 하는 것. 내 마음속에서 내 거래의 상대편에서 시장에 참여하고 있는 트레이더의 목적은, 그들의 주식을 내가 원할 때 포기하는 것이며, 털어버리고 싶은 내 주식을 가져가는 것이다. 건방진 소리 같겠지만, 나는 시장을 내 세상으로 보며, 그로 인한 결과가 정말 그렇다는 것을 잘 보여준다.

트레이더를 위한 8가지 개념

우리가 흔히 듣는 개념, 행동, 심리 등이 일상적인 거래 의사 결정에서 미칠 수 있는 영향에 대해 설명하고자 한다. 아래는 단타 위주로 활발하게 시장에 참여하는 모든 트레이더를 괴롭히는 몇몇 위험을 경계하고 특히 심리적인 안정을 유지하는 데 쓸 수 있도록 정리한 목록이다.

1. **생각**: 너무 많은 생각은 좋지 않다. 대부분의 마스터 트레이더는 생각이 필요한 단계를 넘어섰다. 그들은 왜 특정 행동을 했는지 질문을 받았을 때만 멈추고 '생각'해 볼 것이다. 내 경험으로 보면 최상급의 트레이더들은 심지어 그들이 하고 있는 것에 대해 적절히 표현하고 소통하지 못할 수도 있다. 아마도 그들이 '행동'에 대해 더 생각할 필요가 없는 '행동하는 사람'이기 때문일 것이다.
2. **상상**: 당신이 상상하는 것이 문제가 될 수도 있다. 상상은 진짜가 아닌 세계를 다루는 특성 혹은 요소다. 성공적인 트레이더는 실제, 현실, 사실과 관련된 것에 확고한 뿌리를 유지한다. 일어날 수도 있는,

일어날지도 모를 일이 아닌 지금 일어나고 있는 일을 끊임없이 처리한다. 상상하거나 추측하거나 희망하지 않는다. 거의 혹은 전혀 상상과 의견의 개입 없이 매초, 매분 사실을 처리하고 사실에 반응한다.

3. **공포**: 공포는 지적인 행동에 유해하다. 정신을 망가뜨릴 뿐만 아니라 (이로 인해 판단 과정이 무력해지고) 노련한 트레이더에게 너무나 중요한 직관력을 좀먹는다. 공포는 실력 발휘에 필요한 모든 덕목을 파괴하는 독이다. 성취에 있어 가장 큰 장애물이다.

4. **탐욕**: 이 개념은 '황소와 곰은 돈을 벌지만 돼지는 못 번다(Bulls and Bears make money, but pigs make none)'*는 말로 요약할 수 있다. 홈런 타자는 야구장에 있으면 된다. 잭팟을 노리는 행위는 트레이딩에서 통하지 않으며, 의외로 초보들이 큰 거 한 방을 원한다. 성공적인 트레이딩은 대부분 확률 게임이다. 마스터 트레이더는 한 번에 1만 달러 획득을 노리는 대신 1,000달러짜리 열 번을 노린다. 1만 달러 수익보다 1,000달러 수익이 더 빨리, 더 안전히, 더 확실히 다가온다.

5. **정보**: 적을수록 좋다. 너무 많은 정보는 상상을 가상으로 돌려보게 하며, 이는 좋지 않다. 의견이 형성되기 시작하고 어느새 정보 유통자의 시각을 갖게 된다. 정보의 중요성은 그것이 전달하는 메시지에 있지 않다. 남들이 그 메시지에 어떻게 반응하는지가 중요하다.

6. **기대**: 너무 크고 과한 기대는 경험 없는 초보자라는 확실한 징표다. 합리적인 기대는 언제나 괜찮지만 안전한 것이어야 한다. 과도한 열정에서 비롯된 기대는 항상 자신이 무엇을 하고 있는지도 모르는 사람들에게서 나타난다. 성공을 달성했다면 함께 겪었을 고난과 어려움을 아직 경험하지 못한 사람들이 보이는 특징이다.

---

* 시장의 강세, 혹은 강세론자를 황소, 시장의 약세, 혹은 약세론자를 곰으로 보통 비유하는데, 일반적으로 황소는 뿔을 위를 향해 들이받으며 공격하고 곰은 발바닥을 아래로 휘두르며 타격을 가해 공격하는 모습에서 유래했다는 설이 있다. 두 동물 모두 예측하지 못할 때 강한 공격을 할 수 있다는 점에서 시장의 특성을 잘 보여주는 표현으로 받아들여지며 19세기 후반부터 많이 쓰였다.

7. **과도한 분석**: 너무 많이 손보려고 하면 행동을 못 하게 되고 불확실성이 높아진다. 분석은 분해하고 해부하는 작업이다. 장미꽃을 일단 해체하고 나면 더는 장미꽃이 아니라는 사실을 명심하라. 내가 아는 모든 성공적인 트레이더들은 매수, 매도, 보유 혹은 무시 여부를 판단할 몇 가지 기본적이고 아주 단순한 방법을 갖고 있다. 그들은 문제를 필요 이상으로 복잡하게 만들지 않는다. 그리고 항상 '나는 한다'의 태도로 행동하고, 이후 일어나는 일을 지켜본다.

8. **희망**: 희망은 특히 트레이더에게 위험하다. 손실 나고 있는 포지션을 붙들고 있는 습관을 형성한 사람들의 가장 큰 적이다. 이런 경우 희망은 정확히 행동이 필요한 때 비활동을 조장한다. 절대로 가만히 앉아 있어서는 안 되는 상황에 점점 더 큰 편안함을 느끼고 안주하게 만든다. 희망은 지적으로 추론하는 능력 자체를 빼앗는 마약과도 같다. 희망에 기대는 사람들은 사실에 눈뜨지 못하고 전문적으로 희망을 판매하는 사람들에게 휘둘리게 된다. 선택할 수 있다면, 나는 항상 희망을 사는 사람이 아닌, 희망을 파는 사람이 될 것이다. 거래할 때는 희망을 전염병 피하듯 멀리해야 한다.

3장

손실 : 트레이딩의 힘과 성공을 위한 전제 조건

역경의 힘

　13년 전 매우 지긋한 나이인 20세에 나는 주식시장에서 첫 거래를 경험했다. 손실이 난 거래였지만 그때 그 순간, 나는 나의 기쁨이자 사랑, 간단히 말해 삶의 목적을 찾았다는 사실을 알았다. 흥분, 쾌감 심지어 고통조차 내가 '옷을 걸치고 가질 수 있는 가장 큰 재미'라는 표현의 정의에 딱 맞는 무언가를 발견했다고 느끼게 했다. 이 게임 초기에는 비록 처참한 실패를 겪었지만 나는 전혀 단념하지 않았다. 단념하도록 허락할 수 없었기 때문이다. 나는 시장이 돌아가는 미지의 방법을 배우기 위해 시장을 정복하겠다는 결의에 차 있었다. 그리고 내가 치른 학비는 정말 비쌌다. 꾸준하게 발전하고 있다고 생각하기까지 6년이 걸렸다. 내가 낙담한 적이 있었을까? 당연하다. 지친 적은? 전혀 없다. 너무 완전히 바닥까지 쳐서 올라가는 것 외에는 아무것도 남지 않은 때도 있었다. 그러다가 마침내 시작됐다. 어느 시점이 되자 내 걸음에 탄력이 생기고 두 세계가 교차하는 단계로 가는 길이 열렸으며 이후 그 느낌이 지속되었다. 2년 후 나는 꾸준히 시장에서 큰 수익을 올리고 있었다. 나는 무시할 수 없는 존재가 되었고 더는 시장의 희생양이 아니었다.

지금은 거의 매일 이런 질문을 받는다. "그런 놀라운 성공을 거둔 요인이 무엇입니까?" 그리고 나의 대답은 항상 똑같다. "어제의 처참한 실패 덕분에 오늘의 성공이 있습니다." 결국 실패한 거래들이 나를 자극했기 때문에 그 모든 전술, 기법 그리고 바로 지금까지 사용하는 성공적인 전략을 발견할 수 있었다. 뒤돌아보는 지금에야 명확히 보인다. 수익을 낸 거래는 내가 친구들에게 자랑하며 한잔하게 만드는, 말하자면 수익성이 되지 않는 활동을 초래했다. 나를 원점으로 돌아가 계획부터 다시 짜게 만든 것은 실패한 거래였다. 이 이야기는 내가 당신에게 줄 수 있는 가장 가치 있는 요령을 알려주기 위한 것이다.

역경, 즉 손실은 시장이 줄 수 있는 가장 큰 선물이다. 손실은 모습을 위장한 기회. 모든 실수, 모든 오류는 트레이더에게 결함을 없애는, 악마를 없앨 수 있는 기회다. 오늘 이후로 '실패 일지'를 작성하라. 종목 코드, 날짜, 진입 지점, 청산 지점, 진입과 청산의 이유로 시작해 모든 손실 거래를 기입하라. 일단 다섯 개 혹은 그 이상 손실 거래가 모이면 이들을 다시 살펴보고 공부하라. 이들의 공통분모를 찾으라. 믿고 찾아보라. 분명히 있을 것이다. 일단 찾으면, 분명하게 말하는데, 없애라! 이 과정을 숙달하면 돈을 잃는 것이 문제가 아니라 더 배울 수 있는 실패 사례가 없어서 문제일 것이다.

> **지혜의 씨앗**
>
> 나는 13년 동안 트레이딩을 해왔지만, 겨우 최근에야 인내하고 견뎠던 손실과 좌절의 기간의 가치를 충분히 알게 되었다. 당시에는 목숨을 걸고 싸우는 것 같았다. 지금은 이 시기가 내가 인생을 살도록 도와주었음을 깨닫는다. 손실 덕분에 나의 사고와 방법에 대해 공부하고, 그것을 수정하고, 다시 돌아보며 밤을 지새웠다. 효과가 없는 것을 제거하고 효과가 있는 것은 강조할 동기가 생겼다. 돌이켜보면 손실이 빈번했던 그 시절이 지금까지 내가 즐기고 있는 멋진 성공의 시기를 위한 기초를 다졌다고 단언할 수 있다. 트레이딩에 뜻이 있는 모든 트레이더가 손실은 적이 아니라는 사실을 성숙하게 이해하기를 바란다. 진정한 적은 손실 때문에 아무것도 하지 못하는 것이다.

손실이 득이 되게 하라

　트레이딩을 통달하기 위해 밟아야 하는 여정은 종종 무수한 위험이 가득한 여정이다. 트레이더 지망생이라면 반드시 인내해야 하는 위험, 손실, 시도 그리고 시련은 이 과정에 야심 차게 나선 대부분의 사람들에게 엄청난 중압감과 회복할 수 없는 정신적인 상처를 입힌다. 기술을 완벽하게 연마해서 놀라울 정도의 기민함으로 시장을 자유자재로 이용하는 사람의 능력을 보고 타고난 재능이라고 쉽게 단정하는 것은 안타까운 일이다. 전혀 사실이 아니기 때문이다. 고통. 패배. 좌절. 혼란. 불확실함. 불일치. 이런 것들은 열망의 대상이 되는 위대함의 절정에 도달하기 위해 필요한 가르침을 주는 상태와 환경의 일부다.

　오늘 성공을 즐기는 트레이더는 어제 실패자였으며 고통과 고뇌로 힘들어했을 것이 틀림없다. 인간인 우리는 성공에서 그렇게 많이 배우지 못한다. 우리가 가는 길에 빛을 비추고 방향을 알려주는 것은 실패다.

불을 만지면 안 된다는 것을 아는 까닭은 어린 시절 불에 데었기 때문이다. 트레이딩도 마찬가지다. 실패하는 모든 방법을 배운 후에야 비로소 성공하는 방법을 배운다. 토마스 에디슨이 전구를 발명하려 했을 때 사용한 방법이기도 하다. 자, 이제 당신에게 묻고 싶다. 실패를 어떻게 사용하고 있는가? 이롭게 쓰지 않고 그냥 버리는가 아니면 무엇을 해야 할지 알려주는 소중한 사례로 이용하는가? 큰 도약을 위해서는 한 걸음 물러나야 한다는 사실을 기억하라.

> **✿ 지혜의 씨앗**
>
> 우리는 손실과 그에 따르는 고통을 회피하기 위해 상당한 양의 에너지와 노력을 소비한다. 하지만 손실이 지닌 위대한 목적에 관해 생각한 적이 있는가? 빈번한 손실을 겪어야 비로소 행동을 고쳐야 한다는 확신이 들지 않던가? 손실의 고통은 가장 순수한 상태일 때 변화를 위한 개인적인 전령이다. 원칙을 깰 때마다 단호하게 극적인 행동 변화가 필요하다고 알려준다. 그래서 손실을 통해 성장하고 고통을 통해 더 앞서 나갈 수 있다. 불편함으로 인해 행동에 나서고 게으름을 벗어나 무언가 하게 된다. 패배의 고뇌와 거기서 비롯된 고통이 없으면 트레이더는 전혀 성장할 수 없다. 손실을 존중하는 법을 배우라. 이상한 방식이긴 하지만, 그것이 정확히 당신이 원하는 미래로 향한 길을 안내한다.

작은 손실 :
마스터 트레이더의 증표

　시장에서 돈을 잃는 시련은 기쁠 수 없지만, 현명한 트레이더라면 그것은 트레이딩의 지형에 상시 존재하고 앞으로도 그럴 거라는 사실을 안다. 너무나 많은 초보 트레이더들이 눈을 반짝이면서 완벽한 투자법 또는 답안의 선택지에서 영원히 손실을 삭제해준다는 트레이딩 시스템을 찾아 헤매느라 에너지와 소중한 금전적 자원을 낭비하고 있다. 그들은 잘못 짚었다. 성배는 현실에 존재하지 않는다. 트레이더의 성공은 대부분 손실을 얼마나 잘 제거하느냐가 아닌, 어떻게 잘 관리하느냐에 달려 있다. 이보다 훨씬 중요한 것은 성공하는 트레이더는 자신을 관리하는 신비한 방법을 갖고 있다는 사실이다. 그래서 손실 관리에만 집중하는 영리한 트레이더는 항상 최상의 결과를 얻는다.

　실패는 예술이며 높은 수준의 능숙함에 도달하려면 손실에 정통해야 한다. 트레이더로서의 전문성은 성공 아닌 손실을 '통제할 만한' 수준으로 유지하는 데 얼마나 숙련되어 있는가로 측정되기 때문이다. 전문적으로 손실을 보는 방법을 배우면 나머지는 자연스럽게 이루어진다. 그러면 정확하게 전문적인 손실이 무엇인지 궁금할 것이다. 작은 손실이다. 이 개념을 유념하라. 그 저변에 있는 의미는 생각보다 훨씬 더 큰 가치가 있다.

> **🌱 지혜의 씨앗**
>
> 성공하는 트레이더와 실패하는 트레이더는 한 끗 차이라는 말이 있다. 이 말이 옳다면, 승자와 패자를 가르는 차이는 손실 관리뿐이다. 인정하자. 트레이더가 운이 좋아서 수익을 내기란 그리 드문 일이 아니다. 사실 강세장에서는 단순히 밀물이 모든 배를 띄우는 것과 같은 이유로 운 좋게 수익을 꽤 자주 거둘 수 있다. 그래서 성공적인 거래가 언제나 성공적인 트레이더를 보여주는 가장 정확한 기준은 아니라는, 피할 수 없는 결론에 도달한다. 실제로 전문가의 표식은 단 하나, 작은 손실이다. 초보 트레이더가 아무리 운이 좋아도 그들의 진실은 손실의 크기로 드러난다. 반대로 아무리 궤도에서 벗어나 있어도 꾸준히, 매우 작은 손실을 내고 있다면 그들이 전문 트레이더임을 확신할 수 있다. 이것이 핵심이다. 한동안 성공을 가장할 수는 있지만 꾸준한 작은 손실은 운이나 거짓으로 만들어낼 수 없다. 그걸 해내려면 엄청난 능력과 높은 원칙을 따르는 절제력이 필요하다. 이따금 큰 수익을 내는 운을 가질 수는 있겠지만, 매번 그들에 대한 진실을 손실이 알려줄 것이다. 성공하는 트레이더는 어떻게 수익을 내는지보다는 얼마나 잘 잃는지로 증명된다. 손실을 관리하는 법을 배우면 심지어 수익을 찾을 필요가 없을 수도 있다. 수익이 당신을 찾아올 것이다.

시장은 우리에게 어떻게 말하는가

제대로 바라본다면 시장은 친구라고 생각해야 한다. 그런데 이 친구는 말을 못 하고 소리도 못 낸다. 직접 의자를 끌고 와 우리 옆에 앉아 친절히 말로 자신의 의도를 전달하지 못한다. 하지만 행동으로 보여줄 수는 있다. 친구로서 시장은 강력 5인방[아메리카 온라인(America Online, AOL), 시티그룹(Citigroup, Inc. C), 제너럴일렉트릭(General Electric, GE), 제너럴모터스(General Motors, GM), 마이크로소프트(Microsoft, MSFT)]의 리더십 실패, 혹은 2~3일 이상을 지속하지 못하는 상승세의 실패 등의 형태를 이용해 우리에게 말해준다. 유례없이 상승한 강력한 상승기, 예를 들면 연말의 산타클로스 랠리 같은 것도 시장 언어의 구성 요소다. 이것이 시장이 우리와 소통하고 우리에게 경고하는 방법이다. 우리에게 실패를 통해 말하는 것이다. 시장은 실패라는 언어를 이용해 복음을 전한다. 거기에 주의를 기울이고 의도를 일찍 알아챈 예민한 트레이더는 (말이 행동보다 쉽

다) 살아남거나 최소한 가장 잘 대접받는 사람이 될 것이다. 그러니 다음에 시장이 대놓고 '해야' 할 일을 하지 않을 때는 본인이 피로하다는 메시지를 친절하게 보내주었다 생각하고 당장 달아나야 한다.

> **지혜의 씨앗**
>
> 마스터 트레이더는 시장의 숨겨진 메시지를 해독하는 방법을 배운 사람들이다. 자세히 관찰해보면 그들은 예리한 눈으로 아무것도 놓치지 않으며 메시지가 전달하는 것이 무엇이건 거의 항상 그것을 해석하고 알아내는 방법을 아는 듯하다. 그들은 어떻게 그럴 수 있을까? 그 비밀은 실패를 이해하는 능력에 있다. 그들이 매수한 주식의 주가가 예상치 못한 행보를 보이며 손실을 던져줄 때, 마스터 트레이더는 울지 않는다. 반대로 고마워한다. 왜? 시장이 경고 신호를 보낼 때는 실패를 통해 보낸다는 것을 알기 때문이다. 믿을 만한 기술적 분석의 개념이 갑자기 실패하면, 마스터 트레이더는 기술적 분석의 유효성을 의심하지 않는다. 그 대신 앞으로 있을 더 위험한 상황을 미리 경고하는, 시장이 보낸 친절한 신호를 본다. 생각해보자. 이미 증명된 트레이딩 전략의 정확도가 갑자기 떨어지기 시작하면, 그들은 그 전략을 폐기할까? 아니다. 그들은 '친구야, 내가 성격을 또 한 번 바꿨어. 알아들었니?'라는 시장의 조용한 속삭임을 알아차린다. 마스터 단계에 도달하고 싶은 모든 트레이더는 반드시 그 방법을 알아야 한다. 실패의 언어를 이해하는 법을 공부하라. 시장이 우리와 소통할 수 있는 몇 안 되는 방법이기 때문이다.

어떻게 길을 잃고 성공으로 가는가

내가 트레이딩 인생에서 배운 중요한 것이 하나 있다. 문제가 우리 안에서 혁명(변화)을 일으키도록 놔두기만 한다면 정말 멋진 것이 될 수 있다는 점이다. 모든 문제는 내부 깊은 곳에 우리가 필요로 하는 답을 갖고 있기 때문이다. 우리가 매일 내보내는 많은 추천 종목이 매력적인 단기 수익을 냈지만, 2, 3, 4달러 이상 수익을 낸 종목을 못 만난다고 하는 구독자를 많이, 자주 본다. 추천 종목 4개 중 3개가 성공적이라면 그들은 거의 틀림없이 손실 종목을 하나씩은 갖게 될 것이다. 우리가 선택한 종목 모두를 살 수 없는 상황이기 때문에 종목을 선별해야 할 필요성은 있지만, 간단한 산술 평균이라는 수학적 방법만 적용해도 이들이 성공 종목 상당을 보유하리라 생각할 수 있다. 그러니까 꾸준한 손실이 기본값이 되었다면 이 미래의 시장 전문가들에게는 확실히 문제가 있는 거다. 자세히 들여다보니 이들은 의식적이든, 무의식적이든 기회를 놓친 성공 종목을 피하거나 두려워한다는 공통점이 있었다. 예를 들면, 50달러 이상인 종목은 피했다. 인터넷 산업 종목은 고려 대상에서 제외하거나 매수, 매도 호가 차이가 큰 종목은 무시하기도 했다. 이유가 어떻든 간에 무언가가 성공 종목을 선택하는 데 방해가 되고 있었고, 그것을 찾아야 했다. 그것이 답이었기 때문이다. 그러기 위해 해야 할 일은 거의 비정상적이라고 생각될 정도로 틀에서 벗어난 사고를 하는 거다. 아침에 갭 상승한 종목을 피했는데 손실을 보고 있다면 답은 명확하다. 아침에 갭 상승한 종목을 산다. 양질의 트레이딩 조건을 지속적으로 만족시키는 종목이 비싼 종목이라면 그리고 그 종목을 반복적으로 피해왔다는 것을 알게 되었다면, 이번에도 마찬가지로 답은 거기 있다. 비싼 주식을 산다. 성공 종목은 거기 있다. 주어진 만큼 수익을 내지 못하고 있다면, 손실을 통해 어떤 변화가 필요한지 파악할 수 있어야 한다. 그럴 기회를 준다면, 당신이 듣기만 한다면, 손실은 많은 것을 말해준다.

> **지혜의 씨앗**
>
> 우리가 경험하는 모든 손실이 우리 자신에 대해 조금씩 알려준다. 충분한 손실이 모이면 당신의 가족이 당신에 대해 알고 싶은 것보다 더 많은 것을 공개할 것이다. 트레이더에게 손실의 경험은 절대로 완전히 없앨 수 없는 것이기 때문에(인생 경험에서 영구불변하는 부분이다), 각 손실 내부 깊은 곳에 있는 보석을 찾아 이를 이롭게 사용해야 한다. 이 보석, 즉 가르침은 다음 거래에서 정확히 무엇을 해야 하는지, 혹은 변화시켜야 하는지를 알려줄 중요한 메시지를 담고 있다. 어떻게 해야 할지 몰라 혼란스럽다면 언제나 손실 속에서 답을 발견할 수 있을 것이다. 내 인생에 귀중한 가르침을 발견하지 못하는 손실은 있을 수 없다고 오늘 결심하자.

매일 새롭게 시작하기

　나는 최근 입은 손실, 혹은 전반적인 손실로 인해 정서적으로 무력화된 시장 참여자들의 얘기를 매일 듣는다. 시장이 갑작스럽게 어려운 상황을 빈번히 연출하는 경향이 있음을 감안하면, 우리의 도움과 격려가 필요한 사람들이 분명 많을 것이다. 그리고 우리는 언제든 기꺼이 필요한 도움을 제공할 것이다. 이 특별한 영혼들을 위한 말은 이거다. 트레이더의 삶은 매일 새롭게 시작되어야 한다. 당신이 진정 원하는 것이 도달하기 매우 어려운 최고 수준의 성공이라면? 과거의 실패, 더 정확히는 실패가 초래한 실망감을 잊으면서도 그것이 제공하는 귀중한 교훈을 간직할 수 있는 능력을 기르라. 실수가 알려주려는 교훈을 얻는 한, 지금까지 저지른 모든 실수는 앞으로 겪지 않을 실수라는 사실을 깨달을 것이다. 이런 방식으로 생각하면 손실은 실제로 힘이 되고, 실수는 미래에 얻을 성공의 한 단면이 된다. 때때로 나는 손실 거래 몇 개를 겪은 후 쉽게 포기하는 트레이더를 보고 많이 놀란다. 하지만 잠시 생각해보면 놀라움이 크게 사그라든다. 어떤 일에 있어서건 위대함은 모든 장애를 극복할 때까지 끈질기게 버티는 능력에 달려 있다. '평범한' 개인에게 이런 결의는 전혀 없으며, 그래서 최고 수준의 절대적인 우수함과 위대함은 그렇게 희소한 가치를 지닌다. 우리가 오늘 시장 수익률을 상회하는 실적을 내는 것은, 비록 그 실수가 현명한 것이었다고 해도 어제 우리는 실패자였고, 저지른 실수에서 배웠기 때문이다. 실수에서 배우는 한, 실수는 부끄러워할 것이 아니라는 사실을 오래전에 깨달은 덕에 우리는 오늘 이 분야의 많은 사람들이 꿈으로만 꿀 수 있는 수준의 예측 정확도를 경험한다. 손실이 나는 모든 거래에는 발견되기를 기다리는 보석, 질적 향상으로 한 걸음 더 다가가도록 하는 귀중한 교훈이 들어 있다. 그 보석을 찾아내라. 그러면 마침내 큰 보상을 얻을 것이다.

> **지혜의 씨앗**
>
> 트레이더가 실패하는 방식은 몇 가지로 한정되어 있다. 이 말은 트레이더가 저지를 수 있는 실수는 단 몇 가지뿐이라는 점을 명확히 지적한다. 모든 트레이더 지망생이 대면하는 과제는 실수를 피하는 것이 아니다. 실수에서 배우도록 각각의 실수를 살피는 일을 계속하는 것이다. 어떻게 됐든 손실을 보는 가능한 모든 방법을 경험하고 그 내부에 담긴 가르침을 완전히 흡수할 수 있다면, 우리의 지혜와 트레이딩 기술은 극소수의 사람들만이 도달하는 수준으로 급격히 상승할 것이다. 하지만 손실은 간단한 수술 후 수술대에 그대로 남겨두어야 한다는 것을 반드시 기억하라. 우리가 가져가야 할 것은 교훈이다. 손실 자체는 교훈을 담고 있는 사체일 뿐, 우리 마음에서 영원히 지워야 한다. 그렇게 해서 매일 하루를 새롭게 시작할 뿐만 아니라 그 이상을 할 수 있을 것이다. 새로 배운 교훈으로 무장하고 한정된 수의 실패를 하나씩 물리치면서 매일이 트레이딩의 최고 경지를 향한 일보 전진이 될 것이다.

변화할 수 없는 것을
받아들이는 방법을 배운다

평온의 기도에는 트레이더들을 위한 매우 강력한 의미가 있다. "주여, 제게 바꿀 수 있는 것들은 변화시킬 수 있는 힘을 주시고, 바꾸지 못하는 것은 받아들일 수 있는 평온과 그 차이를 알 수 있는 지혜를 주소서." 최고의 메시지다! 강력하다! 심오하다! 트레이더라면 이 기도문을 항상 기억하고 있어야 한다. 이 안에 트레이딩과 인생을 유익하게 할 중요한 열쇠가 있기 때문이다. 성공적인 인생과 관련된 가르침이 항상 성공적으로 시장을 대하는 것과 관련되는 가르침이라는 점은 흥미롭고 매력적이다.

나는 매년 문자 그대로 수천 명의 트레이더들과 이야기를 나누고, 가르치며, 자문을 제공하는 기회를 누리는데, 그들 중 너무나 많은 사람들이 귀중한 시간과 노력을 절대로 변화시킬 수 없는 것, 즉 손실을 완전히 제거하려거나 혹은 바꾸려는 데 쏟고 있음을 본다. 모든 일에는 반드시 처리해야 하는 것들이 있다. 트레이더인 우리가 영원히 처리해야 하는 것은 바로 손실이다. 우리가 정확히 뭘 할 수 있을까? 트레이더는 손실을 관리할 수 있다. 손실을 삭감할 수 있다. 손실을 멈출 수 있다. 작게 유지하며, 통제하고 확인할 수 있다. 하지만 절대로 완전히 제거할 수는 없다. 그렇게 하려고 집중해도 성과가 없을뿐더러 노력만 낭비할 뿐이다. 기억하라. 손실은 머무르는 것이다. 함께 살아가는 법을 배워야 하는 대상이다. 관리법을 배워야 할 영구적인 것이다. 이를 깨달을 수 있는 지혜를 더 빨리 얻을수록 바꿀 수 있는 것에 더 빨리 집중할 수 있다. 성공적인 삶은 우리가 얼마나 많이 이기느냐보다는 얼마나 패배를 잘 관리하느냐에 달렸다는 자명한 이치를 알려주는 지혜 말이다.

    트레이딩도 마찬가지다. 여러 해를 거치는 동안 나는 성공은 불가사의하게도 저절로 이루어진다는 점을 깨달았다. 트레이더는 때때로 우연히 성공적인 수를 두고 수익을 내는 거래를 거둘 것이다. 수익을 내는 것은 문제가 아니다. 손실도 문제가 아니다. 문제는 손실 관리에 실패하고 우리가 공들인 모든 것을 없던 것으로 되돌리는 것이다. 그것이 우리가 주의를 기울여야 하는 것이다. 그것이 우리가 바꿀 수 있는 힘을 가진 대상이다. 그리고 마침내 우리를 성공의 최고점으로 쏘아 올린다.

> **지혜의 씨앗**
>
> 트레이더 지망생들이 불가능한 한 가지를 해내려는 노력으로 트레이딩 경력을 시작한다는 것은 역설적이다. 트레이더는 손실이 나는 거래를 전적으로 제거할 수 없다. 손실은 영원히 우리와 함께한다. 우리의 힘이 닿는 범위 내에서 할 수 있는 단 한 가지는 손실 관리이고, 이를 제대로 하면 손실은 우리를 해칠 힘을 잃는다. 자세히 관찰하면, 모든 트레이더를 통틀어 가장 능력 있는 트레이더들도 손실을 꽤 자주 본다. 하지만 매주 그들은 다시 성공 트레이더로 부상한다. 손실을 피하려고 힘을 낭비하기보다는 손실을 관리하는 데 대부분의 시간을 쓰기 때문이다. 이 점을 온전히 이해하는 트레이더는, 적절한 손실 관리에 집중하는 동안 한때 그들을 비껴갔던 성공이 저절로 나타나는 기적을 발견한다.

지는 것이 이기는 것일 수 있다

주식시장에서 꾸준히 수익을 내는 것은 얼마나 성공적으로 손실을 보는지와 직접적 관련이 있다. 손실을 제대로 보는 법을 아는 것이야말로 모든 성공적인 트레이딩 방법론의 기초다. 마지막으로 사실을 직설적으로 들어야 이해하는 사람들을 위해 이렇게 표현하겠다. **손실을 보는 방법을 모르면, 당장 짐을 싸는 게 낫다. 당신에게 주식시장 참여자로서 남은 날은 얼마 없기 때문이다.** 그러니 아직 할 수 있을 때 즐기라. 가혹하게 들릴지 모르지만 현실이 그렇다. 트레이딩이라는 게임에서 잃지 않겠다는 생각은 착각이다. 손실을 보는 것은 트레이딩의 매우 현실적인 (그리고 어떤 때는 매우 자주 있는) 부분이며, 제대로 손실을 보는 방법을 아는 것은 생존의 핵심이다.

누구든 가끔은 운으로 큰 수익을 낼 수 있다. 주가가 오르고 트레이더가 돈을 벌고, 다 잘됐다. 좋다. 하지만 주가가 내려갈 때는? 그러면 어떻게 되는가? 매도해야 하는가? 그렇다면 어디서? 언제? 어떻게? 전문 트레이더라면 거래에 들어가기 전에 이런 질문에 대한 답을 한다. 그러나 초보는 타조처럼 모래 더미 속에 머리를 묻고 하락을 애써 무시한다. 왜 그럴까? 이를 처리할 수 있는 사전에 수립한 계획이 없기 때문이다. 모든 트레이더가 우리가 낸 손절 전략을 고수했다면 의무적으로 전문 트레이더처럼 하락을 처리했을 것이다.

오늘날 우리는 사전 정의된 손절 가격 없이는 절대로 거래에 들어가지 않는다. 손절 주문이 활성화되자마자 오르는 종목도 있지 않을까? 맞다! 때때로 손절 가격에 매도하고 후회하기도 할까? 당연하다! 이런 불쾌한 상황은 우리가 선택한 게임에 항구적으로 존재하는 부분이다. 그렇지만 안심해도 좋다. 우리가 고른 어떤 종목도 5, 10, 15, 또는 20 포인트씩 하락하지 않을 것이다. 15, 20, 40% 같은 손실은 절대 겪을 일이 없을 것이다. 사실 우리가 채택한 손절 전략의 결과로 우리의 각 거래 당 손실은 3% 이내인 편이다. 시장이 불안정할 때 손절 스톱이 활성화되어 거래가 자주 청산되지만, 좋은 시절이 되돌아오면 악대차에 처음으로 오르는 사람이 우리다. 왜 그럴까? 간단하다! 돈이 있기 때문이다. 없는 사람들은 매달린다. 스톱은 매달리지 않는다.

> **지혜의 씨앗**

신중하게 선택한 종목 포지션이 손절 주문으로 자동 청산되면, 실패가 아니라 성공이다. 우리가 사내에서 배우는 트레이더들에게 이를 반복적으로 가르치고 훈계한다. 그들이 모든 손절 거래를 시장에게 진 실패가 아닌 시장을 이긴 성공으로 받아들일 수 있도록 사고방식을 바꾸려 노력한다. 처음에는 우리를 못 믿는 사람들이 많다. 이 말을 현실을 기반으로 하지 않은, 추상적이며 심리를 위한 요령으로 받아들이는 것이다. 하지만 이건 심리적인 요령이 아니다. 손절을 한 후 거래에서 나온 것이 성공이다. 무엇에 성공했냐고? 우선, 손절 스톱으로 거래가 청산되면서 종목에 들어가 있던 돈의 상당 부분을 다시 획득하는 데 성공했다. 많은 트레이더가 손실 거래에서 그 수준의 자금을 획득하고 싶어 하지만, 손절 스톱을 하지 않아서 그 돈은 이미 사라졌다. 잃어버린 역사다. 두 번째로, 손절 거래 덕에 다시 제대로 할 수 있는 기회가 생겼다. 다시 말하지만, 기회를 얻지 못한 수많은 사람들은 이제 시장에 없다. 마지막으로 손절로 거래가 청산된 트레이더들은 시장이 줄 수 있는 가장 큰 선물을 받았다. 존중, 자존감이다. 트레이더가 계획을 고수할 때마다 절제력이 더 강해지고 결단력이 커진다. 본인의 계획대로 처리되면, 주식은 오르지 않았을지 몰라도 그들 내부의 자본이 커진다. 이것이 미래에 큰 배당을 줄 선물이다. 제대로 설정한 손절 주문을 고수했기 때문에 손실을 입었다면, 이때의 손실은 실패가 아니다. 우리 생각에 이 손실은 성공이다. 졌지만 이겼다.

큰 손실을 경멸할 줄 알아야 한다

옵션 만기 기간이나 기타 시장에 영향을 미치는 사건으로 인해 극도의 변동성으로 트레이딩 환경이 어려워질 때마다 손절 거래 수 증가는 피할 수 없다. 하지만 다행히 비교적 엄격한 손절 스톱을 채택하면 절대 심각한 손실을 입지는 않는다. 우리 프리스틴은 손실을 싫어하지만 손실보다 끔찍이 싫은 것을 골라야 한다면 바로 대규모의 손실이다. 손실 거래는 불행히도 우리가 사랑하는 오르내림이 있는 트레이딩이라는 게임에서 피할 수 없는 부분이다. 하지만 시장 참여자의 수명은 전적으로 손실을 작게 유지할 수 있는 능력에 달려 있다.

주식은 오르거나 내리니 이길 확률은 50/50이다. 하지만 손익계산서의 손실 칸을 꾸준히 작게 유지할 수 있는 것은 전문 트레이더뿐이다. 전문 트레이더의 수익률 보고서를 볼 수 있다면 거기 기록된 모든 손실 하나 하나는 작으리라 장담할 수 있다. 반면 초보의 보고서에는 도시

싱크홀 수준의 거대한 손실이 즐비할 것이다. 손실은 결코 즐거울 수 없지만 이 게임에서 피할 수 없다. 반드시 손실을 볼 수밖에 없다면 최대한 작아야 하지 않겠는가. 기억하라. 항상 선택이 주어지는 것은 아니지만, 선택할 수 있다면 작은 것을 골라야 한다.

> **지혜의 씨앗**
>
> 우리가 인생에서 추구하는 대부분의 것은 작지 않다. 수많은 사람들이 큰돈이 있는 계좌, 엄청나게 큰 수익, 큰 차 그리고 끝없이 펼쳐진 대양이 보이는 풍경을 내려다볼 수 있는 마당에 야외 욕조가 놓인 거대한 저택을 원한다. 하지만 성공적인 트레이더가 되기를 원한다면, 좋은 것들이 작게 포장되어 있을 때도 있다는 사실에 익숙해져야 한다. 트레이더에게 작을수록 좋은 것은 두 가지다. 손실과 실수다. 작은 손실은 전문 트레이더의 징표다. 위험에 이르기 전에 재빨리 나올 수 있는 트레이더의 노련함과 기술을 보여준다. 작은 실수는 훨씬 더 좋다. 작은 손실로 이어지는 사건인 경우가 많기 때문이다. 뜻있는 트레이더에게 단 하나의 조언만 해줄 수 있다면, 나는 작게 잃는 기술을 배우라고 할 것이다. 크게 이기는 기술에만 집중하는 사람들은, 손실의 존재를 느끼고 알게 되는 피할 수 없는 시기가 오면 무엇을 해야 할지 모른다. 작은 손실만 보는 기술을 숙달한 사람은 충분한 시간을 갖고 수익이 나는 시기를 제대로 보낼 수 있다. 제대로 잃는 법, 즉 작게 잃는 법을 배우면 살아남아 트레이딩을 지속할 수 있다. 그리고 앞서 여러 번 말했듯, 트레이딩에서는 생존법을 먼저 배우지 못하면 성공은 언감생심이다. 작은 손실이 생존을 가능하게 한다.

마스터 트레이더의 두 가지 삶

"두 개의 삶이 있을 수만 있다면. 그래서 첫 번째 삶은 저지를 수밖에 없을 것 같은 실수를 하고, 두 번째 삶은 그것으로 이롭게 할 수 있다면."

D. H. 로렌스의 이 통찰은 특히 트레이더라면 꼭 생각해야 하는 화두다. 로렌스는 이 두 가지 삶을 사는 것이 가능한지 의문을 품고 있다. 하지만 나는 트레이딩에서는 더 그렇고 어떤 것에서든 이 두 가지 삶을 살지 않으면 성공할 수 없다고까지 주장하고 싶다.

트레이더의 성장 첫 단계에는 항상 손실을 필요로 한다. 13년 동안 나는 수백 명의 트레이더를 가르쳤지만, 처음에 실패를 경험하지 않은 트레이더는 만난 적이 없다. 물론 트레이딩 인생의 첫 단계에서 수익을 창출하는 사람들만 성공을 이루는 것과 관련해서 다음 단계로 올라갈 자격을 얻는다. 트레이더는 성공을 다루겠다는 희망을 품기 전에 우선 손실을 처리하는 방법을 배워야 한다. 성공은 손실을 얼마나 잘 처리하느냐에 따라 결정된다. 슬프게도 트레이더 지망생 대부분은 성공하는 두 번째 삶의 즐거움을 경험조차 못 한다. 첫 번째 손실의 삶에서 제공된 교훈을 배우지 못했기 때문이다. 더 안타까운 것은 저지르고 있는 실수를 인식하지도 못해서 배울 수가 없다는 점이다.

우리는 프리스틴에서의 직업적인 삶을 트레이더들이 첫 번째 삶, 즉 그들이 걷다가 발을 헛디디고 때로는 넘어지기도 하는 이 시기의 삶을 인내하도록 도와주는 데 바쳤다. 헌신적인 노력과 절제, 성실함으로 우리 트레이더들은 마침내 두 번째 삶으로 다시 태어났다. 그 두 번째 삶은 그들이 우리를 더는 필요로 하지 않는 삶이다. 하지만 필요로 하는 한, 우리는 첫 번째 삶의 역경을 뚫고 살아남는 방법을 가르치며 이곳에 남아 있을 것이다. 우리에게 안내할 수 있는 기회를 준 그들에게 감사드린다.

> 지혜의 씨앗

모든 사람은 어떤 면에서는 성장하는 아이나 청소년 그리고 성장하는 성인으로서 두 개의 삶을 산다. 모든 트레이더가 어린 시절을 거치지만 성인의 단계까지 나아가는 사람은 극히 적다. 트레이더로서의 성인기에서는 어린 시절의 모든 가르침을 배우고, 소화하고, 적절히 실천할 수 있어야 한다. 이 성숙한 단계로 가지 못한 트레이더는 아동기의 낮은 시야에 갇혀 성숙해지고 노련해지는 데 어려움을 겪는다. 아동기의 학습 과정을 극대화할 수 있는 최선의 방법은 트레이딩 일지 작성이다. 적용하는 모든 거래 안을 추적 관찰하고 그에 관한 의견을 적을 뿐만 아니라 트레이딩에 대한 생각, 아이디어를 적어 놓고, 깨달음도 써야 한다. 배운 모든 가르침을 트레이딩 일지에 적어 기록을 남겨 보존해야 한다. 이 일지는 당신이 누구인지를 반영하는 거울이며 어디로 가야할지 알려주는 길잡이다. 모든 경험, 모든 감정, 모든 생각을 하나하나 기입하는 습관을 통해 성장 과정을 지속시키며 최종적으로 그렇게 바라는 성인기로 갈 수 있다. 이 성인기의 두 번째 삶에 첫 번째 삶을 인내하면서 견딘 모든 노력과 고생이 매일의 트레이딩 경험 속에 모습을 드러낼 것이다.

성장은 때가 오면 피는 꽃과 같다

　이상하고 놀라울 수도 있겠지만, 성장 과정에 있는 트레이더는 개별 거래의 결과로 자신의 성장이나 성공 여부를 판단해서는 안 된다. 물론 각 거래의 목적은 수익이다. 손실보다 수익을 더 낸 트레이더는 성공적인 트레이더가 맞다. 하지만 승리한 트레이더는 실제로 승자가 된, 성공한 트레이더의 상위 버전이다. 다시 말해 성공하지 못한 트레이더는 승리할 수 없다. 성공적인 트레이더가 승리한다. 승리는 기나긴 성공적인 성장의 여정 후에 피어나는 꽃이다. 승리를 얻는다면, 이 여정 중에 얻을 것이다. 여정이 시작되기 전에는 절대로 얻을 수 없다. 다시 말하자면, 성장의 여정에서 점진적으로 걸음을 밟아가는 트레이더는 아직 손실을 보는 중이다.

　성장의 씨앗을 뿌리는 것은 손실을 보는 일이다. 트레이더의 외부적인 성공, 즉 성공적인 거래는 그 저변에 엄청나게 성장 중이지만 아직 모습을 드러내지 않는 시기가 있다. 성장은 표면의 아래에서 시작되기 때문이다. 보이지는 않지만 9개월 동안 자라고 있는 태아처럼, 성장은 우리 안에서 실체를 키운다. 불행하게도 많은 트레이더들이 고통스러운 손실이 발생하는 동안 성장이 진행 중이라는 사실을 깨닫지 못한다. 손실 하나하나가 최종 목표인 성공에 더 가까이 다가가도록 동력을 제공한다는 사실을 모른다. 그리고 이런 근시안 때문에 많은 사람들이 발전적인 여정의 중간에 중도 하차하거나 그만둔다. 같은 방법으로 손실을 내는 빈도를 보는 것이 성장을 가늠하는 더 나은 방법이다.

중요하니까 다시 강조하겠다. 같은 방법으로 손실을 내는 빈도를 보는 것이 성장을 가늠하는 더 좋은 방법이다. 트레이딩 장부에 빨간 숫자가 있다고 해서 성장하지 않는 것이 아니다. 적절히 처리하면 빨간 숫자는 결국 검정 잉크 방울들로 물들고, 어느새 통달의 단계에서 새어 나오는 첫 반짝임이 나타날 것이다. 통달의 단계는 처음부터 완성형이 아니라 배아와 발달의 시기를 거친다. 실체와 힘을 얻는 배양의 기간이 필요하다. 이를 깨닫는 사람은 생존 확률이 훨씬 높다. 또 강조하고 싶은데, 승리를 위해서는 먼저 살아남아야 한다.

지혜의 씨앗

정원사는 꽃씨를 새로 심을 때마다 성장의 일정 부분은 땅 밑에서 진행된다는 사실을 안다. 정원 성장의 징후를 너무 일찍 외부에서 찾는 성마른 사람들은 분명 실망하겠지만 정원사는 아니다. 자연을 충분히 이해한 그들의 얼굴에는 웃음이 지속될 것이다. 바깥세상의 그들은 땅속에서 진행되는 성장 과정을 밖에서 볼 수는 없지만, 속에서 성장의 기적이 일어나고 있다는 것을 알기에 안심한다. 감춰진 성장은 곧 바깥세상에 나타날 것이다. 때가 되면 꽃씨는 눈부시게 아름다운 꽃의 모습으로 나타나고, 그 아름다움이 꽃을 보러 온 모든 사람을 기쁘게 만든다.

우리는 많은 트레이더 지망생들의 정원사다. 우리가 그들의 마음에 심는 씨앗은 싹을 틔우기까지 항상 시간이 걸린다. 그러나 일단 싹이 트면 기적적인 성장 과정이 시작된다. 지금까지 우리는 성장의 기적을 수도 없이 목격했다. 육안으로 보면 거의 항상 인식할 수 없지만, 수익 거래라는 형태로 보이지 않는다고 해서 진행이 멈춘 것은 아니다. 다른 많은 학생들처럼 당신도 낙담하거나, 멋진 일이 내부에서 일어나고 있다는 사실을 잊어버릴 수도 있다. 하지만 너무 오래 낙담하지 않도록 노력하라. 긴장을 풀고 공포를 가라앉히고 성장 과정이 완료될 때까지 충분히 기다린다면 살아남는 자가 결국 승리한다는 사실의 산 증거로 우뚝 선, 멋진 트레이더가 나타날 것이다.

손실을 더는 참을 수 없을 때

최근 우리 트레이딩 캠프에서 한 학생이 들뜬 목소리로 열렬하게 평생의 꿈을 이야기하는 것을 들었다. 그녀의 열망은 주식으로 생계를 이어갈 수 있는 전문 트레이더가 되는 것이었다. "그런데" 먹구름이 몰려온 것처럼 갑작스럽게 현실을 자각해 슬퍼진 듯한 목소리로 그녀가 말을 이었다. "손실을 보고 있어요, 올리버. 두려워요." "왜 두렵습니까?" 내가 물었다. "제가 손실을 낼 때마다 저의 큰 목표에서 한 걸음씩 멀어지고 있으니까요. 손실을 멈춰야 하는데, 안 그러면 원대한 제 꿈을 포기해야 하잖아요. 저 좀 도와주세요. 침몰하는 배 같은 상황이에요. 도움이 필요해요."

나는 머릿속으로 적절한 말을 찾아 빠르게 움직이고 여러 가지 생각을 더듬으며 잠시 침묵했다. 이 친구에게 지금 닥친 상황이야말로 이 일에서 경험할 수 있는 가장 좋은 일이라는 점을 어떻게 설명해 줄 수 있을까? 승자가 되려면 우선 능력 있는 패자가 되는 경험을 반드시 먼저 해야 한다는 말을, 어떻게 해야 미친 소리처럼 들리지 않게 전달할 수 있을까?

승리는 항상 패배에서 태어난다. 몇 번을 계속 실패한 후에야 비로소 크게 터트린 사업가 이야기를 얼마나 많이 들었던가? 아기는 한동안 자주 넘어져야 걸음마를 배우지 않던가? 비정상적이고 불합리하게 들릴지 모르지만, 손실은 트레이더가 대성공으로 가는 티켓이다. 궁극적으로 우리가 트레이딩의 경지라고 부르는 영역으로 연결해주는 다리다. 우리가 열망하는 성공이라고 부르는 상태 혹은 성공한 사람들은 비용, 그것도 매우 비싼 비용을 치르고 그 자리에 오른다는 사실을 이해하지 못하는 사람들이 참으로 많다. 솔직히 말하면, 대부분은 그 비용을 지불하려 하지 않는다.

트레이딩은 모두를 위한 게임이 아니다. 이것이 대부분이 실패하는 이유이며, 영원히 그럴 것이다. 끈질기게 버티며 만성적인 손실의 기간을 넘어서고 지속하는 사람들만 성공 가능성을 얻는다. 왜 전 세계 최고의 트레이더 대부분이 인생의 다른 부분에서 실패하고 망가진 적이 있는지 생각한 적이 있는가? 그들은 실패에 대처하는 법을 배웠기 때문에 트레이딩을 잘한다. 실패를 수습하고 그것을 이용하는 법을 배웠기 때문이다. 나는 그 친구를 위한 심오한 생각 같은 것은 떠올리지 못했는데 "잘됐어요!"라고 말했어야 했다.

🌱 **지혜의 씨앗**

"세상에서 나의 위치를 지키는 법은 방어하면서 배우는 것이 아니라 공격당하고 망가져 가면서 배운다."

조지 버나드 쇼의 이 말은 참으로 옳다. 시작하는 트레이더의 인생은 제대로 망가지는 이야기의 연장이다. 하지만 바람에 저항하면서 단단하게 자라는 숲속의 강인한 나무처럼, 넘어질 때마다 어떻게든 일어나는 트레이더는 우뚝 서서 승자의 위엄을 알아보는 사람들의 존경과 경외를 자아내는 날을 맞이할 것이다. 견뎌내는 손실 하나하나는 다음의 자신을 더 강하게 만든다는 사실을 알아야 한다. 다시 일어설 때마다 더 깨어난 영혼으로 일어선다는 것을 알았으면 한다. 우리는 도합 20년 동안 트레이딩을 경험했고, 그 경험을 통해 소(小) 세네카(Seneca, the Younger)가 수백 년 전 발견한 것과 같은 진실에 도달했다. "우리는 역경으로 더 현명해진다. 너무 일찍 경험하는 번영은 옳은 것을 인식하는 능력을 파괴한다."

수업료에서 최대한을 얻어내자

　조지 버나드 쇼가 금융 시장에 손댄 적이 있는지는 모르겠지만, 그의 통찰은 분명히 모든 트레이더를 위한 것이다. 시장은 그 방법을 배우려는 모든 트레이더에게 일정한 수업료를 치르도록 한다. 그리고 트레이더는 불행하게도 그 수업료를 손실로 잃는 돈으로 치른다. 하지만 잃은 돈을 현명하게 이용한다면 그 돈은 결국 더 적은 손실과 더 큰 부로 이어질 것이다. 그러므로 당신에게 이렇게 묻는다. "시장 경험으로, 특히 손실 경험으로 당신은 무엇을 하고 있습니까?" 헛되이 버려지는가 혹은 시장을 통달하는 더 높은 단계로 올라가는 디딤돌로 쓰이는가? "잘못에서 배우고 있습니까?" "모든 실수를 하나하나 분석하고 있습니까?" 각 트레이딩 오류에 담긴 보석을 찾고 있는가? 당신이 진심으로 그러길 바란다. 그래야 시장을 통달하는 수준에 오를 수 있기 때문이다. 손실을 통해 더 풍요로운 가르침을 얻을 수 있다.

> **지혜의 씨앗**
> 성공적인 거래는 유쾌하지만 아무것도 가르쳐주지 않는다. 트레이딩을 통달 수준으로 이끌어주는 것은 손실이다.

4장

마스터 트레이더 교육 : 오랜 시간과 돈을 절약하는 방법

모방할 수 있는 성공한 트레이더를 찾은 다음 그를 넘어선다

생계를 책임지는 방법으로 진지하게 주식을 거래하려 한다면 가장 먼저 해야 할 일은 성공한 사람 중에 모방할 사람을 찾는 것이다. 여기서 '성공한 사람'은 진짜 성공한 사람을 말한다. 매일 혹은 거의 매일 거래하면서 시장에서 꾸준히 돈을 버는 사람을 뜻한다. 시장에서 성공한 사람은 수없이 많지만 진짜로 성공한 사람은 극소수라는 사실은 굳이 말하지 않아도 알 것이다. 성공하고 있는 게임에 대해 말하는 사람의 수가 실제로 성공하는 게임을 하는 사람의 수보다 항상 많을 것이다. 그러니까 성공한 사람을 찾기란 쉽지 않으며, 가르치는 입장이 되어 책임을 떠안으려는 사람은 더욱 적다.

하지만 과정이 얼마나 어렵건 간에 찾을 때까지 그 과정을 수행하고 포기하지 말아야 한다. 데이 트레이딩이라는, 많은 것이 필요한 어려운 일에 대해 그것만큼 속속들이 알 방법이 없기 때문이다. 개인적인 스승을 찾았을 때 절약할 수 있는 시간과 돈을 대체할 수 있는 것은 없다. 우리는 개인 트레이딩에 있어 개인 교습의 효과를 강하게 믿는다. 그래서 프리스틴에 입사하는 신규 트레이더들은 그들에게는 아직 생소한 힘든 길을 이미 걸었던 선임 트레이더와 짝지어주는 방법을 사용해, 손실 기간을 극적으로 줄인다. 너무 많은 트레이더가 손실 기간을 조언해주는 사람 없이 시행착오를 거치면서 고군분투하며, 슬프게도 이 기간을 살아서 넘기는 사람이 거의 없다. 우리는 초보 트레이더가 맞닥뜨린 적 없는 어려움을 이미 정복한, 안정된 트레이더와 협력하도록 함으로써, 그들이 진정으로 걱정과 두려움 없이 독립된 사람으로 혼자 설 수 있는 날을 앞당긴다. 이 방식을 통해 교육 기간을 단축하면 생존 가능성을 높이는 데 도움이 된다. 트레이딩을 통달한 단계로 가는 길을 훨씬 탄탄하게 닦아주는 일이다.

그런데 언급했듯이 혼자서 성공한 사람을 찾기는 어렵다. 문하로 당신을 받아줄 성공한 트레이더를 찾기는 훨씬 더 어려울 것이다. 만약 그런 사람을 찾았다면 정말 단단히 붙들고 목숨을 걸고 매달리라. 그가 당신을 이끌도록 합리적인 범위 내에서 할 수 있는 모든 일을 하라. 당신의 목표는 그 성공한 사람의 머릿속에 있는 모든 것을 빨아들이는 거머리가 되는 것이다. 당신이 온 세상에서 가장 도움이 되는 거머리가 되도록 뭐든 하라. 점심을 사고, 자녀에게 선물하고, 이 방법이 통한다면 매매 수익의 일부라도 포기하라. 그래야 한다면 3~6개월 동안 계약 노동도 마다해서는 안 된다. 당신이 선택한 스승이 진정으로 성공한 사람이라면 어떤 비용도 아깝지 않다.

그가 함정이 가득한 첫 단계를 거치는 동안 당신을 이끌어주는 데 동의했다면, 당신의 사명은 우선 그를 모방하고, 그러고 나서는 그를 능가하는 것이다. 무엇을 배우든 절대로 스승과 필적하려 하면 안 된다. 그러면 한낱 추종자 이상은 될 수 없다. 목표는 청출어람, 스승을 뛰어넘는 것이다. 진정한 스승은 제자를 자신을 능가하도록 키우려는 유일한 목적으로 자신의 지식을 전달한다. 이런 소양은 찾아보기 힘들지만, 어딘가에는 존재한다고 믿는다. 우리가 이런 면에서 유일무이한 경우는 아닐 것이다. 그러니까 할 수 있는 한 최대한 열심히 찾으라. 진정으로 성공한 사람을 찾을 수 있다는 보장은 없지만 만약 찾게 된다면, 그날을 새 삶이 시작된 날로 여기라. 마스터 트레이더로서의 새로운 삶 말이다.

스승의 성격도 중요하다

서구인들은 가르치는 사람의 지식이나 정보에 비해 성격은 그다지 중요하지 않다고 생각하는 경향이 있다. 완전히 틀린 생각이다. 정보에 생생한 생명력을 전달하는 것은 가르치는 사람의 성격과 인품이며, 그것이 지식을 실제로 존재하게 한다. 진정한 배움을 가능하게 하고 깊게 자리한 열정을 불러일으키며 경험을 선사하는 것은 모두 가르치는 사람의 자질이다.

나는 전 세계를 대상으로 트레이더를 훈련하고 가르치면서, 이 일은 단순히 지식을 쏟아내는 것 이상을 필요로 한다는 사실을 깨달았다. 진실 자체는 마음에 날개를 달거나 사기를 북돋아주지 못한다. 지혜를 전달하는 데는 특별한 재능이 필요하다. 다른 사람의 인식 수준을 끌어올릴 수 있는 독특한 도구가 필요하다. 가르치는 사람을 훌륭한 지도자로 만들어주는 이 도구는 배울 수 있는 것이 아니다. 열정, 열성, 성실, 에너지, 의식, 돌봄, 마음 씀, 감수성 같은 것들은 그저 그런 2류 공개 강좌에서 구매하거나 거저 얻을 수 없다. 오랜 기간 진화하여 감히 값을 매길 수 없는 자질이다. 가르치는 사람에게 그런 자질이 보인다면, 당신의 시간과 관심을 받을 만한 사람을 찾았다는 산 증거다. 트레이딩이라는 예술을 전문으로 하는 스승을 원한다면 올바른 정보를 보유할 뿐만 아니라 적절한 성격을 가진 사람을 찾아 나서야 한다. 동양에서는 서양보다 사제 관계를 더욱 존중한다. 둘의 유대 관계에 각별한 관심과 애정을 들여야 한다는 진리를 알고 있다. 당신이 맞이할 트레이딩의 미래도 각별한 애정과 관심을 기울이면 어떨까? 자신이 찾은 지도자와 공부한 경험이 있는 사람들과 대화하는 것도 좋은 방법이다.

어떤 사람들에게는 이것이 사소하다고 느껴질지 모르지만, 당신이 추구하는 지식이 가르치는 사람의 여과를 거쳐서 전달된다는 사실을 기억하라. 많은 면에서 앞으로의 길과 방향이 그 한 사람의 손에 있으며, 이를 가볍게 받아들이면 안 된다. 잘못된 선생을 믿다가 되돌아올 길이 없는 험난한 길로 빠져버릴 수도 있다. 가르치는 사람의 자질이 교육의 질을 결정할 것이다. 이를 반드시 기억하라.

미래를 위한 비용에
인색하지 말라

교육과 관련해서 가장 경계해야 하는 행동은 저렴한 것을 찾는 일이다. 지불한 만큼 값을 한다는 사실이 트레이딩만큼 잘 맞는 곳도 없다. 요즘은 너나 나나 할 것 없이 트레이딩 교육의 전문가를 자처하지만, 그중 대부분은 진정한 트레이더나 교육자가 아니다. 가짜 트레이딩 기법이나 사기 교육의 명백한 신호 중 하나는 저렴한 가격이다. 일류 트레이딩 교육 과정이라면서 말도 안 되는 낮은 가격을 제안받았다면 배울 것은 없을 확률이 높다. '가치가 없는 것을 팔 때는 가격으로 승부하라'는 식이 널리 퍼진 많은 야반도주식 트레이딩 학교의 영업 전략 같다. 진짜 트레이딩 관련 회사가 상당한 가치가 있는 것을 제안할 때는 일반적으로 그 가치가 발생시키는 장점 자체를 내세운다. 중고차 영업사원이 싸구려 책략으로 사람들을 끌어들이듯이 할 필요가 없다. 페라리가 포드 가격으로 나올 일은 없다. 만약 그렇다면 의심해야 한다. 트레이딩 관련 교육도 마찬가지다. 물론 가격이 가치의 유일한 척도는 아니지만, 이를 적용하는 사람이 너무 적다. 최고의 교육자들은 싸게 살 수 없다. 유능한 교육자는 자신의 가치를 잘 알며, 저렴한 가격으로 그 가치를 모독하게 놔두지 않는다. 성공의 대가를 진정으로 치렀다면 할인 행사로 자신이 성취한 것의 가치를 깎아내릴 가능성은 거의 없다.

성공한 트레이더가 힘든 노력의 열매를 싸게 공유할 이유가 있을까? 전문적인 시장 참여자로 성인기에 도달하기 위해 투자한 세월을 동전 몇 푼에 넘길 이유가 있을까? 만약 그러려고 한다면 공유할 열매가 없을 것이다. 내놓을 것이 많은 사람들은 전달하려는 지식이 얼마나 귀중한지 안다. 자신이 가진 것이 그것을 행하는 사람들의 삶을 영원히 긍정적으로 바꿀 수 있다는 것을 안다. 성공적으로 하고 있기에 가르칠 필요가 없고, 자신이 극복한 고난과 이겨낸 싸움을 존중하지 않는 제자는 차라리 받지 않으려 할 것이다. 그러므로 가르칠 사람을 찾을 때는 내가 다음과 같은 질문에 확실한 답을 갖고 있는지 확인하라.

- **강사가 거래를 매일 하는가?** 답이 '아니오'라면 거기서 멈추고 전화를 끊으라. 이건 변명의 여지가 없다. '만약, 그리고, 그렇지만' 같은 사족은 소용없다. 비행을 못 하는 비행 강사의 강습에 강습료를 낼 이유가 있을까? 데이 트레이딩 회사가 실제로 거래를 하는, 거래를 잘하는 진짜 강사를 공급하지 못했다면 아마 그곳에는 그런 강사가 없을 것이다. 답이 '예'라면 그 강사가 수익을 내는 트레이더인지 확인하라. 놀랍게도, 자기 계좌의 돈을 모두 날린 트레이더가 자신이 한 것과 똑같은 방법을 가르치는 강좌가 많다. 비행을 시도할 때마다 추락한 비행 강사의 수업을 듣겠는가? 더 말할 필요가 있을까?

- **회사가 제공하는 교육 과정이 저렴한 편인가?** 소위 유일무이한, 특별한 트레이딩 교육 과정의 강습료가 믿기지 않을 만큼 싸다면, 아마 믿을 만하지 않을 것이다. '특별한' 지식을 왜 싼 가격에 공급하려는지 알아봐야 한다. "우리는 대중에게서 돈을 우려내려는 짓은 안 합니다" 혹은 "우리는 트레이딩에서 충분히 벌기 때문에 싸게 제공합니다" 등의 답을 받았다면 최대한 빨리 달려 도망치라. 도망'가'지 말고 달려서 도망쳐야 한다. 이런 것들은 어설프게 가장한 사기꾼의 변명이다. 하버드 교육을 원하면 하버드 학비를 내야 한다. 영업소가 아무리 돈이 많고 인간적인 정으로 깎아준다고 해도 페라리가 포드 가격으로 팔릴 일은 없다는 사실을 기억하라. 인류애를 가진 영업사원이라면 구세군이나 다른 자선 기관에 기부를 하지, 당신에게 페라리를 포드 가격에 내놓지 않는다. 만약 그랬다면 경계하라. 포드 가격에 내놓은 페라리는 굳이 팔려는 노력도 필요 없다.

- **설명회나 트레이딩 강의 후 하루 이틀 남아서 강사가 거래하는 것을 지켜볼 수 있는가?** 강사가 실제 트레이딩을 못 보게 하는 설명회나 강의는 들을 가치가 없다. 트레이딩을 할 수 있는 사람들은 트레이딩을 한다. 트레이딩을 할 수 있어도 가르치지는 못할 수 있다. 하지만 트레이딩을 할 수 있고 가르칠 수 있는 사람은 실제로 트레이딩하고 있을 때 당신이 보는 것을 꺼리지 않는다. 꺼리거나 변명만 늘어놓는 곳은 지우라.

- **수업에서 진짜 트레이딩 기업을 가르치는가? 아니면 특정 트레이딩 소프트웨어 사용법을 가르치는가?** 트레이딩 소프트웨어 사용법을 배우는 것도 중요하지만, 트레이딩 회사는 이런 형태의 수업을 보편적인 트레이딩 기법과 전술을 전달하는 교육으로 위장해서는 안 된다. 진정한 형태의 트레이딩 교육은 어떤 트레이딩 시스템을 사용하든지 적용 가능해야 한다. 그래야 가치 있는 교육이다. 특정 트레이

딩 시스템에만 한하는 유형의 강습은 그 시스템을 사용할 계획이라면 유용하지만 가치 수준은 가장 낮다. 나중에 다른 종류의 트레이딩 소프트웨어를 사용하기로 한다면? 이미 다 치른 교육비는? 한 번 생각해보아야 한다. 트레이딩 교육은 소프트웨어 교육을 의미하지 않는다. 그건 트레이딩 회사로서 무료로 제공하는 것이다. 교육이라고 하면 트레이더가 전화로 주문을 내든, 현존하는 가장 빠른 나스닥 레벨 II 트레이딩 시스템으로 주문을 내든 상관없이 시대를 초월해 이용할 수 있는 지식이다. 당신이 트레이딩을 하는 수단은 물론 중요하지만 가장 중요한 문제는 아니다. 교육받지 않은 트레이더의 손에 있는 초고속 시스템은 더 **빠른** 소멸로 가는 통로일 뿐이다. 빠른 주문의 실행은 무얼 하고 있는지 알면서 할 때만 도움이 된다. 그렇지 않다면 고통스러운 죽음만 재촉할 뿐이다.

- **지식의 불꽃을 꺼뜨리지 않기 하기 위해 강사와 연락을 유지할 수 있는가?** 매우 중요한 항목이다. 교육 받은 시점과 트레이딩하는 현재 시점 사이의 간극이 점점 커져감에 따라, 시작할 때 가졌던 확신과 자신감은 점점 사라질 것이기 때문이다. 후속 교육 과정을 무료 혹은 명목상 강습료만 받고 제공한다면 (기억하라. 당신은 벌써 강습료를 납입했다) 책임을 다하고 있는 것이며 학생의 발전을 진심으로 생각하는 회사다.

이렇게 당신이 힘들게 모은 자금을 강습료로 지불하기 전에 답을 갖고 있어야 하는 질문을 몇 가지만 정리했다. 모든 질문을 총망라하진 않았지만 제대로 된 문의를 시작하는 데 도움이 될 것이다.

요즘은 트레이딩을 잘하는
사람이 잘 가르친다

'좋은 선수라고 다 좋은 코치가 될 수는 없다'는 말이 진리는 아니다. 트레이딩 업계에서 이 말이 맞아떨어진 시기가 있었다. 몇몇 경우에는 여전히 일정 수준의 신뢰성을 갖고 있기도 하다. 하지만 지금은 그 어느 때보다 많은 능력 있는 트레이더들이 고되지만 보람찬 가르치는 일을 맡고 있다. 나는 국내의 수많은 우수 강사들 중 대다수가 경험 많은 프리스틴의 동문이라는 사실이 자랑스럽다. 나는 거의 반세기 동안 주식으로 생계를 유지하는 기술을 가르쳐왔다. 1일, 3일짜리 교육 캠프에서 가장 자주 듣는 질문 중 하나가 "왜 가르치고 있습니까?"다. 또 자주 나오는 질문은 이거다. "프리스틴 트레이더들은 그렇게 실력이 좋으면서 왜 가르치는 데 시간을 낭비하고 있죠?" 둘 다 훌륭한 의문이며, 개인적이고 철학적인 신념 없이는 답하기 어려운 질문이다.

과거 5년 동안 나는 설명회 발표를 준비하면서 내가 가르치는 트레이딩 전술과 기법을 더욱 확실한 내 것으로 만들 수 있다는 사실을 알게 됐다. 그리고 가르치지 않는 안식년을 가질 때마다 난해한 상세 부분들이 내게서 빠져나가는 느낌이었다. 설명회를 할 때마다 나는 더 나은 방향으로 나아갔다고 할 수 있다. 가르칠 때마다 나는 더 품위 있고, 더 큰 사람이 되는 경험을 맛본다. 매 경험이 나를 더 풍요롭고, 더 많이 알고, 더 강력하고, 더 영민하게 만든다. 이런 자각에 이끌려, 나는 지식을 공유할수록 온전히 내 것이 된다고 믿게 되었다. 나의 지혜를 다른 사람에게 내놓을 때마다, 그로 인해 내 그릇에는 훨씬 더 많은 지혜를 담을 더 큰 공간이 생긴다는 것을 발견했다.

최근 몇 년을 돌아보면 트레이딩에 대한 나의 열정이 다른 트레이더를 위한 애정과 연민의 마음으로 바뀐 것이 참으로 기쁘다. 5년 동안 꾸준히 가르친 결과 나는 트레이더로서 가르치지 않았을 때는 꿈도 꾸지 못했던 속도로 빠르게 성장했다. 오늘날 나를 완성하는 것은 가르치는 일이다. 가르치는 일은 나를 트레이더로서 계속 성장시키는 한편 (내 강의를 들은 사람이라면 알 수 있겠지만) 몸에 활기를 불어넣고 아드레날린과 에너지가 넘치게 만든다. 이유는 모르겠지만 정말 그렇다. 내가 하고 싶은 말은 이거다. 한번 해보라. 다른 사람이 더 현명한 트레이더가 되도록 도우라. 누군가를 당신의 수준 혹은 그 이상 끌어올리도록 노력하라. 그리고 트레이더로서의 당신의 발전 속도는 급상승할 것이다. 어떻게 해서든지 자신을 돕지 않고 다른 트레이더를 돕기는 불가능하다는 것을 금방 깨닫게 될 것이다.

언젠가 매우 현명한 사람이 내게 '무엇인가를 간절히 원한다면, 네가 원한 그것을 남에게 주기만 하면 된다'고 말해주었다. 사랑을 원하면 더 많은 사랑을 줘야 한다. 지식을 원하면 지식을 건네야 한다. 돈을 원하면 돈을 베풀어야 한다. 내가 원하는 것을 많이 갖고 있지 않아도 적은 것이나마 남에게 베풀면, 되돌아올 더 많은 양을 위한 자리를 마련할 방법을 고민하게 될 거라고 했다.

트레이더들에게 마스터 트레이더가 되는 방법을 가르치는 일에 직업적인 삶을 바쳐온 사람으로서, 나는 그가 옳다는 사실을 몸소 증명한다. 지식수준과 상관없이 가르쳐보라. 건네주라. 가장 높은 곳에 가서 모든 사람이 들을 수 있도록 공표하라. 그러고 나서 어떻게 되는지 관찰해보라. 내 제안을 따르기로 결정한다면 이렇게 질문하겠다. "비상할 준비가 되었는가?"

5장

•

트레이딩의 7대 죄악 : 이들을 물리치고 이겨내는 방법

첫 번째 죄 :
손절매 실패

　주식으로 생계를 유지하는 기술을 수백 명의 트레이더에게 가르친 자수성가형 전문 트레이더인 우리는 이런 질문을 자주 받는다. "트레이더 지망생이 저지르는 가장 흔한 실수는 무엇인가요?" 손실을 재빨리 받아들이고 인식하지 못하는 것이다. 트레이더의 초기 자본금은 가장 귀중한 자원이며, 이 자본의 잠식을 막기 위해 할 수 있는 모든 것을 하지 않으면 철저히 실패한다고 우리는 생각한다. 그 '모든 것'을 가능하게 하는 유일한 방법은 작은 손실을 빨리 취하는 것이다. 그러기 위해서는 신속하지만 통제 가능한 손실을 용인하려는 의지가 필수이며, 손실은 트레이딩이라는 존재의 항구적인 부분이라는 진실을 받아들여야만 한다.

　악전고투하는 대부분의 트레이더는 손실에서 도망치려고 시도하는 일에 트레이딩 인생의 전부를 소요한다. 증권사마다, 서비스마다, 소식지마다, 트레이딩 시스템마다 희망을 품고, 기도하며 '성배'를 찾아 헤맨다. 한없이 풍족하고 믿을 수 없을 정도로 맛있어 보이는, 손실의 흔적조차 없이 수익만 안겨줄 완벽한 그림의 떡 같은 접근법을 간절히 원하며 여기저기 옮겨 다닌다. 하지만 이는 불가능하다. 성공적인 인생처럼 성공적인지가 아닌 얼마나 잘 관리하는지에 따라 결정되기 때문이다. 기민한 트레이더가 되기를 열망한다면 손실을 작게 유지하면서 전문가처럼 잃는 방법을 배워야 한다. 그것이 우리에게 필요한 기술이고, 큰돈으로 향하는 길이며, 트레이딩업의 수명을 보장하는 것이다. 손실을 작게 유지하는 방법으로 손실을 관리하라. 그러면 성공 거래들은 저절로 따라온다.

> **지혜의 씨앗**
>
> 손실 하나하나는 잠재적으로 계좌 전반에 퍼지고 재무 전반을 파괴할 수 있는 암세포와 같다. 그러므로 트레이딩 업계에서 오래 살아남으려면 암세포가 흉한 머리를 들어 올릴 때마다 신속히 제거해야 한다. 손실 하나는 보통 작게 시작한다. 그때가 손실을 통제하는 적기로, 완전히 도려내도 고통이 없거나 매우 적다. 손실(혹은 암세포)이 커지도록 놔두면 큰 문제가 발생한다. 주식이 마이너스 영역으로 더 깊게 잠식하도록 허락할 때마다 트레이더의 행동력은 약해진다. 커져가는 손실은 트레이더의 사고력을 빼앗고 정신적, 육체적 능력을 갉아먹어 결국 트레이더를 완전히 소모하고 노예로 전락시킨다. 성공하고 싶다면 미래를 빼앗아갈 가능성이 있는 모든 질병은 반드시 제어해야 한다.

손절에 실패하는 대죄를 피하는 법

다음 조치는 모든 적군 중에서도 가장 위험한 적인 손절 실패의 포로가 되는 것을 막아줄 것이다.

- **잘못됐을 때 탈출할 곳을 정하지 않은 채로 절대로 거래 주문을 넣지 않는다.** "사전 정의된 손절 스톱 없이는 절대로 거래 주문을 넣지 않는다"와 같은 말이다. 피할 곳을 찾아 도망치기 시작할 가격을 정하지 않고 거래하는 것은 브레이크 없이 가파른 언덕을 달려 내려가는 행위다. 살아남고 끝날 수도 있지만 죽음 가까이 가보고 싶은 사람만 그런 시도를 할 것이다.
- **항상 사전 정의된 손절가를 고수한다.** 굳이 언급할 필요도 없이 당연하지만, 트레이더 지망생 중 이를 실천할 자제력이 있는 사람은 극소수이므로 말할 수밖에 없다. 이게 왜 그리 힘든 걸까? 손절매는 자신이 틀렸다고 명백히 인정하는 일이기 때문이다. 자랑스럽거나 자신감을 불어넣는 행동은 결코 아니지만, 진정한 마스터 트레이더는 이 어려움을 극복하는 방법을 터득했다. 그들은 엄청나게 빠른 속도로 손절 거래를 하는 데 전문가다. 수익에 도움되지 않는 주식에 대한 불관용을 배웠고 문제의 첫 신호를 받는 즉시 단칼에 제거하기 때문이다. 우리는 매수하는 종목을 단 하나의 업무만을 위해 고용한 직원으로 보도록 가르친다. 그 업무는 상승이다. 이 업무를 수행하지 못할 수 있다는 단서만 보여도, 업무를 전적으로 거부한 직원을 해고하듯 즉시 쳐내게 만든다. 기대를 충족하지 못하는 주식에 대한 불관용을 강조하기 때문에, 우리 트레이더들은 스톱 가격을 건드리기 전에 잘라내기도 한다.
- **손절 스톱을 고수하기 어려울 때는 포지션 절반을 매도하는 습관을 기르는**

것부터 시작한다. 충실히 손절을 수행할 정도로 훈련하려면 시간이 걸린다. 손절 주문을 내고 고수하기 위해서는 손실을 취하는 기술을 써야 하기 때문에, 종종 이를 거부하거나 고통스럽게 억지로 처리하게 된다. 우리는 재고의 여지 없이 손절 주문을 처리하는 지점까지 못 간 학생들에게는 포지션을 절반 매도하라고 한다. 이 우회적인 행동은 (1)실패하고 있는 종목을 제거하려는 충동과 (2)다시 가질 수 있는 기회를 보유하려는 이중적인 충동을 만족시키는 경향이 있으므로 훨씬 수월하다. 문제를 반으로 줄임으로써 더 명료하게 볼 수 있고 정신을 집중할 수 있다. 트레이더는 심리적으로 곤경을 덜 느끼고 자신감도 크게 손상받지 않는다. 절반의 문제는 여전히 남아 있지만 절반은 사라졌기 때문에 해결책을 찾기도 쉬워진다. 손절 주문을 내는 기술은 15장에서 자세히 다룰 것이다.

두 번째 죄 :
돈 세기

　모든 트레이더의 목표와 관심은 수익이다. 즐거움, 행동, 승리의 환희, 패배의 고뇌조차 매력적이며 매우 강한 유혹이다. 시장 참여자들에게 불을 붙이고 군침을 돌게 만드는 것은 부를 극적으로 키울 수 있다는 잠재력이다. 그러나 수익성이 주요 목적이며 분명히 그래야 하지만 일단 거래에 들어갔다면 수익은 잊어야 한다. 무슨 말이냐고? 거래가 얼마나 오르고 내렸는지 확인하는 것으로 트레이더들은 큰 수익을 오랜 기간 빼앗겼다. 돈 세기(dollar counting)라고 하는 이 과정은 공포를 가중할 뿐만 아니라 순간순간의 불확실성을 조장해 적절한 트레이딩 기법에 집중하는 것을 방해한다.

　궁극적으로 우리의 수익성을 결정하는 것은 적절한 트레이딩 기법이다. 조그마한 수익으로 종목을 빠져나온 후 주가가 크게 상승한 적이 얼마나 많았던가? 손실이 보유한 마비 효과 때문에 손실 나는 종목을 제때 끊어내지 못했던 적은 또 얼마나 많았나? 현재 위치에 과도하게 집중하면 해야 할 일을 하는 대신, 조건 반사처럼 지능과 이성을 상실한 빠른 반응만 하게 된다. 트레이더라면 모든 단계에서 적용한 기법이 제대로인지 확인해야 한다. 그러면 수익은 저절로 따라온다.

"나는 올바른 가격에 거래에 진입하는가?" "나의 손절 스톱은 적절히 설정되었는가?" "나의 목표가는 얼마이며 그 가격에 도달하면 어떤 행동을 취할 것인가?" 트레이더는 항상 이렇게 자문한 후, 신중하게 설정된 트레이딩 계획 명령에 따라 행동해야 한다. 분마다 바뀌는 당신의 계좌를 따르면 안 된다. 좋은 기법은 자연스럽게 좋은 수익성으로 이어진다.

> **지혜의 씨앗**
>
> 돈 세기는 보통 성공적인 거래를 자주 못해본 트레이더가 저지르는 잘못이다. 이들은 운 좋게 작은 수익을 얻자마자 그것을 잃을까 두려워 눈알이 벌게지고 손이 떨리며 호흡이 가빠진다. 아직 수중에 돈이 제대로 들어오지도 않았는데 빨리 쓰고 싶어서, 결국 거래를 중단하고 싶은 충동이 트레이더를 완전히 덮기기도 한다. 거래가 진행되는 중간중간 스크루지처럼 동전 한 닢까지 세는 습관은 상당한 크기의 수익을 앗아갈 뿐 아니라 만성적인 불확실, 손실에 대한 공포 그리고 파괴적인 행동으로 이어지는 정서적 불균형을 초래한다. 전투(거래)가 끝나기도 전에 전리품(수익)을 확인하는 군인(트레이더)은 손안에 있는 사소한 것에만 집중한 바람에, 잘 싸운 전투에서 승리할 때 자동적으로 따라올 엄청난 전리품은 인식하지 못하거나 인식하지 않으려 한다. 전리품에 너무 큰 관심을 두면 전투에서 관심이 멀어진다. 그리고 전투에 관심을 잃은 전사는 전리품과 목숨까지 빼앗길 때가 많다.

돈 세기라는 대죄를 피하는 법

우리는 사내 트레이더들에게 손익이 아닌 기법에 집중하라고 강조한다. 잘 실행된 전략이 거래에서 빼내줄 때까지 기다리도록 훈련한다. 돈을 세는 대죄로 인해 큰 수익을 놓친다고 인식되면 다음 조치를 고려한다.

- **각 거래에 포지션 전부를 정리할 잠재적인 청산 가격 두 개를 설정한다.** 첫 번째 매도점은 현재가 밑에 설정한다. 이것이 손절가다. 두 번째는 현재가 위에 설정한다. 주가가 앞으로 갈 것으로 예상하는 지점이고 목표가 역할을 한다. XYZ 주식을 20달러 가격에 매수한다. 즉시 19달러에 손절가를 설정한다. 이때 설정은 정신적인 스톱*이거나, 실제 스톱 주문을 넣는 것을 말한다. 목표가를 22달러로, 이는 정신적인 스톱으로만 설정한다. **도움말**: 당신이 들어가는 모든 거래에는 하나의 진입점 및 손절가와 목표가라고 하는 두 개의 청산점이 있어야 한다. 손절가는 방어를 위해, 목표가는 수익 실현을 위해 이용한다. 이 주제는 이후에 자세히 다룰 것이다.
- **현재 들어가 있는 종목이 어느 것이 먼저이든 손절가를 깨거나 목표가를 쳤을 때만 매도한다.** 이 규칙을 고수하면 각 거래의 운명을 탐욕과 공포의 손이 아닌 트레이딩 전략에 맡길 수 있다. 앞에 예시로 든 XYZ 주식이 19달러로 하락하면 매도하고 그 결과로 400달러의 손실을 확정한다. XYZ가 22달러로 오르면 역시 매도하고 결과로 800달러 수익을 확정한다.
- 주가가 두 청산점에 이르기 전에 나가고 싶은 충동에 사로잡히면 절반만 매도해서 충동을 해소하고 나머지 절반은 전략에 따라 청산할 때까지 유지한

---

* mental stop: 실제로 스톱 주문을 넣지 않고 손절 가격으로 생각만 하는 것

다. 매수 이후 곧 XYZ 주가가 21달러로 올랐다고 하자. 이제 기록상 평가 이익 400달러가 있지만 전략에 따르면 어떤 행동도 아직 필요하지 않다. 하지만 지금 확정할 수 있는 400달러 수익이 무시하기에는 너무 매력적이다. 800달러 수익을 인식하는 것이 더 낫겠지만 돈 세기가 올바른 생각을 방해한다. 400달러 수익이 사라질 수도 있다는 두려움이 그 돈을 갖고 도망쳐야 한다는 강력한 충동을 만드는 것이다. 그렇다면 200주를 목표점까지 전체 거리를 완주할 기회를 위해 남겨두면서, 200달러 수익을 잡아 두기 위해 200주를 21달러에 매도한다. 그렇게 해서 매도 충동을 만족시키고 나머지 절반으로 트레이딩 전략에 충실할 수 있다. 이 세 가지 조치로 돈 세기라는 대죄를 줄이거나 완전히 없앨 수 있다.

세 번째 죄 :
기간 바꿔치기

　시장 참여자가 행동을 취할 수 있는 네 개의 주요 기간이 있다. 초단기, 단기, 중기, 장기다. 우리 세계에서 초단기는 분(때로는 초)에서 몇 시간에 집중한다. 단기는 며칠부터 몇 주에 걸친다. 중기는 몇 주부터 몇 달을 다루고, 장기는 몇 달부터 몇 년을 관여한다. 마지막 세 정의가 명확히 가리키듯, 한 기간이 끝나고 다른 기간이 시작하는 정확한 지점은 없다. 그렇기보다는 만나는 지점에서 중첩된다. 이 부분은 다수의 시장 참여자가 저지르는 흔한 트레이딩 오류, 즉 한 기간에 매수한 거래를 다른 기간에 매도하는 오류와 관련되기 때문에 신경 써서 지적한다. 이 오류는 이렇게 전개된다. 꽤 괜찮은 단기 수익을 잡으려는 생각으로 주식을 매수한다. 그런데 거래가 계획대로 진행되지 않고 (단기 기간의 시간적인 틀이 한정하는 범위 안에서) 매도하는 대신, 주식을 중기 혹은 심지어 장기적으로 보유하기로 결정한다. 익숙하지 않은가? 모든 수준의 전문 트레이더들이 이 중죄를 저지른다. 기간 '바꿔치기'의 문제는 이것이 재앙 수준의 문제 상황에 대비한, 유일한 보호책인 손절 스톱을 무시하는 것에 대한 합리화에 불과하다는 점이다. 트레이더의 자존심은 '바꿔치기'로 인해 본인이 틀렸음을 인정하지 않게 된다. 거래가 매도되지 않는 한 이 잘못에 빠져 있는 트레이더에게 손실은 진짜처럼 느껴지지 않는다. 모래 속에 머리를 파묻은 타조 같은 이 접근은 매우 강한 상승장의 도움을 받아 실제로 작동할 수 있다. 이 죄악을 짓고도 몇 달을 문제 없이 넘어가는 트레이더를 본 적도 있지만, 대다수 트레이더의 계좌는 완전히 망가지는 것으로 끝난다. 슬프게도 이 중죄 때문에 역사상 수없이 많은 트레이더들이 당장 오늘 시장에서 생존을 위해 고군분투하는 그들이 너무나 두려워하는 어둡고, 차갑고, 축축한 지하 감옥으로 쫓겨났다. 그곳에 갇힌 좀비 같은 죄수들은 하나같이 '바꿔치기를 조심하라. 나도 한 때 트레이더였다'라고 적힌 표시를 달고 다닌다. 누구도 그런 곳에 가고 싶지는 않을 것이다. 이 죄를 짓지 말라.

> **지혜의 씨앗**
>
> 기간 바꿔치기는 비겁한 행동이다. 겁쟁이를 우울한 상황에서 일시적으로 벗어나게 해준다. 트레이더는 기간을 요리조리 바꾸면서 실패자의 궁극적인 감정을 미루고, 엉성한 계획으로 손실을 위장하고 거짓 희망을 키우며 현실 부정이라는 위험한 상태로 스스로 걸어 들어간다. 이 죄를 범한 트레이더는 사실 트레이딩에 맞지 않으며, 시장은 그들의 존재를 오래 참아주지는 않을 것이다. 기간 바꿔치기는 결국 결단력을 갉아먹고 자유로운 생각과 행동 능력을 빼앗아, 당신이 한심한 피해의식 속에 영원히 갇히도록 내몰 것이다.

기간 바꿔치기라는 죄악을 피하는 법

기간 바꿔치기는 용납할 수 없는 중대 죄악이다. 트레이더는 죄를 저지를 때마다 약해지기 때문에 반드시 이를 피해야 한다. 습관이 일단 형성되면 깨기는 어렵지만 이에 맞서 전투적으로 싸울 수 있는 도움이 될 만한 몇 가지 지침을 정리했다.

- **한 기간에 거래에 진입하면 같은 기간 내에 청산점을 설정한다.** 예를 들어 XYZ를 일별 차트 기준으로 매수했다면, 청산 전략을 세울 때도 일별 차트를 사용한다. 각 거래에는 하나의 진입점과 두 개의 청산점이 있어야 한다. 일별* 차트를 이용해 데이 트레이딩을 하는 사람들은 이 오류에 특히 유의하라. 5분이나 15분 차트를 기준으로 진입하면 반드시 5분이나 15분 차트 기준의 청산 전략이 있어야 한다. 중간에 시간 혹은 일별 차트로 바꿔치기하는 것은 현실 부정의 행동이다.

- **매수 포지션이라면 손절 스톱을 (첫 번째 청산점) 하향 (매도 포지션일 때는 상향) 조정하지 않는다.** 이것이 기간 바꿔치기 죄를 범하고 있다는 가장 주 신호다. XYZ를 일별 차트 기준으로 20달러에 샀다고 하자 (차트는 11장에서 자세히 다룬다). 손절가와 수익 실현가를 같은 일별 차트 기준으로 설정한다. XYZ가 하락하고 주가가 19달러가 되어 손절 스톱에 가까워졌을 때, 19달러를 18달러 혹은 더 낮은 가격으로 바꾸고 싶은 충동에 굴복하지 말라. 수익을 보호하기 위한 상향 조정은 제대로만 된다면 괜찮다. 하지만 하향 조정은 손절 스톱의 혜택을 없애고, 계획했던 일을 비겁하게 회피하도록 조장한다. 이 행동은 한번 저지르면 다시 한번, 그리고 또 한 번 계속하게 되고 결국 스톱은 최악의 문제 상황을 방지하는 힘을 잃고 만다.

---

*   intraday: 정규 거래 시간 이내의 하루 기간

네 번째 죄 :
더 알고 싶은 욕구

활발하게 시장에 참여하는 사람들은 **트레이딩**이라고 부르는 이 신나는 게임에서 성공을 단념시키는 상상할 수 있는 모든 존재하는 장애물을 처리해야만 한다. 매일 헤아릴 수 없이 많은, 소위 전문가라는 사람들의 상충하는 견해가 빚어내는 큰 혼란을 극복해야 한다. 가치 있는 말과 실없는 얘기를 구분하기 위해 끝없이 쏟아지는 보고서와 멈추지 않는 뉴스를 솎아내야 한다. 그것도 모자라서 보고 느끼고 만질 수 있는 것보다 훨씬 더 위험한, 심리 안에 존재하는 악마 때문에 항상 자신을 구속하고 통제해야 한다.

그런 심리적인 질병 중 가장 큰 것은 방아쇠를 당기는 것을 두려워하는 마음이다. 거래에 진입하고 싶었지만 추가 1/8포인트가 더 오를 때까지 기다리다가 아무 행동도 하지 못한 적이 몇 번이던가? 연이은 손실 때문에 순전히 다시 잃을지도 모른다는 두려움으로 주저하고, 다시 생각하거나 행동을 멈추고 큰 수익을 놓친 적은 몇 번인가? 이런 식의 전개의 주된 원인은 확신에 대한 필요, **더 알고 싶은 욕구다.** 행동하기 전에 다시 한번 추가로 확실히 하고 싶은 것은 자연스러운 일이다. 그러나 **최고 상금은 더 알 필요를 느끼지 않고 현명하게 행동하는 사람의 차지다.** 내기를 걸기 전에 **더 알아야** 하는 사람은 항상 늦고 뒤처져 있기 쉽다. 더 많은 정보를 알려는 욕구에 갇히지 않은 트레이더는 행동이 자유롭다. 불확실함으로 얻을 수 있는 지혜에 대해 진정으로 이해할 때, 그들은 차트를 독해하는 사람이 아닌 차트를 만드는 사람이 된다. 트레이더는 확실함이 주는 안락함, 더 알고 싶은 욕구를 가질 여유가 없다. 당신이 아주 조금 더 나이 들고 모든 사실을 알 때쯤, 기회는 이미 사라지고 없을 테니까.

> ### 🌱 지혜의 씨앗
>
> '소문에 사고 뉴스에 판다'는 오랫동안 암송되다시피 하는 월가의 격언이다. 그런데도 거래와 관련해 모든 사실을 우선 알려는 욕구 때문에 트레이더는 항상 그 정반대로 행한다. 뉴스에 산다. 소문 단계 혹은 기술적 분석가들이 분석적 단계라고 말하는 때는 모든 사실이 알려질 수 없다. 그런데 이상하게도 이때가 바로 기회가 존재하는 시기다. 시장을 대하는 것이 사실을 수집하고 그에 따라 행동하거나, 혹은 모든 사실이 알려질 때까지 기다리는 것처럼 쉽다면 모든 사람이 월가의 신이 되어 있을 것이다. 더 알려는 욕구는 중죄다. 행동해야 할 때 비활동적이 되도록 조장하고, 비활동이 더 나은 선택일 때는 행동하도록 부추긴다. 이 죄는 트레이더에게서 기회를 빼앗는 도둑이나 마찬가지다. 더 알려는 욕구는 이 게임에서 트레이더를 불리한 쪽으로 보내버린다. 자신들의 상품(주식)을 갖고 있어야 할 때 포기하게 만들고, 막상 없애야 할 때는 다른 사람으로부터 사오게 한다.
>
> 마이크로소프트가 2주 후에 좋은 실적을 보고할지 궁금한가? 그 답을 기다린다

> 면 당신은 분명히 늦게 행동하는 것이다. FDA가 그 신약을 승인할지 궁금한가? 그것을 알 때쯤은 너무 늦어서 현명한 거래를 할 수 없다. 이 가격대가 세 번째에도 지지할 것인가? 누가 그것을 알 수 있을까? 우리가 할 수 있는 것은 잘 짜인 트레이딩 전략이 행동을 안내한다고 믿는 것뿐이다. 200일 이동평균선이 주가 상승을 방해할까? 그럴지도 모른다. 아닐 수도 있다. 우리는 확률 게임을 하는 사람들이지 점쟁이가 아니다. 모든 사실이 드러날 때까지 행동하지 못하는 트레이더는 절대로 성공할 수 없다.

더 알고 싶은 욕구를 없애는 법

더 알고자 하는 욕구로 인해 거래에 늦게 들어가거나, 좋은 트레이딩 기회를 아예 놓친다면 다음 조치를 취해 이 병을 없애야 한다.

- **좋은 뉴스가 나오자마자 즉시 매수하려 들지 않는다.** 역으로 나쁜 뉴스가 있을 때도 마찬가지로 곧장 매도 포지션을 취하지 말라. 전문가 집단은 소문에 사서 뉴스에 파는 습관이 있기 때문에 좋은 뉴스가 나오는 종목은 갭 상승해서 일정 기간 높은 가격에 걸려 있다가 다시 아래로 때로는 급격히 돌아가는 경향이 있다. 이런 현상을 보통 **뉴스에 의한 반전(news reversal)**이라고 하는데, 초보자들이 가장 흔하게 빠지는 함정이다. 스마트머니*가 뉴스에 대해 잘 알지 못하거나 뉴스가 어떤 결과를 가져올지 예측하지 못하는 상태에서 회사가 좋은 뉴스를 발표하기는 매우 어렵다. 결과적으로, 스마트머니는 보통 중대한 뉴스가 터지기 전에 주식에 들어가 있다. 좋은 뉴스는 초보인 대중에게 와우 효과(wow effect)를 초래한다. "와우. XYZ가 막 긍정적인

---

* smart money: 기관 투자가, 중앙은행, 펀드, 큰돈을 움직이는 정보가 있는 개인 등 금융 전문가가 움직이는 자금 혹은 이들 전문가 집단

뉴스를 발표했네. 몇 주 사야겠어." 이미 대규모로 들어가 있는 전문가 집단은 초보자들이 이끌어가는 급상승에 그들이 가진 상당한 물량의 부분 혹은 전부를 덜어낸다. **도움말**: 기관은 많은 물량의 주식에서 빠져나오기 위해 많은 수의 매수자가 필요하다. 초보자가 이끌어가는 상승을 부추기는 것이라면 무엇이든 큰 규모로 매도가 필요한 사람들에게 따뜻한 환영을 받을 것이다. "자, 다들 들어오세요. 물이 괜찮아요." 잘도 그렇겠다!

- **매수 결정과 매도 결정은 차트를 이용한다.** 차트는 거짓말하지 않는다. 주가는 좋은 뉴스에도 하락하거나(일반적으로 뉴스가 예상되었을 때), 나쁜 뉴스에도 상승한다(일반적으로 뉴스보다 먼저 이미 급락했을 때). 하지만 두 경우 모두 주가 차트를 제대로 해독하면 큰손들이 하는 일, 말하는 내용이 드러난다. 뒤에서 차트를 그리는 기법에 대해 자세히 살펴보자.

- **더 알고 싶어서 주저하는 것을 깨달았다면 멈추고 질문한다.** '내가 찾고 있는 것이 거래에 필요한가? 아니면 나는 더 안심하고 싶은 것인가?' 핵심으로 직행하는 질문이다. 매수한 주식에 대해 손절가를 적절히 결정했는데 청산 가격까지 하락한 이유를 찾고 있다면 더 안심하고 싶어서다. 더 알 것도 없고 이유조차 알 필요가 없다.

다섯 번째 죄 :
과도한 자기만족과 안주

　시장이 친절하게 대해주고 모든 것이 잘 돌아가는 듯할 때 태만이라는 파괴적인 손에 잡혀서는 안 된다. 성공적인 거래 연속으로 지갑이 두둑해졌을 때는 모든 능력을 동원해 힘들게 얻은 수익을 계속 유지하도록, 그 수익을 창출했을 때와 같은 지적 상태를 유지하라. 안타깝게도 모든 트레이더가 결국에는 꾸준한 거래 성공으로 경계를 늦추고 어느새 자기만족에 빠져 멍한 상태로 전락한다. 초심을 잃지 않은 우리 프리스틴 트레이더로 남고 싶다면 너무나 흔히 나타나는 이런 상태에 넘어가서는 안 된다. 특히 모든 것이 잘되고 있을 때 가장 경계해야 한다. 가장 큰 실패는 가장 큰 성공 직후에 나타나기 때문이다. 오랜 기간 수익 거래가 계속됐다면, 승리의 달콤한 향을 즐기며 한 걸음 물러나 있을 때가 되었다. 프로 포커 선수들도 때때로 테이블을 떠나 칩을 센다. 성공하는 트레이더도 그래야 한다.

> **지혜의 씨앗**
>
> 야구에서도 연속된 안타 후에 공이 안 맞는 슬럼프를 겪듯, 트레이딩에서도 가끔 연속된 성공 거래 이후에 큰 손실이 따른다. 마치 시장이 성공 거래 기간에 겪지 않았던 모든 손실을 한두 개의 거래로 한꺼번에 안겨주려고 모아 놓은 듯하다. 우리는 이렇게 확률적으로 일어날 가능성이 큰 상황에 맞설 수 있도록 가르치고 있다. 연이어 수익을 내는 사내 트레이더들에게 몇 가지 경계 조치를 취하도록 권고한다. 그들이 자기만족과 안주에 빠지는 일을 막기 위해서다. 많은 초보 트레이더들이 긴 기간 수익이 계속되면, 그들이 맹활약했던 유리한 시장 환경이 완전히 바뀔 때가 가까워졌다는 것을 모르기 때문에 이 조치의 필요성을 이해하지 못한다.
>
> 사실 많은 경우 시장과 시장이 내놓는 확률은 벌써 바뀐 후다. 일례로 트레이더가 5일 연속 수익을 경험한다. 이 기간 시장도 5일 연속 강하게 상승했다. 이 시점에 시장은 확실히 단기적으로 확장된 상태*이며 2~3일 정도 숨 고르기를 할 때가 됐다. 트레이더가 트레이딩을 시작한 첫날과 같은 시장이 아니다. 성격이 변했고 확률도 다르다. 그런데 이 초보 트레이더가 자만심에 차서 주문 크기를 한층 키우고 기쁨과 열정으로 과감하게 나가는 시기가 바로 시장이 변하려는 때다. 연속 수익을 내는 데 도움을 준 환경은 더는 없다는 사실을 깨닫지 못한 초보 트레이더는 순진하게 밀어붙인다. 힘들게 벌어들인 모든 수익을 잃을 위험을 지고 가는 것이다. 트레이더가 만족하고, 안주하고, 자만할 때마다 시장은 반전에 가까워진다. 애초에 트레이더가 자만하게 된 것도 특정 시장 환경 때문이었을 것이다. 그리고 장담하건대, 그 환경은 오래 지속되지 않는다.

과도한 자기만족과 안주의 죄를 피하는 법

연이은 성공 거래가 있을 때마다 아래 제시된 둘 다 혹은 둘 중 하나를 통해 잠시 떨어져 있는 법을 배우라.

---

*   extended: 상승이 상대적으로 매우 길게 이어짐

- **주문 크기를 반으로 줄인다. 보통 1000주씩 거래한다면 500주로 줄인다.** 대부분 트레이더는 정반대로 하는 중대한 과오를 저지른다. 연속적으로 성공 거래를 경험했기 때문에 자신감에 차서 주문 크기를 키운다. 너무나 많은 트레이더가 한두 개의 거래로 연이은 수익 전체를 날릴 수 있다. 가장 하지 말아야 하는 일이 작은 주문으로 수익을 내고 큰 주문으로 잃는 것이다. **도움말:** 우리는 1번 지침으로 행동으로 옮기는 가장 좋은 때는 4~5개의 연속된 수익 거래 후라는 것을 발견했다.

- **거래 빈도를 줄인다.** 하루에 네 번 거래했다면 두 번으로 줄인다. 이미 운이 바뀐 것을 경험하기 시작했을 때만 이 방법을 제안한다. 성공 거래 행렬이 멈춘 적이 없다면 1번 지침이 훨씬 더 좋은 선택이다. 잘될 때는 계속 잘된다. 적게 거래해서 잘되고 있는 트레이딩의 속도를 늦추거나 억제할 필요가 없다. 하지만 앞서 언급했듯이 **적은** 금액으로 거래하는 것이 현명하다. **도움말:** 2번 조치는 연속적인 성공 거래 다음에 나온 2개의 연속 손실 후 실행하면 가장 좋다.

여섯 번째 죄 :
잘못된 방법으로 거두는 수익

우리는 모두 정직하고 올바른 방법으로 돈을 벌 수 있다는 사실을 매우 잘 안다. 반면 범죄를 저지르며 부정한 방법으로 벌 수도 있다. 이 경우 돈은 같을 수도 있지만 돈이 만들어진 방법은 엄청나게 다를 수 있다. 여기서 매우 오래된 질문 하나, "목적이 수단을 정당화할 수 있는가?" 말할 필요도 없이 답은 "절대 아니오!"다. 심장외과의와 마약 판매상 둘 다 많은 돈을 번다고 해서 같은 선상에 둘 수 있을까? 당연히 그럴 수 없다.

트레이딩 세계에서도 마찬가지다. **많은 초보 트레이더가 시장에서 잘못된 방법으로 돈을 벌 수 있다는 것을 인식하지 못한다.** 포지션에 이를 방어할 손절 스톱을 고수하지 않았는데 그 거래를 수익으로 끝낸 사람에 대해 생각해보자. 우리 프리스틴은 같은 거래 안으로 손실을 기록해야 하겠지만 이 사람은 손절 스톱을 실행하지 않아서 기뻐하고 있다. '최종 결과'가 수익과 함께 끝났기 때문이다. 하지만 그는 자신에게 못할 짓을 저질렀으며 반드시 그 결과가 따라온다는 것을 모른다. 이들은 가짜 성공을 맛보았으며, 시장은 노력으로 얻은 것이 아닌 그 수익을 조만간 다시 뱉어내도록 만들 것이다. 다음번에 그들을 보호할 손절 스톱이 활성화될 때 그들은 어떤 행동을 할까? 당연히 손절 스톱을 무시할 것이다. 고려할 이유가 있겠는가? 지난번 손절 스톱을 실행하지 않아서 보상을 받았는데, 이번에도 그러지 않을 이유가 있을까? 그런데 이번에는 주가가 회복하지 않을 수 있다. 이번에는 계좌가 탈탈 털릴 때까지 계속될 여러 주에 걸친 자유 낙하를 막 시작한 종목을 붙잡고 있는 상태일 수 있다.

잘못된 방법으로 돈을 벌면 나쁜 습관과 무책임한 행동을 강화할 수 있다는 것을 반드시 명심하라. 트레이더가 잘못된 방식으로 얻은 성공을 한번 맛보면 같은 잘못을 반복하고, 결국 틀린 방법으로 얻은 것 그 이상을 다시 내놔야 한다. 시장은 굉장히 흥미진진한 곳이다. 얻을 자격이 없는 사람들에게는 수익을 내주기 싫어하는 듯하다. 그러니 올바른 방법으로 수익을 내도록 노력하라. 그 수익이 더 오래 지속된다.

> **지혜의 씨앗**
>
> 마스터 트레이더는 행운에 관심 없다. 트레이딩 중에 실수와 잘못을 저질렀는데도 발생한 수익은 구하지도, 바라지도, 심지어 좋아하지도 않는다. 오히려 능력 덕분이 아닌 우연으로 보상이 생길 때마다 실패했다고 생각할 것이다. 이유가 뭘까? 진정 성공하는 트레이더는 시장에 선물은 없다는 사실을 온전히 이해하기 때문이다. 환대의 선물로 보이는 것은 사실 터무니없이 높은 이자를 갚아야 하는, 모습만 가

장한 차가운 부채다. 방법에 신경 쓰지 않고 수익만 찾는 사람은 능력이 부족한 초보들이다.

덜 성장한 트레이더는 거래에 성공하는 경우가 아주 드물다. 그래서 얻을 수 있다면 어떤 형태든 상관없이 수익을 붙들고 싶어 한다. 초보는 노력 없이 얻은 수익을 어린아이 같은 순진한 환호와 갈채로 환영한다. 수익을 얻을 수 없었기 때문에 마침내 기회가 왔다고 생각한다. 그동안 잘 견뎌냈고, 드디어 똑똑하게 남들을 이기고 위험의 문턱을 넘었다고 느낀다. 하지만 안타깝게도 자기 능력으로 얻은 결과가 아닌 수익에는 정당한 권리를 주장할 수 없다는 것을 모른다. 잘못된 행위로 얻은 수익은 전혀 수익이 아니라는 사실을 깨닫지 못한다. 그런 수익은 대부 업자에게 빌린 대출이나 다름없다. 결국 언젠가는 피로 갚아야 하기 때문이다. 올바른 행동과 방법이 양심적인 트레이더에게 항상 수익을 만들어주지는 않는다. 하지만 한 가지는 확실하다. 잘못된 행위를 반복하는, 철저하지 못하고 부주의한 트레이더는 결국 서서히 종말을 맞게 될 것이다. 부채는 없어야 한다. 옳은 방법으로 수익을 내고 있는지 확인하라.

잘못된 방법으로 거두는 수익을 없애는 법

다음 몇 가지 조치가 당신이 이 잘못을 저지르지 않도록 경계를 유지하는 데 도움이 될 것이다.

- **모든 성공한 거래 후에는 진입, 최초 손절 스톱 배치, 기다림, 자금 운용, 청산 등 거래의 모든 요소를 검토한다.** 오류나 원칙을 위반한 것이 있는지 확인한다. 위반 사항을 찾으면 해당 거래를 손실로 표시하고 트레이딩 일지에 다음 거래에 수정해야 할 사항과 함께 기입한다. **도움말**: 실제 성공이 아닌 거래에 성취감을 부여하는 것은 심각한 문제다. 트레이더가 성공이 아닌 거래에 성취감을 느끼면 그 거래 관련 행위가 옳고 좋은 것이라는 메시지를 자신에게 보내게 된다. 이는 틀린 행위

를 강화하고 실수를 반복하도록 조장한다. 이러한 오류는 결국 트레이더에게 부정적인 결과로 돌아온다.

- **잘못된 방법으로 수익을 거두게 되는 주요 원인은 사악한 2H인 희망(hoping)과 보유(holding)라는 사실을 인식한다.** 모래더미에 머리를 파묻고 기다리는 타조처럼 시장을 대한다면, 엄청난 강세장일 경우 통할 때가 꽤 있다는 걸 인정한다. 밀물은 모든 배를 띄우니까. 급격히 상승하는 시장에서 거래를 망친 트레이더가 충분히 오래 종목을 보유하면 적자가 지워질 때가 많다. 하지만 이렇게 반복적으로 적자가 상쇄되면, 손실 거래가 있을 때 이런 '타조 식' 접근이 옳은 행동이라고 믿게 된다. 이런 잘못된 믿음은 사실상 트레이더의 금융 관련 생활 전체에 조용히 퍼져 결국 완전히 파괴하는 독이다. 시장이 그다지 친절하지 않을 때는 모든 정당하지 않은 수익을 모아 계산서를 내민다. 이 계산서는 종종 너무 크고 고통스러워서 많은 트레이더가 파산하며 어디론가 사라져버린다. 트레이더를 소멸로 이끄는 사악한 2H인 희망과 보유임을 깨닫는 것이 이를 방지하는 방법이다.

일곱 번째 죄 :
합리화

　다음 시나리오에서 트레이더의 잘못을 구분해 보자. 기대에 찬 트레이더가 일중 차트에서 좋은 거래 조건이 형성된 것을 본다. 좋은 특징의 거래량과 함께 나온 일중 풀백*이 지지선 근처에 있고, 좁은 범위 내에 일중 스톱도 잡고, 모든 조각이 제자리에 맞춰진 것 같다. 그리고 시장이 이례적으로 긍정적으로 보이는 날에 모든 시장 지표가 오후 동안 횡보로 밀집**한 후 살아나고 있다. 그러다가…팡! 주가가 진입 가격을 쳤다. 트레이더가 주문을 실행하고 체결된다. 잠시 터졌던 주가가 짧은 수명의 수익을 포기하고 갑자기 다시 내려와서 다시 진입 가격 근처를 서성거린다. '무슨 일이지?' 트레이더가 생각한다. "이건 완전히 크게 터졌

---

*　pullback: 일시적인 가격 후퇴

**　consolidation: 주가가 천장 같은 저항선과 바닥 같은 지지선 두 평행선 사이를 횡보하는 것. 매수, 매도 중 어느 하나가 우세하지 못해서 주가의 방향이 결정되지 못한 미결정 상태일 때 나타난다.

어야 했는데!!!" 늦은 오후 시간, 상승분은 완전히 사라졌고 시장은 거세게 빠지고 있다. 손절 스톱이 호가 하나밖에 안 남았고, 이렇게 완벽한 조건에서 왜 주가가 하락하는지 영문을 알 수 없는 트레이더는 관련 단서를 찾기 위해 종목을 점검하기 시작한다. 뉴스를 확인한 후 (뉴스가 없다) 일별 차트를 확인한다. "그래, 일별 차트가 괜찮아 보이네. 진짜 좋아." 차트를 주의 깊게 본다. "그냥 손절 스톱을 당일 저가 밑으로 옮겨야겠어. 그렇지, 그건 깨지지 않을 거야!" 10분 후 이 완벽한 거래 조건의 주가가 트레이더의 돈을 들고 남극까지 내려가면서 새로 설정한 스톱이 깨진다. 답답해진 트레이더는 주식을 현금화했고, 방금 그렇게 많이 잃었다는 사실을 믿을 수 없다. 그는 어디서 잘못했을까? 시장에 형성되던 약세를 무시해서? 꼭 그래서는 아니다. 그는 세 가지 매우 중대한 실수를 저질렀다.

1. **기간 바꿔치기.** 완전히 일중 기간 기준으로, 일중 진입점과 엄격한 일중 스톱으로 거래 조건을 찾고 선택했다가 기준을 일별 차트로 바꾸고 스톱도 일간 기준으로 조정하면서 최초 거래안을 완전히 변경했다. 이로써 본래 위험/보상 배율이 트레이더가 기대하는 결과의 반대 방향으로 편향됐다.
2. **거래를 계획하고 계획에 따라 거래하지 못함.** (기간을 막론하고) 최초 계획을 고수하는 것은 무슨 일이 있어도 지켜야 한다. 계획에 따른 거래를 실패하면 시장의 처분에 따라 좌우되고 효율적인 거래에 필수인 자신감이 떨어진다.
3. **합리화.** 기간 혹은 계획을 변경하고 합리화하는 것은 다른 두 실수의 심리적인 뿌리이며, 현실 부정(否定)의 한 형태다. **진실이 얼마나 추한지**

와 관계없이 진정 정직한 사람은, 손실을 남 탓으로만 돌리며 위안 삼고 내면의 힘을 발휘하지 못하는 대부분의 시장 참여자들 우위에 올라선다.

> **지혜의 씨앗**
>
> 현명하게 시장에 접근하고 싶다면 각 거래를 계획하는 일은 절대적으로 필요하다. 손실을 보는 대부분의 트레이더는 계획을 세우는 방법에 관한 아무런 지식 없이 상황에 닥쳐 순간적인 충동과 직감으로 움직인다. 그런데 거래 계획을 세우고서 그대로 하지 않는 것은 더 큰 잘못이다. 해야 할 일을 아는데 하지 않는 사람은 그 지식을 보유할 자격이 없다. 시장은 그런 트레이더가 응당 받아야 할 징계를 내린다. 바로 손실이다. 이를 포함한 수많은 큰 잘못들의 주요 원인이 합리화라는 사실을 명심하라. 대부분의 사람은 과하게 낙관적인 경향이 있어서 손실 혹은 고통스러운 일들을 마무리하는 데 어려움을 겪는다. 행동해야 할 때가 왔는데도 결의를, 도약할 용기를 내지 못하는 것이다. 그래서 대신 합리화를 시작한다. 옳은 행동을 하지 않도록 자신을 설득하는 이 과정은 결국 트레이더를 게임에서 완전히 패해 사라지게 만든다.

합리화의 죄를 없애는 법

다음 두 조치를 통해 합리화를 없애거나 억제할 수 있다.

1. 우선 자신이 합리화하고 있음을 인식해야 한다. 스스로를 설득해 행동을 못 할 때의 주요 징후는 다음과 같다.
   - 주식이 '왜' 특정 방식으로 움직이는지 질문: 주가 행동의 배경 이유가 트레이더의 계획된 일련의 행동에 영향을 미쳐서는 안 된다. XYZ가 20달러 밑으로 하락했을 때 청산할 계획이라면 주가가 왜 하락했는지 알아볼 필요가 없다. 올바른 행동은 우선 청산하는 것이다. 질문은 나중에 하라.
   - 뉴스 확인하기: 특정 종목의 최신 뉴스를 파악하는 것 자체는 나쁜 일이 아니다. 하지만 뉴스를 확인하는 진짜 목적이 계획된 행동을

미루는 것이라면 도피주의의 발현에 불과할 뿐이다.
- '어쩌면'의 관점으로 생각하기: 트레이더가 스톱해야 할 때 이 단어를 사용한다는 것은, 이미 불확실성이 우위를 차지했다는 의미다. 거의 대부분의 경우, 사전 트레이딩 계획 고수는 중간 변경보다 더 좋은 결과를 가져온다. 물론 사전 계획을 지킨다고 항상 최선의 결과가 나오는 것은 아니지만, 이를 통해 자제력을 기를 수 있다. 자제력은 트레이더에게 값을 매길 수 없는 자질이다. 트레이더가 합리화의 징후를 발견했다면 유일하게 적절한 행동은 다음과 같다.

2. 포지션을 청산하라. 가혹하게 들릴지 모르지만 수년간 경험을 통해 나는 합리화가 이롭기보다는 해로운 경우가 많다고 확신한다. 전체 포지션을 청산하기가 힘들다면 절반을 매도해서 가능한 한 보유 물량을 가볍게 하라. 포지션에 남기 위한 이유를 찾으려 한다면, 분명 아무런 이유가 없을 것이다. 이유를 찾는 것은 이유가 없다는 의미다. 확고한 이유 없이 종목에 들어가 있는 트레이더는 실패한 트레이더다.

가장 치명적인 악마를
찾아 없애는 법

요기 베라(Yogi Berra)는 '나는 그저 잘못된 실수를 하지 하도록 확실히 하고 싶을 뿐'이라고 즐겨 말했다. 멋진 사람이 지적한 멋진 요점이다. 이 전설적인 야구 선수가 주식시장에서 게임을 한 적이 있는지는 모르겠지만, 그의 발언은 트레이딩이라는 까다롭고 어려운 게임에도 적용된다. 트레이더는 실수와 손실은 항상 두 가지 유형이 있다는 것을 유념해야 한다. (1) 평균의 법칙을 따르고, 그래서 피할 수 없는 것과 (2) 7가지 죄악의 결과거나 트레이딩 계획의 잘못된 실행이 있다. 트레이더는 이 사실을 인식해야 할 뿐만 아니라 '죄악'으로 발생한 손실과 통계로 인한 것을 구분해야 한다. 손실은 트레이딩에 항상 존재하며 앞으로도 그러리라는 사실을 절대 잊지 말라. 우리의 지식이 아무리 풍부해지더라도 손실을 보는 거래는 항상 우리 현실의 일부일 것이다. 트레이더로서 우리의 도전 과제는 손실을 전적으로 피하는 것이 아니다. 오히려 현명하게 손실을 관리하고, 단순히 '우리는 모든 거래에서 성공할 수는 없다'는 사실에 근거한 손실만 경험하는 것이다. 또한 트레이딩 인생에서 잘못된 손실은 완전히 뿌리 뽑도록 노력하라. '죄악'에서 진화한, 우리를 게임에서 끌어낼 힘을 가진 악마(잘못)를 '찾아서 물리치는 임무'를 영원히 수행해야 한다. 우리가 가르치는 모든 트레이더가 평생 지속해야 하는 활동을 아래 담았다. 당신에게도 도움이 되리라 확신한다.

조건

'좋은' 손실과 '나쁜' 손실을 분류를 시작하기 전에 트레이딩 일지의 한 부분을 진척 과정을 쉽게 추적할 수 있는 방식으로 구성해야 한다. 아래 세 단계가 도움이 될 것이다.

1. 프리스틴 트레이딩 일지 한쪽을 두 개의 열로 나누라.
2. 왼쪽 열의 열이름을 이렇게 쓰라. '모두 성공할 수는 없음'
3. 오른쪽 열의 열이름은 '없앨 것. 아니면 내가 없어짐'이라 적으라. 요점을 알았을 것이다.

이제 정말 중요한 '분류' 과정이다. 우리는 이 활동을 '좋은 손실을 나쁜 손실로부터 분리하기'라고 부른다.

좋은 손실을 나쁜 손실로부터 분리하기

- 각 손실 거래의 개별 요소를 철저히 검토하라. 진입, 거래 운영, 즉 최

초 손절 스톱 설정과 트레일링 스톱* 방법, 청산 등.
- 검토 후 잘못을 저지른 것이 없다고 판정되면 '모두 성공할 수는 없음'에 기입하라. 이런 '무오류' 거래는 이 시점에서 대부분 무시해도 된다.
- 만약 검토 후 피할 수 있었던 잘못을 저질렀다고 판단하면 '없앨 것. 아니면 내가 없어짐' 열에 해당 잘못을 위한 하위분류에 기입하라. 하위분류의 몇 가지 예를 들면 '늦은 진입', '빠른 청산', '스톱 무시' 등이다. 6장에 비슷한 절차를 상세히 실었다.

나의 소멸을 책임진 우두머리 악마를 찾아 없애기

일련의 손실 거래 후에는 특정 하위분류 잘못들이 다른 것보다 더 빨리 늘어나는 현상을 발견할 것이다. 일단 이를 찾아냈다면, 당신의 소멸을 책임진 우두머리 악마를 찾은 것이다. 즉시 이 악마를 무자비하게 없애야 한다. 이때 당신 인생의 유일한 목적은 빈번하게 저지르는 이 잘못을 총체적으로 근절하는 것이어야 한다. 어떤 대가를 치르더라도, 어떤 노력이 들어도, 이 잘못을 철저히 근절해야 한다. 잘못이 '스톱 무시'라면 곧바로 스톱을 충실히 이행하라. 만약 일찍 매도해야 한다면 그렇게 하라. 일찍 매도하라. 무엇을 하든지 다시는 어떤 거래도 사전에 결정한 스톱 가격 이상으로 이어가지 말라. 이후 며칠, 몇 주, 몇 달 동안 '스톱

---

* trailing stop: 한 방향으로 움직이며 수익을 확정하거나 손실을 제한하는 데 이용한다. 비율과 금액 중 선택해서 사용할 수 있다. 예를 들어 100달러에 매수한 주식에 10% 트레일링 손절 스톱을 설정했다면, 이때 스톱 가격은 90달러다. 만약 주가가 상승해서 120달러가 되면 스톱 가격은 120달러보다 10% 낮은 108달러가 된다. 한 방향으로만 움직이기 때문에 일단 108달러가 되면 다시 내려가지 않는다.

무시' 칸의 항목 개수를 가장 적게 만들겠다고 자신과 약속하라.

일단 이 하위분류의 잘못이 가장 작은 문제가 되었다면, 그다음으로 가장 큰 문제로 보이는 분류 항목에 대해 노력하라. 평생 이 과정을 지속하는 것에 찬성하면 결국 어느 악마를 없앨 것인지가 아닌, 악마를 찾아다니는 일 자체가 당신의 가장 큰 문제가 될 것이다. 장담할 수 있다.

6장

트레이딩의 12가지 성공 법칙 : 마스터 트레이더가 지키며 살아가는 철칙

첫 번째 철칙 :
너 자신을 알라

　트레이더가 자신이 어떤 사람인지, 무엇을 원하는지 아는 것은 무엇보다도 중요하다. 그래야만 비로소 시장을 어떻게 대해야 할지 알 수 있기 때문이다. 트레이딩 방식은 전적으로 자신의 성향, 취향, 욕망, 두려움 등에 기반해야 한다. 심리적인 기질에 반하는 유형에 맞추려 들다 보면 참담한 결과를 맞을 수 있다.

　엄청나게 성급한 트레이더가 있다고 가정하자. 이런 트레이더는 10일 이상 주식을 보유하는 것이 무척 힘들 수 있다. 5일도 영겁처럼 느낄지 모른다. 이런 지배적인 특성이 확고한 사람이 두 달 동안 장기 거래에 들어가려는 시도는 큰 실수다. 그럴 때 트레이더는 사실상 시장을 통해 자기 자신과 싸운다. 하지만 이를 알면, 트레이더는 자신의 거래안을 잠재적으로 더 빠르고 더 즉각적인 움직임이 나올 수 있는 것으로 제한할 수 있다. 그 결과 손실 빈도는 높을 수 있지만, 그런 유형의 거래가 트레이더의 성격과 훨씬 더 잘 융화되고 동조될 것이다. 그리고 트레이더는 더 나은 결정을 내릴 수 있다. 다음은 시장 참여자로서 당신이 어떤 사람인지, 어디에 있는지 알기 위해 물어야 할 질문 몇 가지다. 답을 알면 자신이 선천적으로 트레이더와 투자자 중 어느 쪽인지 판단하기가 훨씬 쉬울 것이다.

- 나는 인내심이 있는가? 답이 '예'라면 당신은 시장에서 중장기 선수다. 선천적으로 인내심이 없다면 단기적인 접근이 당신의 심리적이고 정신적인 구조에 더 적합하다.
- 시간이 해결해준다고 믿는가? 그렇다고 대답한 사람은 시간이 충분하다면 모든 것이 괜찮아지리라 믿고 생각하는 경향이 있다. 선천적인 중장기 투자자다. 시간이 흘러 자연스럽게 이루어지기를 기다리지 못하고 나서야겠다고 느끼거나, 시간이 해결해줄 수 있는 것보다 더 빨리 문제를 고치고 싶다면, 당신은 천성적으로 트레이더다.
- 시간이 더 생기면 더 긴장하는가? 거래를 시작한 후부터 약한 긴장감이 느껴진다면 당신은 명백한 트레이더다. (거래의 성패 여부를 떠나) 시간이 지날수록 점점 더 긴장한다면 단기 트레이딩이 적합하다. 주식을 매수하고 바로 자리를 뜨고, 친구에게 전화를 걸고, 샌드위치를 먹고, 신문을 읽고, 볼일을 본다면 당신은 트레이더가 아니다.

다음 질문에 대한 답을 알면 주로 초단기, 단기, 중장기 중 어디에 초점을 맞추고 있는지 판단할 수 있다.

- **나는 어느 정도 수준의 위험을 편안하게 느끼는가?** 250달러 손실에 실패자라는 느낌이 든다면 당신에게 맞는 유형은 단기다. 트레이딩 하나

에 들어가서 **1000달러** 손실이 나고 있는데 여전히 전망에 대해 긍정적이라면 장기간이 최선이다.
- **나는 잠재적으로 더 큰 점수(수익)를 낼 수 있는 대가로 더 큰 타격(손실)을 입을 의향이 있는 사람인가?** 만약 그렇다면 더 긴 기간을 대상으로 하는 것이 좋다.
- **나는 손실을 작게 유지하면서 더 작고 덜 중요한 가격 움직임을 쫓아가는 것을 더 편하게 생각하는가?** 답이 '예'라면 당신은 선천적인 트레이더로, 초단기 트레이딩이 가장 잘 맞을 것이다.

이번 질문은 어떤 기법과 전술에 집중해야 하는지 판단하는 데 도움이 될 것이다.

- 나는 도박사 기질이 있는가?
- 나는 큰 것을 노리고 위험을 감수하기를 좋아하는가?
- 나는 작은 것을 성취하며 키워나가기를 좋아하는 유형인가?
- 나는 저렴한 것을 좋아하는가?
- 나는 가격과 질을 가장 중요하게 여기는가?
- 나는 작은 손실도 싫어하는가?
- 흥분과 긴장감은 내게 성공만큼 중요한가?

목록은 더 길어질 수도 있다. 하지만 핵심이 무엇인지 이해했을 것이다.

두 번째 철칙 :
적을 알라

모든 트레이더가 가장 먼저 해야 할 일은 자신을 아는 것이지만, 적을 아는 것도 꼭 필요하다. 앞서 여러 번 언급했듯이 트레이딩은 전쟁이다. 그런데 누구와의 전쟁일까? 트레이더에게 상대는 주로 다른 트레이더와 시장 참여자들이다. 이에 대해 생각해보라. 주식을 매수할 때마다 누군가는 거래 반대편에서 당신에게 주식을 매도한다. 다른 말로 하면 누군가 당신이 매수하는 바로 그 종목을 처리하고 있으며, 이를 위해 당신을 이용하고 있다. 그리고 그 누군가는 (당신이 언짢을 수 있지만) 자신이 당신보다 더 똑똑하고 영리하다고 생각한다. 그 사람은 누구일까? 그가 바로 당신의 적이다. 대부분의 시장 참여자들이 이 점을 놓친다. 어떤 이유에서인지 그들은, 자기가 일반적인 시장에서 사고 있는 것을 매수 개념으로 이해하며 트레이딩한다. 틀렸다! 매수할 때마다 당신은 누군가에게서 사는 것이다. 역으로 매도할 때마다 다른 누군가는 그것을 당신에게서 사고 있다. 여기서 중요한 것은 당신이 그 사람에 대해 알고 있는가다. 그 사람의 생각이나 동기, 믿음, 감정, 현재 심리를 아는가? 만약 모른다면, 이 거래에서 옳은 사람이 그가 아니라는 것을 어떻게 알 수 있을까?

나스닥에서 주식을 거래할 때는 본인 계정뿐만 아니라 고객의 주식을 사고파는 NASD*의 회원을 의미했던 시장 조성자와 거래를 체결하고 있다는 사실을 인식하는 것이 중요하다. 시장 조성자에는 골드만삭스(Goldman Sachs, GSCO), 메릴린치(Merrill Lynch, MLCO), 퍼스트보스톤(First Boston, FBCO) 등이 있다. 명망 있는 이름들이지만, 보통 나스닥에서 주문을 거래할 때 이들은 당신의 친구가 아니다. 당신의 맞은편 자리를 맡은, 바로 그 선수들이다. 그들이 당신에게 매도하고 당신은 매수한다. 반대 경우도 마찬가지다. 그들이 여유 있고 관대해서 당신이 원하는 주식을 주는 걸까? 당연히 아니다. 그들은 그들이 옳고 당신이 틀렸다고 생각한다. 그들은 당신의 반대편에 돈을 건다. 그러니까 그들은 무엇일까? 그렇다, 당신의 적이다.

하지만 그 모든 상대 중에서 가장 큰 적은 멀리 있는 트레이더도, 시장 조성자도 아닌 나 자신이라는 사실을 잊지 말라. 나의 가장 큰 적은 나다. 나는 나의 진보와 성공의 가장 큰 장애물이며 나를 정복할 가장 큰 힘을 가진 사람은 나 자신뿐이다. 내 안의 모든 정신적이고 심리적인 악마를 굴복시켜야 한다. 그 악마는 내게 속해 있다. 트레이더로 성공하고 싶다면 가장 큰 이 적을 물리치고, 변화시키고, 다시 태어나게 해야

---

* NASD는 국내 증권 딜러 연합이라는 뜻의 National Association of Securities Dealers의 약자다.

한다. 그런데 자신을 정복하기 전에 먼저 자신을 알아야 한다. 셰익스피어가 몇백 년 전 우리에게 해준 말이 있다. "잘못은 별이 아닌 우리 자신에게 있다." 적을 알아내는 방법들을 살펴보자.

- '내 거래의 반대편에는 누가 있지?'라고 묻기 전에는 절대로 주문을 먼저 넣지 않는다. 이 질문은 적이 항상 거래의 반대편에 있다는 사실을 깨닫게 해준다. 성공적인 거래의 조건은 우선 반대편에 있는 적을 알고 그들을 한 수 앞서는 것이다.
- **책임을 물을 때는 나 이외의 것으로 눈을 돌리지 않는다.** 트레이더로 실패하고 있다면, 그 모든 손실 뒤에 있는 궁극적인 적은 당신 자신이다. 다른 트레이더와 시장 조성자도 적으로서 임무를 다하고 있지만 그들은 조무래기다. 자신(심리적이고 정신적인 악마)을 정복한 트레이더는 그 나머지를 다 정복한 것이다. 트레이딩을 정복하는 것은 자신을 정복했을 때 생기는 부산물이다.

세 번째 철칙 :
당장 교육을 받으라

　회계사나 변호사 혹은 배관공에 이르기까지, 직업과 관련해 대부분의 사람들은 교육의 필요성을 아주 잘 알고 있다. 국내는 물론 전 세계에서 더 높은 교육을 위한 외침에 귀가 멀 지경이다. 이렇게 배움을 중요시한 결과로 뜨개질, 화학, 전기 공학까지 모든 것을 가르치는 학교가 있다. 하지만 정말 이상하게도, 대부분의 사람들이 트레이딩은 교육이 필요 없다고 생각한다. 특히 트레이딩이 존재하는 가장 어려운 일일 수 있다는 사실을 감안하면 이는 매우 당황스러운 일이다. 하지만 수많은 시장 참여자들, 심지어 무척 진지하고 심각한 사람들조차 왜인지 돈과 관련해서는 교육에 대한 가치를 믿지 않는다. 시장이 금전적 위기를 일으킬 힘을 보유했다는 사실은 중요하지 않다. 대부분은 그저 충동적으로 아무런 가르침이나 배움 없이 덤벼들거나, 더한 상황에서는 다른 누군가가 아무렇게나 하도록 믿고 맡기려 한다. 성공적으로 트레이딩하는 방법을 배움으로써 사람들의 상상을 훨씬 초월하는 보상을 거둘 수 있다는 사실은 중요하지 않은 듯하다. 많은 이들이 홀로 아무런 설명 없이 어둠 속을 헤쳐나가야 한다고 생각한다. 그런데 이상하지 않은가? 관련 교육을 받지 않고 변호사나 의사 같은 업에 뛰어드는 것은 다들 꿈도 꾸지 않으면서, 트레이딩에 오면 그런 태도가 사라지니 말이다. 아무것도 모르고 순진하게 시장에 들어와서는 뉴욕증권거래소 전문가들, 나스닥 시장 조성자들, 우리 같은 전문가들에 맞서 싸우고 이길 수 있다는 잘못된 신념을 품고 있다. 말할 필요도 없이 불가능한 일이다. 우리는 13년 이상 트레이딩을 해왔다. 현재 수준의 숙련도에 다다르기까지 결코 쉽지 않았다. 지금 위치에 오르기까지 겪은 고통과 역경이 아직 기억나고 여전히 생생하다. 트레이딩 관련 지식이 전혀 없는 사람들이 우리 세계에 들어와 식탁에 차려진 음식을 그냥 집어가는 일을, 우리 같은 트레이더들이 한순간이라도 허락할 거 같은가? 토끼 머리에 뿔 나기를 기다리는 게 빠를 것이다.

   트레이딩 교육의 필요성을 강하게 믿고 있는 우리는 전문 트레이더, 시장 조성자 및 자금 운용역을 5년 이상 가르쳐왔다. 교육이 통달의 단계로 가는 문을 여는 첫 번째 만능 열쇠라는 사실을 의심하지 않는다. 성공하는 트레이더가 되려면 모든 사람이 응당 값을 치러야 한다는 사실은 충분히 알 정도로 트레이딩이라는 게임을 오래 해왔다. 하버드 학비를 지불하지 않으면 하버드 교육을 받을 수 없다. 학비는 반드시 치러야 한다. 그리고 트레이더로서 그 비용은 자발적이건 비자발적이건 치르게 된다. 시장이 분명히 그렇게 하도록 만들 것이다. 어떤 길을 택할지는 당신이 결정해야 한다. 우리는 단지 당신이 자발적으로 치르는 방법을 선택해야 한다고 생각한다. 당신이 교육을 받을 수 있는 방법은 다음과 같은 몇 가지가 있다.

- **트레이더 훈련 과정을 제공하는 수준 높은 회사를 찾으라.** 그러면 성장 단계에서 시행착오와 손실 기간을 단축할 수 있다. 우리 교육 과정을 포함한, 괜찮은 교육 과정들은 아래와 같다.*

    1. Pristine.com(www.pristine.com): 트레이딩 교육의 롤스로이스(the Rolls Royce of Trading Education). 우리는 1일, 3일 훈련 과정부터 본격적인 6개월 성장 본과정까지 다양하고 철저한 훈련 교육 과정을 제공한다. 더 긴 교육 과정으로는 프리스틴의 멘토십 과정(Pristine's Mentorship Program)이 있다. 진지한 마음가짐의 트레이더가 시장으로 생계를 유지하는 방법을 중점적으로 교육한다. 우리가 매일 시장에서 수익을 만들기 위해 이용하는 것과 동일한, 정교하게 발전시킨 기법과 전술을 실행하는 법을 배운다. 주문 실행 능력을 나스닥 레벨 II** 해석, 차트 독해, 뉴스로 거래하는 법 등을 배울 수 있다. 성공적인 트레이딩을 위한 결정적 요소인 올바른 사고에도 중점을 두고 있다. 작지만 매일 꾸준한 수익 추구하는 마이크로트레이딩, 2~5일 동안 더 역동적인 수익을 위한 스윙 트레이딩, 시장을 통해 부를 증식하는 목적의 중기 트레이딩 등 다양한 트레이딩 유형도 가르친다. 우리 교육 과정을 이수한 많은 사람들이 전문 트레이더로 성공적인 경력을 이어간다. 그둘 중 교육 과정과 멘토십을 운영하는 사람들도 있다. 프리스틴(Pristine.com)이 성공적인 트레이더가 되고 싶을 뿐 아니라 성공을 키워가고 싶은 사람들의 교육 근원지로 언급되는 이유다.

---

* 현재는 대부분 운영하지 않고 있는 상태다.

** Nasdaq Level II: 나스닥에서 제공하는 주문 관련 정보. 일반적으로 제공되는 레벨 I은 매수, 매도 호가, 최종 체결 가격, 거래량, 고가, 저가 정도를 제공하는데 레벨 II는 호가 장부 전체를 볼 수 있다고 보면 된다. 특정 가격에 대기 중인 거래량, 각 호가별 물량 등 시장의 깊이에 대해 알 수 있는 추가 정보를 제공한다.

2. **코너스톤 증권(Cornerstone Securities, Inc)-최초로 온라인 트레이딩을 전문으로 한 회사 중 하나.** 데이 트레이딩 업계에서 전문성을 찾고 있다면 코너스톤만 알면 된다. 전국에 20개 이상의 사무소를 갖고 있으며 현장에서 트레이딩하고 싶은 사람들에게 최선의 프로그램을 제공한다. 특히 미국의 최상급 트레이더들의 고향이라는 점이 장점이다. 코너스톤은 연수생의 교육에 큰 가치를 두고 있으며, 거의 대부분의 트레이더들이 프리스틴 교육 프로그램을 이수했다.
3. **트레이더스에지넷(Trader's Edge Net, www.daytrading.com)-단순하고 간결한 트레이딩의 전당.** 《온라인 데이 트레이더(The Electronic Day Trader)》의 저자 마크 프리드퍼티그(Marc Friedfertig)와 조지 웨스트(George West)가 운영하는 트레이더스에지넷은 프로처럼 거래하는 방법을 찾는 사람들에게 1주일짜리 연구 토론 과정을 제공한다. 과정은 기본 나스닥 레벨 II 해석과 광속으로 나스닥 체결을 제공하는 도스 기반의 매우 정교한 프로그램인 왓쳐(Watcher) 플랫폼의 강력하고 복잡한 소프트웨어 사용법 교육에 중점을 둔다. 트레이더스에지넷의 지도자 중 프리스틴 교육생은 한 명뿐이지만, 그들의 자회사인 브로드웨이 트레이딩(Broadway Trading, LLC)이 역동적이고 성공적인 트레이더들의 고향이라는 점이 좋다.

- **진짜 중요한 책을 읽으라.** 트레이딩과 시장을 다루는 법에 대한 책은 엄청나게 많으며 지금도 기하급수적으로 늘고 있다. 그러나 안타깝게도 대부분은 기초적인 사실이나 모호한 학문 이론 전달에 그친다. 가장 좋은 책은 트레이더가 제대로 생각하도록 도와주는 책이다. 전술과 기법도 중요하지만 이 부분을 제대로 다루는 책은 많지 않다. 사고와 기술적 요소를 모두 제공하는 몇 안 되는 책은 순금 같은 가치가 있다. 성장 중인 트레이더에게 확실히 도움이 될 책 10권을 선정했다. 선별한 모든 책이 지금 언급한 중요한 두 요소를 포함하는 것은 아니지만, 정독하고 공부할 만한 책들이다. 별표로 표시한 책은 두 요소 모두 담고 있으며, 우리가 생각하고 거래하는 방식에 큰 영

향을 끼친 책이다.

추천 도서 목록

- 《나는 주식투자로 250만불을 벌었다》 니콜라스 다바스 지음****
- 《심리투자 법칙》 알렉산더 엘더 지음, 존 와일리, 1993년
- 《스티브 니슨의 캔들차트 투자기법》 스티브 니슨 지음, 프렌티스 홀, 1991년 5월
- 《최고의 주식 최적의 타이밍》 윌리엄 오닐 지음, 맥그로 힐, 1994년 9월
- 《훈련된 트레이더(The Disciplined Trader)》 마크 더글라스(Mark Douglas) 지음, 프렌티스 홀, 1990년 6월
- 《승자가 모든 것을 갖는다(Winner Take All)》 윌리엄 갈라처(William Gallacher) 지음, 어윈, 1997년 3월
- 《어느 주식투자자의 회상》 에드윈 르페브르 지음
- 《온라인 데이 트레이더(The Electronic Day Trader)》 마크 프리드퍼티그(Marc Friedfertig), 조지 웨스트(George West) 지음, 맥그로 힐, 1998년
- 《온라인 데이 트레이딩 시작하기(How to Get Started in Electronic Day Trading)》 데이비드 나사르(David Nassar) 지음, 맥그로 힐, 1998년 11월
- 《온라인 데이 트레이더를 위한 전략(Strategies for the On-line Day Trader)》 페르난도 곤잘레즈(Fernando Gonzalez), 윌리엄 리(William Rhee) 지음, 맥그로 힐, 1999년 7월

네 번째 철칙 :
너의 가장 소중한
트레이딩 대상을 보호하라

 활발한 트레이더들은 수많은 증권사의 투자 의견 하향, 부정적인 실적 보고, 부정적인 경제 뉴스가 시장 전반뿐 아니라 당신이 보유한 포지션까지 망가뜨리는 경우를 처리하게 될 것이다. 손실은 모든 시장 참여자가 피할 수 없는 현실이지만 절대 즐거운 것은 아니며, 우리 통제 밖에서 일어나는 사건의 결과일 때는 더욱 그렇다. 금융 시장에서 불확실성이라는 요소는 결코 전적으로 제거할 수 없기 때문에 항상 방어적인 매도 전략이 필요하다. 우리는 이 매도 전략을 '프리스틴 보험'이라고 한다. 많은 구독자가 알고 있듯이 매도 전략은 우리가 언제나 강조하는 개념이다. 우리는 가장 귀중한 자원인 초기 자본금을 보호하기 위해 할 수 있는 모든 것을 다 하도록 신중을 기한다. 이에 관련해서라면 우리는 철저히 준비되어 있다. 당신은 어떤가? 당신이 무엇을 하는지가 중요하다. 모든 전문가의 거래에는 정확히 한 개의 매수점과 두 개의 매도점이 있어야 한다. 매도점 중 하나는 상승에 초점을 맞추고 있으며 수익을 실현하는 기준점이 된다. 하지만 우리는 현실 세계에 살고 있기에, 거래가 꼬일 가능성에 대비한 매도점도 보유해야 한다. 인간은 본래 낙관적인 존재이며 너무 순진할 때가 많아서, 방어적인 매도에는 가장 적은 관심만 두는 편이다. 우리 프리스틴 트레이더들은, 적어도 이 부분에 있어서는 인간이 될 여유가 없다. 우리의 작은 지갑은 금전적인 손실을 감당할 수 없다. 그러므로 거래에 들어갈 때는 이 세 개의 가격을 항상 염두에 두어야 한다. 진입 가격, 수익 실현 가격, 보호 스톱(protective stop) 가격, 이른바 프리스틴 보험 증서다. 항상 당신을 방어해줄 보호 스톱이 다른 두 가격보다 훨씬 더 중요하다. 이 가격은 현명하게 시장에 대고 그어 놓은, 보이지 않는 선이다. 틀렸을 때 감당해야 할 최대 비용과 관련해 사전 통지를 보내주며, 무엇보다도 트레이딩이라는 훌륭한 게임에서 당신을 퇴출할 수 있는 유일한 한 가지, 도주하는 폭락 종목*으로부터 당신을 보호해준다. 물론 손절 전략을 실행하면 손실 거래 빈도가 높아질 수도 있지만, 결국 손실액은 사소할 테고 장기적으로 문제되지 않는다. 우리는 크게도 잃어봤고 작게도 잃어봤다. 작게 잃는 편이 훨씬 낫다. 무슨 일이 있어도 소중한 자본금을 지키라.

우리가 2~10일 보유 기간의 스윙 거래와 하루 중 몇 분 내지 몇 시간을 보유하는 일중 거래를 위해 프리스틴 보험 증권을 설정하는 기본 방법을 개략적으로 설명하겠다.

---

* runaway collapsing stock: 계속해서 때로는 갭을 만들면서 하락하는 종목

스윙 거래

- 우선 모든 스윙 거래는 세 개의 진입 방법 중 하나로 들어간다. 구체적인 진입 가격은 보통 일별 주가 차트를 기준으로 한다. 세 가지 진입 방법에 대해서는 14장에서 상세히 다룬다.
- 주식을 매수했다면 방어 매도 주문을 당일 혹은 전일 저가 중 낮은 것을 기준으로 1/16~1/8만큼 더 낮은 가격에 설정한다. 일례로 WXYZ주식을 20달러에 매수, 당일 저가(진입한 날의 저가)는 19.25달러, 전일 저가는 19.50달러였다. 전일 저가가 당일 저가보다 낮기 때문에 보호 스톱은 $18\,^{7}/_{16}$달러 또는 $18\,^{3}/_{8}$달러로 설정한다.
- 이 최초 방어 매도가는 진입한 날을 첫날로 세고 온전히 2일 동안 그대로 둔다. 2일이 지나면 수익을 일부 방어하기 위해서 상향 조정할 때가 많다. 스톱 조정에 관한 더 자세한 설명은 16장에서 하겠다.

일중 거래

- 모든 일중 거래는 일중 거래 진입 방법 중 하나를 이용해 들어간다. 이 진입 가격은 보통 5분 혹은 15분 주가 차트를 기준으로 한다. 진입 방법에 대해서는 17장에서 매우 자세히 다룰 것이다.
- 주식을 매수했다면 매수된 5분 혹은 15분 주가 막대의 저가보다 1/16 밑으로 스톱을 설정한다. 5분 차트를 기준으로 매수했다면 스톱은 현재 시점의 5분 막대의 바로 밑에 설정되며, 이것이 진입 막대다. 만약 15분 차트를 기준으로 매수했다면 스톱은 현재 15분 막대 바로 밑에 설정될 테고, 이것이 진입 막대가 된다. 다시 말하지만 5분 차트 혹은 15분 차트를 이용해 진입하는 방법은 17장, 자본을 방어하는 자금 운용 기법은 15장에서 논한다.

다섯 번째 철칙 : 단순해질지어다

대부분의 트레이더는 필사적으로 '성배'를 찾으려다가 '엄청나게 복잡한' 것이라면 무조건 불필요하게 달려든다. 로그, 신경학적 메커니즘, 복잡한 수학적 트레이딩 공식 등은 우리가 얼마나 기본에서 벗어나 있는지 보여주는 사례들이다. 여기서 말하는 기본이란 주요 추세선, 지지와 저항, 거래량 증감, 주요 이동평균선, 핵심 차트 패턴 등이다. 특히 서구식 사고방식은 생각할 때 복잡하지 않으면 효과도 없으리라고 추론한다. 우리의 견해는 이 착각과 정반대다. 단순한 접근법에서 비롯되는 정신의 명료함과 행동의 확실함은 말로 다 표현할 수 없다. 우리 학생들은 모두 기초를 건강하게 다지고 끊임없이 되새기는 가치를 배운다. 지금 바로 기초의 마스터가 되겠다고 결심하라. 그러면 단순함은 명료함의 어머니라는 사실을 깨달을 것이다.

다음 질문 중 하나라도 예라고 답한다면, 당신은 너무 복잡한 트레이딩 접근법을 이용하고 있는지도 모른다.

- **이용하는 트레이딩 전술과 접근법이 똑똑한 열두 살짜리가 이해하기 힘든가?**
- **접근법을 이용하려면 수학적인 공식이 필요한가?**
- **거래할 때 계산기를 사용해야 하는가?**
- **거래할 때 3개 이상의 소프트웨어를 돌려야 하는가?**
- **트레이딩 전략을 종이에 적을 때 5분 이상 걸리는가?**

과하게 복잡한 상태를 지적하는 질문 중 몇 가지만 나열했다. 단순하게 하는지 확인하라.

여섯 번째 철칙 :
너의 손실에서 교훈을 찾을지어다

    시장을 완전히 통달하기 위한 여정에는 수많은 난관이 가득하다. 트레이더 지망생이 인내해야 하는 위험, 손실, 도전, 시련은 이 과정에 야심 차게 참여한 대부분의 사람들에게 엄청난 중압감과 회복할 수 없는 정신적인 상처를 준다. 유감스럽게도, 이 업을 통달하고 놀라운 통찰력으로 시장을 지배하는 개인은 타고난 성향이나 천부적인 재능 덕분이라고 속단하는 사람들이 너무나 많다. 전혀 그렇지 않다. 고통. 패배. 좌절. 혼란. 불확실. 불일치. 이런 것들은 열망의 대상이 되는 위대함의 절정에 도달하기 위해 필요한 가르침을 주는 상태와 환경의 일부다. 오늘 성공을 즐기는 모든 트레이더는 분명 어제는 실패의 쓰디쓴 고통을 받았을 것이다.

    인간은 성공이 아닌 실패와 부족함에서 배운다. 어른이 불을 만지면 안 된다는 사실을 알고 있는 까닭은 어린 시절 불에 데었기 때문일 것이다. 트레이딩도 마찬가지다. **실패하는 모든 방법을 알게 된 후에야 비로소 성공하는 방법을 배운다.** 자, 이제 당신에게 묻고 싶다. 시장에서의 실패를 어떻게 대하고 있나? 버리고, 무시하고, 헛되이 없어지게 하는가? 아니면 시장에서 해서는 안 될 것을 알려주는 소중한 사례로 사용하는가? 먼저 잃어본 후 그 손실을 성공을 위한 발판으로 사용하라. 한 걸음 물러선 후 앞으로 도약하라. 그것이 자연의 법칙이며 성공의 청사진이다. 그리고 트레이딩을 완벽히 통달하는 방법이다. 먼저 뒤로 물러나지 않고 시도한 도약은 미약하다. 그러니 손실 거래를 겪을 때 앓는 소리를 내거나 울지 말라. 오히려 기뻐하라. 제대로 처리하면 그 손실은 성공하는 미래로 당신을 이끄는, 천사 같은 훌륭한 안내자이기 때문이다.

> **지혜의 씨앗**
>
> 트레이더에게 가장 중요한 도구는 멋진 시장 지표나 매력적으로 보이는 트레이딩 기법이 아닌, 단순하지만 효과적인 손실 거래 일지다. 나는 모든 손실을 기록한 일지를 계속 쓰면 반복적인 실수와 잘못을 더 쉽게 알아낼 수 있다는 사실을 깨달았다. 예컨대 다섯 개의 연속된 손실을 검토한 후 그중 네 개는 뒤늦은 진입이 원인이었음을 발견할지도 모른다. 이런 중요한 발견은 이후 적절히 대처한다면, 성공률을 극적으로 개선시키는 매우 중요한 요소다. 그 시점에서 트레이더는 더 일찍 진입하거나 원하는 주식을 너무 멀리까지 쫓아가지 않도록 절제할 것이다. 오래전, 이전 해에 발생한 모든 손실을 검토하기 위해 목록을 기록한 후 재미있는 것을 찾아냈다. 주의 깊게 살펴보니 내 모든 손실 거래의 78%가 8달러~15달러 원가에 들어간 주식이었다. 그날이 어제처럼 생생히 기억난다. 목록을 작성하지 않았다면 결코 알 수 없었을 놀라운 발견이었다. 목록을 검토한 결과는 내가 낮은 가격대의 주식을 피했더라면 수익률이 최소 두 배였으리라는 간단한 사실을 분명히 보여주었다. 실패를 주의 깊게 살펴보면 놀라운 것들이 정말 많이 나타난다.
>
> 이런 실패 일지는 당신이 누구이며 무엇인지 그리고 어디에 있는지에 관한 많은 정보를 알려준다. 날짜를 함께 쓰면 어디로 가고 있는지, 어디를 가고 있긴 한 건지까지도 알려줄 것이다. 나는 그것 없이는 아무 데도 가지 않을 거다. 그것 없이는 갈 곳이 없을지도 모른다. 다섯 살 난 내 딸은 넘어지면서 걸음마를 배웠고 지금은 뛰어다닌다. 33세의 트레이더이자 이 책의 저자는 손실에서 트레이딩하는 법을 배웠다. 지금 나는 전 세계 트레이더에게 내가 했듯이 시장에서 이기는 법을 가르친다. 제대로 잃는 법을 배우라. 그러면 당신의 꿈은 현실이 될 것이다.

일곱 번째 철칙 :
트레이딩 일지를 쓸지어다

    트레이더가 할 수 있는 가장 유용한 행동은 개인 맞춤식 트레이딩 오류 일지를 계속 작성하는 것이다. 실패를 (시장의 실패뿐만 아니라 인생의 실패까지) 제대로 사용하면 시장을 완벽히 통달한 정점으로 가는 발판이 된다고 확신한다. 시장에서 저지른 실수를 상세히 기록하면 당신이 누구인지, 무엇인지 그리고 어디로 가고 있는지 알 수 있다. 7여 년 전, 이 단순 작업이 이전에는 결코 성취할 수 없다고 생각했던 수준으로 트레이딩 정확도를 올리는 데 도움이 됐다. 물론 당신도 그럴 수 있다.

    내가 이 단순하지만 효과적인 작업을 수행한 방법은 이렇다. 우선 그 한심한 증권사 계좌 보고서를 다 모아서 모든 거래의 깨알 같은 상세 내역(거래일, 주식 코드, 진입 가격, 청산 가격, 총 수수료, 거래 이유 등)을 썼다. 차트 모음 자료로 (요즘은 www.executioner.com*의 차트 기능을 쓴다) 모든 매수 결정

---

*   현재는 운영하지 않음

을 검토하고 분석했고, 많은 똑같은 실수를 계속 반복한다는 사실을 발견했다. 그래서 이 잘못들을 '너무 늦게 진입', '너무 일찍 청산', '너무 오래 보유', '너무 지나친 탐욕', '너무 긴장함', '스톱 무시' 등 여러 분류로 구분해 묶었다. 이걸 다 하고 나자 트레이더로서 내가 누구인지(추락하는 초보)를 보여주는, 틀릴 여지가 없는 확실한 그림이 나왔고 다른 사람(성공적인 프로)이 되려면 당장 노력해야 한다는 사실을 알게 되었다. 나는 나머지는 무시한 채 가장 많은 항목이 있던 분류를 선택, 그것들을 내 인생에서 뿌리 뽑기 위한 노력을 시작했다. 해당 항목의 잘못이 완전히 사라질 때까지 쉬지 않았다. 그런 후에는 그다음으로 많이 발생한 잘못을 고치기 위해 노력했고, 결국 다 제거했다. 그러고 나서는 다음 것 그리고 그다음 것을 없앴다. 열 달 후 마지막 분류의 잘못을 고치려 할 때, 인식하지 못한 채로 벌써 여러 달 동안 수익을 내며 트레이딩하고 있다는 사실을 깨달았다. 내 잘못을 제거하는 데 너무 집중하고 있어서 성공적인 거래의 축적된 효과를 체감하지 못하고 지나간 것이다. 성공은 저절로 온다는 생생한 증거였다.

성공적인 트레이더는 그가 성공하는 방식보다 실패하는 방식으로 드러난다. 올바른 방법으로 성공하지만 잘못된 방법으로 실패하는 트레이더는 소멸한다. 반면 잘못된 방법으로 성공하지만 올바른 방법으로 실패하는 트레이더는 생존해 결국 실패를 만회한다. 올바른 방법으로 성공하고 올바른 방법으로 실패하는 트레이더는 번 돈을 쓸 창의적인 방법만 찾으면 된다. 나는 이 철저한 오류 추적 과정을 통해 하지 말아야 할 것을 배웠고 내 트레이딩 계좌는 점점 불어났다. 성공으로 가는 길을 일지로 남기고 급상승하는 거래 실력을 지켜보라. 트레이딩 일지를 기록하는 이 단순한 작업이 당신의 가장 사악한 트레이딩 악마들을 제거하는 데 유용하고, 성공 능력을 강화한다는 사실에 놀랄 것이다. 다음은 우리 학생들과 내가 개인 트레이딩 일지를 정리한 방법의 예시다.

거래 1

거래일: 6/15/99
시장 평가: 긍정적 (시장 평가에 대한 부분은 이후 장에서 더 다룬다)
코드: PSFT
거래 규모: 100
거래 유형: 매수
거래 방식: 스윙 거래 (2~5일)
진입 가격: $18.50
진입 근거: 30분 매수 원칙 (상세 사항은 이후 내용 참고)
최초 스톱 가격: $17.50 (전일 저가 밑)
목표: $20.50~$21 (200일 평균으로 이동 예상)
매도일: 6/16/99
매도: 가격: $16.75
매도 근거: 최초 스톱 깨짐
결과: $1.75 또는 $175 손실 (수수료 제외)
오류1: 방아쇠를 당기는 것에 대한 두려움. 진입에서 망설인 결과 적정 가격보다 1/4포인트 더 높게 매수. 이 오류 단독으로 $25달러 손실.
오류2: 스톱을 무시함. $17.50 스톱 가격에서 희망이라는 적에게 굴복해서 모래에 머리를 박음. 그로 인해 주가 회복 확률이 매우 높다는 착각에 빠짐. 이 오류로 추가 3/4포인트 혹은 $65 손실 발생.
오류3: 해당 사항 없음

일지로 옮긴 이 거래 내역은 트레이더에 대한 엄청나게 많은 정보를 보여준다. 가장 일반적인 오류인 방아쇠를 당기는 것에 대한 두려움과 스톱 무시는 트레이더가 낙관주의 대신 비관주의를 경험하고 있으며, 가장 회의적이어야 할 때 순진하게 낙관적이라는 사실을 드러낸다. 보통은 감지하지 못하고 넘어가는 매우 흔한 상황이지만, 이런 방식으로 손실을 일지로 작성하면 숨겨진 것들이 드러나고 우리가 트레이더로서 누구인지, 무엇인지, 어디에 있는지가 명확히 나타난다. 이런 유형의 행동이 반복됐다면 이 트레이더는 이 두 감정을 반대로 바꾼다. 예를 들면 다음 10개 거래에 두 오류 모두를 반복하지 않는 것을 유일한 인생 목표로 삼는다. 한 번에 하나씩 혹은 둘을 한꺼번에 공략할 수 있다.

어떤 경우이든 트레이더는 돈을 버는 것이 아닌, 단 하나의 거래도 사전 정의된 스톱 가격 밑으로 내려가지 않도록 하는 데 집중해야 한다. 스톱 가격이 되기 전에 광적으로 매도하더라도, 한 개의 거래도 정의된 매도점을 거스르거나 빠져나가지 않게 하라. 사실 모든 거래가 하락해서 이 위험한 습관(악마)을 깨부수기를 바라는 정도가 되어야 한다. 초기 매수도 매우 신속하게 실행해야 한다. 일단 매수 신호가 나타나면 모든 생각을 지우고 거래를 완료하기 위해 정신을 통일하라. 이 역시 약간 광적일 수 있더라도, 모든 거래에 어떤 경우에도 그렇게 하라. 최종 결과로 생길 수는 있겠지만, 돈을 버는 것이 반드시 목적은 아니다. 트레이더를 게임에서 영원히 내보낼 잠재된 가능성이 있는 두 악마를 '없애는' 것이 목적이다.

이런 식으로 손실 거래를 일지로 정리하면 놀라운 일이 생긴다. 우리가 실제로 상당 기간 그렇게 했고 이후 우리 트레이딩이 완전히 새로운 수준으로 올라섰기 때문에 정말 잘 알고 있다. 손실 일지는 우리 사내 트레이딩 학생들에게는 의무 사항이다. 당신도 해보라. 트레이딩에 엄청난 도움이 될 것이다.

여덟 번째 철칙 :
저가 종목에 초점을 두지 말라

 내가 저지른 실수가 하나 있다면, 수억 번 지은 중죄가 있다면 바로 가격을 기반으로 거래안을 결정하는 것이다. 나는 이 초보적인 실수가 (스톱 무시를 제외한) 그 어떤 것보다 더 많은 사상자를 내는 비극을 목도했다. 어디서 발생하는지, 왜 그런 충동이 존재하는지 이해하지만 그건 잘못이고 모든 트레이더도 알아야만 한다.

 이 충동을 견인하는 주요 동인은 제한된 자본이다. 제한된 재원 때문에 많은 트레이더가 거래를 낮은 가격대에서 잡는다. 큰 잘못이다! 가격의 사다리를 올라갈수록 성공률은 증가한다는 사실을 명심하라! 10달러 주식이 2달러만큼 움직이려면 엄청난 20%가 상승해야 한다. 한 해 전체 수익으로 기록했다면 몇몇 트레이더를 기쁘게 할 만한 수익이다. 사실 전문 펀드 운용역의 60% 이상이 그 근처도 못 가는 연수익률을 기록한다. 하루 이틀만 그런 수익을 내도 좋아하는 트레이더들도 있다.

"가능한가요?" 묻는다면 물론이다. "그러면 뭐가 문제죠, 올리버?" 문제는 한정된 자금을 보유한 트레이더야말로 정확히 더 높은 성공률이 필요하다는 점이다. 그런데도 오로지 낮은 가격대에만 집중하면 더 낮은 확률 영역에서 홈런만 노리는 것과 마찬가지다. 간단히 말해, 확률이 더 좋기 때문에 오히려 더 높은 가격대에서 더 적게 매수하는 트레이더가 낫다. 그럼 다른 면을 고려해보자. 60달러 가격의 주식이 하루 이틀 후 2달러 올라가기는 얼마나 어려울까? 정답. 훨씬 쉽다. 심지어 하루 만에도 60달러 주식이면 2달러 움직임은 통상 일어나는 편이다. 하지만 10달러 주식의 2달러 움직임은 다음날 신문에 언급될 정도로 매우 드문 일이다.

　트레이딩이라는 게임은 전적으로 확률에 좌우된다. 어떤 면에서는 실행이 어렵지만 매우 단순한 확률 게임이다. 성공률이 가장 높은 곳을 인식하지 못한 트레이더는 시장 경력이 짧을 수밖에 없다. 하지만 하나는 확실하다. 재미있을 것이다. 그런데 이 책의 독자라면 재미 이상을 원할 것 같다. 만약 그렇다면 더 높은 가격대의 주식을 조금 더 자주 거래하라. 그 주식이 더 많은 수익을 가져다줄 것이다. 자주 듣지 않았던가? "싼 게 비지떡이다."

> **지혜의 씨앗**
>
> 저가 영역의 주식을 절대로 다루지 말라는 의미가 아니다. 신규 사내 트레이더를 교육할 때 우리도 처음에는 다른 것은 배제하고 저가 주식으로만 교육한다. 저가 주식이 연계된 위험이 더 적기 때문이다. 하지만 일단 시장 조성자들의 작업 방식, 우리가 적용하는 트레이딩 전략으로 그들의 교묘한 활동을 철저히 이용하는 방법을 완전히 이해하면 가격 사다리를 조금씩 올린다. 저가 주식은 우리의 '축적 접근법'을 실제 적용할 때도 이용한다.
>
> **참고:** 축적 접근법에는 예상 움직임을 선행하는 1~2일 기간에 큰 포지션을 구축하는 것이 포함된다. 프리스틴의 사내 선임 트레이더들이 배우는 상급 전략이다. 좋은 것이 작은 포장에 들어 있는 경우도 있지만, 대부분은 고가의 주식이 당신이 진정 원하는 선물을 들고 온다.

아홉 번째 철칙 : 분산하지 말라

투자 전문가들이 가장 자주 사용하는 용어 중 하나가 '분산(diversification)'이다. 요즘은 '분산투자해야 합니다'라는 말을 최소 대여섯 번 듣지 않고는 증권 계좌를 열거나, 재무 관련 책을 읽거나, 투자 자문 전문가와 만나거나, 재무 설계사와 맥주 한 잔도 할 수 없다. 우선주와 우량주 차이를 배우기도 전부터 '계란을 한 바구니에 담지 말라'는 경고부터 듣는다. 하지만 시간이 흐르면서 우리는 이 신조의 유효성을 의심하기 시작했고, 그 과정에서 흥미로운 것들을 발견했다. **도움말:** 트레이더를 꿈꾼다면 모든 것, 심지어 가장 기본적으로 생각되는 공리까지 의심하고, 현실의 시험을 치러야 한다. 그러면 놀라운 발견을 하게 될 것이다. 이상하게도 포지션을 잘 분산한 경우, 실제로는 트레이더의 발전이 저해되고 트레이더가 옳았을 때 잠재적 수익성을 줄이는 것을 발견했다. 하지만 트레이더가 틀렸을 때는 분산이 큰 손실을 막아주는 완충 역할을 효과적으로 해냈다. 흥미롭지 않은가? 실제로 분산은 손실을 방지하지도, 수익률을 높이지도 못했다. 단지 트레이더가 틀렸을 때 더 두꺼운 완충제가 되었을 뿐이다. 당신은 어떨지 모르겠지만, 우리는 단순히 도움을 받아 편안한 실패자가 되기보다는 옳을 확률을 높이는 (그러므로 빈도를 높이는) 데 훨씬 관심이 많다. 물론 분산이 필요할 때도 있다. 여러 번 강조했듯, 옳은 방법으로 실패하는 것은 이 게임에서 매우 중요한 부분이다. 단지 유능한 트레이더에게 분산이 있을 곳은 매우 좁다는 것이다. 심한 분산은 능력의 부재를 대체하려는 수단에 불과하다. 손실을 조금 덜 힘들게 느끼기 위해 만들어진 개념이다. 분산하기에 적합한 시기가 있지만, 우리는 당신이 전반적으로 성공하는 트레이더가 되는 데 에너지를 쏟길 바란다. 손실 두 번마다 여덟 번의 성공 거래를 만들어낼 수 있는데, 굳이 분산이 필요한 트레이더가 있을까? 그런 숙련 수준에 도달한 트레이더는 높은 성공률을 최대한 많이 활용하는 방법을 찾는다. 분산은 그런 평균 성공률을 오히려 희석할 뿐이다.

> **지혜의 씨앗**
>
> 분산의 용도가 있다는 사실을 축소하고 싶지는 않다. 하지만 우리는 분산이 단기 트레이딩의 어려운 문제에 사용하기에는 상당히 과대평가된 방식임을 깨달았다. 마스터 트레이더는 그들의 정확성을 최대화하기 위해서 집중된 포지션을 쓰고, 초보 트레이더도 거래 별로 숙련도를 쌓는 것이 더 낫다. 성장 중인 트레이더는 의사 결정 횟수를 늘려서 자주 저지르는 잘못을 몇 배나 더 늘리는 행위를 피해야 한다. 처음에는 결정해야 할 것이 적을수록 좋다. 더 높은 정확도와 숙련도에 도달할수록 분산으로 얻는 안전은 덜 필요하다. 트레이딩 세계에서 능력의 증대는 분산의 감소와 상응해야 한다.

열 번째 철칙 :
아무것도 안 하는 것이 때로는 최선임을 깨달을지어다

전 세계 많은 시장 참여자에게 오랜 시간 강연, 상담, 교육, 강의한 후 우리는 트레이더의 발전을 저해하는 많은 문제가 다음 두 개의 주요 범주로 분류된다는 사실을 깨달았다. (1) 인내심 부족 그리고 (2) '아무것도' 안 하는 것이 옳은 행동임을 깨닫지 못하는 것. 매도한 지 하루 이틀 지나 그 주식이 치솟은 적이 몇 번 있는가? 사전 결정한 매도 전략을 근거로 한 매도 결정과, 단지 조바심 나거나 지루해져서 혹은 다른 문제나 사건으로 주의가 산만해져서 매도한 적은 몇 번인지 자문해보라. **거래 진입 전**에 매도 전략을 수립하는 행위는 노련한 트레이더의 징표다. 하지만 그런 베테랑조차 아무 잘못도 하지 않은 주식을 조기에 팔아서 미리 설정한 매도 전략을 위반하는 실수를 저지른다. 당신이 이런 잘못을 저지르고 있다면 각별히 주의하라. 그런 경향이 계속되도록 내버려두면 트레이딩 경력에서 가장 좋은 순간을 빼앗길 것이다.

두 번째 문제는 훨씬 더 큰 피해를 입히며 '수익과 손실' 사이를 끝없이 오가게 한다. 발전 없는 수익과 손실의 순환 주기는 **그 자체만으로 책 한 권을 할애할 만하지만**, 거래하지 말아야 할 때를 아는 것으로 마법의 묘약을 쓴 것처럼 이 주기를 끝낼 수 있다. 대부분의 트레이더는 손 놓고 있어야 할 때를 아는 것에서 얻는 이로움을 모른다. 잘하는 사람이라면 언제나 무언가를 할 것을 찾거나 거래할 주식을 찾을 수 있으리라고 오해한다. 순진할 뿐만 아니라 잠재적으로 파괴적인 생각이다. 전문 트레이더는 프로 포커 선수처럼, 확률에 거는 사람들보다 약간 더 나은 사람이다. 그리고 확률을 정확하게 평가할 줄 알아야 꾸준히 판돈의 상당 부분을 딸 수 있다. 무행동은 때때로 최선의 행동이며, 활동과 비활동의 극단의 상태를 능숙하게 이동하는 방법과 시기를 알아야 급이 다른 트레이더가 될 수 있다. 이 두 항목은 이 책의 값보다 훨씬 더 큰 가치가 있음을 유념하라.

> **지혜의 씨앗**
>
> 마스터 트레이더의 재산 중 가장 중요한 것은 '비활성' 상태의 시점을 적절히 조정하는 능력이다. 비활성은 소수의 성공한 트레이더만 사용법을 터득한 매우 강력한 도구로, 몇만 달러를 아껴줄 뿐만 아니라 몇만 달러를 벌어줄 도구다. 나는 매일 발전 단계에 있는 트레이더들을 지켜보는데, 이들이 장 초반에는 꽤 많은 돈을 벌다가 나머지 시간에 이를 도로 내놓는 모습을 본다. 적절히 시기를 맞춘 '비활성' 상태의 유익한 가치를 알지 못해서 힘들게 벌어들인 수익을 쉽게 내주는 것이다. 성공적인 거래 하나를 할 때마다 수익 거래를 더 많이 잡아야 한다는 더 강한 압박이 생긴다. 성공의 주문에 걸렸을 때 비활성 상태는 마음속 가장 먼 곳에 자리한다. 그러나 순풍이 없는 날은 일을 쉬어야 한다. 순서가 돌아왔어도 타석에 오르면 안 될 때가 있다. 잠시, 하루 혹은 심지어 일주일 동안 트레이딩을 멈춰야 할 때가 있다. 트레이딩은 그것을 통달했을 때 삶을 풍요롭게 만드는 직업이다. 하지만 안 하는 것이 때로는 더 좋은 선택이라는 사실을 배우지 않은, 트레이더가 되고 싶은 마음만 있는 사람은 통달의 단계로 올라서기 어렵다.

열한 번째 철칙 :
우아하게 퇴장할 때를 알라

　시장이 변덕스럽게 움직이는 기간에 물러나 있거나, 시의적절한 방식으로 활동을 줄이는 능력은 전문 트레이더의 특징이다. 잘 모르는 많은 시장 참여자들은, 가장 위험하고 불안정한 시장 환경조차 맞서 싸워서 성공적으로 극복하는 사람이 특급 트레이더(supertrader)라고 생각하는데 절대 그렇지 않다. 기민한 트레이더는 평균 이상의 수익률은 큰 수익을 내기보다 손실을 작게 유지하는 것임을 안다. 성공적인 트레이딩을 하려면 적당한 시기에 시장을 떠나는 일에 능숙해야만 한다.

　다음 문장을 살펴보자. "장기 투자자가 과거 14년 중 가장 많이 상승했던 20일 동안 시장을 떠나 있었다면, 14년간 총 수익의 30%를 놓쳤을 것이다." 매수 후 유지(buy-and-hold) 방식을 지지하는 매우 강력한 논거다. 하지만 아니다! 이 문장에는 그 이면의 경우가 빠져 있다. "같은 투자자가 투자금을 전부 투자한 상태에서 14년의 기간 중 최악의 20일 동안 시장을 떠나 있었다면, 수익은 그 두 배가 됐을 것이다." 안 좋은 기간을 피하는 것이 가장 좋은 기간을 활용하는 것보다 더 높은 수익성을 낸다. 최악의 시기를 비켜가고 최고의 시기를 이용하는, 이 두 가지를 모두 할 수 있는 능력이 특급 트레이더를 만든다. 그러니 확률이 우호적이지 않을 때는 옆으로 피해 있으라. 그리고 '놓친 돈이 잃은 돈보다 낫다'는 사실에 안도하라.

다음 중 하나 혹은 그 이상이 발생했다면 우아하게 퇴장할 때가 되었다는 신호다.

- **연속된 성공이 오랫동안 지속된 후 두 번 연이어 손실을 보았다.**
  도움말: 트레이더들이 수익을 연속해 거둔 직후 자기 파괴적인 행동으로 원점으로 돌아갈 때가 많다. 최악의 손실 거래가 최대의 수익 거래를 따라올 때가 많다는 의미다.

- **주요 시장 선행 지표인 S&P500선물이 급격히 하락으로 추세 전환되었다.**
  도움말: S&P 선물은 경계를 게을리하지 않는 트레이더들에게 시장 방향의 전환을 미리 알려주는 선행 통지서다.

- **잘못 짚은 것 같고 불확실하며 헷갈리고 혼란한데 이유를 모른다.**
  도움말: 시간이 흐르면서 트레이더는 '감'을 갖게 된다. 오랜 세월 동안 노련함과 경험을 통해 길러지는 감은 감정적이고 직관적인 능력을 거쳐 의견을 낸다. 잘 발달한 감을 가진 마스터 트레이더는 이를 존중하는 법을 배운다.

- **사전 확정한 거래 계획이 시장에서 갑작스럽게 발생한 사건들로 인해 깨진다.**

도움말: 트레이딩 계획에 재를 뿌리는 일이 발생하면 항상 물러나는 것이 최선이다. 많은 초보 트레이더는 예상치 못한 부정적인 뉴스가 나왔을 때처럼 포기가 필요한 불가피한 경우와 싸우려 드는데, 이로 인해 결국 도박을 하고 더 큰 손실로 이어진다.

- **몸이 안 좋다.**

  도움말: 트레이더는 프로 운동선수와 같다. 육체적, 정신적 건강을 항상 유지해야 한다. 건강이 나쁘면 기준에 못 미치는 성과를 낸다.

- **마음이 지쳤다.**

  도움말: 트레이더의 가장 강력한 무기는 차분한 마음가짐이다. 평정이 없으면 올바르고 확실한 의사 결정도 없다.

- **사적인 문제를 처리 중이다.**

  도움말: 개인적인 문제는 평정심에 영향을 미치고, 이는 다시 트레이딩과 관련한 의사 결정에 영향을 미친다. 시장은 우리가 누구이고 무엇인지 보여주는 완벽한 거울이다. 개인적인 문제는 묘한 방법으로 트레이딩에 선명하게 드러난다.

열두 번째 철칙 :
변명하지 말라
-변명으로는 한 푼도 벌 수 없다

"변명을 할 수도 있고 돈을 벌 수도 있지만 둘 다 할 수는 없다." 이 말은 놀랍도록 옳은 진리라고 생각한다. 특히 트레이더에게는 완전히 맞는 말이다. 활발한 시장 참여자인 우리는 매일 복잡함과 불확실성의 그림자를 다룬다. 꾸준한 수익을 찾는 과정에서 거쳐가는 모든 거래에서, 힘들게 벌어들인 자본으로 실질적인 위험을 (지적인 것이지만) 감수한다. 트레이더가 겪는 역경은 '어렵다'는 말로는 조금도 제대로 묘사할 수 없다. 그래도 진정한 트레이더는 행동한다. 정말로 쉽지 않은 일이다. 그래도 많은 사람들이 매일 살아남아 앞으로 계속 나아간다. 모두 다 꾸준한 수익성이 있는 고지를 향한 이 험난한 여정을 완료하고 싶어 한다. 많은 사람들이 넘어져 길가로 밀려나겠지만 이 경주를 온전히 계속하는 사람도 있다.

이 길에 들어선 트레이더들은 재정적으로 끝날 수 있는 위험 상황에 끊임없이 가까이 다가간다. 매일 자신의 길을 방해하는 심리적인 악마와 맞붙어 싸운다. 그리고 우리는 이런 엄청난 어려움, 성공적인 트레이더가 되기 위해 필요한 극한의 고난에도 불구하고 핑계를 찾지 않으려는 사람들이 남아 있다는 사실에 진심으로 감동한다. 그들이 결국 그 돈, 그 '달콤한 돈'을 벌어들이는 사람들이다. 영혼을 갉아먹는 듯한 손실의 연속으로 무너지고 좌절할 때마다(모두 그런 손실을 겪는다), 나는 성공한 삶이나 성공적인 트레이딩이 쉽다고 말한 사람은 없다는 사실을 떠올린다. 변명은 쉽게 할 수 있다. 하지만 변명한다고 내 주머니에 땡전 한 푼 들어오진 않는다.

  나는 트레이더들, 진짜 트레이더들을 사랑하고 존경한다. 용기는 두렵고 '어쨌거나 하는' 것으로 가장 잘 묘사된다는 사실을 아는 사람들이기 때문이다. 변명은 패배자를 위한 것이다. 진짜 돈, '달콤한 돈'은 항상 그 돈을 깨닫는 사람에게 간다. 그러니까 힘센 모비딕을 추격할 때는 실패했을 때 늘어놓을 변명 말고, 잡았을 때 찍어 먹을 타르타르 소스를 챙기라.

지혜의 씨앗

트레이딩은 완전한 자유를 위한 최후의 보루다. 법률회사나 회계법인의 파트너들은 고객을 위해 일한다. 의사는 환자를 위해 일한다. 트레이더는 자신만을 위해 일하고 서비스를 제공한다. 트레이더의 성공은 트레이더의 내면에서 발생하므로, 다른 누구도 그 성공에 숟가락을 얹을 수 없다. 마찬가지로 실패도 다른 사람에게 전가하거나 남들과 함께 책임질 수 없다. 트레이더는 자신만의 세상을 산다. 모든 정점도 바닥도 자기 책임이다. 그 모든 행위에 대한 개인적인 책임을 피해 숨거나 도망칠 곳이 없기 때문에, 손실 중인 트레이더에게는 변명을 만들어내는 일이 더 쉽게 느껴진다. 다른 사람에게 책임을 전가하면서 결점에 대처하고 싶은 유혹은 힘이 세다. 소식지에서 원인을 찾고, 분석가를 탓하고, 월가의 구조에서 흠을 찾는 행동들은 실패자들이 혼자서는 자기 결정에 책임질 수 없다는 사실을 외면하기 위한 방법이다. 이렇게 변명거리를 찾는 사람이 되어서는 안 된다. 그들이 향하는 곳은 자명하다. 실패라는 단 하나의 종착역. 시장에서 하는 모든 행동에는 온전한 책임을 져야 한다. 당신을 행동하게 만드는 힘을 가진 사람은 아무도 없다는 사실을, 마음 깊은 곳의 정직함을 통해 깨달아야 한다. 행동에 대한 최후 승인은 자신만 할 수 있는 일임을 진정으로 알아야 한다. 최상급 트레이더들은 자기 신뢰(self-reliance)와 완전한 독립(total independence)을 바탕으로 구축한 세계에서 살아간다. 이 세계에서 모든 손실의 잘못은 자신에게 있지만, 근사한 수익 모두에 대한 권리도 자신에게 있다는 것을 그들은 안다. 그리고 변명하지 않는 트레이더는 결국 손실보다 훨씬 더 많은 수익을 얻을 것이다.

7장

마스터 트레이더의 비밀 : 모든 트레이더가 알아야 하지만 모르는 15가지

첫 번째 비밀 :
월가에 선물은 없다

인생이라는 거대한 게임에는 확실한 것이 많지 않다. 죽음과 세금, 변화 정도일까. 그런데 트레이딩 혹은 시장이라는 작은 게임에서 단 하나 확실한 것이 있다면, 장담하건데 월가에 선물은 없다는 단순한 진실이다. 거래에서 운이 좋았다고 생각한다면, 초기에 느꼈던 행운이 사실은 불행이었다는 사실이 시간이 흐르면서 드러날 것이다. 나스닥에서 빠르게 상승 중인 주식에 대부분 시장 조성자들이 내부 매도 호가*에서 사라져버린 후 들어가려고 기다리고 있는 트레이더의 경우를 생각해보라. 내부 매도 호가에 팔려는 시장 조성자가 한둘만 남은 상태라면, 이 트레이더는 이럴 때 주어지는 주문의 체결을 원하지 않을 것이다. 아니, 원하면 안 된다. 언제든지 어떤 것이 주어졌다는 생각이 든다면, 원하지 않

---

* inside offer price: 일반적인 매도 호가보다 더 낮은 매도 호가. 호가창에 보이는 호가의 목록인 호가 장부, 오더북(orderbook)에는 보이지 않는, 시장 조성자들 간의 매도 가격이다. 반대로 내부 매수 호가도 있다. 모든 종목에 항상 내부 호가가 생기지는 않는다.

는 것이 주어졌을 가능성이 크다. 선물을 받는 것과 비슷하다. 그리고 월가에서는 어떤 것도 공짜로 내놓을 사람이 없다. 이는 전적으로 사실이다. 하지만 누구보다 영리한 트레이더도 실수할 때가 있다. 그리고 시기를 잘못 잡아 상품을 사고파는 무지한 사람은 항상 있으며 영원히 있다. 이런 상황을 자신에게 유리하게 이용하는 것이 예술적인 트레이딩이다. 선물과는 매우 다르다. 내가 말하는 선물이란 재수 좋은 상황, 내가 받을 만한 일을 하지 않았는데 얻는 상황을 뜻한다. 트레이더는 이를 경계해야 한다. 수익과 기회는 시장에서 주어지는 것이 아니라 시장에서 가져오는 것이다. 누군가 당신에게 주는 어떤 것은 받은 즉시 다른 누군가에게 도로 넘겨야만 하는, 안 그러고 들고 있으면 다칠지 모르는 뜨거운 감자일 가능성이 크다. 가장 운 좋은 사람이 아닌, 가장 현명하고 가장 예리하며 영민한 사람이 생존하는 것이 다윈의 법칙 같은 월가의 법칙이다. 원하는 것을 가져오되 주는 건 받지 말라. 월가에 선물 같은 건 존재하지 않으니까.

마스터 트레이딩을 위한 도움말

내가 받을 자격이 없다고 생각하는 뭔가를 얻었다면 함정에 빠졌을 가능성이 크다. 항상 지나치게 좋다면 의심하라. 다음은 떠넘겨진 '선물'을 받은 상황임을 알려주는 잠재적인 경고 사례들이다.

- **당신의 매수 호가가 현재 시장가 밑에서 잡힌다(시장가 밑에서 매수했다).** 누군가는 그 주식에서 너무나 나오고 싶었기 때문에 당시 매수 호가 밑으로 팔려는 거다. 초보들은 대부분 기뻐하겠지만 마스터 트레이

더는 즉시 회의적으로 생각한다. 당신은 모르는 것을 그 사람은 알고 있을 수 있다. 이런 일이 발생할 때마다 경계하고, 문제의 첫 신호가 보일 때 해당 주식을 없앨 준비를 하라.

- **당신의 매도 호가가 현재 시장가 위에서 잡힌다(시장가 위에서 매도했다).** 위와 정반대 상황이다. 누군가가 그 주식을 몹시 갖고 싶어서 더 많이 지불하려는 경우다. 자기가 뭐 하고 있는지도 모르는 초보이거나 탐욕이라는 병에 걸린 흥분 상태의 트레이더다. 그런데 진정한 전문가들이 현재 매도 호가보다 높은 가격에 매수하려고 할 때도 있다. 현재 가격 영역에서 매수 가능한 모든 주식을 원할 때, 그들은 시장보다 높은 가격에 사려고 한다. 그럴 때는 주식이 상승 방향으로 폭발 직전일 가능성이 크다. 이렇듯 전문가들이 포지션을 만들고 있기 때문에 그 결과로 이런 일이 발생하는 경우, 재매수할 준비를 해야 한다.

- **매도 호가 (매도를 제시한) 쪽에 작은 물량을 내놓은 시장 조성자가 한 사람 있으며, 당신의 주문이 눈 깜짝할 사이에 체결된다.** 이럴 때는 강세라고 광고하는 그림의 실체가 강세가 아닌 경우가 많다. 네 명의 시장 조성자가 40달러로 매수 호가를 부르고, 한 명의 시장 조성자가 1000주를 40.25달러에 제시한다고 가정하자. 언뜻 보면, 네 명이 40달러에 매수하려는 반면 매도 의향은 한 명뿐이니 이 주식은 강세처럼 보인다. 그런데 수많은 거래가 40.25달러에서 터져 나오는 한편, 40.25달러에 시장 조성자가 올린 주문은 여전히 남는다. **참고**: 시장 조성자가 본인의 매도 주문을 '재생'*하고 있다는 의미다. 40.25달러에 많은 거래가 휘몰아치는 가운데, 1000개를 40.25달러에 매수하는 주문을 낸다고 하자. 이 주문은 금방 체결된다. 이때 초보 트레이더라면 40.25달러에 금방 매수해 운이 좋았다고 생각하겠지만, 마스터 트

---

* refresh: 공급 물량을 계속 채워 넣음

레이더는 즉시 이 거래에 의혹을 품을 것이다. 때로는 마스터 트레이더의 이 의혹 때문에 이 주식은 40.25달러 혹은 심지어 $40\,^3/_{16}$달러에 즉시 매도로 돌아간다.

물론 훨씬 더 많은 방식으로 전개될 수 있겠지만, 핵심을 이해했을 것이다.

두 번째 비밀 :
누군가는 당신 거래의 맞은편에 있으며, 그는 당신의 친구가 아니다

주문을 넣을 때마다 그 거래의 상대편에는, 당신과 반대 방향으로 돈을 거는 누군가가 있다는 사실을 결코 잊어서는 안 된다. 당신이 주식을 매수할 때마다 맞은편에는 당신에게 주식을 매도하는 누군가가 있다. 이때 가장 중요한 백만 달러짜리 질문은 '누가 더 똑똑한가?'다. 당신과 상대방 중 누가 옳은가? 너무나 많은 트레이더와 투자자들이 마치 유가 증권이 차곡차곡 저장되어 쌓여 있는 하늘에 있는 큰 창고에서 주식을 사고파는 것처럼 시장에서 움직인다. 이런 모호하고 잘못된 개념은 트레이딩의 가장 결정적인 요소를 무시하고, 그릇된 마음가짐을 양성한다.

트레이딩은 항상 전투와 같다. 먼저 그리고 가장 중요한 자신과의 전투이자 다른 시장 참여자들과의 전투다. 트레이더는 각 거래에서 다른 트레이더 및 투자자의 의견과 믿음에 대항해 자신을 시험하고 있으며,

옳은 사람은 사실 그들일 수 있다는 점을 항상 인식해야 한다. 주식을 살 수 있는 단 하나의 이유는 다른 누군가가 그것을 몹시 팔고 싶어 하기 때문이라는 사실을 명심하라. 반대로, 특정 가격으로 팔 수 있는 이유는 누군가가 그 가격에 몹시 사고 싶어 하기 때문이다. 틀릴 때보다 옳을 때가 많으려면 성공적인 트레이딩이 무엇인지부터 이해해야 한다. 단순하게 들릴지 모르지만, 놀랍게도 많은 트레이더들이 이 사실을 모른다. 우리는 1일 혹은 3일 트레이딩 설명회를 통해 전국에 있는 수천 명에게 '성공적인 트레이딩은 무엇인가'라고 질문했다. 그럴 때마다 '싸게 사서 비싸게 파는 것', '잃는 것보다 더 많이 버는 것'이라는 전형적인 답변을 들었다. 둘 다 어느 정도 맞긴 하지만, 정답에는 한참 못 미치는 대답이다. 모호하고, 앞서 언급한 개인 간의 요소가 빠져 있기 때문이다. 적절한 마음가짐으로 트레이딩이라는 게임에 접근하려면 이 질문의 정답을 찾아야 한다.

지금 바로 정답을 공개한다. **성공적인 트레이딩은 상품(주식)을 너무 싸게 팔고 있는 누군가로부터 사고, 그 상품이 너무 비싸다는 것을 알 때, 그 상품을 그 누군가 혹은 다른 누군가에게 파는 것이다.** 진도를 더 나가기 전에 이 문장을 다시 읽어보라. 트레이딩을 통달하기 위한 가장 중요한 핵심이 여기 있다. 제대로 이해했다면 성공적인 트레이딩의 본질은 어리석은 사람, 수중에 있는 상품의 현재 가치를 전혀 모르는 사람을 찾아내 이용하는 기술임을 알 수 있다. 이것이 성공적인 트레이딩의 가장 진실된 정의이며, 이를 기억하고 모든 거래에 임하는 사람이 더 깊고 날카로운 통찰력을 발휘한다. 성공적인 트레이딩에 대한 여타의 정의가 가진 문제는 가장 중요한 점을 놓치고 있다는 사실이다. 모든 성공 거래에서 누군가는 다른 누군가를 위해 너무 싸게 상품을 포기하고 너무 비싸게 되사는 희생양, 멍청이, 바보가 된다. 우리의 일은 당신과 우리 학생들이 그 바보가 되지 않게 하는 것이다.

마스터 트레이더 도움말

마스터 트레이더는 여러 면에서 선한 사마리아인 역할을 한다. 핍박받는 사람들이 고통받고 있을 때 그들로부터 주식을 매수하며, 탐욕에 사로잡혀 자기 주식을 너무나 매도하고 싶은 사람들로부터 사들여 이들을 구제한다. 한편으로 마스터 트레이더는 이들을 위한 고통의 해방자이자 욕망의 구현자다.

세 번째 비밀 :
전문가는 희망을 팔고
초보는 희망을 산다

　시장이 처음인 많은 트레이더에게 충분한 시간과 돈이 생겨서 가까운 대형 서점을 향했다고 가정하자. 서가를 뒤지며 이런저런 책들을 넘겨보면서, 그들은 쉽게 이용할 수 있고 논리도 내재되어 있어 큰 부를 확실히 만들어줄 성배 같은 지표들을 찾을 수 있다고 생각한다. 처음이 아닌 트레이더들도 아마 다음 거래로 광맥을 찾고 장외 만루 홈런을 터트릴 거라는, 혹은 거래 하나로 영광스럽게 제자리로 돌아갈 수 있으리라는 비슷한 희망을 품는다.

　하지만 마스터 트레이더라면 희망은 시장에 관한 한 위험하다는 사실을 잘 안다. 애당초 모든 부류의 사람들을 시장으로 끌어들이는 것이 희망이지만, 희망 자체는 시장에서 성공을 이루는 데 도움이 되지 않는다. 희망보다는 오히려 무엇이 꾸준한 수익으로 이어지는지 볼 수 있는 능력이 필요하다. 희망, 바람, 두려움을 투영하지 않고 가격 차트를 그대로 읽을 수 있는 능력 말이다. 가치 있는 모든 것이 그렇듯, 이 또한 행하기보다 말하기가 훨씬 쉽다. 그런 수준의 명확한 독해를 위해서는 자신에게서 일정 거리를 두고 분리해서 성숙하고 건강하게 관찰해야 한다. 자기 자신과 금방 얻을 듯한 부에 집중하는 대신, 앞으로 할 수도 있는 거래와 관련된 사실에 전적으로 집중하라. 그러기 위해서는 과학자의 태도를 몸에 익히고, 결론에 도달하기 전에 근면하게 모든 사실을 수집해야 한다. 여기서 사실이란 진입, 손절, 목표 가격을 결정하기 위한 가장 가까운 지지와 저항 가격대, 현재 추세의 방향과 지속 기간, 최후의 가격과 이들 간의 관계를 말한다.

불편하겠지만 이런 현실적인 질문도 필요하다. "잘 안 되면 어떻게 해야 할까?" "나는 내 소중한 자본금에서 그만큼을 잃을 준비가 되어 있는가? 아니면, 더 가볍게 하거나 그냥 하지 말고 얌전히 있을까?" "계획을 따라 나올 정도로 나는 충분히 훈련했고 자제력을 갖췄나?" 충분한 정보를 고려한 의사 결정을 하고, 트레이딩이라는 게임에 남을 수 있고, 무엇보다도 결국 승리하는 것이 바로 이 있는 그대로 보는(결국 속도가 붙고 최종적으로 제2의 본성처럼 몸에 밴 습관이 될) 과정이다.

마스터 트레이딩을 위한 도움말

희망은 전문 트레이더에게서 찾아보기 힘든 정신 상태다. 존재하지 않는 것을 바라는 느낌을 받을 때마다, 그들은 자신이 문제에 봉착했으며 즉시 거래에서 나오기 위해 필요한 절차를 밟아야 한다는 것을 안다. 희망은 초보들, 지식과 간결하고 명확한 트레이딩 계획이 전혀 없는 사람들을 위한 것이다. 마스터 트레이더는 희망을 매도하는 것이 희망을 매수하는 것보다 훨씬 수익성이 높다는 사실을 안다. 일례로 옵션이라는 게임은, 대체로 희망으로 하는 까닭에 '가난한 자의 경마장'이라고 불린다. 옵션에서 크게 버는 사람은 옵션(희망)을 매수하는 사람이 아닌 매도하는 사람이라는 사실은 결코 우연이 아니다. 선택할 수 있다면 마스터 트레이더는 언제나 희망의 매수자보다는 매도자가 될 것이다. 그것이 더 수익성이 좋으니까.

네 번째 비밀 :
홈런은 패자를 위한 것이다

　마스터 트레이더는 1998년 메이저리그 홈런 기록을 다퉜던 두 명의 슈퍼 스타 마크 맥과이어와 새미 소사는 좋은 데이 트레이더가 될 수 없다는 것을 안다. 큰 한 방, 길게 뻗은 홈런, 그 강력한 홈런 한 방을 향해 가는 것이 그들의 본능이기 때문이다. 그런 식의 접근은 야구에서라면 몰라도 데이 트레이딩에서는 효과가 없다. 게임에 완전히 통달한 전문 트레이더는 꾸준히 '단타'를 치는 선수다. 2루타는 가끔만 경험한다. 아주 운이 좋으면 3루타를 칠 때도 있다. 하지만 마스터 트레이더가 열의를 좇고 '한 방'만 추구하는 일은 절대 없다. 그들은 큰 점수를 낼 생각은 하지 않는다. 큰 점수, 복권 1등 당첨을 좇는 경우는 보통 무능력한 패배자가 게임에서 살아남거나 엄청나게 큰 한 방으로 돌아오려고 할 때다. 데이 트레이딩에서 홈런을 추구하는 것은 절박함이 행동으로 나타난 전형적인 사례다. 혹시 깨닫지 못하고 있을 수 있지만, 절박한 일을 안 하도록 하는 것이 지혜의 특성이다.

우리는 그런 일을 너무나 자주 본다. 3일, 3주, 심지어 3개월 연속으로 손실을 본 데이 트레이더가 더는 못 참고 고통에 몸부림치며 절박해지기 시작한다. 주가가 손절 가격을 쳐도 손실을 또 떠안을 수 없어서 이를 무시한다. 혹은 1달러, 2달러 수익이 생기는데 본전에는 턱도 없기 때문에 매도 결정을 내리지 못하는 듯하다. 그래서 (마치 트레이더가 매도하려면 더 떨어질 필요가 있다는 걸 알기라도 한 것처럼) 주가가 마침내 또 한 번 파괴적인 손실을 발생시키며 내려갈 때까지 계속 보유한다. 이 악순환에 갇혀 정신적, 금융적으로도 파산으로 끝날 수밖에 없는 자기 파괴적인 가미카제 과정을 스스로 가속하고 있다는 사실을 깨닫지 못하는 트레이더들도 본 적 있다. 마스터 트레이더로서 우리는 피터 로즈의 명석함이 도드라져 있는 맥과이어의 심장이 필요하다. 로드 커루의 정신이 이끄는 소사의 힘이 필요하다.* 단타, 안타처럼 작지만 꾸준한 수익의 장인이 되어야 한다. 제대로 그렇게 한다면 이따금 그런 접근법으로 예상치 못한 선물을 보상으로 받을 것이다. 홈런 말이다.

마스터 트레이딩을 위한 도움말

큰 수익은 보통 초보의 징표지만, 그렇다고 큰 포인트의 수익을 경시해야 한다는 뜻은 아니다. 하지만 마스터 트레이더는 성공적인 트레이딩

---

* 피터 로즈(Peter Rose)는 메이저리그에서 4,256개의 최다 안타 기록을 보유한 1963년부터 1986년까지 활동한 전설적인 야구 선수다. 로드 커루(Rod Carew) 역시 파나마의 야구 선수로 1980년대 중반부터 19년 동안 활동하며 .328 평균 타율로 3,053개의 안타를 친 것으로 유명하다.

에서는 일관성이 전부이며, 일관성은 홈런 타자보다는 똑딱이 타자가 달성하기 쉽다는 사실을 안다. 그래서 자기들은 작지만 일관성 있는 수익을 바로 코앞에서 가져가면서 초보자를 게임에 잡아두려는 미끼로 홈런을 남겨놓는다. 이 게임의 최종 주인은 특별경매인과 시장 조성자들이다. 스피어(Spear), 리드앤켈로그(Leads & Kellogg, SLKC), 골드만삭스, 메릴린치는 월가의 성골, 게임의 거장, 존재하는 단연코 가장 수익성 좋은 집단이다. 그들이 한순간 아마존에서 나오는 27달러 수익이나 AOL에서 생기는 14달러 수익을 찾을까? 아니다. 초보들만 그런 것을 추구한다. 이 게임의 주인들의 거래에 관한 유일한 사명은 단순히 스프레드, 즉 매수 호가와 매도 호가의 차이를 얻는 것이다. 이 월가의 주인과 그들의 대표자는 바이앤홀드* 접근법을 널리 알리고 퍼뜨리고 있지만, 나스닥 레벨 II의 데이터는 그들이 바이앤홀드 접근법을 실행하지 않는다는 사실을 보여준다. 그들은 항상 1/8, 1/4 가격 차이를 다투고 있으며, 신보다 더 많은 돈을 갖고 있다. 그들이야말로 신, 월가의 신이다. 최근 열정적으로 선전하듯 단기 트레이딩으로는 돈을 벌 수 없다는 말을 믿는다면, 진짜 게임의 주인들에게 몇 수 배워야 한다.

---

*   buy-and-hold: 매수 후 팔지 않고 장기간 보유하는 전략

다섯 번째 비밀 :
차트를 만들면 대중이 이를 따를 것이다

보통 사람은 하루에 6만 가지의 생각을 거쳐간다고 추정된다. 안타깝게도 우리 중 95%가 어제 했던 것과 똑같은 생각을 오늘도 한다. 결국 우리는 조건화된 반응의 덩어리인 것이다. 하지만 진정으로 탁월한 트레이더가 되고 싶다면 다른 사람의 영향을 받지 않고 독립적으로 생각하는 법, 말하자면, 완전히 '틀에서 벗어난' 생각을 해야 한다. 트레이더로서 반응적이기보다는 적극적인 태도가 절실할 때가 있다.

마스터 트레이더는 단지 시장에 반응하기만 하지 않고 때로는 시장의 반응을 형성한다. 가능하다면 단독으로 시장을 움직인다. 타인의 끊임없는 움직임과 행동을 중심으로 돌아가는 트레이딩 접근법을 사용한다면 마스터 트레이더가 아닌 추종자다. 자신감 있고 독립적이며, 강한 확신을 품은 행동은 트레이딩이라는 거대한 게임에서 꼭 필요하다. 이는 오직 자신의 지식과 확신을 바탕으로 행동할 때만 가능하다. 오해는 하지 말자. 어느 정도는 '스마트머니'라는 것이 이끄는 대로 따라야 한다. 한편, 우리 사내 트레이더 중에 무엇을 하려고 결정했다가 다른 사람의 확인을 못 받았다는 이유로 포기하는 경우를 많이 본다. 그러나 일단 독립적인 트레이더가 자신의 행동을 결정하면 다른 트레이더의 확인은 필요 없다. 트레이더가 XYZ 주식을 40달러 이상에서 매수하기로 결정했다고 하자. 브레이크아웃이 왔다. 그런데 그가 계획대로 즉시 행동하는 대신 '음, XYZ는 이제 $40\frac{1}{8}$ 달러에 있어. 거래량이 더 나올 때까지 기다려야겠어', '들어가기 전에 1/8 달러 더 오를 수 있는지 보자', '시장이 오르기 시작하는지 아니면 매도 물량이 더 줄어드는지 보자', '골드만삭스가 매도에서 나갈 때까지 기다려야지'처럼 생각한다면? 남에게 확인받으려는 욕구 때문에 행동하지 않는 변명에 불과하다.

진정한 마스터 트레이더는 다른 사람들이 찾는 그 거래량이 된다. 자신의 매수 주문으로 추가적인 1/8 달러 상승을 만들어내는 데 기여하며, 골드만삭스나 매도 주문의 규모로 인해 결심을 굽히지 않는다. 자신이 하고 싶은 것이 무엇인지 알고 자신의 견고한 접근법으로 좋다는 확인이 들면 이를 믿고 행동으로 크게 한 발짝 나아간다. 이게 바로 독립적인 것, 게임의 주인이 되는 것이며 행복뿐만 아니라 수익을 만드는 열쇠다.

마스터 트레이딩을 위한 도움말

우리는 시장에서 다른 사람들이 기다리는 사건의 창작자가 되라고 가르친다. 대중이 매수하기 전 주식이 40달러 이상에 거래되기를 기다린다면, 그 주식을 $40\frac{1}{8}$ 달러까지 올리라고 한다. 다시 말하면 "차트를 만든다!" 이것이 진정 시장을 통달한 단계이며, 이를 실현할 수 있으려면 오랜 세월의 경험이 필요하다. 군중을 대하는 전문가들의 이런 수를 알면 분명 이득일 것이다. 핵심은 대중을 직접 대하고 이끌어 당신이 바라는 바를 위한 행동에 불을 붙이는 것이다. 마스터 트레이더들은 사람들이 생각하는 것보다 더 자주 이런 수를 성공적으로 실행한다.

여섯 번째 비밀 :
주요 주식 시장의
모든 평균 지수는 거짓을 말한다

진지한 시장 참여자라면 다우존스산업지수(DJIA), S&P500지수(SPX), 나스닥지수(NASDQ) 같은 주요 시장 지표가 실제로 무대 뒤에서 일어나는 일에 대한 정확한 척도일 때가 매우 드물다는 사실을 알아야 한다. 언론 매체는 매일 이들에 대해 어마어마한 관심을 보이지만, 이것이 사실이다. 대중적인 이런 지표가 무가치하다는 말은 단연코 아니다. 하지만 마스터 트레이더, 특히 단기 트레이더라면 넓은 범위의 평균이 전달하는 것보다 더 예리하고 정확한 그림이 필요하다는 것을 안다.

실제로 우리는 SPX가 12%밖에 떨어지지 않았을 때 뉴욕증권거래소에서 거래되는 주식 평균이 36% 하락한 시기를 목격했다. 나스닥100지수(NDX)가 18% 마이너스 영역에 있을 때 나스닥에서 거래되는 주식 평균이 46%라는 큰 폭으로 떨어진 적도 있다. 기술적 지표상 20% 이상 하락은 무엇이든 시장의 폭락을 알리는 신호다. 방금 나열한 숫자를 보면, 겉으로는 장밋빛 세상이지만 실제 시장은 악질적인 약세에 잡혀 있을 수 있음을 명백히 보여준다. 주요 주식 시장 평균이 전반적인 시장 상황에 대해 항상 진실만 말하는 것은 아니라는 생생한 증거다. 예상보다 더 자주 그들은 대중에게 새빨간 거짓말을 하고, 마스터 트레이더는 그 거짓말을 밝히기 위해 영원히 매진한다. '지표가 어떻게 거짓말을 한단 말인가?' 튼실한 기업들인 P&G(Proctor & Gamble, PG), 머크(Merck, MRK), 마이크로소프트(MSFT), 델(DELL) 같은 기업들이 지수를 지배하고 있기에 넓은 범위의 측정치가 거짓을 보여줄 수 있다. 이런 대형주들은 대부분의 지수에 너무 많은 가중치를 갖고 있기 때문에 값을 굉장히 크게 한쪽으로 치우치게 만들 때가 많다.

오늘날 영리한 트레이더라면 시장 '내부'로 들어가서 진정한 모습을 읽어내야 한다. 엑스레이를 찍을 수 있어야 한다. 표면적으로 보이는 것만으로는 제대로 파악하기 어렵다. 시장 상태에 대한 정확한 그림을 원한다면 사람들이 가장 많이 주목받는 평균값에만 전적으로 의존하지 말라. 트레이더는 더 깊게 보는 법을 반드시 알아야 한다.

마스터 트레이더가 더 깊게 들여다보는 방법

한 번에 짧게는 몇 분, 길게는 며칠 동안만 보유하는 단기 데이 트레이더로서 우리는 거래 당시 시장 전반의 상황을 선명하게 보는 일이 놀라울 정도로 중요하다는 사실을 안다. 앞서 언급했듯, 주요 주식 시장 평균은 그런 정확한 시각을 제공하지 못한다. 그래서 우리는 우위를 점하는 데 도움이 되는, 시장 내부에서 일어나는 일을 겨냥한 다른 기술적 항목을 의지한다. 그중 하나가 뉴욕증권거래소 호가 지수(New York Stock Exchange TICK indicator, NYSE TICK, $TICK)다. 이 지수는 뉴욕증권거래소의 주식 중 더 낮은 호가 대비 더 높은 호가로 나오는 종목의 수를 가늠하는 훌륭한 시장 척도다. 일례로 이 호가 지수가 +400이라면, 현재 직전 가격보다 더 높은 호가에 거래되는(매수되는) 주식이 더 낮은 호가에 거래되는(매도되는) 주식보다 400개 더 많다. 즉 매도보다 매수가 훨씬 더 많이 일어나고 있다는 의미다. 호가 지수가 −400이라면 정반대라는 뜻이다.

  자, 이제 중요한 부분이다. 다우존스지수가 120포인트 정도 떨어졌지만 (음수) 뉴욕증권거래소 호가 지수가 꾸준히 오르고 있고 +600 지점을 넘어섰다. 당신은 '매도'와 '매수' 중 어느 쪽을 선택하겠는가? 우리 학생이라면 열정적으로 롱(long, 매수) 포지션을 쌓을 방법을 찾을 것이다. 고연봉을 받는 뉴스 진행자들이 피바다를 이루는 주식에 대해 이야기하는 동안, 시장 내부를 정확히 읽어낸다면 사물의 장밋빛 면을 볼 수 있다. 이것이 마스터 데이 트레이더가 시장을 정확히 읽어내고 결국 올바른 트레이딩 의사 결정을 내리도록 돕는 지수의 사례 중 하나다. 시장 내부에 관한 다른 척도로는 우리 학생들이 사용하는, 암스지수(ARMS Index)로 더 잘 알려진 NYSE TRIN(나이스 트린, $TRIN), S&P 선물계약(S&P futures contract), 공공서비스지수(Utility Index), 미채권(U.S. bonds)도 있다.

  이런 평가 기준은 모두 마스터 트레이더들이 시장에서 대부분의 선수들이 꿈만 꾸는 수준의 우위를 점하도록 돕는 지수다. 시장의 심연을 능수능란하게 읽어내는 기술은 매우 어려워 아무나 할 수 없다. 아닌 것(거짓)과 실제인 것(진실)을 해독해내는 트레이더만이 높은 트레이딩 정확도의 고지에 오를 수 있다. 이는 모든 트레이더가 근면히 노력해서 갖추어야 하는, 값을 매길 수 없는 능력이다.

일곱 번째 비밀 :
보통 개장 후 매수하는 것이 더 낫다

 개장 전 시장(pre-open market)의 매매를 수용할 수 있는 능력은 확대되고 있다. 그러나 마스터 트레이더라면 개장 이후 포지션에 착수(매수)하는 것이 최선임을 안다. 시장이 처음 열릴 때를 기다리면 종목 시작가가 있을 지점을 더 정확히 알기 쉬우며, 이를 통해 더 현명한 의사 결정을 내릴 수 있다. 거래 환경이 격변하며 불안정할 때, 이는 결정적으로 중요하다. 개장 때 (상승이건 하락이건) 출현하는 갭은 트레이더가 원치 않는 큰 적수가 될 수 있기 때문이다. 개장 전 주문을 넣으면 갭 자체에 기여하게 될 뿐 아니라 오전 고가 혹은 그에 가까운 가격에 매수할 가능성이 커진다. 종목이 어디서 개장할지, 주가가 어느 편의 초보자 무리에 기대어 움직일지 보기 위해 잠시 기다리기만 해도 트레이더는 진입 가격의 정확도를 눈에 띄게 개선할 수 있다. 특히 **50센트 이상 갭 상승하며 개장하는 종목이라면, 우리가 제시하는 30분 갭 원칙을 바탕으로 매수해야 한다.**

14장에서 이에 대해 자세히 설명할 것이다. 갭이 있을 때는 항상 접근법에 변화가 필요하다. 시장이 열릴 때까지 잠시 기다리지 못하면 접근법을 바꿀 수 없다.

마스터 트레이딩을 위한 도움말

인스티넷(Instinet, INCA)과 기타 전자 네트워크 연결망(Electronic Communication Networks, ECN)에 대한 접근성이 커지면서, 일반 개인이 개장 전후 시장에서 거래할 수 있게 되었다. 얼마 전까지만 해도 힘 있고 부유하며 시장을 잘 아는 이들만 이런 특권을 누렸다. 엑시큐셔너닷컴(Executioner.Com) 같은 회사가 제공하는 전문 트레이딩 시스템이 개장 전 트레이딩을 보편화하기는 했지만, 우리는 트레이더들이 대체로 개장 전 트레이딩을 삼가길 바란다. 개장 종이 울리기 전 매수가 돈이 되기도 하지만, 그때 보이는 그림은 거짓인 경우가 많기 때문이다. 그런 '시간 외' 시간대에는 수많은 게임이 펼쳐진다. 거래량이 매우 희박하기 때문에 초보자에게는 죽음의 덫인 조작이나 합법적 가격 담합이 있을 때가 많다. 결과적으로 최선의 행동은 게임이 실제로 시작되지 않고는 보이지 않을, 진짜 움직임이 보일 때를 기다리는 것이다. 기억하라. 월가에 선물은 없다. 내가 받을 만한 일을 하지 않았는데 뭔가를 받았다면, 진짜 정보가 생겼을 때 그것은 쓸모없는 것이다.

여덟 번째 비밀 :
보통 개장 전 수익 실현은
도움이 되지 않는다

시장에 대한 전자적인 접근성이 큰 오늘날에는 전문가들이 개장 전후에 매도할 수 있는 만큼 일반 트레이더들도 매도할 수 있다. 엑시큐셔너닷컴의 트레이딩 시스템을 이용해서 우리 사내에서 (그리고 재택으로) 거래하는 트레이더들은 시장 전후 여러 시간 동안 시장에 접근할 수 있다. 곧 모든 거래소에서 24시간 거래가 가능해지고 언제든지 거래를 실행하는 것이 일반적이라고 받아들여질 것이다. 그렇지만, 우리는 실제로 그렇게 되기 전에는 정규 외의 연장 시간 거래를 하지 않도록 가르친다. 특히 개장 전 나온 활동으로 가격이 상승하는 종목은 매도를 각별히 삼가라고 경고한다. 개장 전 더 높은 가격으로 거래되는 종목은 보통 개장 직후 더 높은 가격에 거래되기 때문이다. 나스닥의 시장 조성자들이 개장 종소리가 울리기 전에 종목의 진짜 그림을 보여주는 경우는 드물다. 그들이 그럴 이유가 있을까? 그렇게 되면 게임이 시작되기 전에 세상에 패를 내보이는 것과 마찬가지인데? 경험상 내가 가진 상품(주식)을 대부분의 사람들보다 먼저 매력적이라고 생각되는 주가에 매도할 수 있다면 그 가격은 실제로는 매력적인 가격이 아니다. 월가에 선물은 없다는 사실을 항상 명심하라.

당신이 WXYZ 주식 1000주를 보유하고 있으며, 이 주식의 주가가 전날 20달러에 마감했다고 가정하자. 개장 30분 전, CNBC를 틀고 레벨 II 주문 실행 시스템을 연다. 시장 조성자 여러 명이 WXYZ 매수 호가를 1.25달러 높은 가격에 올린 것을 보니 기분이 좋다. 레벨 II 화면을 보니 메릴린치가 낸 매수 호가 21.25달러를 잡고 1.25달러 수익, 즉 1250달러 수익을 확정할 수 있다. '마우스 클릭 두 번으로 버는 수익치고 괜찮지. 산다는 건 좋은 거야'라는 생각이 든다. 맞다. 이렇게만 전개된다면 삶은 참 근사하겠지만, 대부분의 경우 시장이 열릴 때까지 기다리기만 하면 더 멋진 것이 될 수 있다. 개장 종이 울리고 몇 분 후까지만 주식을 더 들고 있을 수 있으면, 통계적으로 더 높은 매도 가격을 받을 수 있다. 물론 항상 그렇진 않겠지만 그럴 때가 아닐 때보다 많다.

마스터 트레이딩을 위한 도움말

마스터 트레이더는 대부분의 주식이 장전 시간외로 더 높은 가격에 거래될 때는 개장 종이 울린 후 조금 더 높은 가격에 거래된다는 것을 알고 있다. 초보 트레이더는 개장 전에 매수 주문을 넣는 경향이 있고, 이렇게 쌓인 매수 주문은 종목의 상승 움직임에 연료가 된다. S&P 선물로 판단한 개장 전 상승세의 시장에서 우리가 이렇게 외칠 수도 있다.

"여러분! 시장이 강세이고 어제 매수한 WXYZ가 개장 전 거래에서 아주 잘 오르고 있습니다! 우리가 보유한 것을 원하고, 가격도 더 높게 쳐주려는 초보자가 많다는 말이에요! 시장 조성자가 가격을 상향 조정하는 이유가 이겁니다. 초보들이 값을 치르게끔 하고 싶은 거고, 우리도 그래야만 해요! 시장이 열릴 때까지 WXYZ를 팔 생각은 하지도 말아요! 그건 상품을 너무 싸게 포기하는 거예요. 훨씬 좋은 가격을 만들어 줄 초보들에게 나오는 시장가 주문이 충분히 많을 겁니다!"

참고: 우리는 개장 전 상승 방향으로 거래되는 수익이 난 종목을 꽤 많이 보유한 트레이더가 나타날 때마다, 절반은 개장 시간까지 상승 움직임을 탈 수 있도록 하고, 나머지 절반은 개장 전에 매도하도록 지시한다. 이는 개장 전 수익을 너무나 매도하고 싶을 때 쓸 수 있는 훌륭한 대안이다. **도움말**: 가능한 두 가지 행동 중 어떤 것을 선택해야 할지 모를 때는 둘 다 해야 한다. 보통은 중간이 맞다.

아홉 번째 비밀 :
동부 시간 11시 15분~2시 15분은 최악의 시간대다

하루에 수많은 거래를 하며 활발히 시장에 참여하는 많은 데이 트레이더들이 하루 중 성공률이 급격히 떨어지는 시간대가 있다는 점을 잘 모른다. 몇몇 시간대는 꽤 긴데, 그중 하나가 동부 시간 11시 15분~ 2시 15분이다. 우리는 이를 종종 **한낮의 정체기**라고 부른다. 이 시간대에 종목이 비방향성을 매우 뚜렷이 드러내기 때문이다. 많은 데이 트레이더들이 위아래로 급작스럽게 움직이는 가격 변동을 맞는 때가 이 시간이다. 브레이크아웃이 급증하는 동시에, 예상 신호가 나오지 않거나 반대 움직임이 많이 나오기도 한다. 의심의 여지 없이, 하루 중 이른 시간대와 늦은 시간대는 항상 트레이더에게 최고의 확률을 제공한다. 우리가 트레이더들에게 한낮에는 작은 움직임에서 수익을 얻는 스캘핑(scalping)으로 가장 가볍게 거래하라고 권하는 이유다. 비록 활동적으로 시장에 참여하는 트레이더를 위한 것이긴 하지만, 일중 손실에서 50% 혹은 그 이상을 즉시 사라지게 하고 싶다면 예측 불가인 이 시간대에 잠시 물러나 있는 것만으로도 그럴 수 있다. 한번 해보라. 감히 장담한다.

마스터 트레이딩을 위한 도움말

마스터 트레이더는 수익이 가장 많이 남는 트레이딩 기회는 하루 중 이른 시간과 늦은 시간에 생긴다는 것을 안다. 여기저기 잠깐씩 손대는 거래도 꽤 되겠지만, 한낮의 정체기에는 접근법을 바꾸어야 한다는 것도 분명히 알고 있다. 11시 15분~ 2시 15분에 보통 움직임이 둔하고 사건이 발생하지 않는 이유는 무엇일까? 이때 월가의 상당수는 점심을 먹으러 나가거나 말단 직원에게 맡겨둔다. 말단 직원에게는 작은 권한밖에 주어지지 않으며 윗사람들이 돌아와야 주식이 생명과 방향을 다시 얻기 때문이다. 이 사실을 설명회에서 얘기할 때마다 나는 이런 질문을 받는다. "그런데 올리버, 동부 시간 11시 15분~ 2시 15분은 점심시간으로는 너무 길잖아요. 점심 먹으러 나가기 때문에 그런 것 맞아요?" 내 대답은 항상 똑같다. "시장 조성자 집단을 한 번이라도 본 적 있다면 이런 질문은 안 할 겁니다. 2시 15분에 높은 사람들이 돌아온다는 말은 문자 그대로예요. 높은 사람들의 점심 식사는 거하고 덩치들도 큽니다." **참고:** 일반화한 것이고 오늘날 이런 경향은 덜하지만, 월가의 힘 있는 트레이더들은 과체중이기로 유명하다. 이제 당신도 이유를 알 것이다.

열 번째 비밀 : 동트기 직전이 가장 어둡다

어두운 비밀을 하나 고백하겠다. 우리를 따르는 사람들이 전혀 예상하지 못하는 것이다. 한편으로는 인정한다. 모든 활발한 시장 참여자들에게 매우 중요한 메시지를 전달하는 것이다. 우리가 매도 안을 소식지에 올리기로 결정할 때마다 사실 시장이 재빨리 상승으로 반등한다. 그것도 급반등이다. 우리의 이 작은 비밀을 불편하게 느낄 사람도 많을 것이다. 사실 이 깨달음이 우리를 당황하게 만든 적도 있었다. 지금은 굳은살이 배겼든지, 단순히 성장했든지, 이 쏘는 듯한 당황스러움을 대수롭지 않게 느낀다. 어쨌든 당신은 '왜?'라는 의문을 품을 것이다. 왜 우리가 가진 모든 지식, 기술, 능력으로도 매도 계획을 올릴 때마다 시기를 잘못 맞출까?

사실 간단한 문제다. 많은 매도 계획을 올리는 것 자체가 시장 상황이 심각하게 부정적으로 전개되었다는 증거다. 여기서 중요한 단어는 '되었다는'이다. 시장은 우리가 매도 계획만을 추천할 때 안 좋아지는 중이 아니라, 벌써 안 좋아졌다. 동트기 직전이 보통 가장 어둡다. 시장에서 매도 기간이 길어지면, 어느 시점에서는 상황이 너무 나빠서 매수 계획을 세울 만한 종목이 하나도 없어 보인다. 그리고 그때, 기민한 트레이더는 동이 트기 시작할 때(완화적 급상승*)가 가까움을 깨닫는다.

우리는 이 사실을 공개하기로 결정했다. '동트기 직전 가장 어두운 때'는 꼭 알아야 하는 중요한 개념이기 때문이다. 우리가 아는 모든 마스터 트레이더가 제대로 인식하고 있으며, 당신도 항시 주의를 기울여야 하는 개념이다. 시장을 대할 때 한 가지 생각에 너무 의탁하면 해로울 수 있는데, 이를 방지해주기도 한다. **토막 정보:** 마스터 트레이더는 매우 확실해 보이는 것에서조차 조금의 불확실함도 용납하지 않는다.

마스터 트레이딩을 위한 도움말

마스터 트레이더는 상황이 가장 확실해보일 때 극도로 불확실하다는 점을 안다. 상황이 한 쪽으로만 보일 때마다 반대쪽을 고려해야 한다는 것을 안다. 보는 사람이 자신이라는 사실은 중요하지 않다. 마스터 트레이더는 시장이 군중이 경험하는 것의 반영 그 이상도 이하도 아님을 배운 사람들이다. 대중이 엄청난 고통과 분노를 겪었다면 그 무엇도 전혀 매력적으로 보이지 않을 것이다. 하지만 희한하게도 그런 때야말로 상황이 개선되려고 하는 바로 그 시기다. 매력적이지 않고 변덕이 심한 시

---

* relief rally: 어려운 시장 환경에서 일시적으로 나타나는 가격 급상승

장은 이미 발생한 매도가 만들어 놓은 것이다. 이해되는가? 이미 발생한 매도 때문이다. 일단 매도가 끝나면, 어둠이 끝나면 순환 주기의 매수 부분이 바로 가까이에 있다. 항상 동이 트기 직전이 가장 어두운 법이다. 최악의 상황 같을 때, 당신은 어둠의 마지막 몇 시간을 지나는 중이다. 이 단순한 사실을 절대 잊지 말라.

열한 번째 비밀 :
월가의 스승들은 항상 틀릴 것이다

한때 우리가 다 아는 것처럼 월가의 최고 시장 전략가들이 금융 문명의 종말을 선전한 적이 있다. 이 시기 많은 전문가들이 한목소리로 암담한 종말을 선전했고, 산전수전 다 겪은 시장의 지지자들도 지쳐가기 시작했다. 이런 일이 있을 때마다 시장은 암담한 종말을 얘기하는 면전에 대고 비웃는 것 같았다. 지금쯤 당신은 시장에서 스승으로 불리는 그들이 왜 그렇게 시기를 못 맞추는지 알아냈을 것이다. 그 사람들이 열 번째 비밀인 '동트기 직전이 가장 어둡다'는 사실을 깨달았다면 조금은 상황 파악을 했을 것이다. 이제는 이런 전문가들 다수가 동시에 '큰불이 났다'고 공포를 조장하며 외치기 시작한다면 시장이 반등해야만 하는 이유를 설명하겠다.

월가의 시장 전략가들은 자신이 속한 회사의 주요 고객에게 그들의 견해를 미리 알릴 의무가 있다. 책임감 있는 시장 전략가라면 대부분 자신들의 고객이 모두 청산했거나, 적어도 예상되는 시장 움직임에 대비해 포지션을 준비하지 않은 상태에서는 감히 약세 시장론을 공개적으로 펼치지 않을 것이다. 다른 말로 하면, 이 시장의 스승들은 자기 고객이 운명의 날에 대비했다는 생각이 든 후에야 비로소 공개적으로 약세론을 펼친다. 그러니 당연히 시장과 그들의 의견은 일치하지 않는다. 그들의 대형 고객(뮤추얼 펀드, 헤지 펀드 등)의 매도는 이미 다 처리된 후다. 그럼 그들은 팔 사람 중에 누가 남아 있다고 생각하고 이런 의견을 내놓을까? 우리 할아버지? 우리 사무실 건물에 있는, 뮤추얼 펀드 두 개를 보유한 마음씨 좋은 건물 관리인을 염두에 둔 걸까? 그들은 이해를 못하고 있다. 우리 할아버지나 열심히 일하는 관리인은 그들의 말을 듣지 않는다. 아니, 그런 사람들이 존재하는지조차 모른다. 그저 단순히 시장에 계속 남아 있을 뿐이다. 그런 '전문가'들은 겁을 주어야 할 대상이 자신의 고객인 것을 모르는 걸까? 모르는 것 같다. 그러니까 시장이 항상 그들을 비웃는 거다. 당신도 들리지 않는가? 아직도 계속되는 시장의 비웃음이?

마스터 트레이딩을 위한 도움말

마스터 트레이더는 가장 주목받는 월가의 분석가들 다수 집단이 문제를 찾기 시작하면 곧 반등이 있을 것을 안다. 우리는 이런 반대론적 방식으로 S&P 선물 계약과 주식 지수 옵션으로 돈을 걸고 이때를 이용해 엄청나게 수익을 올리는 몇몇 트레이더를 안다. 공포와 탐욕이라는 본성은 초보뿐만 아니라 전문가 스승들에게도 작용한다. 그저 이런 전문가들이 그런 사실을 덜 받아들일 뿐이다. 시장이 그들이 틀렸음을 증명하면서 특히 웃는 이유다. 월가 전체가 한 방향으로 생각하고 있을 때는 항상 그 반대를 봐야 한다. 전문가 집단이 틀렸다고 증명된다면, 그때 반대 방향의 움직임은 폭발적일 테니까. 큰 형님들이 서둘러 급히 움직일 때 시장이 진짜 움직인다.

열두 번째 비밀 :
실적 발표를 노리는 일은
초보들이나 한다

    실적 보고는 주가를 움직이지 않는다. 주가를 움직이는 것은 실적에 대한 기대다. 이 말은 백 번 넘게 한 것 같은데도 너무나 많은 초보 시장 참여자들이 이 점을 놓친다. 그래서 실제로 주가가 안 좋은 실적에 상승하고 좋은 실적에 하락하는 이유를 알 수 없어 난감해한다. 모든 마스터 트레이더는 시장은 할인으로 돌아가는 구조라는 핵심 개념을 이해한다. 시장은 각 실적 보고에서 알려지는 바를 예측하려고 한다. 그 긍정적 결과에 대한 예상이 보고서가 나오기에 앞서 주가를 매수하기 위해 더 높은 가격을 부르게 하며, 부정적 결과에 대한 예상이 보고서가 나오기에 앞서 많은 주가 하락을 초래한다. 마스터 트레이더는 보고서에 앞서 급등하는 그런 주식은 보고서가 풀리면 실적이 좋아도 하락에 가장 취약하다는 것도 안다. 이유가 무엇일까? 보고서의 긍정적인 기조가 예상되었기 때문에 시장을 놀라게 할 요소가 부족하기 때문이다. 물론 매수 호가가 상승한 직후 부정적인 보고가 나온다면 주가는 급락할 것이다. 그 반대 경우도 마찬가지다.

마스터 트레이딩을 위한 도움말

마스터 트레이더는 언제나 긍정적인 사실(실적 결과물이나 인플레이션 수치, 실업률, 경기 지표 등)에 매도하려 한다. 왜 그럴까? 이전 분기 실적 수치 같은 사실은 대중을 위해 만들어지고 포장되는 사건이기 때문이다. 발표를 오래 기다려온 이런 사실들은 거의 항상 대중 안에서 다수를 한 방향으로 행동하도록 만든다. 이것이 절대 대중과 함께 행동하지 않으려고 노력하는 마스터 트레이더가 긍정적인 사실에 맞서, 특히 대중이 긍정적일 것으로 예상했다면 대중의 반대 방향으로 매도하는 이유다. 실제 사실 기간에 매도하기 위해 예상 기간에 매수하는 것이 진정한 마스터 트레이더의 운영 방식이다. 이런 접근법으로 항상 큰 수익을 잡을 수 있는 것은 아니다. 하지만 앞서 말했듯이, 홈런은 패자를 위한 것이다.

열세 번째 비밀 :
높은 가격을 지불하면
확률은 올라간다

　우리의 주식 시장 접근법에 대해 가장 많이 받는 질문은 이렇다. "당신들의 전략 대부분은 왜 현재가 위에서 매수하는 건가요?" "정확히 지금 지점에서 매수하면 결과적으로 더 싼데, 왜 지금 사지 않나요?" 이후 장에서 더 자세히 다루겠지만, 이들 질문을 두 가지 부분으로 나누어 답해보겠다.

　첫째, 우리는 두 종류의 트레이딩에 특화되었다. 우리는 근래(1~5일) 움직임이 임박한 주식을 발견하기 위해 노력의 상당 부분을 기울이는 스윙 트레이딩 전문 트레이더다. 그리고 다음 순간 미세 움직임이 임박한 주식을 발견하는 데 중점을 두는 일중 전문 트레이더이기도 하다. 그렇게 단기간만 내다보니 당연히 발사대에서 며칠, 몇 주 혹은 몇 달을 머무를지 모르는 주식에 자본의 상당 부분을 묶을 여유가 없다. 결과적으로 우리가 올라타기 전에 원하는 방향으로 움직일 수 있는 힘이 증명된 주식이 필요하다. 위에 있는 많은 매도자들을 떨쳐내는 데 필요한 활력, 힘, 끈기를 보여주지 못하면 고려 대상에서 탈락이다. **토막 정보:** 상승하지 못하는 모든 주식은 나쁜 주식이다. 둘째는 가장 중요한데, 종목이 강세일 때 매수하는 이 전략은 우리가 보유한 그 어떤 전술보다 (손절 스톱을 제외하고) 더 많은 돈을 안전하게 지켜주었다. 우리가 관심 갖고 들어간 종목 중에 진입 가격 위로 상승하는 데 실패하고 하루에 2~3달러, 심지어 4달러까지 하락하며 청산한 적이 얼마나 많은지 셀 수도 없다. 우리가 초보들처럼 개장하자마자 시장가로 매수하는 습관이 들었다면 지금보다 더 가난했을 것이다. 종목이 우리 매수 조건을 충족하지 못하고 이어서 하락하면 우리가 틀렸다고 하는 사람도 있다. 하지만 이런 일이 발생하면 우리가 전적으로 옳았다고 생각한다. 우리는 항상 모든 추천에 'XYZ주식이 좋지만 충분한 강세로 이 가격 위에서 거래될 때에 한합니다'라는 단서를 붙인다. 구체적으로 '현재가 위에서 매수' 전략이 불필요한 막중한 손실을 방지하기 위해서다. '어떻게' 매수하는 것은 '무엇을' 매수하는 것만큼 중요하다.

마스터 트레이딩을 위한 도움말

1~5일 혹은 1~10일 움직임을 찾는 마스터 스윙 트레이더는 전형적으로 일단 전일 고가보다 높게 거래되었다면 원했던 종목의 매수를 고려한다. 마스터 마이크로 트레이더 혹은 마스터 데이 트레이더는 일단 원하는 종목이 주가 차트에서 2분, 5분 혹은 15분 막대의 고점을 탈환하면 매수를 생각한다. 정확히 바닥을 찾아내면 수익성이 더 좋겠지만 이

는 훨씬 어렵기 때문에, 고수는 꾸준히 바닥을 찾아낼 수 있는 트레이더는 거짓말쟁이뿐임을 안다. 그래서 본인이 슈퍼맨이라고 생각하는 사람은 바닥을 잡으려고 무익한 시도를 하면서 돈을 낭비하도록 내버려둔다. 마스터 마이크로 트레이더는 단순히 종목에 방해가 될 것이 없다는 신호를 기다린다. 앞서 설명한 것처럼 종목이 전 기간의 고점을 넘어선 것이 그 신호다. 종목이 그럴 수 있는 힘을 얻었을 때에만 가족의 금전적인 미래를 감수하는 트레이딩을 고려한다. **토막 정보:** 종목에 적절히 진입하는 기술에 대해서는 이후 장에서 충분히 다룬다.

열네 번째 비밀 :
저가 매수, 고가 매도법은
데이 트레이더에게 통하지 않는다

시장에서 거래하는 방법에 대해 생각하면, 정신적으로 쉬운 방법을 찾을 때마다 사실 해서는 안 되는 방법임을 깨닫고는 항상 놀란다. 다른 일은 트레이딩만큼 이런 특성을 보이지 않는다. 그래서 성공적인 트레이딩이 유독 어려운 일이다. 낮은 가격에 매수하고 높은 가격에 매도한다는, 보편적으로 알려진 개념을 예로 살펴보자. 이런 시장 접근법은 수십년 동안 올바른 시장 대처법의 근간으로 선전되었다. '저가 매수, 고가 매도.' 단순하다. 기초적이다. 간결하다. 맞는 것 같다. 하지만 완전히 틀릴 때도 적지 않다. 왜 그럴까? 낮은 가격 매수는 대부분 원하는 방향(상승)의 반대 방향(하락)으로 가고 있는 종목의 매수를 의미하기 때문이다. 잠시 시간을 들여 표면적인 수준의 지식만 적용해도 이것이 얼마나 실없는 소리인지 금방 알 수 있다. 저가에 매수하려면 진정 원하는 것이 상승인데도 하락 중인 주식에 초점을 맞춰야 한다. 이게 말이 되는가? 목적지와 정반대 방향으로 가는 기차의 탑승을 잠시라도 고려할 이유가 있을까? 동쪽으로 가는 여정을 그냥 시작하기만 하면 되는데, 동쪽으로 가겠다고 서쪽으로 먼저 가는 행동은 어마어마한 시간 낭비라는 사실은 다섯 살 어린아이도 안다. 그런데 대부분의 사람들은 왜 이런 단순한 진리를 트레이딩이나 투자에 적용하지 않을까? 단순하게 원하는 것, 이미 상승하고 있는 주식을 왜 안 사는 걸까? 저가 매수가 우리 본성에 매력적으로 들리기 때문이다. 저가 매수는 편하다. 옳은 것 같고 좋아 보인다. 자, 여러분. 싸게 사는 것이 미국식이다. 안 그런가? 미국식 맞다. 그런데 시장에 관해서라면, 과하게 단순화했다는 의견을 받아들인다고 해도, 별로 그렇지 않다.

주가가 오를 수 있는 힘을 벌써 증명한 종목에 집중하는 것이 현명한 트레이딩이며 투자다. 우리가 하지 말았으면 하는 것을 하고 있는 종목이 했으면 하는 것을 곧 하리라고 바라며 집중하는 것은 추측이나 도박과 마찬가지다(**오를 것이다는 추측으로 사지 않고, 이미 오르고 있는 주식이 잠시 멈추거나 후퇴했을 때 산다. 혹은 전고점을 돌파하면 산다. 떨어지고 있는 주식이 싸다고 하여 사지 않는다**).

마스터 트레이딩을 위한 도움말

모든 마스터 트레이더, 특히 데이 트레이더는 오르지 않는 주식은 나쁜 주식임을 안다. 단기 트레이더는 아무리 영리하고 예민해도 시간이라는 사치를 누릴 수 없다. 거래에 들어가면 목표 수익을 최소한의 시간 내에 달성할 수 있다는 합리적인 확신이 필요하다. 투자자에게 시간은 친구이지만 단기 마스터 트레이더에게 시간은 최대의 적이다. 하락 중인 주식이 매수 후 수익을 내는 방향으로 바뀔 수 있지만, 마스터 트레이더는 거래에 전력을 쏟기 전에 종목이 바람직한 방향으로 머리를 돌릴 때까지 기다리는 법을 배운다. 현명하게 매수할 뿐 늦게 매수하지 않는다. 마스터 트레이더는 추측이나 도박에는 관심이 없다. 그들은 단지 수익이라는 종착역을 향해 이미 출발하는 기차에 올라타는 것이, 결국에는 원하는 방향으로 간다고 생각되는 기차에 타고 운을 시험하는 것보다 훨씬 현명하다는 사실을 알 뿐이다.

열다섯 번째 비밀 : 다음 일을 아는 것으로 부자가 될 수 있다

많은 단기 트레이더들이 시장에 대한 거시적인(중장기) 관점은 그들이 보는 단기 세계와 관련이 없거나 영향을 미치지 못한다고 오해한다. 투자자에게만큼 중요하진 않지만, 거시적인 관점은 결코 트레이더와 무관하지 않다. (거시에서 미시로 향하는) 하향식 접근법(top down approach)은 더 높은 지적 수준으로 단기 전략을 고안하는 데 유용하다. 시장이 열기를 약간 식히고 잃었던 부분의 상당 부분을 재탈환하리라 본다고 가정하자. 한층 더 나아가서 이 견해를 바탕으로, 견해가 옳았을 때 더 우호적으로 반응할 특정 산업 분야를 알아냈다고 하자. 단기 트레이더로서 상황이 돌아설 때 좋은 트레이딩 안의 목록을 작성하고 해당 산업 집단에서 주도주가 될 종목에 초집중하려고 한다.

트레이딩이라는 게임의 성공은 상당 부분 지금 일어나고 있는 것을 최대한 이용할 수 있는 능력에 달려 있다. 하지만 가장 큰 상은 언제나 현재의 너머에 있는 것을 토대로 전략을 세운 선수에게 돌아간다. 현재 일어나는 일에서 수익을 얻는 방법을 아는 것은 필수다. 의심할 필요도 없다. 그런데 거시적인 관점을 이용해 향후 일어날 일에 대비한다면, 그때는 아무 문제 없이 큰 수익을 낼 수 있다. 최고의 트레이더는 끊임없이 이 두 가지를 질문한다.

1. 현재 일어난 사건에서 어떻게 수익을 창출할 것인가?
2. 가까운 미래에 발생할 것 같은 기회를 위해 어떻게 나를 준비할 것인가?

첫 번째 질문(미시적인 부분)은 제법 괜찮은 그날그날의 수익을 제공한다. 하지만 큰돈은 항상 두 번째 질문(거시적인 부분)으로 만들어진다. 왜 그럴까? 2번 질문에 대한 올바른 대답이 조기에 준비된 상태를 만들어 주기 때문이다. 일찍 일어난 새가 벌레를 잡는다. 당연히 우리는 벌레가 아니라 새여야 한다.

마스터 트레이딩을 위한 도움말

우리는 항상 건강하게 생계를 유지하는 한편, 부를 쌓으려는 이중적인 트레이딩 접근 방식을 교육했다. 데이 트레이딩과 스캘핑이 생계를 위한 것인 반면 포지션 트레이딩*과 스윙 트레이딩은 부를 늘리기 위한 것이다. 두 가지 유형 모두 마스터한 사람은 재정을 걱정할 일이 없을 것이다.

---

* position trading: 주로 장기간 큰 추세의 변화로 인한 수익을 목표로 매매하는 유형

8장

마스터 트레이더를 위한 10가지 교훈

첫 번째 교훈 :
월가에 피바람이 불 때는
현금이 왕이다

소심한 사람은 위험이 오기 전에 두려움을 느끼고, 비겁한 사람은 위험이 거칠 때 두려움을 느끼며, 용기 있는 사람은 위험이 지나간 후에 두려움을 느낀다는 말이 있다. 그렇다면 우리는 후자의 부류인 듯하다. 우리는 위험이 오기 전과 위험을 거치는 과정에서는 두려움을 거의 느끼지 않는다. 오히려 위험이 이미 지나가고 난 후 시장의 변덕으로 인한 고통을 더 자주 느끼는 것 같다. 하지만 전문가 집단에서는 이런 현상이 보이지 않는다. 예를 들어 대부분의 젊은 뮤추얼 펀드 운용역들은 위험이 지나고 있을 때 두려워하는데, 이 문장을 진지하게 생각한다면 이들은 겁쟁이가 된다. 많은 운용역과 뮤추얼 펀드 회사에 자문을 담당하는 우리는, 매일 큰 규모의 자금을 운용하는 사람들과 대화한다. 그리고 시장이 불확실한 힘든 시기를 거칠 때마다 이 젊은이들에게 (미국 뮤추얼 펀드 운용역의 평균 연령은 30세 미만이다) 상당한 공포와 당혹감을 느낀다. 우리 일일 시장 의견을 받아보는 젊은 펀드 운용역이 이렇게 말한 적이 있다. "올리버. 이번에는 정말, 진짜로 너무 초조해요. 이게 뭔진 잘 모르겠는데, 갑자기 배고픈 사람한테 배달당하는 피자가 된 기분이에요." 급격한 하락 기류 한 번에 그들이 느끼는 공포를 이보다 잘 표현할 수 있을까. 전문가들의 이런 말을 들으면 대중의 앞날이 걱정된다. 이 젊은이들 손에 많은 미국인의 금전적인 미래가 달려 있기 때문이다. 무엇보다 가장 무서운 점은 수십억 달러를 통제하는 이 펀드 운용역들이 할 줄 아는 것이 한 가지뿐이라는 사실이다. 다시 말해 그들은 하나의 도구만 갖고 있다. 알고 있는 방법이 하나뿐이다. 접근법이 하나다. 그들은 더 사는 법만 안다. 1990년대에는 그 방법이 전반적으로 잘 통했기 때문이다. 당시에는 하락 도중 더 많이 매수하는 것이 필수로 해야 하는 일이었다. 실제로 효과가 있어서, 부를 창출하는 데 도움이 되고 편안한 삶을 만들어주는 방법이었다. 그리고 무엇보다도 쉬웠다. 그렇지만 시장이 정말 나빠지기 시작하면, 그때도 '더 사는' 이 접근법이 여전히 유효할지 확신할 수 없기 때문에 곤란하다. 하지만 이 젊은 전문가 입장에서 공평하게 얘기하자면, 다른 어떤 방법이 있을까? 추락 중인 주식 2백만 주를 갖고 있다면 어떤 행동을 취해야 할까? 매도하면서 혼란과 공포를 가중시켜야 할까, 대담하게 혼란의 핵심을 정면으로 보면서 더 매수해야 할까? 시간마다, 나날이 자산은 잃고 있지만 곧 모든 것이 괜찮아질 거라고 바라고 기도하면서 아무것도 하지 않고 가만히 있어야 할까? 아니면 모든 것을 걸고 위험한 선택을 해봐야 할까? 이럴 수도 저럴 수도 없는 곤란한 상황이다. 당신이나 나 그런 상황과 관련이 없어서 다행이다. 그저

"휴우, 트레이더라서 정말 다행이야"라고 말할 수 있을 뿐이다. 트레이더인 우리는 그런 걱정과 씨름하지 않아도 된다. 우리는 다음 2~5일 동안 더 오를 확률이 상당하다고 생각되는 주식을 보면 매수한다. 하지만 세상이 항상 계획대로 돌아가지는 않아서 청산 계획, 즉 구제가 필요한 지점인 손절가를 함께 들고 간다. 겁쟁이가 아니라 똑똑하고 현실적인 것이다. 많은 초보자들이 보호막으로 설정해 놓은 손절 스톱이 활성화되면 속상해한다. 물론 당황스러울 수 있지만, 우리는 손절 스톱을 적이 아닌 친구로 여겨야 한다. 손절 스톱의 목적은 보호다.

손절 스톱은 우리를 구제한다. 최악의 순간에 대항해 방어막이 되어준다. 그런데 더 중요한 것은 손절 스톱으로 인해 트레이더가 억지로 하게 되는 일이다. 스톱이 활성화되면 우리는 하락장이 마침내 바닥을 지나고 기회가 풍부할 때 필요한 현금을 '마련'할 수 있다. 바닥에서는 가장 많은 현금을 가진 사람이 성공한다. **다른 말로 하자면, 월가에 피바람이 불면 현금이 왕이고, 하락 도중 몇몇 스톱이 활성화되어 포지션에서 강제로 나오게 된다면 다음 회차의 기회를 위해 준비할 수 있다.** 슬퍼할 일이 아니라 반대로 기뻐할 일이다. 얼마나 많은 펀드 운용역들이 방어적인 스톱을 가질 여유가 있을 것 같은가? 그들 중 더 많이 사면서 희망 고문하는 방식에 갇히지 않기를 바라는 사람은 얼마나 많을까? 스톱은 혜택이고 특권이다. 당연히 완벽하진 않지만 우리가 가질 수 있는 최선의 보호막이다. 그러니 스톱의 가치를 인정하고 무엇보다도 그것을 이용하자. 스톱은 개인 트레이더에게 주어진 몇 안 되는 도구 중 하나다.

두 번째 교훈 :
시간대 분산이
시장 위험을 최소화한다

우리가 가장 많이 받는 질문 중 하나는 "일일 추천 종목을 모두 매수해야 하나요?"다. 대답은 언제나 확고하게 "아니다." 우선, 모든 추천 종목을 매수하려면 대부분의 개인이 보유한 금전적인 자원보다 더 많은 자금이 필요하다. 게다가 훨씬 더 중요한 문제가 있는데, 추천 종목을 모두 매수하는 경우 우리가 '시대의 피해자(a victim of the times)'라고 일컫는 사람이 될 확률이 매우 높아진다. 즉, 하루치 추천 종목에 모든 자본을 고갈시키는 사람은 특정일 하루 실적에 전적으로 의존하게 된다는 의미다. 1~2일 후 크게 움직일 수 있는 흔치 않은 역동적인 기회가 온다면 어떻게 해야 할까? 예를 들어, 모든 돈이 월요일 종목에 묶여 있다면 어디서 갑자기 돈이 생길까? 더 안 좋은 경우로, 모든 일일 추천 종목을 매수하기로 한 날이 하필 '모든 추천 종목이 죽 쑤는' 날이 되면 어떻게 해야 할까?

우리는 스윙 트레이더에게 종목을 1~2주에 걸쳐 선택하도록 권장한다. 계좌 총 자산이 3만 달러인 아직 발전 단계의 스윙 트레이더라면 1/4씩, 즉 7,500달러씩 일주일에 두 번 투자하는 방식으로 자금을 운용한다. 그러면 2주 후에는 3만 달러 전체를 운용하게 된다. 자, 이제 이 방법의 정수를 살펴보자. 마지막 투입 자금 7,500 달러를 투자할 즈음 트레이더는 이미 첫 번째 투입분 혹은 특히 스윙 트레이딩을 한다면, 두 번째 투입분까지 매도하면서 정리 중일 가능성이 크다. 이 방식을 사용하면 이따금 나타나는 '중요한' 기회를 위한 운용 자금이 항상 보장된다. 일주일에 두 번 거래가 충분하지 않다는 생각은 감히 하지 말라. 모든 매매는 거래 관리에 필요한 여러 가지 사항은 물론, 진입과 청산이라는 두 가지 주요 행동으로 구성된다. 실제로 일주일에 네 번 매매하는 사람은 총 여덟 번의 의사 결정을 내리게 된다. 여덟 번의 결정은 열다섯 번의 결정보다 더 높은 수준일 거라고 장담한다. 한 번 해보자! 당신도 이 방법을 좋아하게 될 것이다.

세 번째 교훈 : 매수 대 축적

　바닥을 형성하는 주식은 추세를 형성한 주식과는 다르게 대해야 한다. 투자자는 바닥을 만들고 있는 주식을 축적하는 반면, 트레이더는 상승 추세의 주식을 매수해야 한다. 둘 사이에는 큰 차이가 있다. 축적이 여러 시간대와 여러 가격대에 걸친 여러 번의 매입과 관련 있다면, 매수는 특정 가격에 한 번 매입하는 것을 시사한다. 축적 방식으로 접근하면 두 가지 형태의 분산이 일어난다. 시간과 가격의 분산이다. 이들을 제외하면, 분산의 유일한 형태는 다수의 주식에 확률을 분산시키는 종목 분산이다. 우리는 종목 분산을 크게 권장하지는 않지만 세 가지 유형을 모두 적용하면 이로울 때가 있다. 특히 투자를 위해 중장기 거래안을 찾을 때 유용하다.

네 번째 교훈 :
최고의 의사 결정 도구

너무나 많은 트레이더들이 시장 전체와 시장의 잠재적인 방향을 필요 이상으로 중요하게 생각한다. 이런 경향은 거시적인 금융 시장의 동향을 전해야 하는 대중 매체의 영향 때문이다. 시장의 동향과 방향은 나름의 의미가 있지만 적절한 트레이딩 기술과 올바른 자금 관리를 희생시키면서까지 추구하면 안 된다. 이런 이유로 우리는 구독자와 개인 수강생에게 도움이 될 만한 트레이딩 관련 도움말을 제공하는 데 주력한다. 이런 정보가 시장이 움직일 '수도 있는' 가능성에 대한 견해보다 훨씬 더 가치 있다고 생각하기 때문이다.

시장의 방향이 중요하지 않다는 말이 절대 아니다. 시장 전반에 대한 정확한 평가가 꾸준한 수익과 산발적인 수익의 차이를 만들기도 한다. 하지만 시간대가 더 짧아질수록 거시적 혹은 전반적인 시장 분석은 덜 중요해진다. 단기 (상승 혹은 하락) 주가 움직임은 실질적으로 어떤 시장 환경에서도 발견되기 때문이다. 그러나 이보다 훨씬 중요한 점은 시장의 방향이 트레이더의 최종적인 의사 결정자가 되어서는 안 된다는 사실이다. 특정 지수의 움직임이 있다고, 혹은 없다고 기존 포지션을 청산하는 결정을 내리면 안 되는 경우가 대부분이다. 최종 의사 결정자는 시장이 아니라 당신의 손절 스톱 주문 혹은 사전 설정된 매도점이어야 한다. 다우가 200포인트 하락하고 당신의 종목이 손절 스톱을 친다면 마스터 트레이더는 매도한다! 다우가 200포인트 상승하고 종목이 손절 스톱을 친다면, 마스터 트레이더는 여전히 매도한다! 시장 분석은 어디에 쓸까? 쓸 데가 없다. 손절 스톱이 당신의 최종 의사 결정자라면 말이다. 그러니까 시장의 방향은 신규 포지션을 고려할 때는 쓸모 있지만, 이미 종목에 들어가 있다면 초기에 세운 매도 전략에 종속된다. 이런 단단한 접근 방식은 매우 엄격한 훈련과 절제력을 요구하는데, 이를 그대로 지키는 트레이더는 매우 작은 손실이라는 충분한 보상을 얻는다.

다섯 번째 교훈:
탱자는 팔고 감귤을 산다

 많은 사람들이 매우 높은 직업 정신으로 업무를 처리하지만 트레이딩이나 투자 계획을 재무적으로 탄탄한 방식으로 수행하는 일에는 처참히 실패한다. 나는 당신과 내가 수익이 나는 '순수한' 날이라고 할 만한 날보다 훨씬 빠른 속도로 판매량이 저조한 상품을 팔아 치워버리는, 매우 탁월한 소매업의 대가를 안다. 그는 이런 상품을 '탱자'라고 부르는데, 탱자는 극적으로 가격을 내리고 (보통 최초 가격과 비교해서 엄청나게 싼 가격으로), 일단 판매되면 해당 판매 대금을 가장 잘 팔리는 상품을 더 많이 매입하는 더 나은 용도로 활용한다. 실패 상품(탱자)을 재빨리 팔고 성공 상품(감귤)을 매입한다는 이 간단하지만 강력한 개념으로 그는 여러 번 백만장자가 되었다. 그러나 이렇게 현명한 사업가조차 수익을 못 내는 주식시장의 탱자를 없애라는 조언을 들으면 어김없이 이런 표현을 포함하며 열변을 토한다. "하지만 지금이 정말 싼 건데요." "더 매수해야 합니다." 성공적으로 영위하고 있는 사업에서는 긍정적인 결과를 못 내는 '탱자'를 재빨리 제거하면서, 투자에서는 성공 종목이 창출해내는 모든 수익을 붙잡고 있으면서, 또다시 '탱자'를 재매수한다. 이게 말이 되는가? 그에게는 말이 된다. 그래도 나는 이 사업가를 바꾸기 위해 노력 중이다. 이 책에서 우리가 신경 쓰는 사람은 당신이다. 당신이 수익을 못 내는 오래 보유 중인 종목 때문에 자금이 묶여 있어서 새로운 기회를 활용하지 못한다면, 중고 시장에 내놓는 방안을 고려해야 한다. 내가 매입할 수 있는 최고의 상품에 계속 자금을 활용할 수 있어야 한다. 탱자는 다른 사람에게 넘기라.

여섯 번째 교훈 :
진정한 실력인가
혹은 그저 상승장인가

부정적인 시장 환경을 활용해 수익을 창출할 수 있다면 누구보다 앞설 수 있다. 대부분의 시장 참여자들은 시장이 상승세일 때 수익을 낸 경험만 있을 뿐, 환경이 나빠졌을 때 적절히 대처하는 능력은 전적으로 부족하기 때문이다. 나는 이를 '뇌가 상승세를 능력으로 착각하는 현상'이라고 부른다. 모든 종목의 90%가 상승할 때는 돈 버는 데 어떤 능력도 필요없다. 시장이 변덕스럽고 불안정할 때 트레이더의 진정한 실력이 명백히 드러난다. 민첩함과 극도의 정확성, 평균 이상의 종목 선택은 필수 능력이다. 증권사의 중개 담당자, 재정 자문가, 뮤추얼 펀드 운용역, 금융 소식지 저자의 진면목을 발견하려면 거의 모든 사람이 돈을 잃을 때 그들이 어떻게 하는지 지켜보라. 우리는 이런 환경에서 실력을 입증했다. 당신이 수수료를 '지급'하는 재정 자문가가 있다면 그들이 '유급'을 원하는 한, 실력을 증명하라고 요구해야 하지 않을까?

일곱 번째 교훈 :
소식지와 기타 자문 서비스 평가

우리 소식지 〈프리스틴 데이 트레이더〉의 추천 종목이 경이로운 주간 성과를 달성할 때가 있다. 이럴 때 우리 주간 성과 검토란에는 이와 비슷한 문구가 실린다. "20개 중 15개의 매매안이 3달러 혹은 그 이상 상승하며 단기 트레이더에게 좋은 기회를 제공했습니다." 실제 수익률은 트레이더마다 다르겠지만 이 문구가 실린 주에는 수많은 구독자들의 이메일과 축하 메시지를 받는다. 하지만 그것이 과연 우리 (혹은 타사의) 자문 소식지를 평가하는 올바른 방법일까? "아니다." 절대로 아니다.

시장에 참여하는 많은 사람들이 이런 종류의 떠들썩한 선전에 빠지는 경우가 너무 많다. 그런 주장은 물론 사실이다. 하지만 정말 물어야 할 중요한 질문은 따로 있다. **"전문가라는 이 사람들은 어떻게 손실을 보고 있는가?** 손실 거래를 수익 거래에 비교하면 어떤 점이 발견되는가?" "그들의 손실은 꾸준히 수익보다 작은가?" "자문 내용을 따랐을 때 내 자본은 치명적인 타격을 입을 것인가?" 이렇게 질문하는 것이 소식지, 자문사, 뮤추얼 펀드, 트레이딩 시스템 등의 효과를 측정하는 방법이다. 중요한 것은 수익이 아닌 손실을 내는 방식이다. 최상의 환경에서는 거의 모두 수익을 내는 종목을 보여줄 수 있다. 하지만 어려운 시기에는 진정한 전문가만이 꾸준히 작은 손실을 보여줄 수 있다. 뛰어난 트레이더가 되고 싶다면 전문가처럼 잃는 법을 배우라. 그러면 수익은 알아서 따라온다. 기억하라. 전문적인 손실은 항상 언제나 작다.

여덟 번째 교훈 :
시간은 돈과 같다

 최근 연구에 따르면, 자녀가 의견에 가장 수용적인 잠들기 직전에 부모가 자녀와 보내는 시간이 60초도 채 되지 않는다고 한다. 정말 안타까울 뿐만 아니라 부모와 자녀 모두 피해자가 되는 매우 잘못된 일이다. 자녀와 보내는 시간이 어마어마하게 중요하다는 사실을 모르는 사람은 없지만, 현실의 일상을 살면서 실제로 시간을 함께 보내기 어려울 때가 많다. 하지만 어려움은 변명이 될 수 없고 되어서도 안 된다. 자녀에 관한 한 그래야 한다. 아이들은 참으로 소중한 존재다. 모든 부모에게 자식은 그럴 것이다.
 하지만 이제 생각을 트레이딩으로 돌려보자. "더 나은 트레이더가 되기 위해 당신은 하루 중 얼마의 시간을 쓰는가?" 하루 일과가 끝났을 때 아이의 마음이 가장 수용적이라면, 트레이더의 마음이 가장 수용적인 때는 시장이 마감할 때다. 마감을 알리는 종이 울리면 생각을 정리하고, 행동을 검토하며, 거래를 분석하고, 내일을 준비하면서 양질의 시간을 보내고 일지를 작성하는가? 혹시 동부시간 오후 4시 1분이면 박쥐떼가 날아가듯 의자에서, 집에서 혹은 사무실에서 박차고 일어나 떠나는 트레이더들 중 한 명인가? 대부분 트레이더가 되려는 사람들은 성공하려면 많은 노력이 필요하다는 사실을 금방 깨닫지 못한다. 성공하는 트레이더가 되는 과정은 오랜 시간에 걸쳐 천천히 점진적으로 진행되는 기나긴 진화의 과정이다.

대부분의 사람들은 매일 하루의 끝에 자신의 행동을 검토하는 양질의 시간을 보내는 일이 마음을 정신을 노련하게 다듬고 지갑을 두둑하게 만든다는 사실을 모른다. 내일 더 나은 트레이더로 발전하기 위해 매일 기껏 60초도 쓰지 않기 때문에 자주 저지르는 실수를 방치하고, 이 실수는 트레이더의 미래를 앗아간다. 성공하고 싶다면 매일 개선을 위한 씨앗을 심는 데 시간을 쓰라. 이런 시간은 정말 돈이다. 미래를 위해 조금은 써야 한다.

아홉 번째 교훈 :
승자는 상황을 만들고
패자는 상황을 따른다

나는 언제나 성공한 삶은 찾는 것이 아니라 만들고 창조하는 것이라 믿는다. 마찬가지로, 트레이더로서의 삶에서 성공을 만끽하는 사람은 매매하며 어려움을 겪고, 지치지 않고 노력하며 그 성공을 만들었다고 믿고 있다. 많은 사람들이 성공이 얻어내는 것이 아닌, 일어나는 것이라고 오해한다. 어떤 이유에서인지, 성공이 이를 일으키는 긴 과정의 긴 최종 결과라는 사실을 간과한다. "성공하는 사람은 성공이 일어나도록 한다. 실패하는 사람은 실패가 일어나도록 한다."

동부 표준시 오전 9시 30분부터 오후 4시까지 하루를 시장과 함께 보내는 트레이딩에 뜻을 품은 사람을 예로 살펴보자. 그는 우리 사무실 같은 곳에서 다른 사람들과 함께 매매하거나 집에서 거래한다. 이 시간 동안 매매안에 집중하고, 지속적으로 기회를 찾으며, 몇몇 거래에 들어가고 나가다가 오후 4시에서 몇 초 혹은 몇 분이 지나면 하루를 마감한다. 훅하고 사라지는 거다! 트레이더가 되려는 이들은 안타깝게도 오전 9시 30분에서 오후 4시 사이에 성공이 일어나리라 생각한다. 그 외의 시간에는 성공을 만들어내기 위한 아무런 일도 하지 않는다. 그런데도 오전 9시 29분(개장보다 1분 일찍)에 거래를 위해 앉았으니 성공 거래가 쏟아져 내리기를 기대한다. 삶은, 특히 성공적인 삶은 그렇게 발생하지 않는다. 그런 일이 일어나려면 장 마감 후 혹은 개장 전 몇 시간 동안 노력하고, 공부하고, 검토하고, 연습하고, 분석하고, 해부하고, 고민하고, 생각하고, 쓰고, 암기하고, 분류하고, 정리해야 한다. 진정으로 성공을 원한다면 세상과 시장이 아직 눈뜨지 않은 서늘한 이른 아침과 저녁 시간에 성공을 위해 준비해야 한다. 그러면 진보의 수레바퀴가 이미 동작을 시작하고 오전 9시 30분 즈음에는 회전을 했을 것이다. 그런데 많은 트레이더들이 자신을 속인다. 거래 시간에 시장과 함께하니까 시장이 함께해주리라 믿는다. 완전히 틀렸다! 시장은 재미있다. 거래 시간 이외에 공부하면서 양질의 시간을 보내는 사람에게 결과를 준다. 그렇게 성공을 만든다. 그것이 성공하는 방법이다.

열 번째 교훈 :
약속의 힘을 이용하는 법

 나는 최근 딸아이가 다닐 유치원을 방문했다. 많은 것을 느낀 경험이었다. 내가 다녔던 유치원과 비교하면 엄청나게 달라졌다. 손가락 마디를 더 굵게 만드는 나무 자가 없었다. 그곳에서 본 자는 모두 부드러운 물질로 만들어져 있었다. 행동이 좋지 않은 학생들에게 쓸 주짓수를 익힌 교사도 없었다. 선생님들은 모두 친절하고 현명하며 아이들에게 친절했다. 책은 모두 새것이었고 보조 교사를 포함한 모든 선생님이 두 개 이상의 언어를 유창히 구사했다. 모든 것이 멋있어 보였다. 나는 스펀지로 만든 자를 보자마자 금방 매료됐다. 그중 가장 인상 깊었던 것은 단순하면서도 놀랍도록 효과적인 최근의 새로운 교수법이었다. 한 교실 벽에 아이들의 개인적인 약속이 빼곡히 붙어 있었다. 지미라는 아이는 "나는 좋은 일에만 내 손을 사용하겠다고 약속합니다"라고 했고, 메리는 "나는 친절한 말을 사용하겠다고 약속합니다", 베시는 "물건을 가져가기 전에 물어보겠다고 약속합니다"라고 했다. 가장 내 마음을 사로잡은 문장은 조이가 한 약속이었다. "내가 한 것만 말하겠다고 약속합니다." 이외에도 훨씬 많았다. 옳은 행동을 가르치는 이 단순한 방법에 나는 아버지로서만이 아니라 트레이더로서 큰 깨달음을 얻었다. 성공적인 트레이딩은 올바른 행동에서 비롯되기 때문이다.

트레이더를 가르치는 강사이자 스승으로서 나는 학생들에게 옳은 행동을 고무시킬 의무가 있다. 트레이딩과 관련한 행동에 대해 자신과 약속하는 사람이 몇이나 될까? "손절 스톱은 항상 고수하겠다고 약속합니다", "개장 전에는 절대로 시장가로 주문을 넣지 않겠다고 약속합니다"라고 실제로 쓰는 사람이 얼마나 있을까? "보상을 좇기 전에 항상 위험을 먼저 고려하겠다고 약속합니다." 이런 약속을 하는 사람이 과연 있을까? "내 모든 거래에 대한 책임을 받아들이겠다고 약속합니다", "손실을 본 날마다 그날 얻은 교훈을 적어 놓겠다고 약속합니다", "트레이더로서 가장 부족한 두 가지를 항상 예의 주시하겠다고 약속합니다." 이상하게 들리겠지만 개인적으로 하는 약속에는 이를 동반하는 힘이 있다. 약속을 적을 때는 더욱 그렇다. 이유는 모르겠지만, 마치 영혼이 약속을 깨면 자신에 대한 죄를 지었다고 인식하는 것 같다. 약속에는 효과가 있다. 오늘 약속하라. 약속을 쓰고 매일 보라. 왜 그래야 할까? 옳은 것을 아는 것만으로는 부족하기 때문이다. 때로는 옳다고 알고 있는 것을 행하겠다고 자신과 '피의' 맹세를 해야 한다. 아는 것과 하는 것은 완전히 다르다.

9장

진정한 마스터가 전하는 마지막 지혜

어머니가 전해주신
삶과 트레이딩의 기초를 위한
여덟 가지 가르침

나는 충족할 수 없는 지식에 대한 목마름으로 모든 것을 주의 깊게 관찰하는 사람이며, 예리한 눈으로 삶을 배워가는 학생이라고 자부한다. 그 덕택에 인생에서 매우 소중한 몇 가지를 배웠다. 그런데 이 주제에 관해 최근 깊게 생각하면서, 나는 내가 알아야 할 모든 것을 열 살 이전에 어머니에게서 배웠음을 깨달았다. 내가 어렸을 때 어머니께 배운 가르침 중 몇 가지를 공유하고 싶다.

첫 번째 가르침: 일어서는 과정에서 배우는 한 넘어져도 괜찮다. 오늘날까지도 나는 거래에서 저지른 실수에서 배우는, 배움의 예술을 전도하고 실천한다. 나의 모든 손실은 트레이딩을 완전히 통달하는 수준으로 뛰어오르기 위한 도약대다.

두 번째 가르침: 다른 사람들이 어떻게 생각하는지 항상 인식한다. 나의 동업자인 그렉 캐프라가 성공적인 트레이더가 된 정확한 이유다. 그는

특정 종목에 있는 다른 트레이더들이 어떻게 느끼는지 항상 이해하려고 노력한다. 다른 트레이더가 느끼는 고통이 당신에게는 기회가 될 수 있다. 이유가 무엇일까? **성공적인 트레이딩은 고통받는 사람들에게서 주식을 싸게 매수하고, 탐욕스러운 사람들에게 그 주식을 비싸게 매도하는 일이기 때문이다.** 트레이딩이라는 게임을 정말 영리하게 풀어가고 싶다면 시장에서 다른 트레이더가 느끼는 고통 혹은 탐욕을 알아야 한다. 그 능력을 갖추면 부자가 될 수 있다. 감사합니다, 어머니.

세 번째 가르침: 오늘 상황이 얼마나 나쁘든지 간에, 내일은 이를 바로잡을 수 있는 또 다른 기회를 제공한다. 트레이더로서 어제 지은 짐을 오늘까지 끌고와 새로운 가능성을 해치지 말라. 이전 손실 거래에서 남은 찌꺼기는 다음 거래에 들어가기 전에 말끔히 닦아내라. 그렇게 하지 못하면 이미 실패는 확정되었다.

네 번째 가르침: 내가 하는 모든 행동의 이유를 안다. 공포와 탐욕 상태에서는 절대로 행동(매수 혹은 매도)에 나서지 않는다. 우리는, 특히 트레이더로서 지성이 이 두 감정 사이에 있다는 사실을 반드시 이해해야 한다. 두려움과 욕심 사이에는 틈이 있는데, 우리의 모든 행동은 이 틈에서 발원되어야 한다. 오늘날까지도 나는 두려움을 느낄 때는 절대로 매도하지 않는다. 그 결과 더 많은 돈을 잃을 때도 있지만, 지성이 확실히 나타나는 순간을 기다리면 더 나은 결과를 얻는다.

다섯 번째 가르침: 너무 진지하게 생각하지 말자. 큰 수익을 연속적으로 거둘 때마다 나는 귓속에서 울리는 이 말을 듣는다. 우리 사무실의 트레이더들이 증언할 수 있는데, 나는 트레이딩을 하면서 거의 매일 시장

에서 수익을 내지만 이를 진지하거나 대단하게 받아들이지 않는다. 원래 나는 어리석었지만, 어머니 가르침 덕분이다.

여섯 번째 가르침: 이길 수 있는 싸움만 한다. 이 지혜의 가르침으로 나는 종목 및 진입점과 청산점을 고를 때 상당한 주의를 기울인다. 종목에 진입한 경우에는 해당 종목이 내가 원하는 방향으로 곧 움직일 것을 알기 때문에 편하다. 나는 절대로 시장과 싸우려 하지 않는다. 이길 수 없는 싸움임을 알기 때문이다. 시장과 반대되는 선택을 했다는 것을 깨달으면 포지션을 청산하고 즉시 시장의 힘에 맞추어 자신을 재정렬한다. 성경에서는 다윗이 골리앗과 싸워 이기지만, 명심하라. 시장에서는 골리앗이 항상 이긴다.

일곱 번째 가르침: 삶은 정복해야 할 대상이 아니라 친해져야 할 대상이다. 나는 어머니에게서 받은 이 가르침으로 시장에 맞서지 말고 시장과 함께해야 한다는 것, 즉 시장을 내 것을 빼앗아갈 적이 아닌, 나를 풍요롭게 해줄 동맹으로 여기는 법을 배웠다. 시장은 프랑켄슈타인 같은 괴물이 아니다. 시장은 친구다. 내 꿈을 깨부수는 존재가 아니라 꿈을 자유롭게 펼치게 하는 존재다. 한 마디로, 시장은 모든 가능성을 품은 곳이다.

여덟 번째 가르침: 손실은 당신의 존재를 작아지게 만들지 않는다. 때로는 지는 것이 이기는 것이다. 너무나 많은 트레이더가 이 중요한 사실을 간과한다. 1달러 손실로 포지션을 손절했는데 주가가 다시 2달러 하락하면 잃은 것이 아니다. 성공한 거다. 성공이라는 예술은 얼마나 현명하게 잃느냐에 따라 좌우된다.

내가 어머니에게서 배운 이 가르침을 당신도 알길 바란다. 당신의 삶에서 이 가르침이 사용된다면 우리 어머니도 기뻐하실 것이다. 당신의 일상적인 트레이딩에서 이를 사용하면 좋겠다. 이 가르침들은 내 인생의 모든 굽이마다 큰 도움을 주었다. 당신에게도 그러기를 바란다.

PART II

MASTER TRADE

마스터 트레이더를 위한 도구와 기술 : 마스터 트레이더의 무기고 갖추기

마스터 트레이더의 무기고 갖추기

이제부터는 시장이 작동하는 방식을 이해하는 데 도움이 될 만한 간단한 도구와 전술을 알아보자. 여기서 소개할 기법들은 프리스틴의 전문적인 매매 접근 방식의 기초다. 우리가 전 세계 전문 트레이더에게 교육하는 매매 기법과 기술이다. 매매를 구성하는 이 기본 요소를 명확히 이해하면 이후 헷갈리거나 다음 할 일을 모르는 일은 절대 없을 것이다. 사실 앞으로 설명할 도구와 전술을 완전히 익히면 시장에서 틀린 편에 설 일은 거의 없다. 손실의 65%는 시장에서 잘못된 방향을 택해서 발생한다. 이제 트레이딩을 통달하기 위한 여정의 속도를 높여줄 다음 단계인 트레이딩 도구와 전술로 넘어가자.

10장

시장 타이밍을 잡기 위한 도구와 전술

월가에는 '시장은 항상 옳다'라는 오래된 말이 있다. 주식시장과 관련한 지혜라는 것들은 대부분 쓸모없지만 이 말만은 순수하게, 특히 단기 트레이더에게는 진실을 전하는 듯하다. 시장의 큰 움직임의 반대편에 잘못 잡히면 매우 괴로워질 수 있다. 실수를 받아들이지 못하면 (다시 말해 시장과 싸우면) 이 게임에서 영원히 퇴출될 수도 있다. 그래서 성공하는 주식 트레이더가 되려면 시장을 '읽고', 시장의 분위기를 '느끼고', 시장이 다음으로 부릴 변덕을 '예측'하는 법을 배워야만 한다. 반대 의견과 견해도 있지만, 트레이더의 생존은 부분적으로 언제나 시장의 힘과 본인이 같은 방향인지에 달렸다. 시장의 '의지'와 시장에 전념하는 법을 알면 트레이딩의 성공을 오래 이어가는 데 도움이 된다.

단기적으로 시장의 시기를 맞추며 매매하는 기술이 습득하기는 매우 어렵다. 하지만 틀릴 때보다는 맞출 때가 더 많도록 적절한 시기를 잡는 데 유용한 여러 도구가 있다. 이어지는 장에서 시장의 단기적인 방향을 평가, 예측하는 데 매우 신뢰할 만한 여러 도구와 전술을 소개한다. 우리 구독자 대부분이 알고 있듯 프리스틴도 사람이 운영하는 터라 인간적으로 실수를 한다. 하지만 시장에서 적절한 때를 찾는 다음 도구들 덕분에 우리가 인간이 되는 때는 그다지 많지 않다. 이제 이 단순하지만 매우 효과적인 때를 찾는 도구들을 전달하고자 한다.

첫 번째 시장 도구 :
S&P 선물(S&P)

S&P 선물의 정의

시카고상품거래소(Chicago Mercantile Exchange)는 전 세계에서 가장 자산 가치가 크고 유동성이 높은 금융 상품 중 하나인 S&P500 주가지수선물(Standard & Poor's 500 Stock Index Future)이 거래되는 곳이다. 이 금융 상품은 해당 상품의 현물인 S&P500 지수와는 사뭇 다르다. 대규모로 거래하는 트레이더와 투자자(일반적으로 기관의 규모)는 현물과 구별되는 S&P 선물 계약을 통해, 시장 전반이 향후 움직일 방향에 돈을 걸 수 있다.* 이 이유 하나로 숙련되고 노련한 경제 및 시장 전문가들은 모두 S&P500 선물을 주시한다. 마스터 트레이더, 특히 일중 매매를 하는 마스터 트레이더라면 S&P500 선물을 안내 지표로 쓰지 않고 거래하는 상상도 하지 않을 것이다.

---

* 현물은 거래 시점에 일반적으로 2 거래일 후 현금과 교환해서 거래하는 상품으로, 우리가 일반적으로 거래하는 주식도 현물 상품 중 하나다. 반대로 선물은 파생 상품 중 하나로, 기초 자산인 현물을 미래의 만기일에 거래 시점에 정한 가격으로 양수도하는 계약이다.

● **그림 10.1** /SPU9의 5분 선차트. 오전 10시와 오후 10시 반전 시간대가 얼마나 중대했는지 눈여겨 보자. 오전 10시 반전 시간대에 약하게 하락이 발생하고 오후 12시 시간대에서 /SPU9상승이 완전히 막힌다.

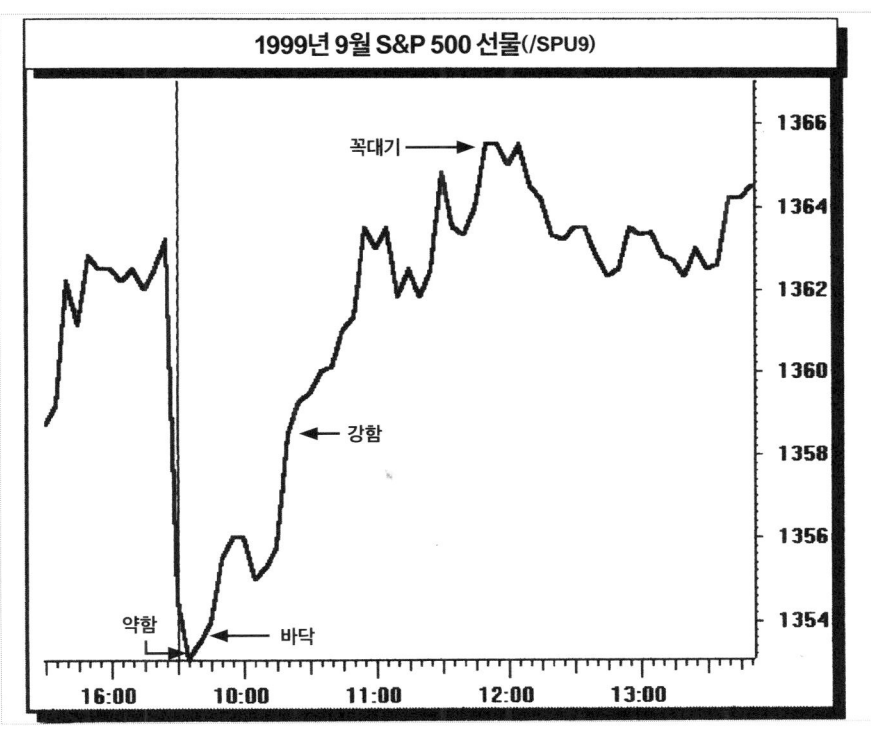

마스터 트레이더가 S&P500 선물을 해석하는 법

- S&P500 선물은 시장 전반에 대해 알려주는 핵심 지표다.
- S&P500 선물은 전체 시장의 방향을 이끌 때가 많다.
- S&P500 선물은 아메리카 온라인(AOL), 시스코 시스템즈(CSCO), 델 컴퓨터(DELL), 마이크로소프트(MSFT) 등 많은 개별 종목의 선행 지수다. 즉, 거래 시간 내에서 이들 종목의 움직임과 비슷한 움직임이

S&P500 선물 계약의 움직임에서 먼저 나타나는 경우가 많다. 따라서 S&P500 선물 계약의 움직임이 일중 트레이더에게 흥미로운 스캘핑 기회를 제공할 때가 잦다.
- 우리는 S&P500 선물 계약을 2분, 5분, 15분 차트로 추적 관찰한다 (그림 10.1).

마스터 트레이더가 S&P500 선물을 이용하는 법

- 마스터 트레이더는 S&P가 시작가보다 높고 상승하고 있을 때(양봉이 뜰 때) 일중 매수 포지션에 들어가는 것을 선호한다.
- 마스터 트레이더는 S&P가 시작가보다 낮고 하락하고 있을 때(음봉이 뜰 때) 일중 매도 포지션에 들어가는 것을 선호한다.
- 마스터 트레이더는 S&P로 지지와 저항을 분석해 일중 매수 및 매도를 위한 적합한 때를 결정한다.
- 마스터 트레이더는 S&P와 추세 반전 시간대*를 조합해서 잠재적인 시장의 반전을 예측한다.
- 마스터 트레이더는 S&P 5분, 15분 차트 위에 200일 단순이동평균선**을 겹쳐 놓고 차트를 본다. 200일 이동평균선은 종종 S&P의 중요한 지지선 및 저항선 역할을 한다(그림 10.2).

---

* reversal period: 하루 중 일반적으로 추세가 바뀌는 변곡점이 발생하는 시간대. 보통 오전 9시 55분~10시 05분, 10시 25분~10시 35분, 11시, 1시, 2시, 2시 30분, 3시에 변곡점이 발생할 때가 많다고 한다.
** simple moving average, SMA: 기간 내의 주가를 모두 합하고 기간 날수로 나누어 계산한 평균값으로 그린 추세선

● **그림 10.2** S&P 선물 계약 5분 차트. 마스터 트레이더는 일중 매수, 매도 포지션 매매 시간을 S&P 선물 계약 5분 차트에서 지배적인 추세에 맞추어 결정하려고 노력한다.

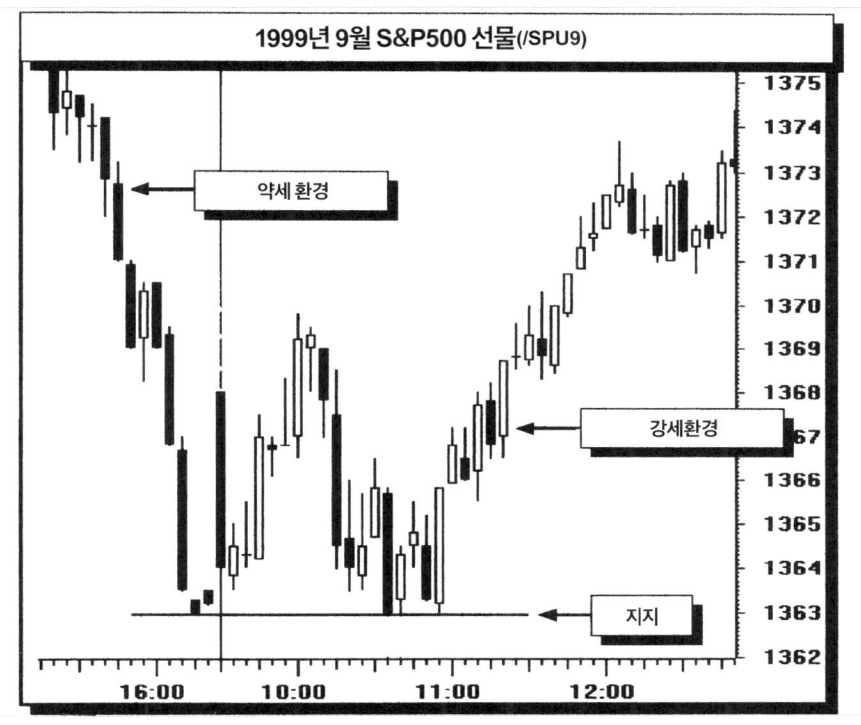

10장 시장 타이밍을 잡기 위한 도구와 전술

두 번째 시장 도구 :
NYSE 호가 지표(Tick Indicator, $TICK)

NYSE 호가지수(이후 $TICK)의 정의

$TICK은 일중 트레이더에게 시장을 측정하는 가장 신뢰할 만한 지표 중 하나로, 모든 트레이더 무기고의 특별한 자리에 보관할 가치가 있는 무기다. 이 간단하면서도 강력한 지표는 뉴욕증권거래소(New York Stock Exchange, NYSE)에서 현재 호가 상승(업틱, uptick)으로 거래되는 종목 수 대비 호가 하락(다운틱, downtick)으로 거래되는 종목 수를 계산한다. 호가 상승은 이전 거래보다 높은 가격에 체결된 거래의 경우, 호가 하락은 이전 매도 가격보다 낮은 가격에 매도된 경우다. 일례로 +500인 $TICK는 현재 이전 체결 가격보다 높은 가격에 체결된 종목이 더 낮은 가격에 체결된 종목보다 500개 많다는 의미다. 이 지표가 -500을 가리킨다면 역으로 하락 체결된 종목이 상승 체결된 종목보다 500개 많다는 의미다. 요약하자면, $TICK는 시장에서 광범위하게 일어나는 매수와 매도 상황을 시시각각 관찰하는 데 유용하다. 또한 약세 지지자와

강세 지지자 중 누가 시장을 지배하는지 한 번에 즉시 파악하는 도구다. 우리가 데이 트레이딩에 $TICK를 이용하는 방법은 다음과 같다.

마스터 트레이더가 $TICK을 해석하는 법

- $TICK이 -300~+300인 경우, 보통 중립적인 시장 환경을 의미한다.
- $TICK이 +1000에 가까운 수준인 경우 과도한 상승세를 나타내며, 시장은 이후 보통 하락 반전한다.
- $TICK이 -1000에 가까운 수준인 경우 과도한 하락세를 나타내며, 시장은 이후 보통 상승 반전한다. 약세장에서는 -1000보다 훨씬 낮을 때도 많다는 사실을 참고한다.

시장이 4일 연속 하락했다고 가정하자. 5일째 시장이 -1100 $TICK(기억하라. 이는 하락 호가에 거래된 종목 수가 상승 호가에 거래된 종목 수보다 1100개 더 많다는 의미다)을 기록하면서 하락 방향으로 브레이크다운을 또다시 만든다. 기민한 트레이더라면 이런 경우 당일 움직임 기준으로 시장의 상승 반전에 대비하기 시작할 것이다. **도움말:** $TICK이 극도로 큰 음수인 경우 누군가가 '불이야'를 외쳤고 '군중' 심리를 가진 모든 사람들이 동시에 청산(매도)하고 있다는 의미다. 이렇게 시장 전체가 움직이는 강렬한 매도 활동은 시장의 '매도용 총알'을 하루 만에 소진하게 만들기 때문에 이후 며칠 동안 잠재적인 매도세가 매우 희박해진다.

상승 방향도 마찬가지 논리가 적용된다. 강세가 며칠 계속된 후 $TICK가 높을 때, 예를 들어 +1000인 경우는 용돈을 한 번에 다 써버린 아이처럼, 시장에서 강력한 세력이 있던 날 하루 동안 '매수용 총알'

● **그림 10.3** 중립적인 영역을 보이는 $TICK 5분 차트

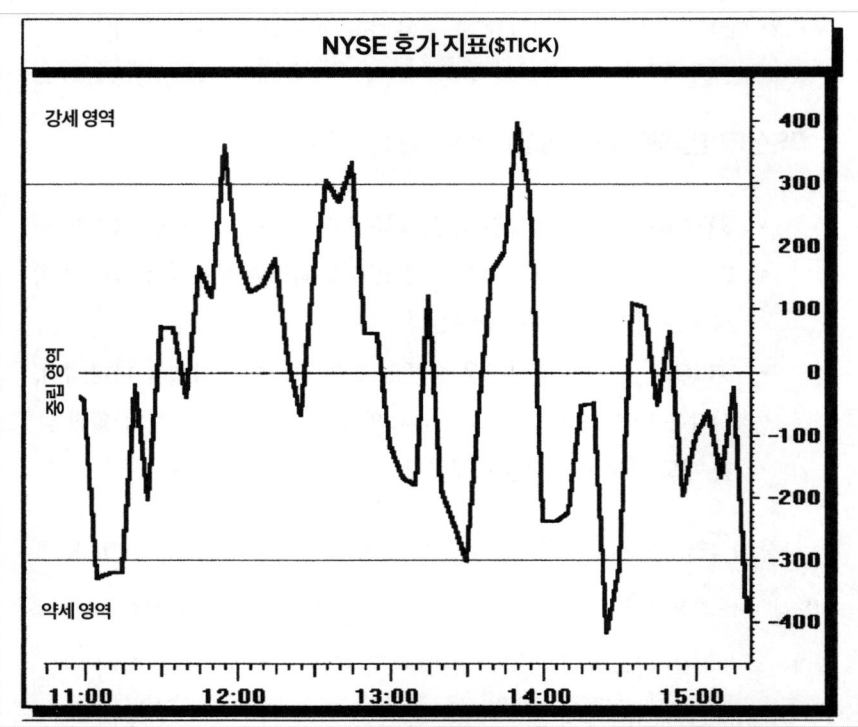

이 모두 쓰였다는 경고다. 그림 10.3과 10.4가 그 예다.

- 지난한 시장 조정을 거친 후 $TICK 스프레드가 +1000인 경우는 일반적으로 중요한 바닥이 형성되고 몇 달 동안 지속되는 빠른 상승세가 곧 본격적으로 시작될 것이다. $TICK 스프레드는 당일 $TICK의 고점과 저점의 차이다. 당일 $TICK 고점이 +1200, 저점이 -200이라면 $TICK 스프레드는 +1000이다.

● **그림 10.4** 아래 $TICK 15분 선차트는 1000선의 신뢰도를 보여준다. +1000에 도달한 후 $TICK는 빠르게 하락 방향으로 반전했다. $TICK수치가 −1000 미만으로 극단적으로 낮아지자 같은 방식으로 상승 방향으로 빠른 반전이 시작됐다.

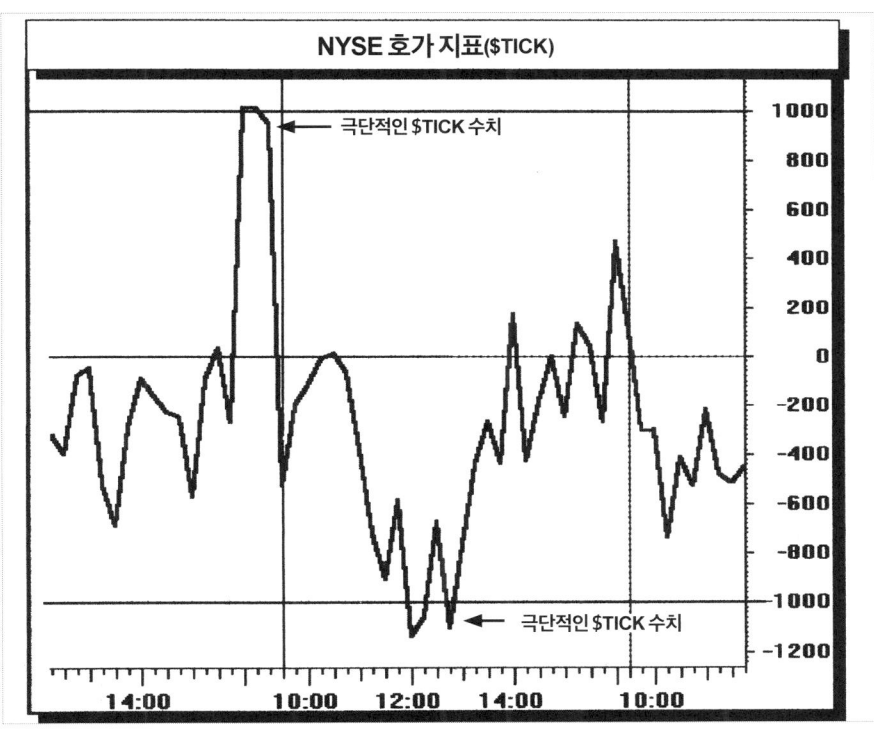

마스터 트레이더가 $TICK을 매매에 이용하는 법

- 마스터 트레이더는 $TICK이 상승하고 있을 때 일중 매수 포지션에 들어가는 것을 선호한다.
- 마스터 트레이더는 $TICK이 하락하고 있을 때 일중 매도 포지션에 들어가는 것을 선호한다.
- 마스터 트레이더는 $TICK이 극단적 수치인 -1000 혹은 그 미만에 도달할 때 잠재적으로 매수 포지션을 고려한다.

- 마스터 트레이더는 $TICK이 극단적 수치인 +1000 혹은 이를 초과할 때 잠재적으로 매도 포지션을 고려한다.
- 마스터 트레이더는 $TICK으로 지지와 저항을 분석해서 일중 매수 및 매도를 위한 적합한 때를 결정한다(그림 10.5, 10.6, 10.7).

● **그림 10.5** 아래 $TICK 5분 선차트는 −1000선 미만으로 상당히 떨어진 $TICK을 보여준다. 이런 극단적인 움직임은 대부분의 매도가 이미 나왔음을 암시한다. 반전 시간인 오후 1시 30분이 가까워지면서 $TICK이 바닥을 형성하고 나와 마감 때까지 강한 상승으로 전개된 점을 주목해야 한다.

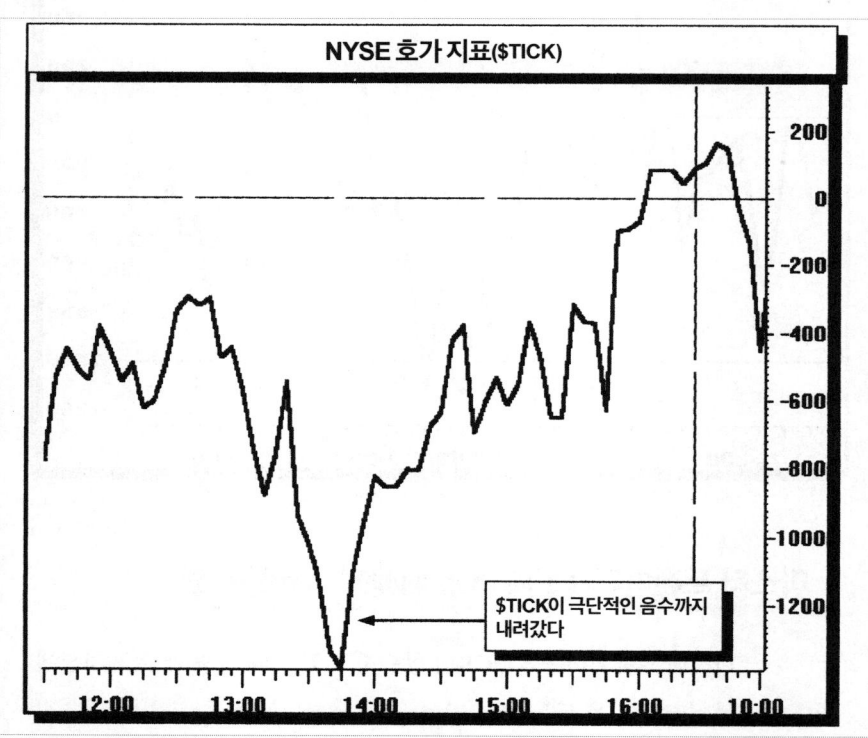

● **그림 10.6** 아래 /SPU9 5분 선차트는 /SPU9의 바닥이 극단적인 $TICK 수치와 완벽히 일치한 것을 보여준다. 이어서 나타난 마감 때까지 계속된 급상승도 $TICK과 보조를 맞추어 전개됐다.

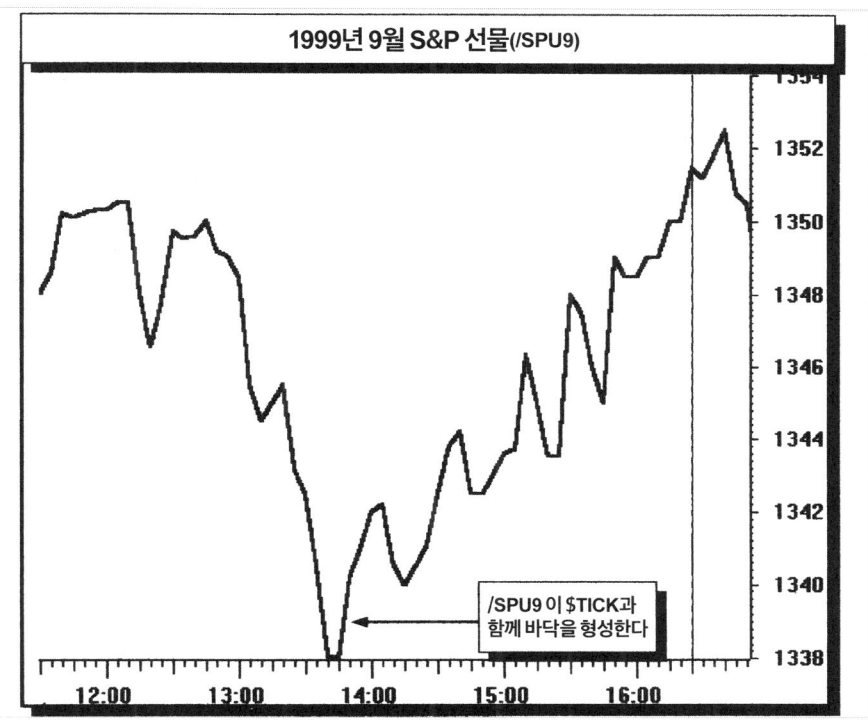

● **그림 10.7** 아래 $INDU 5분 선차트는 $INDU이 마찬가지로 극단적인 $TICK 수치를 기록한 동시에 바닥을 형성하고 있는 것을 보여준다. 이어서 나타난 마감 때까지 계속된 $INDU의 급상승 역시 $TICK 및 /SPU9과 보조를 맞추어 전개됐다.

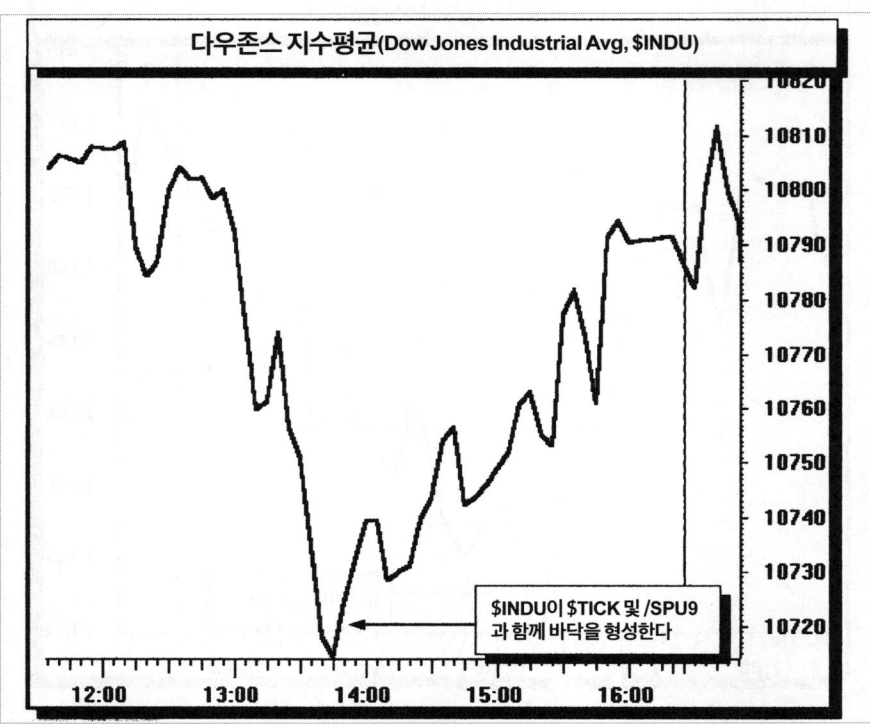

세 번째 시장 도구 : NYSE 트레이더 지수(Trader Index, TRIN)

NYSE TRIN의 정의

TRIN 공식은 다음과 같다.

$$\frac{\text{상승 종목/상승 거래량}}{\text{하락 종목/하락 거래량}} = \text{TRIN}$$

암스 지수라고도 하는 NYSE 트레이더 지수(TRIN)는 나와 우리 사무실 트레이더들이 매매 시기를 잡을 때 사용하는 중요한 트레이딩 도구다. TRIN은 시장에서 일중 '트레이딩'의 위험도를 추적 관찰하는 데 유용하다. 다른 어떤 도구도 따라갈 수 없는 스캘퍼 또는 마이크로 트레이더들의 충실한 친구 같은 존재다. 우리가 TRIN 5분 차트를 이용해 시장을 해석하는 방법은 다음과 같다.

마스터 트레이더가 TRIN을 해석하는 법

- 상승하는 TRIN은 일중 트레이더에게 위험이 증가하고 있다는 징후이며 단기 약세를 의미한다. TRIN의 상승은 위험도의 상승이나 마찬가지다. 이는 매수에 치우쳐 있는 경우를 기준으로 했을 때 얘기다. 매도 포지션을 취하는 입장이라면 상승하는 TRIN은 트레이딩에 긍정적인 환경이 형성되었다는 의미다.
- 하락하는 TRIN은 일중 트레이더에게 위험이 감소하고 있다는 징후이며 단기 강세를 의미한다. TRIN의 하락은 위험도의 감소나 마찬가지다. 이는 매수에 치우쳐 있는 경우를 기준으로 했을 때 얘기다.

TRIN은 시장의 방향성 분석 이외에도, 다음과 같이 일중 지표로서 전반적인 시장의 건강도를 판단하는 데 도움이 된다.

- 일중 TRIN 수치가 1.00 미만이면 일반적으로 건강한 시장 환경이 조성되었다는 의미다. 이때 시장 환경은 일중 움직임만으로 파악한 단편적인 것이며 장기적인 관점에서 하는 판단은 무의미하다.
- 일중 TRIN 값이 1.00 이상이면 일반적으로 일중 하락 움직임 혹은 일중 매도세가 출현하기 쉬운 더 위험한 시장 상황을 처리해야 한다는 의미다.

TRIN은 한계값 분석이라고도 하는 과매수, 과매도 분석에도 사용된다. 우리가 TRIN을 이용해 시장의 과매수나 과매도 상태를 판단하는 방법은 다음과 같다(그림 10.8, 10.9 참조).

- 일중 TRIN이 .35미만으로 떨어졌다면 시장 환경이 너무 과열된 것

이다. 다시 말해 .35 밑으로 떨어지는 강세인 일중 TRIN 값은 대다수의 사람들이 이미 시장에 들어와 포지션을 잡고 있으며 시장이 강하게 후퇴할 예정임을 알려준다.

- 마감 때 TRIN이 1.5 이상이라면, 비관적인 견해가 팽배해 있으며 거래 시간이 끝나갈 때 약세가 나타났다는 의미다. 마감에 들어가면서 공포에 질린 매도세가 쏟아져 나왔으며, 시장이 다음날 아침 상승으로 급전환될 준비가 되었음을 시사한다. **도움말**: 마감 때 TRIN이 1.5 이상인 동시에 $TICK이 –500 혹은 그 미만이라면 다음날 상승 시작할 확률이 높아진다. 지면이 제한적이므로 이 책에 담은 도구 각각의 뉘앙스까지 상세히 다루지는 못했다.

● **그림 10.8** 1.00 한계선 및 극단인 1.50 한계선이 표시된 TRIN 5분 선차트

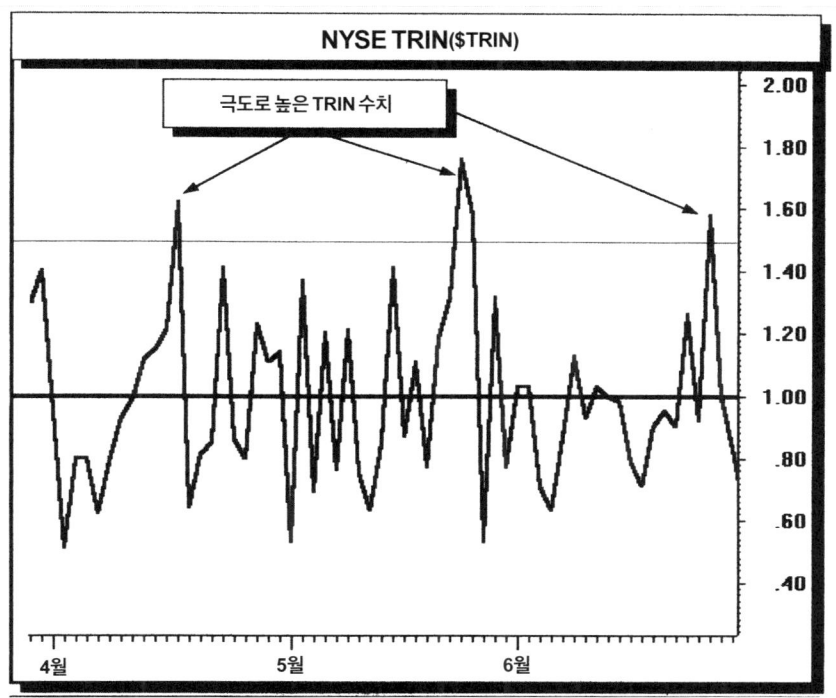

● **그림 10.9** $TRIN 5분 선차트. 상승하는 TRIN은 일중 위험도가 높아지고 있다는 의미다. 하락하는 TRIN은 일중 위험도가 낮아지고 있다는 의미다. TRIN의 바닥과 꼭대기가 핵심 반전 시간대에 나타난 것을 주목하라.

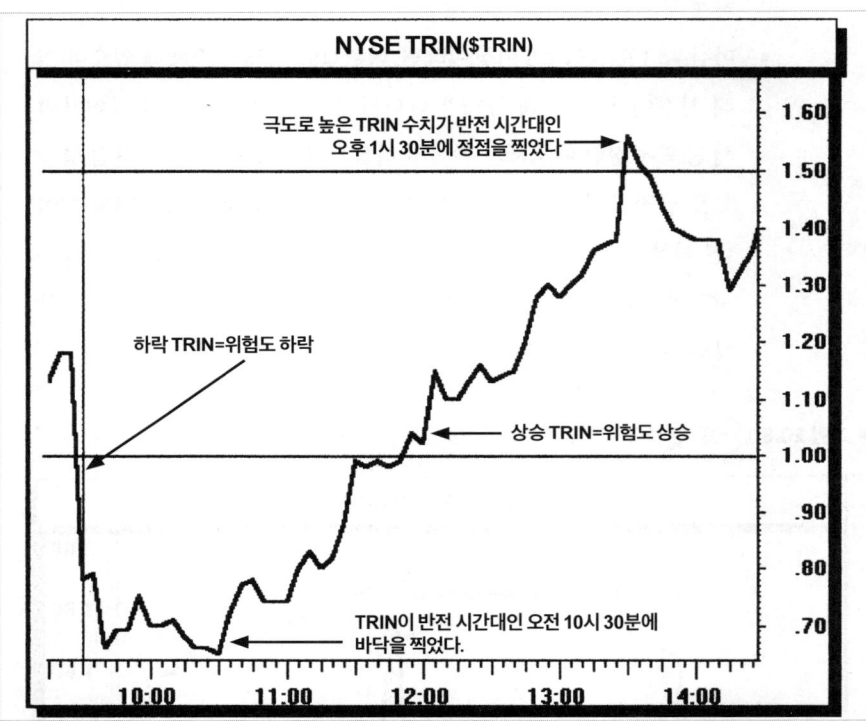

마스터 트레이더가 TRIN을 매매에 이용하는 법

- 일중 TRIN이 상승하면 마스터 트레이더는 매수 방향의 매매를 줄이고 방어 태세를 취한다.
- 일중 TRIN이 하락하면 마스터 트레이더는 공격 태세를 취하고 매수 방향의 매매를 단계적으로 늘린다.
- TRIN이 1.00보다 낮으면 마스터 트레이더는 일반적으로 매수 편향을 유지한다.

- TRIN이 1.00보다 높으면 마스터 트레이더는 일반적으로 매도 편향을 유지한다.
- TRIN이 .35까지 혹은 그 이하로 떨어지면 마스터 트레이더는 모든 매수 포지션을 정리하고자 하며 매도 방향의 기회를 탐색하기 시작한다.
- TRIN이 1.50을 초과하며 급상승하면 트레이더는 모든 매도 포지션을 메꾸고 매수 방향의 잠재적인 기회를 탐색하기 시작한다(그림 10.10과 10.11).

● **그림 10.10** 아래 $TRIN 5분 선차트에서 마감 때 $TRIN은 1.50보다 크다. 이런 극단적인 수치는 시장의 바닥이 가까이 있음을 암시한다. 마감이 가까워지면서 급격히 상승한 $TRIN은 이후 다음날 오전 여러 시간에 걸쳐 하락하기 시작한다. **도움말**: 마감 때 $TRIN이 1.50보다 높은 경우 보통 다음날 오전 급상승으로 이어진다.

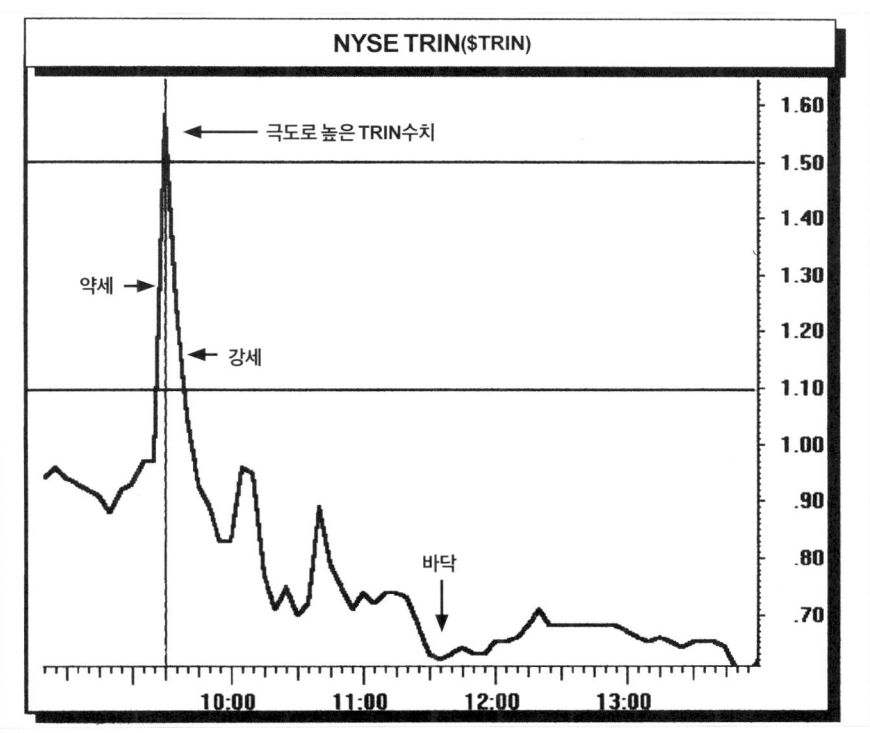

● **그림 10.11** 아래 /SPU9 5분 선차트는 S&P 선물과 $TRIN의 움직임이 어느 정도까지 일치하는지 잘 보여준다. /SPU9의 바닥과 꼭대기가 $TRIN의 움직임이 시사하는 바와 완벽히 일치한다.

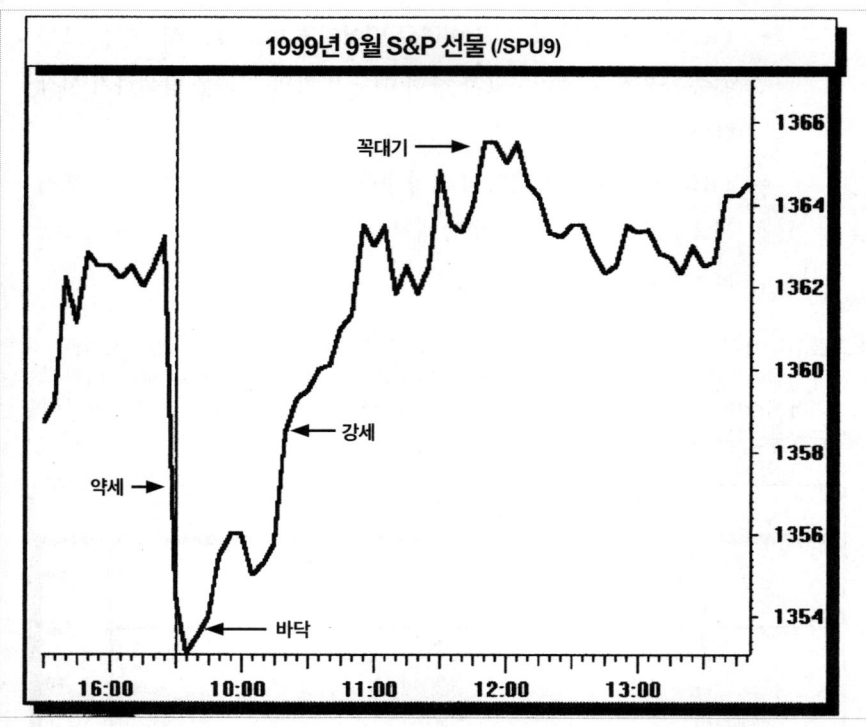

네 번째 시장 도구 :
신저가(New Lows, NLs)

    NYSE의 일간 신저가(NL) 지표는 거래소에서 52주 신저가까지 떨어진 종목의 수를 알려준다. 이 (일일) 통계 하나로 시장의 건강 상태를 측정하는 가장 빠르고 정확한 방법을 알 수 있다. 이 지표를 자세히 살펴보자. 트레이더가 종종 간과하는 기본적인 사실이 있다. 시장을 약화시키거나 종목을 52주 신저가로 떨어뜨릴 수 있는 것은 '매도'뿐이다. '매도' 혹은 '매도'의 부재로 시장이 얼마나 괜찮은지를 알 수 있다. 그러므로 시장의 매도 압력에 갑작스러운 변화가 있는지 주의 깊게 관찰해야만 한다. 그리고 NL은 시장이 받는 매도 압력의 정도를 매우 정확히 추적한다. 우리가 NL을 이용해 시장 여건을 파악하는 방법은 다음과 같다.

마스터 트레이더가 NL을 해석하는 법

- 상승 중인 NL은 시장의 매도 압력이 점점 더 강하게 작용하고 있으며 시장 환경이 더 어려워질 가능성이 크다는 의미다.
- 하락 중인 NL은 매도가 더 산발적으로 약하게 나타나면서 매수 관심이 커지고 있으며, 시장 환경이 개선되리라는 징후다.

우리는 다음과 같이 시장 상황에 대해 상당히 중요한 의미가 있는 여러 수준의 NL을 발견했다.

- 20 미만인 일간 NL는 상상할 수 있는 가장 강력한 상승 기조를 나타낸다. 이 과도하게 긍정적이고 들뜬 상태는 보통 오래가지 않는다. 사실상 이 과열 상태는 빠르게 해소된다.
- 20과 40 사이의 NL은 긍정적인 시장 기조를 나타낸다.
- 40과 60 사이의 NL은 중립 혹은 과열 상태에서 벗어나는 기간이다.
- 60과 80 사이의 NL은 시장이 약화 중이거나 문제가 있다는 신호다.
- 80보다 큰 NL은 하락 기조를 나타낸다. 일반적으로 매도 포지션을 위한 기회가 풍부하다. 상승 움직임은 급작스러운 하락 움직임에 의해 빠르고 단호하게 무력화되기 때문에 전적으로 매수 후 보유 전략을 취하는 참여자들에게 혹독한 환경이다.

도움말: NL 수치는 80보다 훨씬 높아질 수도 있는데, 그런 경우는 자주 없다는 것을 알아두자. 참고로 우리는 1998년 8월 NL이 1000을 넘은 것을 목격한 적이 있다.

이 간단한 통계적 수치를 주의 깊게 따라가다 보면 극도로 혼란스러울 수 있는 상황에서 정신을 가다듬는 데 도움이 된다. 특히 주 단위로 이 안내 수치를 이용하면, 아래 나열된 시장의 다섯 가지 주된 양상을 파악하는 데 매우 유용할 것이다.

1. 탐욕 및 과도한 긍정이 지배하는 상태 (NL 20 미만)
2. 건강한 상태 (NL 20~40)
3. 휴식 상태 (NL 40~60)
4. 혼란과 동요의 상태 (NL 60~80)
5. 공포와 비관이 지배하는 상태 (NL 80초과)

마스터 트레이더가 NL을 매매에 이용하는 법

- **20 미만의 NL**은 굉장한 상승 기조를 나타낸다. 이런 강세 단계에서 마스터 트레이더는 오로지 매수 방향의 매매만 생각할 것이다. 또한 거래 규모와 목표 수익면에서도 더 공격적일 수 있다.
- **40을 초과하는 NL**은 열기가 식는 단계임을 나타낸다. 이런 수치는 시장이 조금 피로한 상태를 알리는 조기 경고 신호다. 이런 경우 시장이 양방향 모두 단기 매매 기회를 줄 가능성이 있다. 하지만 이런 환경에서는 움직임이 매우 짧게 가기 때문에 마스터 트레이더라면 포지션에 빠르게 들어가고 나가며 거래할 것이다(그림 10.12 참고).
- **80을 초과하는 NL**은 변덕스런 기조를 알리는 신호다. 상승은 기껏해야 산발적으로 짧게 나타날 테고 최소 저항 경로*가 대부분 하락 방향일 것이므로 마스터 트레이더는 오로지 매도 기회에 집중한다.

---

* path of least resistance: 최소 저항은 공급이 적어서 적은 양의 수요로도 주가를 올릴 수 있는 상승에 대한 저항이 가장 낮은 가격 영역을 말한다. 그런 최소 저항 가격을 따라 주가가 움직이며 만드는 경로가 최소 저항 경로다.

● **그림 10.12** S&P500 지수와 NYSE NL의 일일 차트가 NL이 40을 초과한 영역에서 전반적인 시장의 약세를 분명히 보여준다. **도움말**: NL 40은 강세와 약세를 구분하는 경계다.

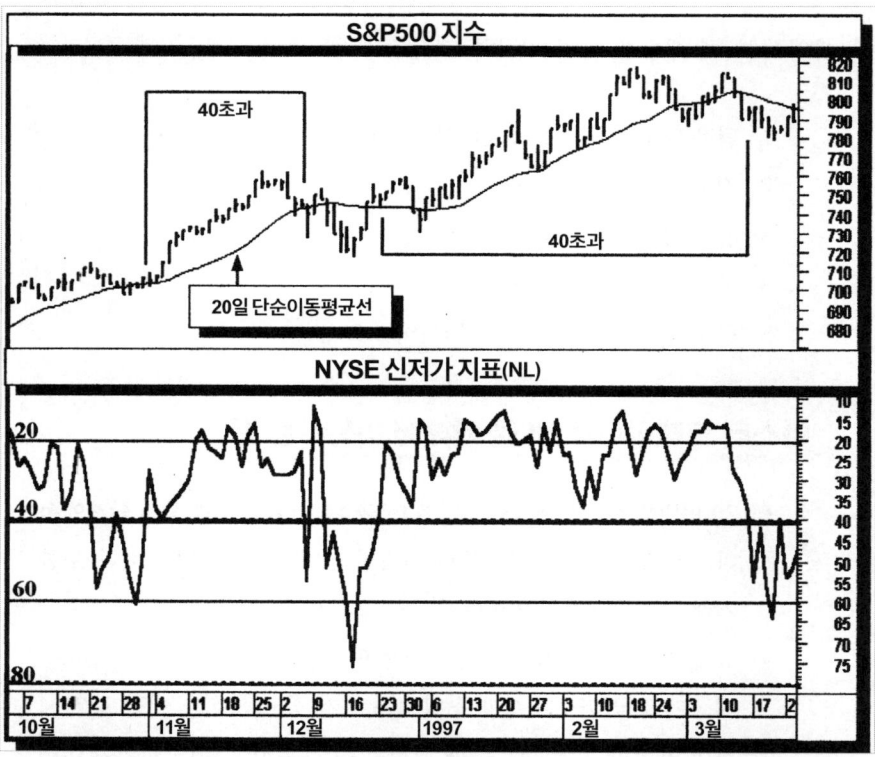

다섯 번째 시장 도구 :
강력 5 지수

프리스틴이 개발한 강력 5 지수는 우리 사내 트레이더들이 시장 전반의 상태와 여건을 주의 깊게 지켜보는 데 도움을 주기 위해 생성한, 5개 종목으로 구성된 소형 지수다. 수년간 관찰한 결과 우리는 특정 핵심 종목들이 시장 전반의 움직임을 그대로 따를 뿐만 아니라 시장을 이끌 때가 많다는 것을 깨달았다. 이런 시장 주도 경향은 시장을 주의 깊게 지켜보는 트레이더에게 값을 매길 수 없을 만큼 귀중한 단서와 수익을 낼 수 있는 기회를 제공한다. 매일 이 핵심 종목을 관찰하는 것만으로도 마스터 트레이더는 월가의 프로들이라는 사람들에 필적하는 '감'을 유지할 수 있다. 다섯 가지 강력 지수를 구성하는 개별 종목에 대해서는 아래 자세히 설명했다. 각 종목의 이야기가 당신에게 흥미롭게 다가갈 것이다.

강력 5 지수*

제너럴 일렉트릭(General Electric, GE): GE는 곧 시장이다. 시장 전체의 상태를 대표하는 종목을 하나만 선택해야 한다면 GE일 것이다. 시장이 어떻게 되면, GE도 결국 그렇게 된다. GE가 어떻게 되면, 시장도 결국 그렇게 된다. GE는 전 세계에서 가장 큰 회사이며 지구에 있는 거의 모든 것을 판매한다. GE의 사업 대상이 모든 것을 총망라한다는 사실은 GE를 모든 장기 포트폴리오에 포함해야 할 종목이 되기에 충분한 이유다.

시티그룹(CitiGroup, Inc, C): 이 종목 하나로 금융 산업 전체를 집약적으로 볼 수 있다. 시티그룹의 사업 부문은 은행업, 증권중개업 그리고 보험업이라는 큰 세 가지 금융 분야를 대표한다. 시티그룹의 시티은행 부문은 은행 분야, 솔로몬 스미스 바니**는 증권중개 분야, 트래블러(Travelers) 부문은 보험 분야를 대표한다. 시장은 금융 분야 종목이 협조하고 참여하지 않으면 장기간 상승할 수 없다. 시티그룹은 그런 금융 분야 전체의 그림을 보여준다.

마이크로소프트(Microsoft, Inc., MSFT): 기술이 우리 삶과 시장, 세계에 끼친 엄청난 영향력을 의심하는 사람은 없다. 과거 10년 동안 기술 분야 전체가 주식 시장의 중심, 활력의 원천이 되었으며 이런 추세는 앞으로 몇십 년 동안 계속될 것이다. 따라서 시장의 큰 부분을 차지

---

* 　현재 기준과 다를 수 있다.

** 　Solomon Smith Barney: 1910년 설립되어 1970~1980년대 전성기를 구가하며 특히 채권계의 강자로 군림했지만 1990년대 위기를 겪다가 1998년 시티그룹에 합병됐다.

하는 이 분야는 예의 주시해야 하며, 영리한 트레이더는 매일 MSFT 움직임으로 기술 분야를 쉽게 파악한다. 이 대형주 하나로 기술 분야 전체의 출렁거림이 만드는 밀물과 썰물을 보고 느낄 수 있다. 기술 분야가 오늘날 시장에서 심장 역할을 한다면 그 기술 분야의 심장은 MSFT다. MSFT의 움직임을 신중히 살피지 않고 기술 분야에 발을 들여서는 안 된다.

아메리카 온라인(America Online, AOL): 인터넷 열풍은 우리의 상상력을 사로잡고 우리의 삶을 장악했으며 역사상 시장에 있었던 어떤 광풍보다 거대한 변화를 일으켰다. 인터넷의 향후 전망은 믿기 어려울 정도로 엄청나다. 인터넷은 전화가 그랬듯, 우리가 우리 밖의 세상과 소통하고 사업하는 방식을 아주 오랫동안 변화시킬 것이다. 이 신흥 산업은 시장의 심리에 매우 중요해졌기 때문에 기민한 트레이더라면 반드시 매일 이 산업을 주의 깊게 살펴봐야 한다. 그러면 이 분야에서 AOL의 지배적인 위치를 의심할 수 없을 것이다. 진정한 의미에서 AOL은 모든 인터넷 주식의 선구자이며 혼자서 거뜬히 인터넷 분야를 대표하는 척도의 역할을 맡을 수 있다.

제너럴 모터스(General Motors, GM): 경기순환주는 거의 완벽한 경제의 척도이기 때문에 기민한 트레이더에게 아주 중요하다. 건강한 경제는 건강한 주식시장이나 다르지 않다. GM은 주요 경기순환주이므로 경제 자체를 대신하는 핵심 지표다. 사람들이 차를 구입하려 할 때는 대출을 받을 의향이 있다는 의미이며 이는 곧 직업과 경제에 확신이 있다는 뜻이다. 추가 대출을 받을 자신감이 있는 소비자는 금융주가 번창하는 바탕이 된다. 금융기관 간 유동성 시장(intermarket) 분석은 그것만으로도 책 한 권은 나올 주제다. 하지만 마스터 트레이더는 GM을 주시하는 것만으로도 경제 전문가 못지않은 통찰력을 가질 수 있다. GM이 거의 모든 것에 대해 얘기한다 해도 과언이 아니다.

마스터 트레이더가 강력 5 지수를 해석하고 매매에 이용하는 법

- 강력 5 지수를 구성하는 모든 종목이 오를 때 마스터 트레이더는 전적으로 매수 포지션에 집중한다.
- 강력 5 지수를 구성하는 모든 종목이 내릴 때 마스터 트레이더는 전적으로 매도 포지션에 집중한다.
- 마이크로소프트(MSFT)와 아메리카 온라인(AOL)이 동시에 상승세일 때 마스터 트레이더는 트레이딩의 대부분 혹은 전부를 핵심 기술주로 채울 기회를 찾는다.
- MSFT와 AOL이 모두 하락하면 거래 시간 중 기술주 매수 트레이딩은 하지 않는다. 대신 이런 상황에서 기회는 매도 트레이딩에 있다.
- 시티그룹 움직임이 좋다면 (하루 동안 잘 상승했다면) 금융 분야가 시장 전체를 지지 중이라는 뜻이다. 이런 경우의 일중 풀백은 우려할 요인이 아닌 매수의 기회다. 은행, 증권, 보험 섹터에서 트레이딩 기회를 찾아볼 수 있다. 반대의 경우도 마찬가지다.
- MSFT가 크게 하락할 때는 많은 기술주가 매도세를 경험할 것이다. 그럴 때는 기술 분야의 장중 급상승세는 차차 사라질 가능성이 크다. 그러므로 최고의 매도 포지션 기회가 된다. 반대의 경우도 마찬가지다.
- AOL이 크게 상승할 때는 인터넷 종목의 매수 기회가 많을 것이다. 이런 경우 마스터 트레이더는 인터넷주의 풀백이 잠정적으로 매수

의 기회가 된다고 생각한다. 반대의 경우도 마찬가지다. 그러므로 마스터 트레이더는 지지와 저항 및 다른 트레이딩 전략과 전술을 이용해 조기 매수 기회를 찾는다. 반대의 경우도 마찬가지다.

위에 나열한 것은 어디까지나 참고일 뿐이며 이외에도 물론 많은 가능성이 있다. 하지만 대부분 시작하는 과정을 넘기지 못하는 초보 트레

● **그림 10.13** 다음 목록은 우리 프리스틴이 엑시큐셔너닷컴의 마켓 마인더(market minder) 기능을 이용해 시장 전체를 파악하는 방법을 보여준다. 개장 시간 중 이 목록을 통해 시장을 관찰하면 어떤 분야의 종목이 매수, 매도되는지 판단하기 쉽다. ① TICK 및 TRIN, ② S&P와 나스닥 100선물, ③ 다우존스 지수, 운송 지수(Transportation Index), S&P500 지수 (현물), 나스닥 지수 ④ 강력 5 지수, ⑤ 반도체, 금융, 인터넷, 중개 딜러, 제약, 석유 지수. 이날은 하락이 심했던 날임을 참고하라.

종목 기호	직전		최고	최저	변동폭
$TICK	513	S	609	-793	+513
$TRIN	1.84	S	1.84	.65	+.64
/SPU9	1331.80	S	1358.00	1330.00	-18.00
/NDU9	2276.50	S	2327.00	2276.00	-10.75
$INDU	10655.15	S	10825.80	10647.86	-136.14
$TRAN	3333.24	S	3366.48	3327.62	-15.71
$INX	1328.72	S	1350.92	1328.49	-12.31
$COMPX	2638.49	S	2676.45	2631.87	-1.52
GE	109	S	112 5/16	108 11/16	-3
GM	61 1/8	S	64 1/8	60 3/8	-2 13/16
C	44 9/16	S	46 1/4	44 1/2	-1 3/16
MSFT	85 13/16	S	88 5/8	85 1/2	-1 1/8
AOL	95 1/4	S	100 1/2	94 1/4	-1 5/8
$SOX.X	493.97	S	501.93	490.99	+1.33
$NF.X	532.39	S	541.95	532.11	-9.40
$IIX.X	278.33	S	285.51	276.77	-3.69
$XBD.X	389.71	S	398.22	389.56	-8.41
$DRG.X	349.02	S	352.77	348.84	-.54
$XOI.X	514.68	S	519.73	508.70	+5.88

이더에게 일반적인 지침을 제공하거나 개략적인 트레이딩 계획으로 사용할 수 있다(그림 10.13).

주식 시장 퀴즈

문제 1 **과거 기록상 1년 중 가장 약세인 달은?** 이 문제의 답은 투자자는 물론 트레이더에게도 포트폴리오 및 트레이딩 계획을 짜는 데 도움이 된다.

답 **9월.** 과거 15년간 9월에 시장이 상승한 적은 단 5번뿐이다.

문제 2 **과거 기록상 1년 중 가장 강세인 달은?** 이 문제의 답을 알면 노련한 트레이더는 트레이딩에서 우위를 점할 수 있다.

답 **5월.** 과거 12년간 5월이 가장 좋았던 해는 11번이다.

문제 3 **1년 중 자금을 100% 투입하거나 마진을 이용하기에 최적인 3개월은 언제일까?** 이 문제의 답을 알면 노련한 트레이더는 시장 평균을 초과하는 큰 수익을 거둘 수 있다.

답 **11, 12, 1월.** 연말 세금 보고 기간이 다가오고 펀드, 기업, 연금 펀드 등이 보너스를 생각하며 막판 실적을 위한 거래를 시도하기 때문에 주식시장에 친근해지기에 가장 좋은 시기다.

문제 4 **과거 기록상 약세가 끝나는 달은?** 이 답을 알면 노련한 트레이더는 시장 방향의 전환 시점을 예상하고 정확한 시점에서 바닥 가격일 때 종목을 거두어들일 수 있다.

답 **10월.** 1946, 1957, 1960, 1966, 1974, 1987, 1990, 1998년까지 이전 약세 시장은 전부 10월에 끝났다.

문제 5 **한 달 중 투자금 전부를 투입하기 가장 좋은 5일 기간은?** 이 기간을 알면 투자자와 트레이더가 얼마나 공격적인 태세를 취할지, 얼마나 큰 규모로 자금을 투입할지 결정하는 데 도움이 된다.

답 **각 달의 마지막 날부터 다음 달 4일까지.** 과거 기록상 이 5일은 나머지 기간 대비 실적이 더 좋다. 매월 말과 초에 펀드로 큰 현금이 유입되는 덕분이다.

문제 6 **과거 기록상 매달 시장에 참여하기에 가장 좋은 날은?**

답 **매월 둘째 날.** 다른 거래일과 비교하면 매월 둘째 날에 시장이 오를 때가 많다(62.3%).

시장에 대한 당부의 말

20세기를 영원히 뒤로하며 '새천년에는 투자자와 트레이더에게 어떤 일이 닥칠까?'라는 질문에 대해 깊게 생각하지 않을 수 없다. 1900년대의 마지막 10년 동안 주식 시장이 보인 강력한 상승으로 인해 고평가되었다는, 하나같이 같은 이유를 반복적으로 들며 무수히 많은 사람들이 암울한 주식 시장의 미래를 예견했다. 컴퓨터 관련주의 주가가 모두의 예상을 뛰어넘어 치솟고 인터넷 주식이 먼 우주까지 까마득히 올라가자 많은 전문가들이 반복적으로 낸 의견은 '과하다'였다. 이런 '과매수'에 대한 외침은 어느 정도 이해할 만하다. 나스닥 100지수가 1998년 한 해에만 82%라는 놀라운 상승을 보이며 사상 최고의 실적을 냈다. 그 이전의 최대 상승폭은 1991년의 65%였다. 이렇게 멋진 상승을 가능하게 한 종목은 과거 5년간 주가가 다섯 배가 된 마이크로소프트, 시스코 시스템즈(CSCO), MCI월드콤(WCOM), 델, 썬마이크로시스템즈(SUNW)

다. 말할 것도 없이 인터넷 주도주의 최근 수익률은 한 해 동안 아마존(AMZN)이 10배 상승하고 야후(YHOO)가 8배 상승하는 등 이보다 훨씬 좋았다. 이런 추세는 계속될까? 인터넷주를 역사상 어떤 그룹보다도 빠르게 상승시킨 열풍은 과도한 기대로 인한 꼭대기인 걸까? 많은 월가의 시장 전문가들은 그렇게 느끼고 있지만 그들은 다우존스가 3000을 넘어설 때도 과하다고 느꼈던 사람들이다. 우리는 시장의 상승이 과도한 것이 아닌 늦어진 것이며 이를 계속 만끽할 수 있다고 본다. 대부분의 사람들보다도 '이번에는 달라'라는 생각의 위험성을 잘 알지만, 이번에는 다르다는 것은 부인할 수 없는 사실이다.

지금 우리는 예전과는 다른 역학 관계와 방법이 견인하는 달라진 세상에 살고 있다. 막 태동을 시작한 폭발적인 기술의 발전이 사람, 기업, 국가의 심장에 불을 붙이고 사고에 날개를 달아주었다. 정보의 원천에서 대중으로 전달되기까지 소통의 온전한 주기가 거의 즉각적이라고 할 정도로 빨라졌고 한때 시공간으로 나뉘었던 강력한 장벽이 무너지며 변화를 쉽게 받아들이는 사람들도 당황스러울 정도로 산업적으로 일체화, 보편화되었다. 이 세계에 새로 나타난 기술적인 기적이 우리 사고에 날개를 달아주었다면, 이런 변화로 인해 시장이 비상하는 것이 문제가 될까? 오늘날의 발전으로 인해 더 높은 수준으로 성취할 수 있다면 시장 역시 이를 반영해서 높이 오르지 말아야 할 이유가 있을까?

시장은 인류가 경험하고 변화된 모습을 반영하는 거울일 뿐이다. 우리가 앞으로 나아가면 인간 경험의 반향인 시장 역시 앞으로 나아가야 한다. 월가의 프로들은 화려한 사무실 안에 갇혀 시장이 정작 사람을 반영한다는 사실을 잊은 것 같다. 그 반대가 아니다. 우리 삶이 매년 더 나아지고 있다면 PER가 아무리 천문학적으로 높다고 해도 이에 호응하는 시장을 멈출 이유가 되지 않는다. 급속히 발전하는 기술이 우리를 더 높은 곳으로 이끌고 있다. 이런 상황이 지속되는 한 시장은 더 높아질 수밖에 없다. 물론 갑작스럽게 상승 또는 하락하고 가끔 심각하게 추락하기도 할 것이다. 하지만 어머니는 이렇게 말씀하셨다. "뜻밖의 좌절은 네가 성공하고 있다는 의미이니 기뻐해야 해!"

11장

차트 도구와 전술

차트에 들어가며

우리의 트레이딩은 본질적으로 단기다. 모든 진입과 청산 지점은 펀더멘털 혹은 경제적인 것이 아닌 기술적 사건이 바탕이다. 우리가 취하는 행동의 근거는 시장 심리의 주요 단기적 변화를 대표하는, 매우 신뢰성 높은 여러 개의 차트 패턴이다. 이제 우리가 시장에 접근하는 방법론이 매우 흥미로워지는 지점을 살펴보자. 다음 사실을 생각해보라. **모든 기간(일, 시간, 15분, 5분, 1분)에는 단 두 집단으로 존재하는 선수들 간의 싸움 혹은 작은 충돌이 있을 뿐이다.**

일일 차트를 볼 때, 각 막대는 지속되는 전쟁의 맥락에서 막대가 형성되는 동안 일어난 전투다. 2분 차트의 막대 하나하나는 끝없는 전쟁에서 벌어진 2분 동안의 충돌을 나타낸다. 그렇다면 마스터 트레이더의 성공은 전적으로 현재 어느 집단이 그 전쟁에서 우세한지를 정확히 판단하는 능력에 달려 있다. 한 집단이 현 전투(기간)에서는 이기고 있지만 전쟁(추세)에서는 타 집단이 우세할 수 있다. 지속적으로 전쟁에서 우세한 집단과 같은 방향, 같은 태세를 취하도록 스스로 정비해서 시장을 수익을 향한 탄탄대로로 이용하는 사람이 마스터 트레이더다. 게다가 한 집단이 다른 집단을 지배하기 직전의 순간을 지속적으로 알아볼 수 있다면, 시장을 이용해 수익을 창출하고 부를 축적할 수 있다.

우리는 매수자와 매도자 간 힘의 균형에 변화가 발생한 정확한 시점을 잡아낼 수 있는, 신뢰할 만한 많은 차트 패턴을 발견했다. 이 책을 상세히 읽고 공부한다면 당신은 이런 차트 패턴을 분간하는 방법뿐 아니라, 그 패턴을 이용해 수익을 내는 전술과 전략을 수립하는 방법도 알게 될 것이다.

앞서 언급했듯이 차트는 돈의 흔적이며 거짓말을 하지 않는다. 차트는 의사가 환자를 더 정확히 볼 수 있는 엑스레이나 마찬가지다. 의사인 우리의 환자는 시장과 이를 구성하는 개별 종목들이다. 이 장에서는 당신에게 시장에 관한 한 정상급 의사가 될 수 있는 도구를 제공한다. 각 도구를 깊게 탐구하기에 앞서 이 장의 뒷부분에서 다루는 더 높은 수준의 개념을 공부하는 데 필요한 기본 차트 개념 몇 가지를 우선 살펴보자.

차트 입문을 위한 기초

촛불이 길을 밝힐 것이다

마스터 트레이더가 선택할 수 있는 차트의 종류는 수없이 많다. 그중 몇 가지만 꼽아보면 가장 많이 이용되는 서구식 막대 차트, 가장 적게 이용되는 점수도(point and figure) 차트, 신문과 보고서에 가끔 보이는 선 차트(line chart), 우리 덕분에 최근 빠르게 대중적으로 퍼지고 있는 양초 모양의 일본식 봉차트(Japanese candlestick chart) 그리고 거래량너비 봉차트(equivolume chart, 에쿼볼륨 차트) 등이 있다. 양념을 얹을 때처럼 '다양성'이 지닌 장점이 있지만, 우리 생각에 마스터 트레이더에게 필요한 최선의 차트는 일본식 봉차트뿐이다. 다른 차트보다 훨씬 우수해서 이 봉차트를 보지 않는다면 오늘날 굳이 차트를 볼 이유가 없다고 생각할 정도다. 우리의 성공에 봉차트가 공헌한 부분이 그만큼 결정적이다.

물론 일본식 봉차트에 다른 사람들은 모르는 어떤 마술 같은 힘이 있거나 다른 막대 차트보다 더 많은 정보가 있는 것은 아니다. 우리가 봉차트를 좋아하는 이유는 단 하나, 간단해서다. 강세론자와 약세론자 중 어느 집단이 시장을 통제하고 있는지 시각적으로 보기 쉽게 표현하기 때문이다. 어느 집단이 통제력을 잃을지 혹은 다시 얻을지도 보기 쉽다. 그게 전부다. 다른 차트에는 없는 추가 정보가 있는 것이 아니다. 캔들봉이 트레이더가 전투에서 이기는 집단을 매우 쉽게 시각적으로 판단할 수 있게 한다. 다른 말로 하면, 매수자와 매도자 중 골리앗이 누구 편에 섰는지 더 빨리 판단할 수 있는 능력을 준다. 앞서 언급했듯이 골리앗의 적이 아닌 골리앗 편에 거는 사람이 꾸준히 승리한다. 이 점을 더 잘 살펴보기 위해 두 가지 예를 들어보겠다. 첫 번째 예는 골리앗이 매수자의 편에 있을 때, 두 번째는 매도자의 편에 있을 때를 보여준다.

매수자가 통제할 때

종목이 시작가보다 위에서 마감했다(양봉 마감)는 것은 해당 기간에 강세론자(매수자)가 이겼다는 의미다.

> 종가>시작가=강세론자 우위

그림 11.1은 강세론자/매수자가 전투에서 이기고 있음을 보여주는 서구식 막대 차트의 예다. 그림 11.2 역시 동일한 경우를 보여주지만 다른 형식인 일본식 봉차트를 이용했다. 둘 다 종목이 시작가의 위에서 마감했는데, 이는 매수자의 힘이 매도자를 더 높은 가격으로 밀어낼 정도로 충분히 강했다는 의미다. 우리는 시작가를 전투의 시작점으로 생각하

라고 가르친다. 전투가 시작점보다 더 높은 곳에서 끝난다면 매수자가 그 전투를 이겼다. 매수자가 개별 전투 대부분을 이긴다면 현재 전쟁에

● **그림 11.1** 전투에서 강세론자/매수자가 이길 때-서구식 막대 차트

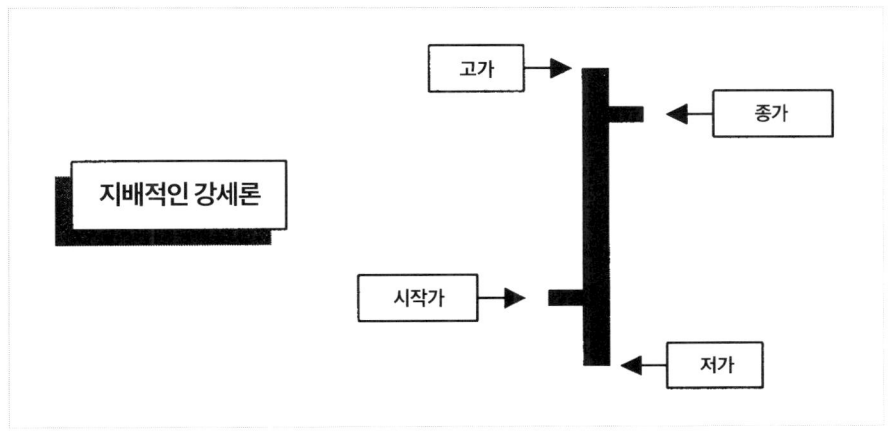

● **그림 11.2** 전투에서 강세론자/매수자가 이길 때-일본식 봉차트

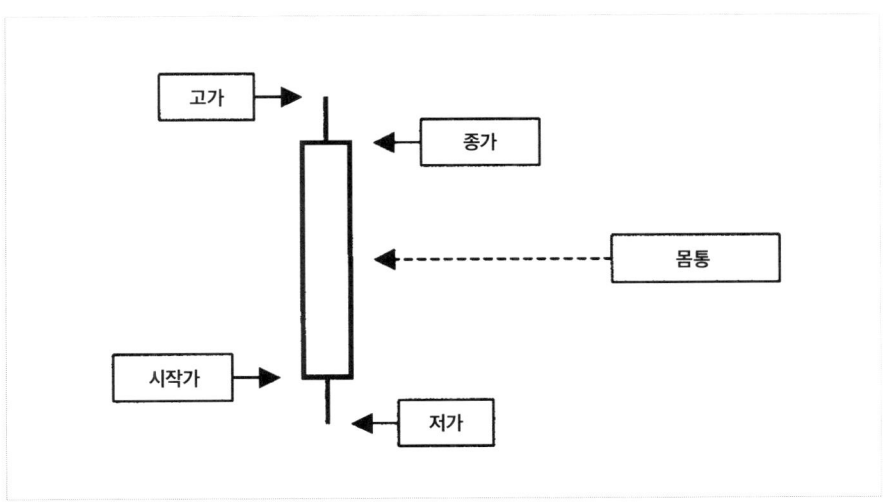

서 확실히 우세하다. 각 전투에서 이긴 횟수를 세거나 누가 이겼는지 추적 관찰하는 것을 차트 분석가들은 **추세 분석**이라고 한다. 상승 추세는 그저 매수자가 이긴 많은 전투로 구성된 전쟁일 뿐, 그 이상도 그 이하도 아니다.

두 번째 예를 자세히 보면 봉차트가 이 전투의 결과를 얼마나 잘 표현하는지 알 수 있다. 일본은 각개 전투의 승자를 판단하는 일의 중요성을 이해했기 때문에 시작가와 종가의 관계를 일반적으로 **몸통**이라고 하는 기둥 모양으로 그려 시각적으로 강조했다. 그림 11.2의 봉차트에서 몸통의 꼭대기는 종가, 바닥은 시작가를 나타낸다. 몸통 양끝의 '심지' 혹은 머리와 꼬리는 해당 기간의 고가와 저가를 나타낸다. 고가와 저가도 중요하지만 가장 중요한 것은 시작가와 종가 사이의 폭이다. 이 범위에서 기간 전투의 승자가 결정되기 때문이다. 강세론자가 전투에서 이기면 몸통은 항상 빨간색이다. 우리는 빨간색을 뜨거운 것으로 생각하라고 가르친다. 기본적으로 밝고 뜨거운 색깔의 봉이 보이면 즉시 강세론자/매수자가 전투에서 이겼다는 것을 알 수 있다. 이제 반대의 경우를 보자.

매도자가 통제할 때

종목이 시작가보다 아래에서 마감했다(음봉 마감)면 해당 기간에 약세론자(매도자)가 이겼다는 의미다.

> 종가<시작가=약세론자 우위

● **그림 11.3** 전투에서 약세론자/매도자가 이길 때-서구식 막대 차트

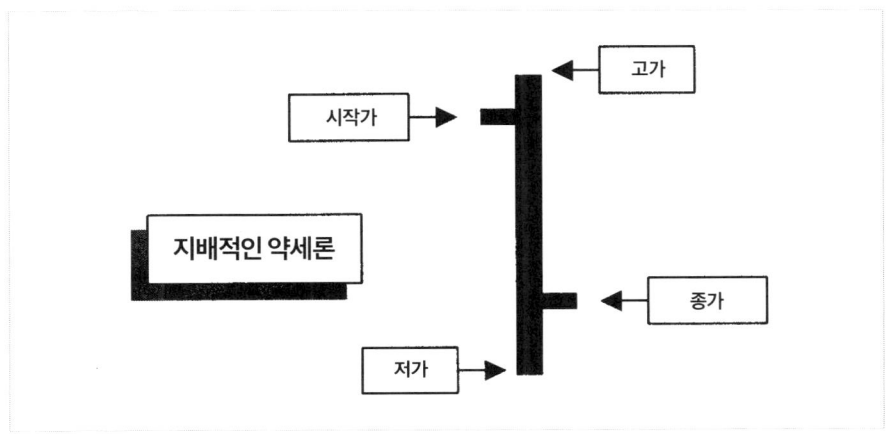

● **그림 11.4** 전투에서 약세론자/매도자가 이길 때-일본식 봉차트

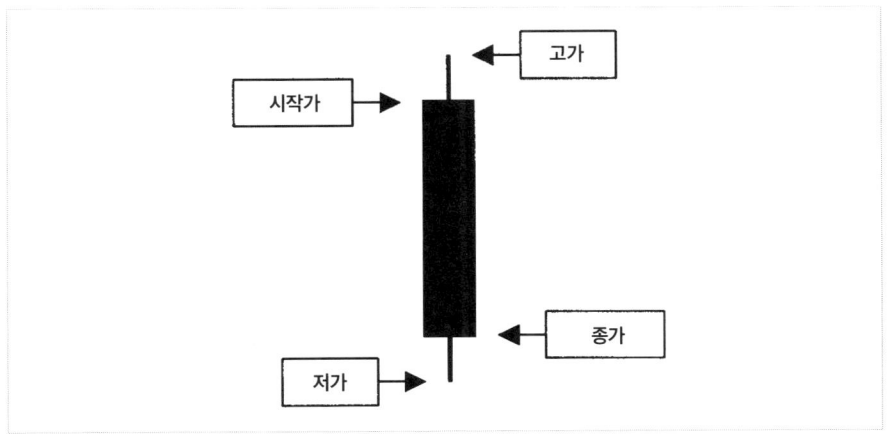

위 그림들은 약세론자/매도자가 전투에서 이기는 상황을 서구식 막대 차트(그림 11.3)와 일본식 봉차트(그림 11.4)를 통해 보여준다. 종목은 시

작가보다 **아래**에서 마감했는데, 매도자의 힘이 매수자를 더 낮은 곳으로 밀어낼 만큼 충분히 강했다는 의미다. 봉차트를 통해 이 전투의 불길한 결과를 얼마나 쉽게 판단할 수 있는지 주목하라. 푸른색으로 차가워 보이는 일본식 봉차트의 몸통이 약세론자가 통제하고 있는 상황을 명백히 보여준다. 약세론자가 전투에서 이기면 몸통은 항상 차가운 푸른색이다. 차가운 몸통 색에서 즉시 약세론자/매도자가 전투에 이겼음을 알 수 있다. 다시 말하지만 시작가는 각 전투가 시작되는 지점으로 생각해야 한다. 약세론자가 대부분의 각개 전투에서 이긴다면 현재 전쟁은 확실히 약세론자가 장악 중이다. 하락 추세는 단순히 약세론자/매도자가 우세인 전쟁이다.

강세론자와 약세론자가 비겼을 때

그런데 강세론자와 약세론자 중 어느 누구도 이기지 못할 때도 있다. 시작가보다 위에서 마감하면 강세론자의 승리, 시작가보다 밑에서 마감하면 약세론자의 승리라면 시작가와 종가가 같을 때는 무승부 혹은 동점이다. 그런 교착 혹은 중립 상태일 때는 몸통이 없는 막대가 형성되며 그 예시가 그림 11.5다.

구식 막대 차트처럼 보이지만 봉차트이기도 하다. 시작가와 종가가 같기 때문에 실제로 몸통 혹은 이 두 가격 사이의 범위로 표현할 것이 없다. 무승부라고 할 수 있는 이런 형태는 언제, 어디서 발생했는지에 따라 매우 유용한 정보가 된다.

지금부터는 가장 강력한 차트 기술과 전술 몇 가지를 설명하겠다. 이

● **그림 11.5** 몸통이 없는 막대로 형성된 캔들로 알 수 있는 무승부

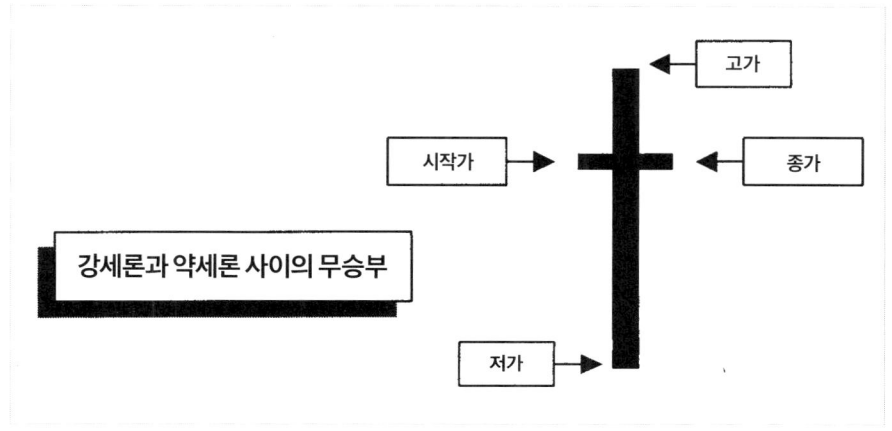

책 전체에서 가장 중요한 내용이다. 이 부분은 읽고 또 읽으며 공부하기를 강력히 권한다. 이 기술과 전술들을 철저히 익힌 사람은 최고의 마스터 트레이더가 되는 길에 제대로 들어섰다고 볼 수 있다. 앞으로 당신이 읽을 부분은 우리에게 매우 유익했던 내용이다. 이 도구를 찾고, 이용하고, 종합하는 법을 배우면 오랜 기간 유용하게 쓸 수 있을 것이다. 그럼 첫 번째 차트 도구를 살펴보자.

첫 번째 차트 도구 :
좁은 폭 막대(Narrow-Range Bar, NBR)

정의

고점과 저점 간 간격이 일반 범위보다 좁은 막대를 우리는 **좁은 폭 막대(NRB)**라고 한다(샛별형). 좁은 폭 막대의 모양은 극적으로 감소한 변동성을 암시하며, 이런 낮은 변동성 기간에는 강한 움직임이 출현하는 편이다. 예시를 살펴보자.

XYZ 주식이 월요일에 가장 높게 22달러, 가장 낮게 20달러에 거래되었다면 이날의 주가 범위는 2달러(22달러-20달러=2달러)다. 다음날 X가 21달러와 21.50달러 사이에서 거래되었다면 이런 거래 변동 폭이라면 좁은 폭 막대의 자격을 갖춘 것이다. 그림 11.6과 11.7에서 이를 확인할 수 있다.

● **그림 11.6** 서구식 막대 차트 방식에서의 좁은 범위 막대

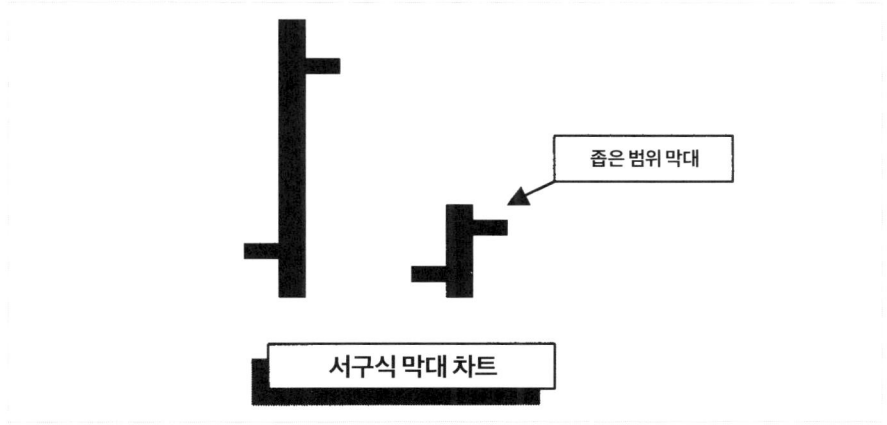

● **그림 11.7** 봉차트 방식에서의 좁은 범위 막대

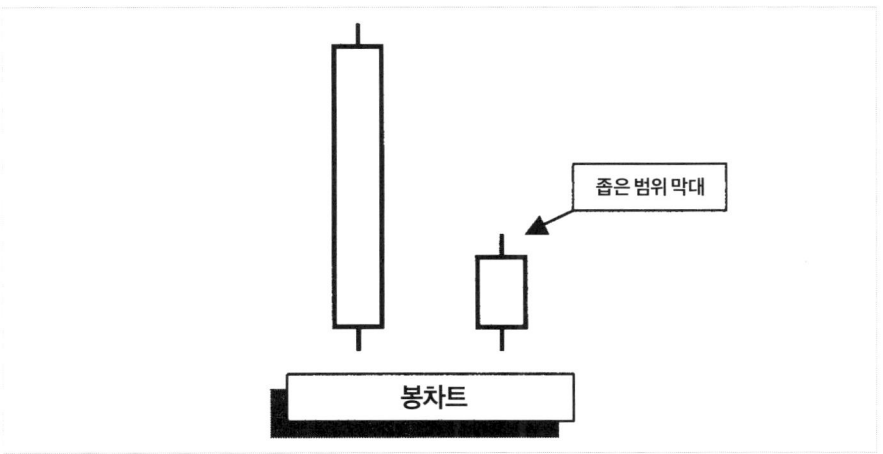

마스터 트레이더가 좁은 폭 막대를 해석하는 법

- 좁은 폭 막대의 출현은 매수자와 매도자의 힘이 거의 동등하다는 의미다(그림 11.8).
- 좁은 폭 막대는 평균 혹은 더 넓은 폭의 막대가 여러 개 나온 후 출현했을 때에만 의미가 있다.
- 좁은 폭 막대는 추세의 강한 반전이 임박했다는 가장 확실한 신호다.
- 좁은 폭 막대 이후 나온 반전(반등 혹은 반락)은 평균 막대 크기에서 나온 반전보다 더 큰 효력이 있으며 더 신뢰할 수 있다.
- 좁은 폭 막대가 여러 개의 하락 막대 후에 출현하면 마스터 트레이더는 상승을 예상한다.
- 좁은 폭 막대가 여러 개의 상승 막대 후에 출현하면 마스터 트레이더는 하락을 예상한다

마스터 트레이더가 좁은 폭 막대를 매매에 이용하는 법

- 마스터 트레이더는 여러 개의 급격한 하락 막대 후 출현하는 좁은 폭 막대의 고가보다 위에서 매수하고자 한다(그림 11.9).
- 마스터 트레이더는 여러 개의 급격한 상승 막대 후 출현하는 좁은 폭 막대의 저가보다 아래에서 매도하고자 한다.
- 공격적인 마스터 트레이더는 자주 여러 개의 하락 막대 이후 따라오는 좁은 폭 막대가 시작가보다 더 위에서 마감되면 매수한다.
- 공격적인 마스터 트레이더는 자주 여러 개의 상승 막대 이후 따라오는 좁은 폭 막대가 시작가보다 더 아래에서 마감되면 매도한다

● **그림 11.8** 좁은 폭 막대(NRB)가 CNCX 주가 움직임에서 중대한 꼭대기점과 바닥점을 표시하고 있다.

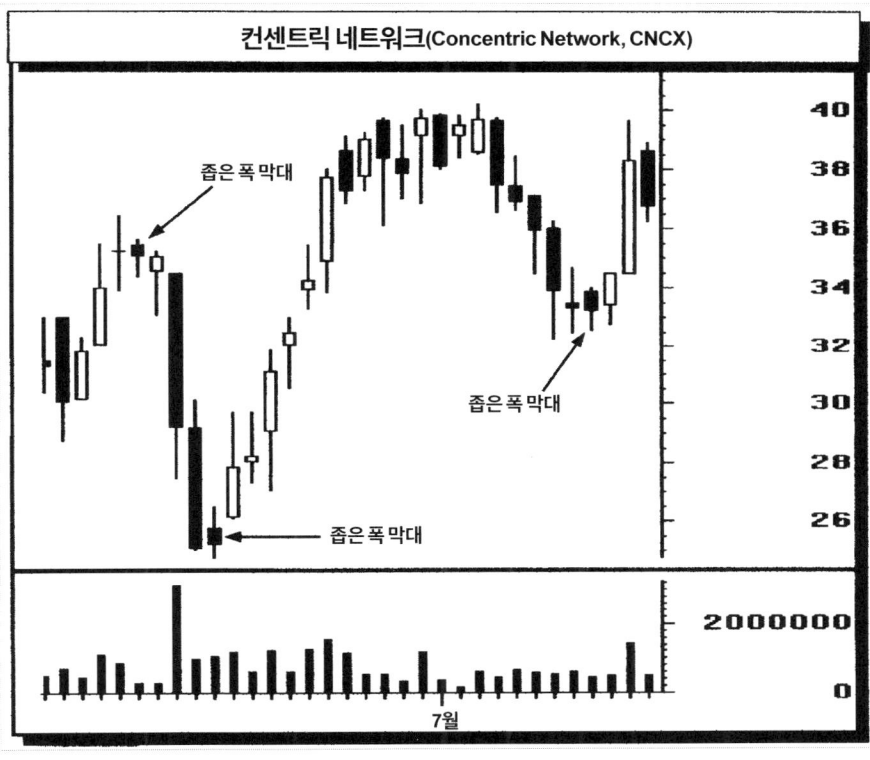

● **그림 11.9** 여러 개의 하락 막대 이후 AAPL의 움직임이 좁은 폭 막대를 형성, 이는 매우 강력한 상승의 시작점이 되었다. 마스터 트레이더는 좁은 폭 막대 위에서 매수한다.

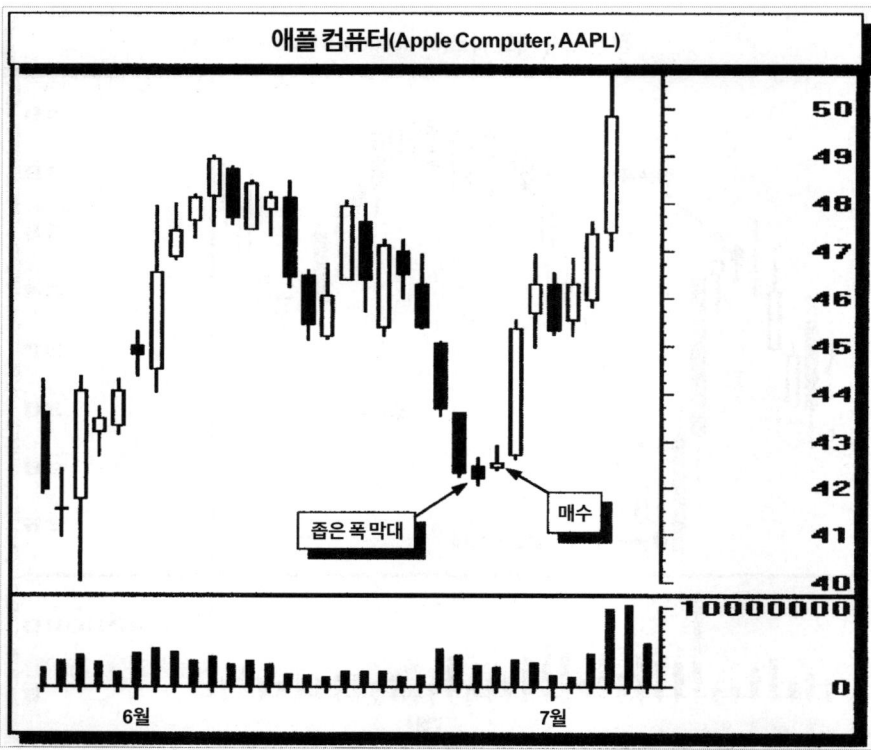

두 번째 차트 도구 : 반전 막대(Reversal Bars, RB)

정의

한 방향으로, 때로 가파르게 움직이다가 급작스러운 방향 전환 후 본래 방향과 반대 방향으로 시작가보다 더 낮은 가격으로 마감할 때 나타나는 막대를 우리는 **반전 막대(RB)**라고 부른다. 일례로 주가가 먼저 급격히 하락한 상황에서 **강세형** 반전 막대(bullish reversal bar)는 추세를 반전시키며 기간의 고가 가까이에 시작가보다 위에서 마감한다. 주가가 급격히 상승한 후 나오는 **약세형** 반전 막대(bearish reversal bar)는 추세를 반전시키며 기간의 저가 가까이에 시작가보다 밑에서 마감한다. 두 가지 예를 함께 살펴보자.

> **강세형 반전 막대:** 월요일 XYZ 거래가 20달러로 시작되고 일중 18달러까지 낮게 거래된 후 상승 반전되어 20.50달러로 마감(그림 11.10 및 11.11 참고)
>
> **약세형 반전 막대:** 수요일 XYZ 거래가 20달러로 시작되고 일중 22달러까지 높게 거래된 후 하락 반전되어 19.50달러로 마감(그림 11.12 및 11.13 참고)

● **그림 11.10** 서구식 막대 차트로 표현된 강세형 반전 막대

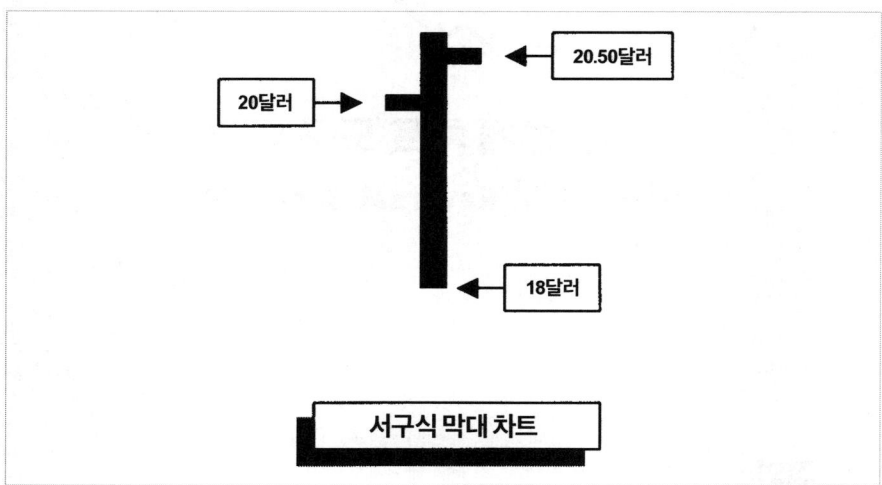

● **그림 11.11** 봉차트로 표현된 강세형 반전 막대

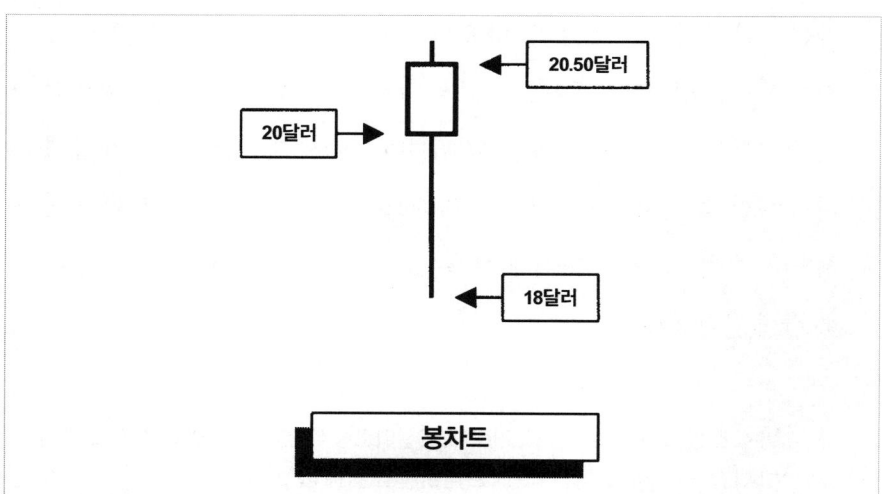

● **그림 11.12** 서구식 막대 차트로 표현된 약세형 반전 막대

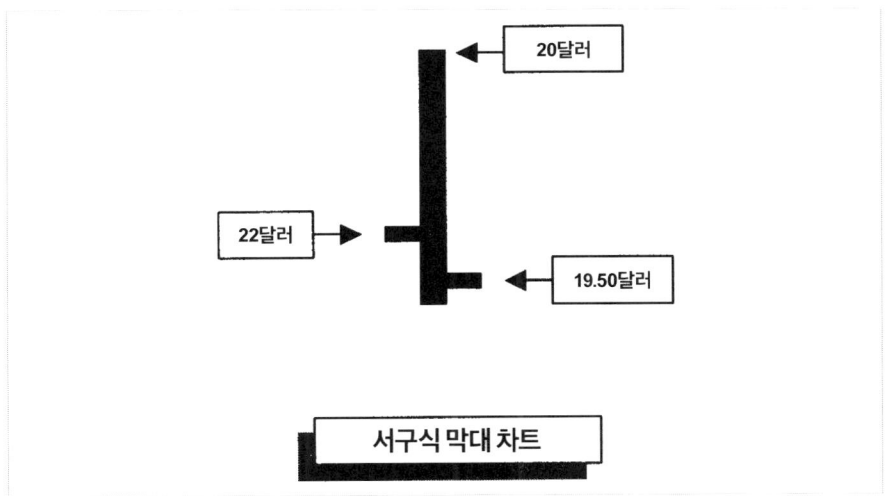

● **그림 11.13** 봉차트로 표현된 약세형 반전 막대

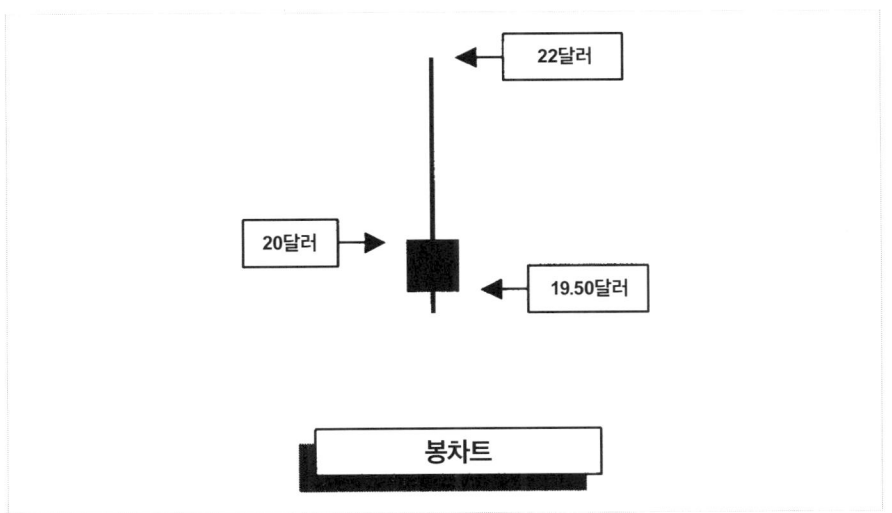

마스터 트레이더가 반전 막대를 해석하는 법

- 반전 막대의 출현은 임박한 추세의 급반전 혹은 변화를 의미한다.
- 반전 막대 출현 이후의 방향 전환(반등 혹은 반락)은 일반적인 막대 이후의 전환에 비해 더 강력하고 믿을 만하다.
- 반전 막대는 털어내기*가 진행된 곳에서 보인다.

● **그림 11.14** DCLK가 약세형 반전 막대를 형성한 후 급격히 하락했다. 강세형 반전 막대 역시 큰 상승세를 개시했다.

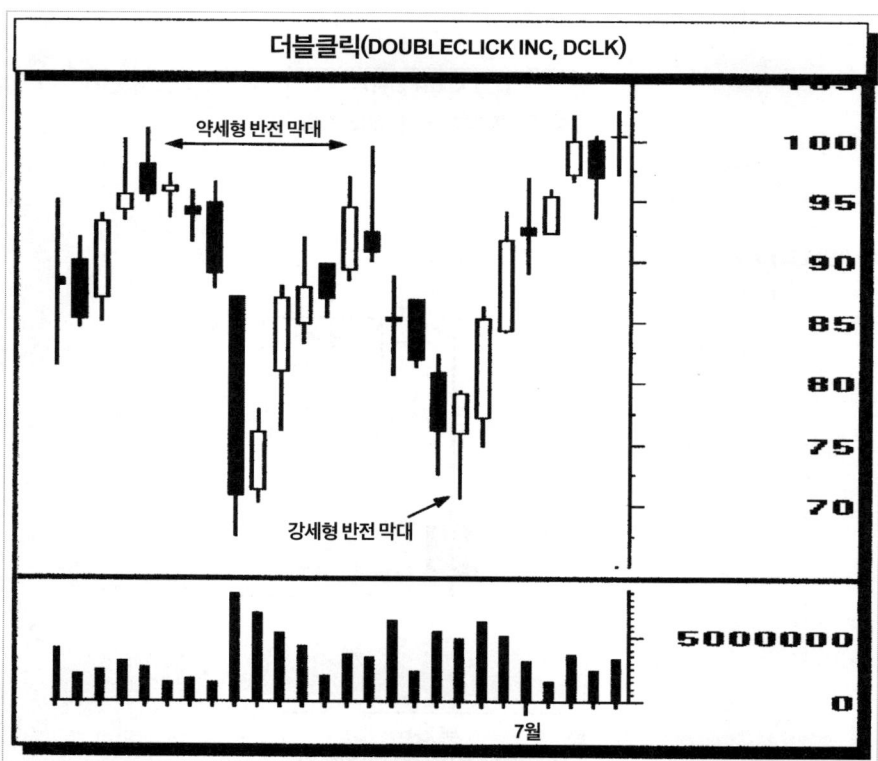

---

* 털어내기는 갑작스러운 가격 변동 이후 원상 복귀하는 가격 움직임이 일어나는 동안 기존 매수자들이 보유분을 포기하는 현상이다. 주로 시장 조성자들의 의도에 따라 발생한다고 해석된다.

- 강세형 반전 막대는 시장을 통제하는 힘이 매도자에서 매수자로 옮겨갔다는 의미다.
- 약세형 반전 막대는 시장을 통제하는 힘이 매수자에서 매도자로 옮겨갔다는 의미다.
- 강세형 반전 막대는 여러 개의 하락 막대 **이후** 나타났을 때 가장 큰 의미를 지닌다.
- 강세형 반전 막대가 여러 개의 하락 막대 이후 발생했다면 마스터 트레이더는 상승을 기다린다.
- 약세형 반전 막대는 여러 개의 상승 막대 **이후** 나타났을 때 가장 큰 의미를 지닌다.
- 약세형 반전 막대가 여러 개의 상승 막대 이후 발생했다면 마스터 트레이더는 하락을 기다린다(그림 11.14).

마스터 트레이더가 반전 막대를 매매에 이용하는 법

- 마스터 트레이더는 강세형 반전 막대의 고점 위에서 매수 기회를 찾는다.
- 마스터 트레이더는 약세형 반전 막대의 저점 아래에서 매도 기회를 찾는다.
- 공격적인 마스터 트레이더는 강세형 반전 막대가 마감되기 직전 매수할 때가 많다.
- 공격적인 마스터 트레이더는 약세형 반전 막대가 마감되기 직전 매도할 때가 많다.

세 번째 차트 도구 : 머리 및 꼬리

정의

머리 및 꼬리는 매수자와 매도자 사이의 힘의 균형에 이동이 발생한 지점을 표시한다. 고점까지 연결된 정점을 알리는 머리는 처음에 존재했던 상승세가 갑작스럽게 하락세에 자리를 내줄 때 형성된다. 저점까지 연결된 **바닥을 알리는 꼬리**는 종목이 하락하다가 갑자기 상승 방향으로 반등할 때 생성된다. 두 가지 예를 살펴보자.

바닥 꼬리 XYZ거래가 30달러에 시작되고 거래 시간 중 27달러까지 내려간 후 반등해서 29달러로 마감한다. 이 경우 꼬리의 길이는 2달러이며, 이는 해당 기간 막대의 저점(27달러)과 종가(29달러) 사이의 폭과 같다(그림 11.15 및 11.16 참고).

정점 머리 XYZ거래가 31.50달러에 시작되고 거래 시간 중 34달러까지 높게 거래된 후 반락해서 31.75달러로 마감한다. 이 경우 머리의 길이는 2.25달러이며, 이는 해당 기간 막대의 고

● **그림 11.15** 서구식 막대 차트로 표현된 바닥 꼬리

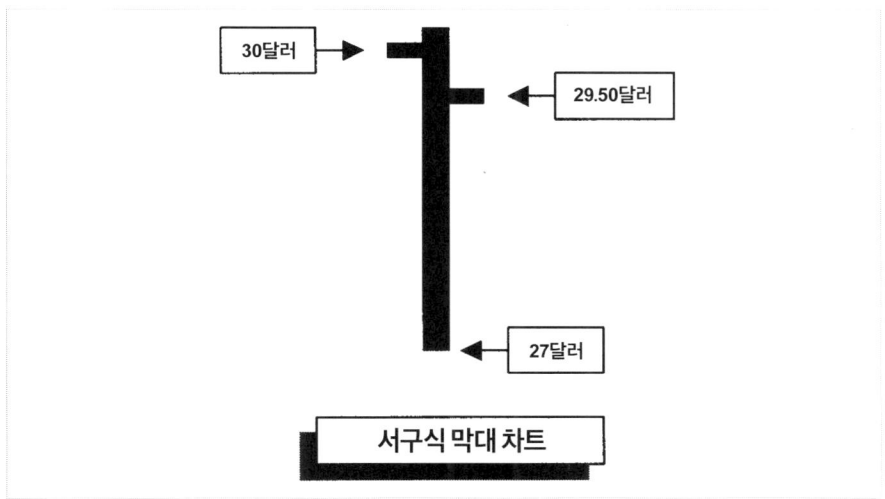

● **그림 11.16** 봉차트로 표현된 바닥 꼬리

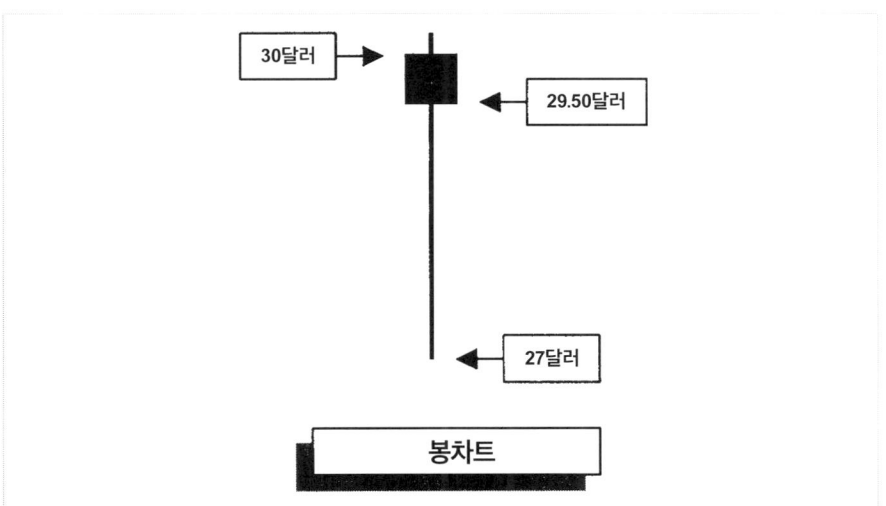

점(34달러)과 종가(31.75달러) 사이의 폭과 같다(그림 11.17 및 11.18 참고).

마스터 트레이더가 머리 및 꼬리를 해석하는 법

- 정점 머리 및 바닥 꼬리가 나온 이후 발생한 방향의 전환(반등 혹은 반락)은 더 두드러지는 경향이 있다.
- 정점 머리 및 바닥 꼬리는 털어내기가 발생한 지점을 나타낸다.
- 정점 머리는 전문 매도자들이 머무르며 일반 대중에게 주식을 내던지는 지점을 드러낸다.
- 바닥 꼬리는 전문 매수자들이 머무르며 일반 대중으로부터 싸게 주식을 매입해서 축적하는 지점을 나타낸다.
- 바닥 꼬리는 시장의 통제권이 매도자에서 매수자로 옮겨갔다는 징조다.
- 정점 머리는 시장의 통제권이 매수자에서 매도자로 옮겨갔다는 징조다.
- 바닥 꼬리는 여러 개의 하락 막대 **이후** 나타났을 때 가장 큰 의미를 지닌다.
- 바닥 꼬리가 여러 개의 하락 막대 **이후** 나타났을 때 마스터 트레이더는 종목의 상승 전환을 예상한다.
- 정점 머리는 여러 개의 하락 막대 **이후** 나타났을 때 가장 큰 의미를 지닌다.
- 정점 머리가 여러 개의 상승 막대 **이후** 나타났을 때 마스터 트레이더는 종목의 하락 전환을 예상한다.

● **그림 11.17** 서구식 막대 차트로 표현된 정점 머리

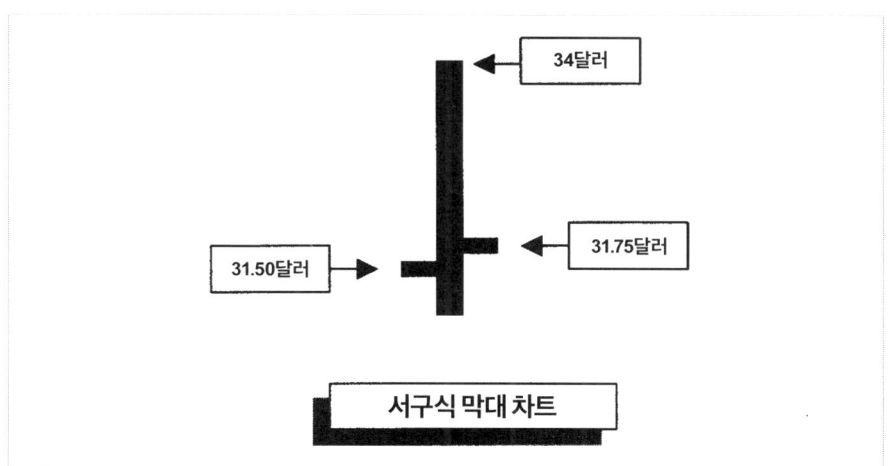

● **그림 11.18** 봉차트로 표현된 정점 머리

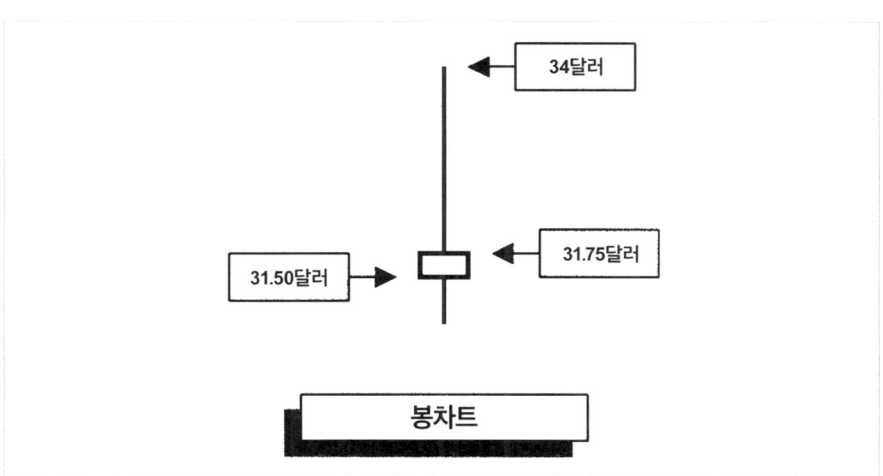

마스터 트레이더가 머리 및 꼬리를 매매에 이용하는 법

- 여러 개의 하락 막대 이후 바닥 꼬리가 나타나면, 마스터 트레이더는 해당 막대의 고점 위에서 매수 기회를 찾는다(그림 11.19 참조).
- 여러 개의 상승 막대 이후 정점 머리가 나타나면, 마스터 트레이더는 해당 막대의 저점 밑에서 매도 기회를 찾는다(그림 11.20 참조).

● **그림 11.19** 노벨러스 시스템즈(Novellus Systems, NVLS)가 바닥 꼬리가 지닌 정보의 힘을 잘 보여준다. 아래 차트에서 바닥 꼬리가 매수자가 46달러 영역에서 축적에 매진하고 있음을 나타낸다.

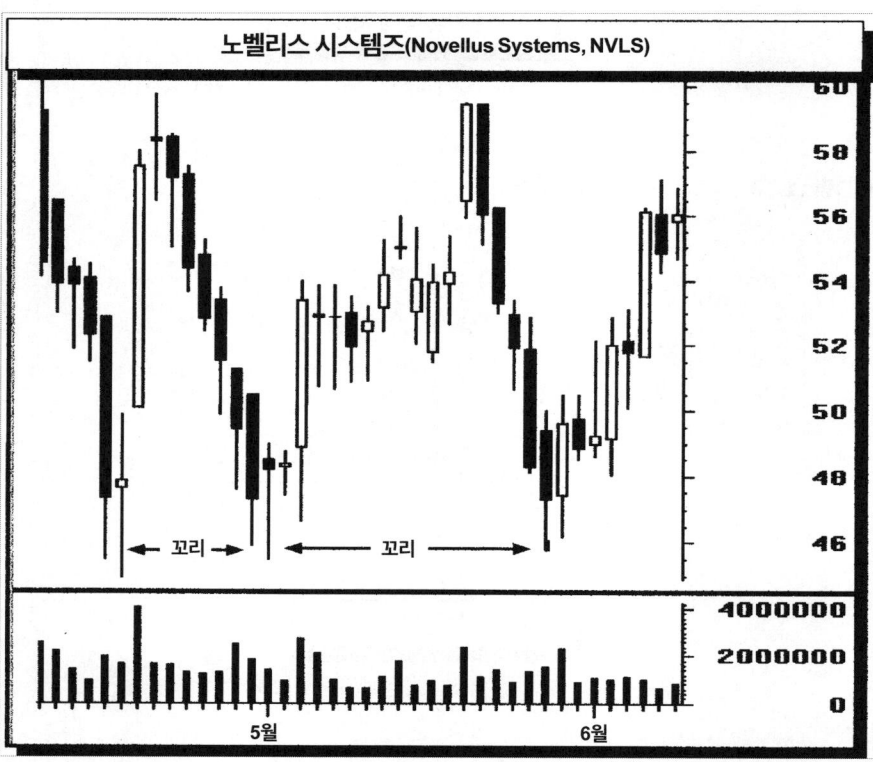

● **그림 11.20** 네트워크 솔루션즈(Network Solutions, NSOL)가 두 개의 정점 머리를 형성한 후 하락했다. 이 경우 정점 머리가 달린 막대가 동시에 약세형 반전 막대가 된 점에 주목하라.

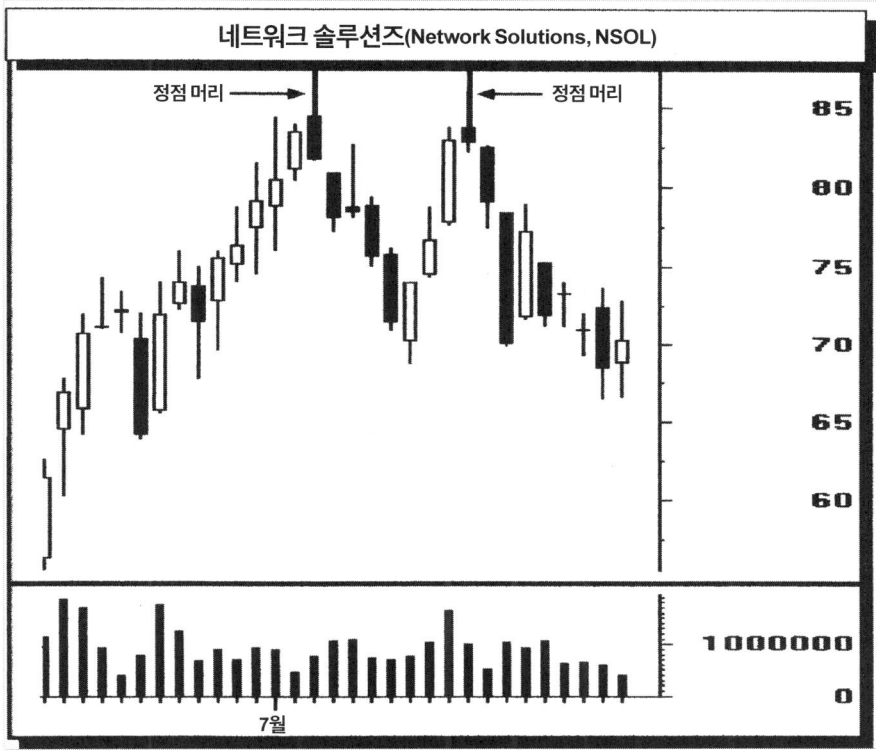

네 번째 차트 도구 : 갭

정의

마스터 트레이더가 가장 주의 깊게 보는 차트상의 사건이 갭이다. 수많은 트레이딩 기법의 토대를 형성하기 때문이다. 엄밀히 말하면 갭은 상승 갭과 하락 갭 두 부류로 나뉜다.

상승 갭은 막대의 시작가가 이전 막대의 종가와 고가 둘 다, 혹은 그중 하나보다 높을 때 발생한다. **하락 갭**은 막대의 시작가가 이전 막대의 종가와 고가 둘 다 혹은 그중 하나보다 낮을 때 발생한다. 일부 트레이더가 '창'이라고도 하는 갭은 거래가 전혀 발생하지 않은 진공의 공간을 형성한다.

상승 갭 XYZ가 수요일 30달러(당일 저가)와 32달러(당일 고가) 사이에서 거래되다가 31.75달러에 마감된다. 목요일에 XYZ가 33달러 시작가로 거래된다면 31.75달러(전일 종가)와 33달러(당일 시작가) 사이에 거래가 없는 빈 공간이 형성되며, 이는 1.25달러의 상승 갭으로 나타날 것이다. 만약 목요일에 XYZ가 28달러에 시작한다면 30달러(당일 저가)와 28달러(당일 시작가) 사이의 빈 공간은 2달러 하락 갭으로 나타난다(그림 11.21 참조).

하락 갭 XYZ가 수요일 32달러(당일 고가)와 30달러(당일 저가) 사이에서 거래되다가 30.25달러에 마감한다. 만약 목요일에 XYZ가 29달러로 시작한다면 30.25달러(전일 종가)와 29달러(당일 시작가) 사이에 거래가 없는 빈 공간이 형성되며, 이는 1.25달러의 하락 갭으로 나타날 것이다(그림 11.22 참조).

상승 또는 하락 갭은 발생한 위치에 따라 달라지겠지만 트레이더에게 주요 추세 전환을 경고하는 사건이다.

● **그림 11.21** 상승 갭의 예

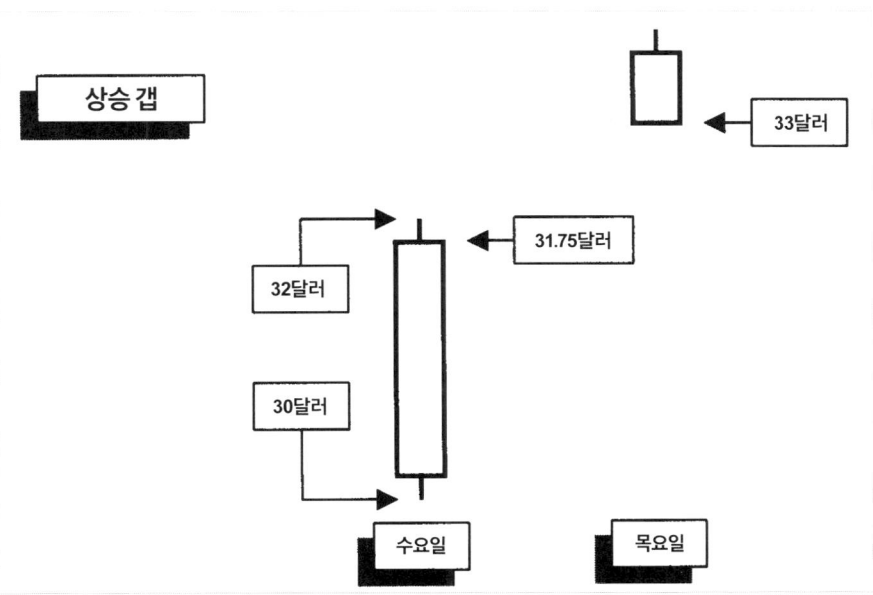

● **그림 11.22** 하락 갭의 예

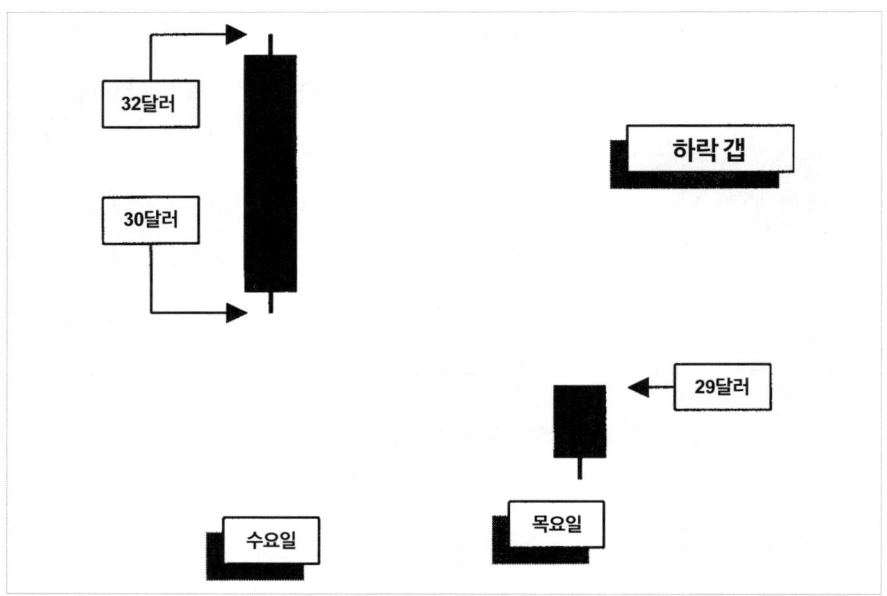

마스터 트레이더가 갭을 해석하는 법

- 시장은 갭을 좋아하지 않는다. 그 결과 갭은 보통 형성된 지 얼마 안 돼 메꿔지며 장중이면 더욱 그렇다.
- 갭은 종종 갭 영역에 다가오는 상승세와 하락세를 저지할 수 있으며, 그런 의미에서 지지와 저항의 역할을 한다.
- 여러 개의 하락 막대 이후 나타나는 상승 갭은 본질적으로 전문가에 의한 것이다. 과매도 상태에서 나온 상승 갭은 전문가들의 조기 매수를 알려주는 신호다.
- 여러 개의 상승 막대 이후 나타나는 상승 갭은 일반적으로 아마추어가 견인하는 것이다. 과매수 상태에서 나온 상승 갭은 초보들의 늦은 매수를 알려주는 신호다.

- 여러 개의 상승 막대 이후 나타나는 하락 갭은 본질적으로 전문가에 의한 것이다. 과매수 상태에서 나온 하락 갭은 전문가들의 조기 매도를 알려주는 신호다.
- 여러 개의 하락 막대 이후 나타나는 하락 갭은 일반적으로 아마추어가 견인하는 것이다. 과매도 상태에서 나온 하락 갭은 초보들의 늦은 매도를 알려주는 신호다(그림 11.23, 11.24 참조).

● **그림 11.23** 텍사스 인스트루먼츠(Texas Instruments, TXN)의 주요 상승 움직임 이후 나온 하락 갭이 엄청난 폭락으로 이어졌다. 하락 이후 상승 갭이 주요 상승세를 개시했다.

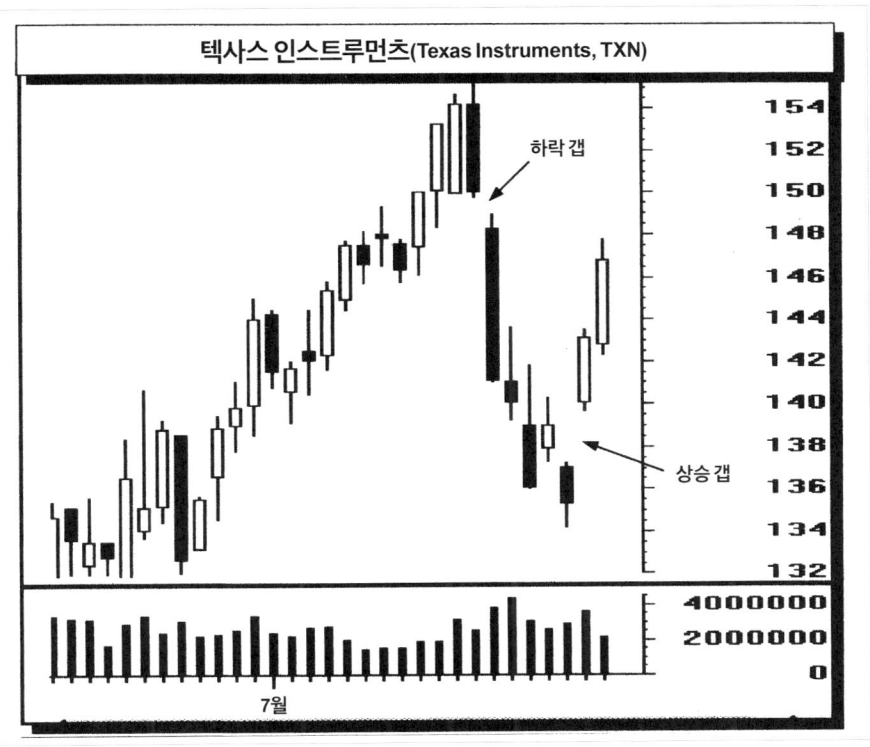

● **그림 11.24** 아래 99년 9월 만기 S&P 선물 일일 차트가 신고가 영역의 하락 갭이 얼마나 치명적일 수 있는지 보여준다. 이런 하락 갭은 매우 심한 약세를 나타내기 때문에 우리는 그런 종목이나 지수가 '갭 병'에 고통받고 있다고 표현한다.

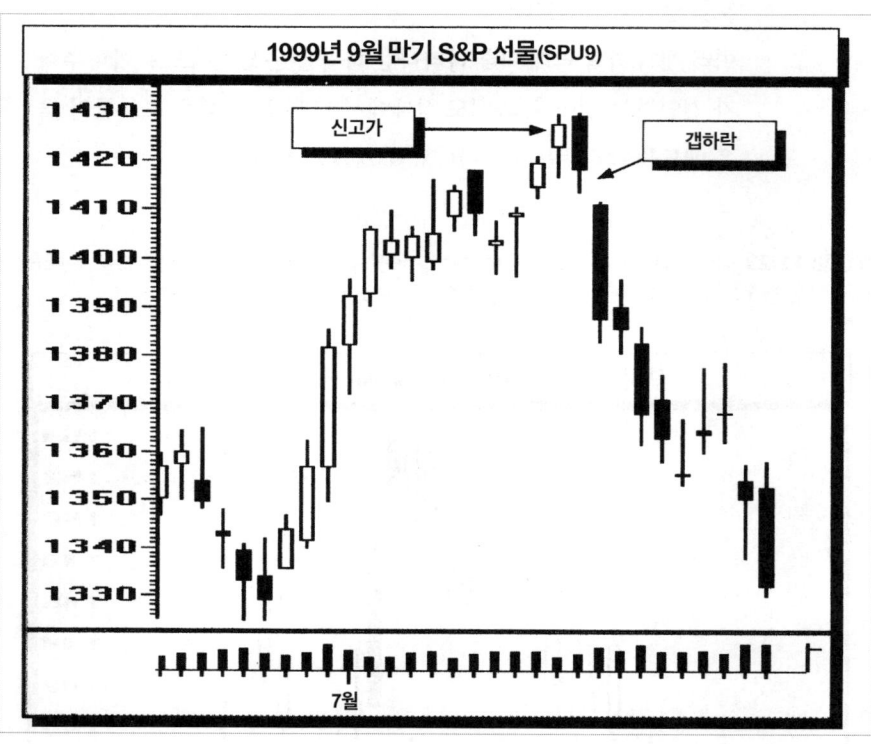

마스터 트레이더가 갭을 매매에 이용하는 법

- 마스터 트레이더는 과매도 상황에서 나온 상승 갭의 고가 위에서 매수 기회를 찾는다.
- 마스터 트레이더는 과매수 상황에서 나온 하락 갭의 저가 아래에서 매도 기회를 찾는다.
- 마스터 일중 트레이더는 과매도 상황에서 나온 상승 갭 이후 첫 풀백에서 매수 기회를 찾는다.

- 마스터 일중 트레이더는 과매수 상황에서 나온 하락 갭 이후 바로 나온 첫 상승에서 매도 기회를 찾는다.

다섯 번째 차트 도구 : 지지와 저항

정의

지지와 저항 개념은 데이 트레이딩 전술의 기초를 다수 형성한다. 많은 마스터 트레이더가 오로지 지지와 저항만으로 시장을 이용해 생계를 잇는다. **지지**는 종목에 대한 수요가 기존 공급을 압도하거나 현재의 하락을 저지할 가능성이 큰 가격대다. **저항**은 반대로 종목 공급이 기존 수요를 압도하거나 현재의 상승을 저지할 가능성이 큰 가격대다. 대부분의 트레이더는 모르지만 지지와 저항에는 주요 형태와 이차적 형태가 있다. 예를 들어 **주요 지지선**(major support)은 종목이 하락해서 이전 저가를 재시험할 때 작용한다. **이차적 지지선**(minor support)은 종목이 하락하고 이전 고가를 재시험할 때 작용한다. 그 반대의 경우에는 주요 저항(major resistance)과 이차적 저항(minor resistance)이 작용한다.

주요 지지선 및 저항: XYZ가 20달러로 하락 후(그림 11.25a) 24달러로 반등하고 정체된 상황이라고 하자(그림 11.25b). XYZ가 24달러

● **그림 11.25** 주요 지지와 저항 예시

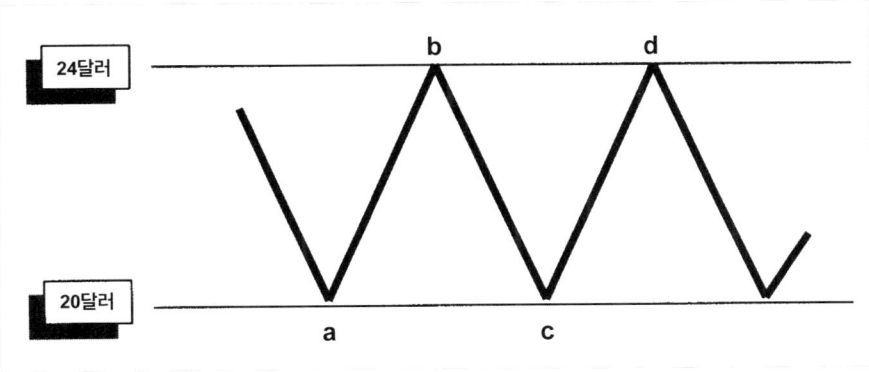

가격대에서 하락해 다시 20달러대로 내려간다(그림 11.25c). 이때 20달러는 주요 지지 가격대가 될 가능성이 크다. 이 가격대가 마스터 트레이더가 XYZ의 반응을 기대하는 곳이다(그림 11.25c). 만약 XYZ가 20달러에서 다시 한번 반등한다면 24달러 가격대가 주요 저항 역할을 할 가능성이 크다(그림 11.25d). 마스터 트레이더는 이 가격대를 잠재적 하락 시작 구간으로 본다.

이차적 지지선 및 저항: 같은 사례를 통해 이차적 형태의 지지와 저항을 살펴보자. XYZ가 24달러(주요 저항)를 돌파하고 26달러까지 상승한다면 24달러가 이차적 저항 가격대가 될 것이다. **도움말**: 주요 저항은 일단 깨지면 이차적 지지선이 된다. 만약 XYZ가 20달러(주요 지지선)를 뚫고 하락해 18달러만큼 낮은 가격으로 거래된다면 20달러 영역이 이차적 저항선이 된다(그림 11.26 참고). **도움말**: 주요 지지선은 일단 깨지면 이차적 저항선이 된다(그림 11.27 참고).

● **그림 11.26** 주요 저항선이 이차적 지지선이 되는 과정

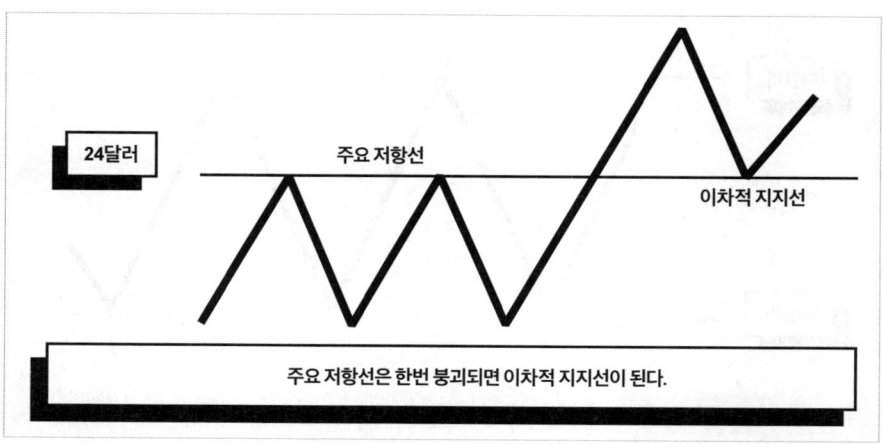

● **그림 11.27** 주요 지지선이 이차적 저항선이 되는 과정

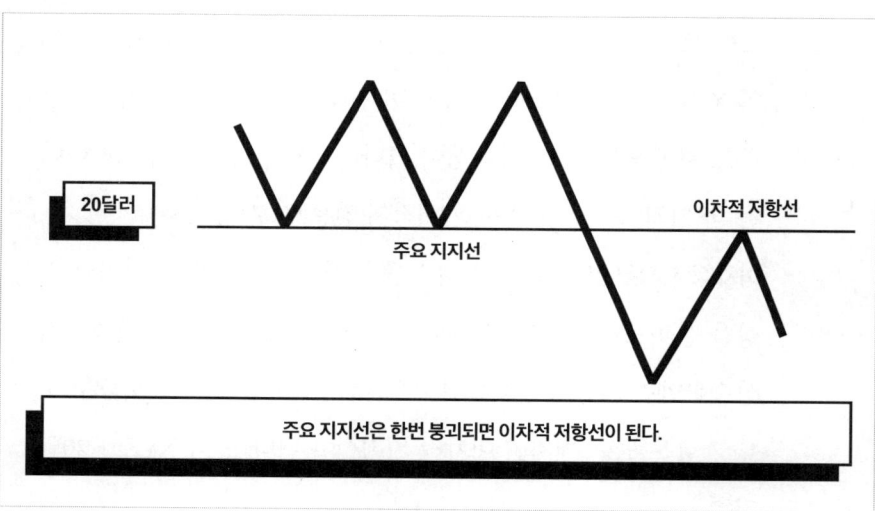

마스터 트레이더가 지지와 저항을 해석하는 법

- 주요 혹은 이차적 지지 및 저항은 특정 가격점이 아닌 가격의 영역이다. 접촉하자마자 깨지는 유리 바닥이나 천장이 아닌, 강세론자 및 약세론자가 기댈 수 있는 울타리로 봐야 한다.
- 전저점에서 급격한 상승이 시작되었다면, 해당 가격대는 재시험될 때 전형적으로 주요 지지 영역이 된다(그림 11.28).
- 급격한 하락이 촉발된 전고점은 재시험될 때 전형적으로 주요 저항 역할을 한다(그림 11.29).

● **그림 11.28** 래티스 반도체(Lettice Semi, LSCC)의 15분 차트는 주요 지지가 얼마나 중요한지 보여준다.

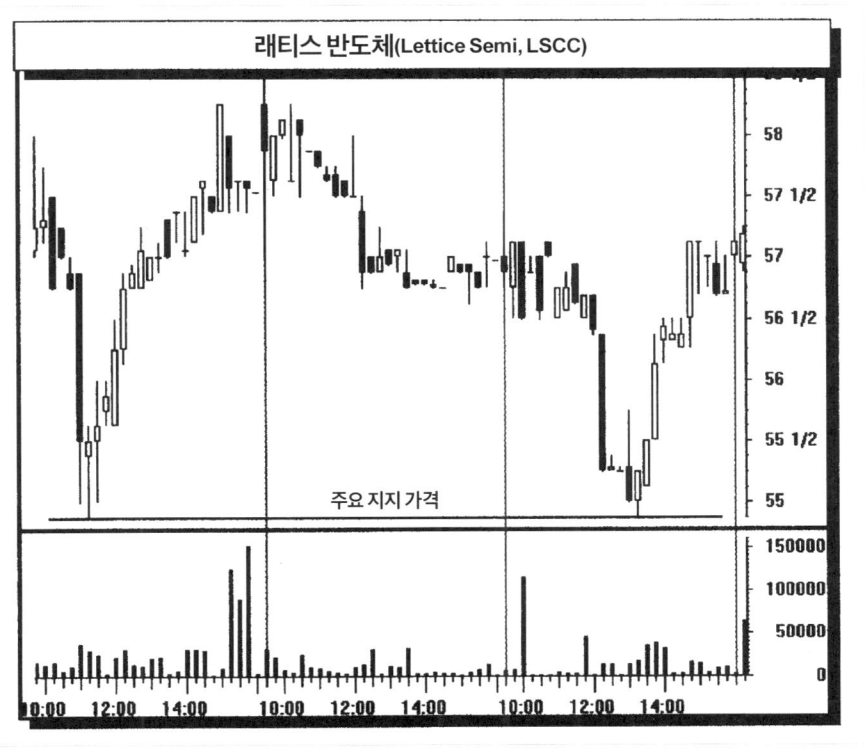

● **그림 11.29** 루슨트 테크놀로지(Lucent Tech, LU)가 주요 저항이라는 강력한 개념을 분명히 보여준다.

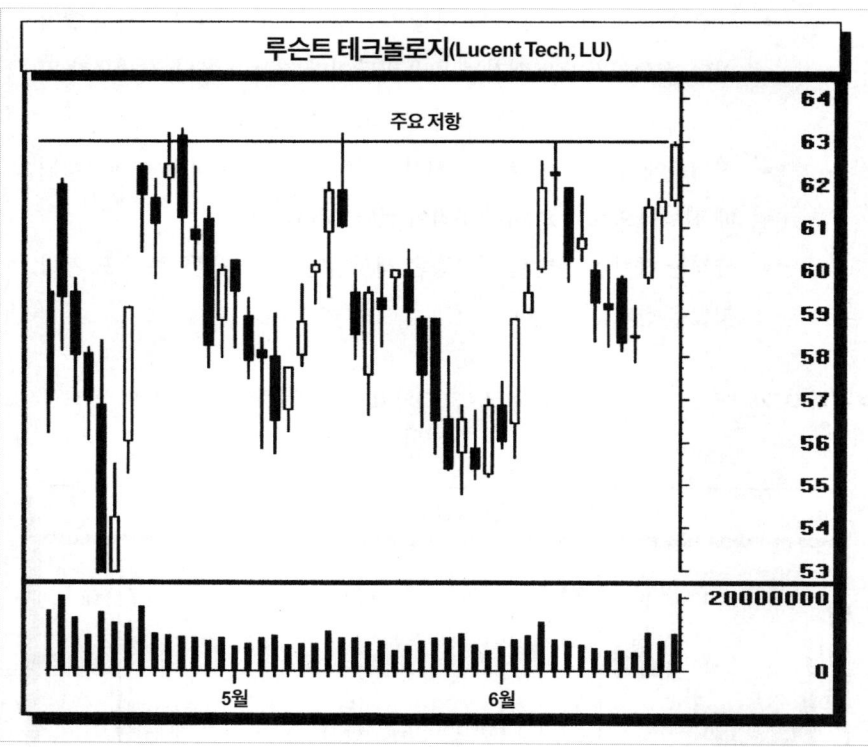

- 낮은 위험의 매수 기회는 주로 주요 지지 영역에 나타난다.
- 낮은 위험의 매도 기회는 주로 주요 저항 영역에 나타난다.
- 상승 추세에서 이차적 지지 영역은 핵심 잠재 매수 지점이다(그림 11.30).
- 하락 추세에서 이차적 저항 영역은 핵심 잠재 매도(공매도) 지점이다 (그림 11.31).
- 주요 및 이차적 지지와 저항은 프리스틴의 다른 차트 도구 한 개나 여러 개와 조합해 이용할 때 강력한 매수 및 매도 기회를 만들어낸다.

● **그림 11.30** 이전 고점은 깨지면 이차적 가격 지지 역할을 하는 경우가 많다. 아래 모토로라(Motorola Inc) 일일 차트로 확인할 수 있다.

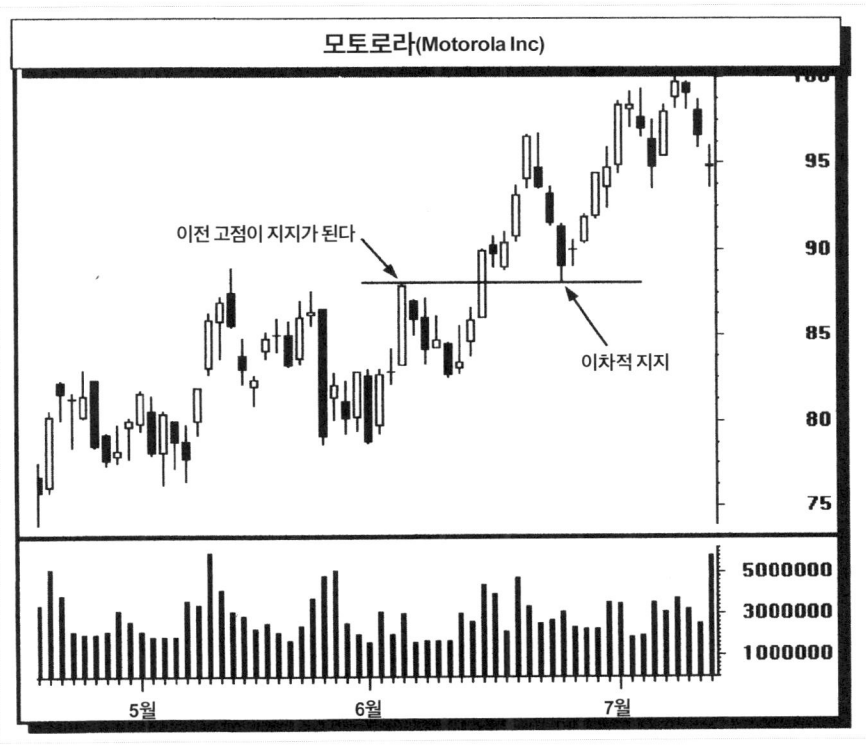

● **그림 11.31** 이전 저점은 깨지면 이차적 가격 저항 역할을 하는 경우가 많다. 아래 아폴로 그룹(Apollo Group "A", APOL) 일일 차트로 확인할 수 있다.

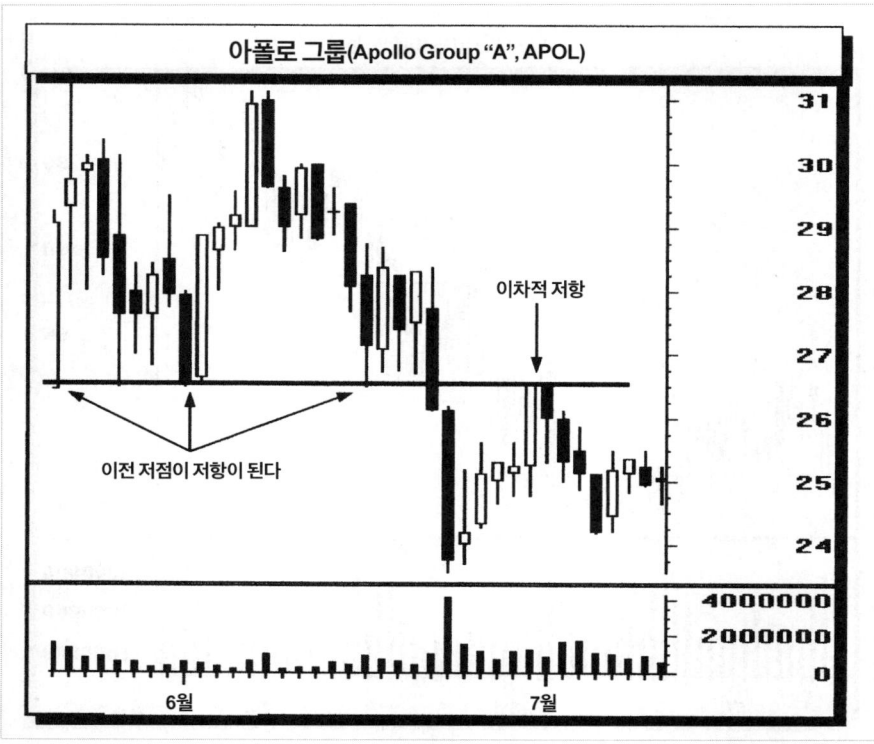

마스터 트레이더가 지지와 저항을 매매에 이용하는 법

- 마스터 트레이더는 주요 및 이차적 지지 영역의 모든 핵심 매수 여건*을 찾는다. 지지 가격 혹은 근처의 핵심 매수 여건이 형성되면 매수가 촉발된다(그림 11.32).

- 마스터 트레이더는 주요 및 이차적 저항 영역의 모든 핵심 매도 여건

---

* 핵심 매수 및 매도 여건에 대해서는 이후 장에서 설명한다.

● **그림 11.32** 오라클(Oracle Corp, ORCL)의 일일 차트가 주요 지지와 주요 저항의 완벽한 예를 보여준다. 지지와 저항은 특정 가격이 아닌 가격의 영역으로 봐야 한다. S로 표시된 영역이 잠재적 매도(Sell) 혹은 공매도(Shorts), B로 표시된 곳이 잠재적 매수(Buy) 가격 영역이다.

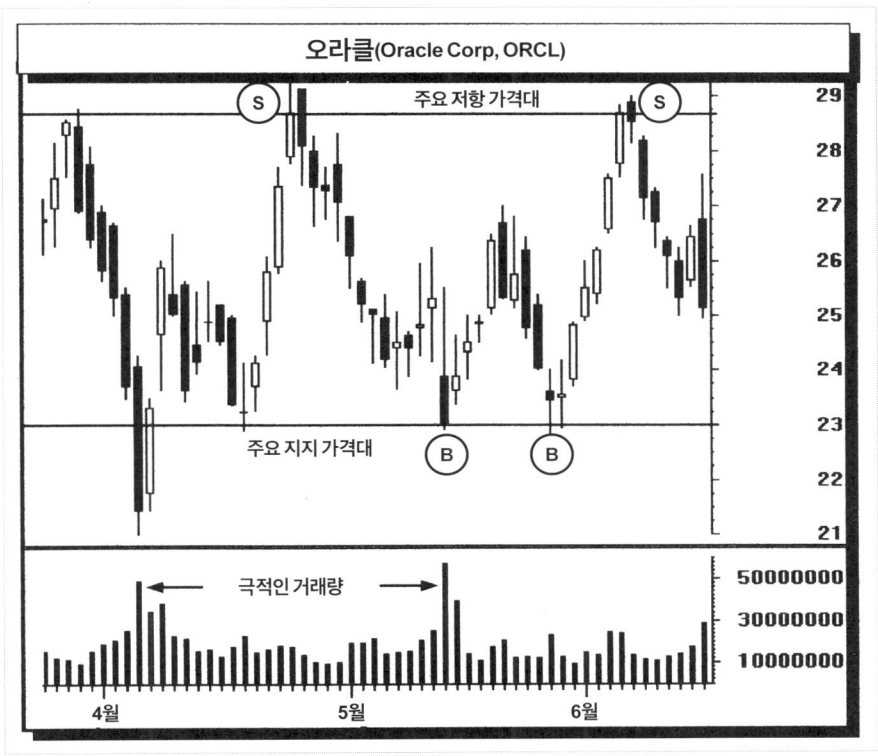

을 찾는다. 저항 가격 혹은 근처의 핵심 매도 여건이 형성되면 매도가 촉발된다(그림 11.33).

● **그림 11.33** 더블 클릭(DoubleClick, DCLK)의 5분 차트가 96달러 영역의 주요 지지와 98달러 영역의 주요 저항을 보여준다. B로 표시된 곳이 잠재적 매수(Buy), S로 표시된 곳이 잠재적 매도(Sell) 혹은 공매도(Shorts) 영역이다.

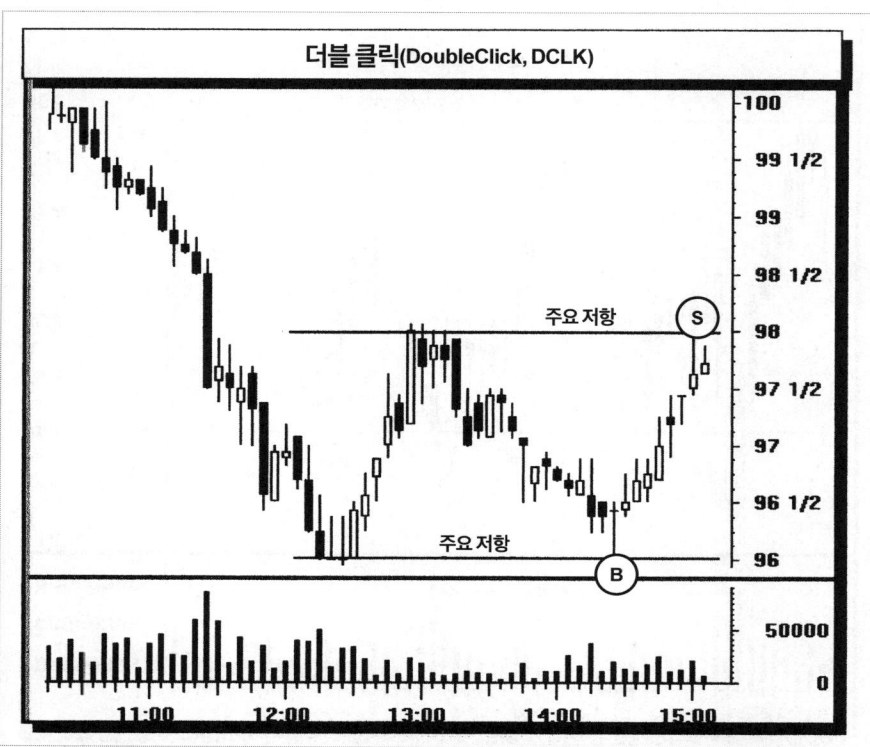

여섯 번째 차트 도구 : 되돌림(retracement)

정의

되돌림은 가격 움직임을 예측하고 낮은 위험의 진입점을 찾아 내는 길을 여는 핵심 개념이다. 마스터 트레이더에게 가격 움직임의 방향이 전환되는 지점을 예측하는 기준점이자 이전 움직임의 강도를 측정하는 수단이 된다. 그리고 가장 중요하게는 트레이더의 기대 수준을 관리한다. 되돌림은 트레이더가 다음 행동에 희망과 공포를 투영하지 않도록 환기한다. 다시 말해, 트레이더가 목표에서 벗어나지 않도록 돕는다.

가장 기본 형태의 되돌림은 최근 가격 움직임의 정반대로 가는 가격 움직임이다. 4달러 전진한 후 2달러로 되돌아간 종목은 50%가 되돌아간 것이다. 4달러 전체를 물리고 되돌아갔다면 100% 되돌림이며, 이로 인해 차트 전문가들이 이중 바닥이라고 부르는 거래 여건이 형성될 가능성이 크다. 반대의 경우도 마찬가지다. 만약 4달러 하락한 후 반등해서 2달러 상승했다면, 이 종목은 50% 되돌아간 것이다. 마스터 트레이

● **그림 11.34** 50과 100% 되돌림 예시

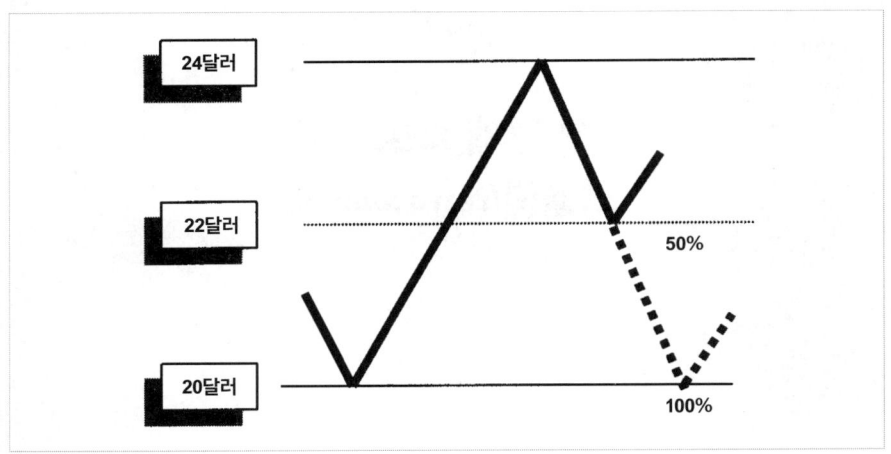

더에게는 40, 50, 60 그리고 이중 바닥이라고 알려진 100%(그림 11.34 참고)가 중요한 되돌림의 수준이다.

마스터 트레이더가 되돌림을 해석하는 법

- 핵심 되돌림 가격 수준은 정확한 가격이 아닌 가격의 영역이다.
- 종목이 (40% 이하) 얕은 수준의 되돌림을 겪고 있다면 이전 움직임이 강하다고 생각할 수 있으며, 따라서 반동 움직임도 강할 것이다.
- 종목이 (60% 이상) 깊은 수준의 되돌림을 겪고 있다면 이전 움직임이 약하다고 생각할 수 있으며, 따라서 반동 움직임도 약할 것이다.
- 강한 상승 움직임 이후 나온 첫 되돌림은 거의 전부 매수 기회다.
- 강한 하락 움직임 이후 나온 첫 되돌림은 거의 전부 매도 기회다.
- 강한 상승 이후 40% 되돌림이 나왔다면 이후 신고가가 따라오는 경우가 일반적이다.

- 강한 하락 이후 40% 되돌림이 나왔다면 이후 신저가가 따라오는 경우가 일반적이다.
- 강한 상승 이후 50% 되돌림이 나왔다면 이후 이전 고가를 넘어설 확률이 1/2이다. 반대 방향의 경우도 마찬가지다.
- 강한 상승 이후 60% 되돌림이 나왔다면 이후 이전 고가를 넘어설 확률이 1/3이다. 반대 방향의 경우도 마찬가지다.
- 이중 바닥을 형성할 수 있는 100% 되돌림 이후 반등 확률은 50~60%다.

● **그림 11.35** 어플라이드 머티어리얼즈(Applied Materials, AMAT)의 일일 차트는 거의 완벽한 40% 되돌림을 보여준다. AMAT이 바닥부터 꼭대기까지 꽤 힘있게 상승한 것에 주목하라. 마스터 트레이더는 그런 상승세에서 얕은 수준의, 매매 기회가 될 만한 하락 움직임의 신호를 읽는다. 강세형 반전 막대 또한 40% 되돌림 가격대에서 형성되며 잠재적인 추세 반전을 알려준 점도 주목하라.

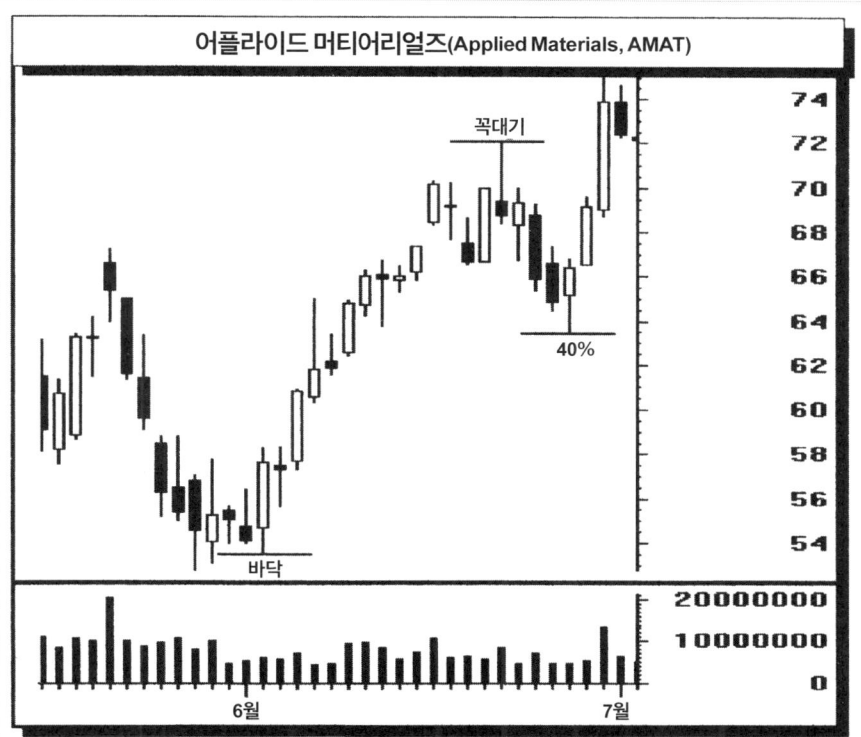

● **그림 11.36** 컨센트릭 네트워크(Concentric Network, CNCX)가 완벽에 가까운 50% 되돌림을 보여준다. CNCX가 바닥부터 꼭대기까지 꽤 힘있게 상승한 것에 주목하라. 마스터 트레이더는 그런 상승세에서 매매 기회가 될 만한 하락 움직임의 가능성을 읽는다. 좁은 폭 막대의 배열은 50% 되물림 가격대의 잠재적인 추세 반전을 알려준다. 이 점을 눈여겨보라.

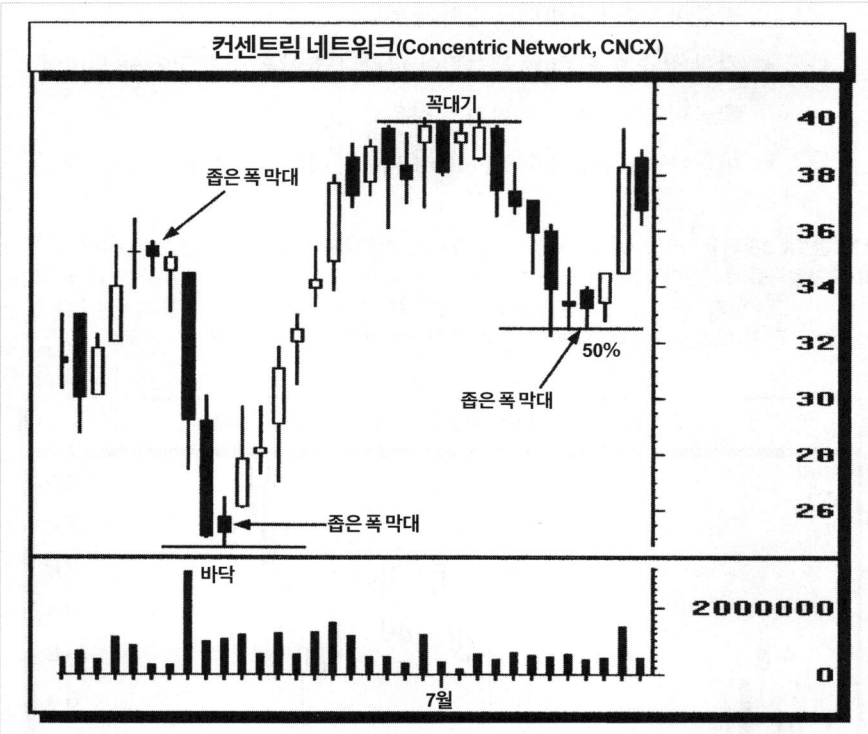

- 상승 방향의 100% 되돌림 이후에는 하락 확률이 50~60%다.
- 모든 주요 되돌림 수준 즉 40, 50, 60, 100% 되돌림 가격대는 그 자체가 훌륭한 진입점이다. 그러나 각 수준에 따라 목표가는 매우 달라진다(그림 11.35 및 11.36 참고).

마스터 트레이더가 되돌림을 매매에 이용하는 법

- 마스터 트레이더는 모든 주요 되돌림 수준 즉 40, 50, 60, 100% 되돌림 가격대에서 매매 기회를 찾는다.
- 마스터 트레이더는 (40% 이하의) 얕은 되돌림에서는, 전고점보다 꽤 위에서 수익을 실현하고자 한다. 반대 방향의 움직임에서도 마찬가지다.

● **그림 11.37** 콘코드 EFS(Concord EFS, CEFT)의 일일 차트가 거의 완벽한 60% 되돌림을 나타낸다. 마스터 트레이더라면 읽을 수 있는 매매 기회가 될 만한 하락이 발생할 가능성을 경고하며 바닥부터 꼭대기까지 꽤 힘있게 상승했다. 바닥 꼬리 및 좁은 폭 막대의 배열 또한 60% 되물림 가격대의 잠재적인 추세 반전을 알려준 점을 주목하라.

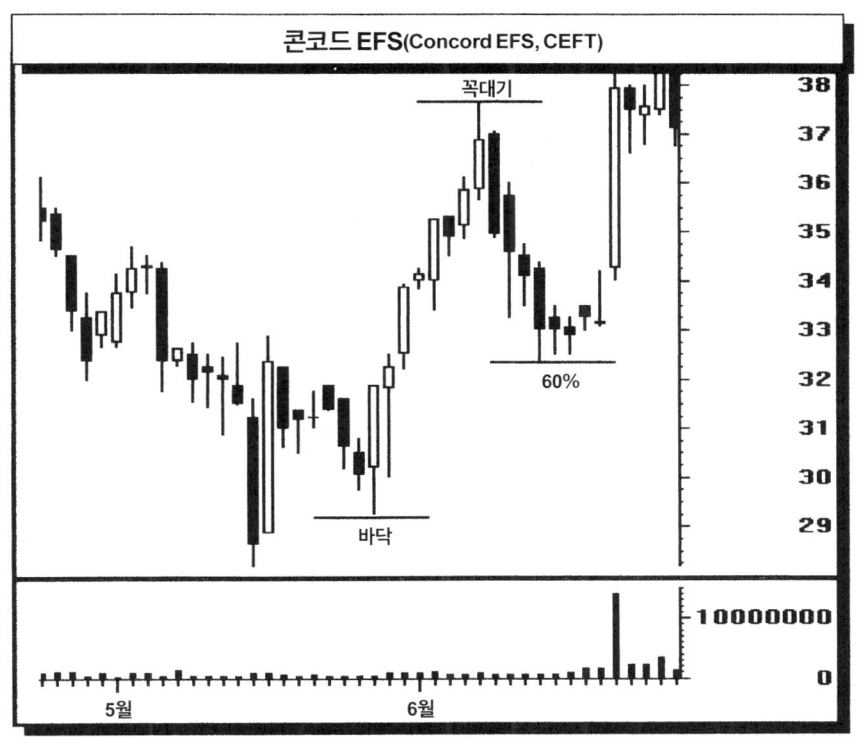

11장 차트 도구와 전술

● **그림 11.38** IBM의 일일 차트가 완벽에 가까운 100% 되돌림을 보여준다. 100% 되돌림 가격대가 주요 지지 개념과 묶이며 연관된다.

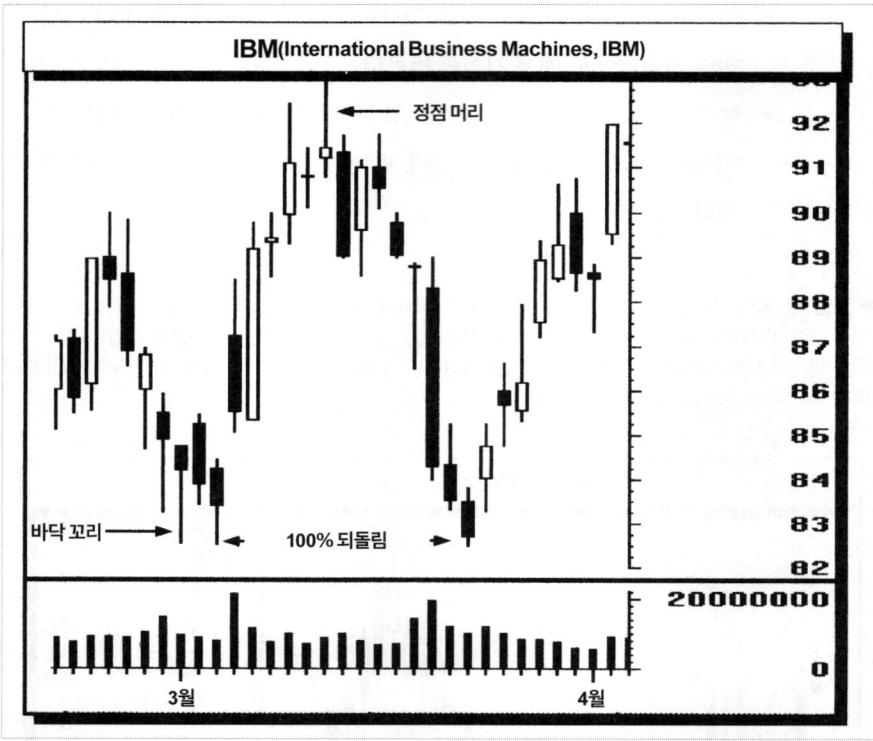

- 50% 되돌림에서 마스터 트레이더는 전고점보다 살짝 위에서 수익을 실현하고자 한다. 반대 방향의 움직임에서도 마찬가지다.
- 60% 되돌림에서 마스터 트레이더는 전고점보다 살짝 밑에서 수익을 실현하고자 한다. 반대 방향의 움직임에서도 마찬가지다(그림 11.37).
- 100% 되돌림 이후 나타난 반전 움직임이 40~50% 가격 수준일 때 마스터 트레이더는 수익을 실현하고자 한다(그림 11.38).

일곱 번째 차트 도구 : 반전 시간대(reversal time)

정의

십여 년 동안 주식 및 여타 금융 상품을 거래하면서 우리는 특정 시간(혹은 시간대)에 개별 종목 혹은 시장 전체에서 꾸준히 가격 반전이 나타난다는 사실을 깨달았다. 우리가 **반전 시간**이라고 부르는 이 시간대는 매우 정확해서 우리 학생이나 구독자 중에도 이 개념과 친숙해지고는 계속 놀라는 사람들이 많다. 반전 시간은 본질적으로 일중 거래 시간 내에 발생한다는 점을 명심하라. 하루 종일 작은 가격 움직임을 끊임없이 활용하고자 하는 마이크로 트레이더에게 반전 시간은 중요한 도구다. 주요 반전 시간은 다음과 같다. (1) 오전 9시 50분~10시 10분, (2) 오전 10시 25분~10시 35분, (3) 오전 11시 15분~11시 30분, (4) 오후 12시 00분~12시 15분, (5) 오후 1시 15분~1시 30분, (6) 오후 2시 15분~2시 30분, (7) 오후 3시, (8) 오후 3시 30분.

마스터 트레이더가 반전 시간대를 해석하는 법

- **미 동부시간 오전 9시 50분~10시 10분**: 이 시간대로 들어갈 때 상승하고 있던 종목은 자주 정체되거나 반전 후 하락한다. 반대의 경우도 마찬가지로, 이 시간대로 들어갈 때 하락하고 있는 종목은 정체되거나 반전 후 상승하는 경향이 있다. 다른 어떤 시간대보다 정확성을 신뢰할 수 있는 시간대다.
- **미동부시간 오전 10시 25분~10시 35분**: 이 시간대로 들어갈 때 하락하

● **그림 11.39** 7월 25일 어플라이드 머티어리얼즈 주가는 개장과 함께 하락한 후 9시 50분~10시 10분 반전 시간대로 상승해 들어가며 상승 과정에서 갭을 메꿨다. 이후 주가는 하락하고 10시 25분~10시 35분 반전 시간대에 바닥을 찍었다.

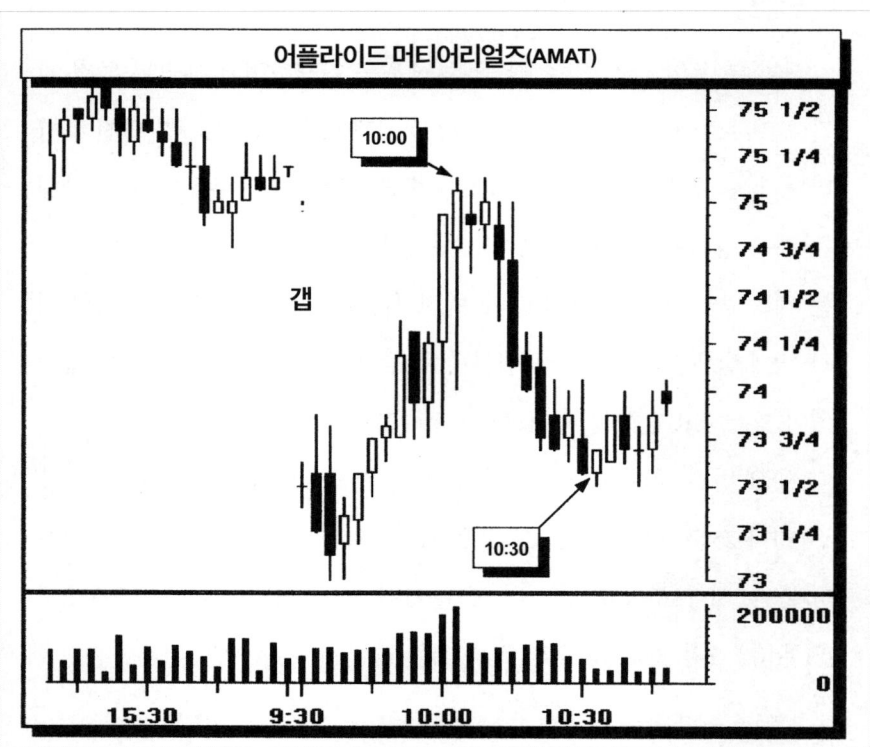

고 있는 종목 역시 정체되거나 반전 후 상승할 것이다. 종목이 이 시간대에서 상승 중이라면 상승을 멈추고 반전 후 하락할 때가 많다. 이 시간대 역시 다른 시간대에 비해 믿을 만하다(그림 11.39).

- **미 동부시간 오전 11시 15분~11시 30분**: 이 반전 시간대에는 두 가지 경우가 발생하기 쉽다. 우선 사전 추세가 멈춘다. 어느 종목이 이 시간대에 들어설 때 강한 상승세를 이어가고 있었다면 오전 11시 15분~11시 30분에는 상승 움직임이 갑자기 멈출 가능성이 크다. 게다가 움직임이 멈춘 상태가 계속되기도 한다. 물론 반대의 경우도 마찬가지다. 둘째, 오전 11시 15분~11시 30분 시간대에는 우리가 '**한낮의 무풍지대**(midday doldrums)'라고 부르는 기간이 시작된다. 한낮의 무풍지대는 오전 11시 15분부터 오후 2시 15분까지 계속되는데, 이 시간대에는 종목들뿐 아니라 장 전체가 종종 주요 휴식기에 접어든다.

- **미 동부시간 오후 12시 00분~12시 15분**: 오전에 거래가 적어 조용했거나 방향성이 나타나지 않은 날에는 가장 중요한 시간대. 우리가 지켜본 바, 오후 12시 00분~12시 30분은 '한낮의 무풍지대'에 속하기는 하지만 양방향으로 가는 주요 움직임이 개시되는 시간대이다. 그러나 이는 이 시간대에 들어오기 이전 움직임이 매우 조용했을 때에 해당한다. 오후 12시 00분~12시 30분 시간대에는 위의 세 시간대보다 훨씬 반전이 드물다.

- **미 동부시간 오후 1시 15분~1시 30분**. 다소 덜 중요한 반전 시간대다. 관찰에 따르면, 이 시간대의 반전은 전고점과 전저점이 재시험을 받을 때 가장 의미가 크다. 예를 들어 XYZ 종목이 오전 11시 15분에 정점을 찍고 후퇴한 후 오후 1시 30분 근처에서 다시 빠르게 상승해 다시 한번 정점을 시험 중이라고 가정하자. 그럴 때는 이중 꼭대기가 형성될 가능성이 극적으로 높아진다. 전고점을 재시험하는 시기가 오후 1시 15분~1시 30분 시간대와 맞물려 있기 때문이다. 전고점이 이 반

전 시간대에 재도전을 받으면 매력적인 매매 기회가 발생할 수 있다.
- **미 동부시간 오후 2시 15분~2시 30분**: 이때는 **한낮의 무풍지대**가 끝나고, 개별 종목 혹은 시장 전체가 매우 안정적으로 반전하기도 한다. 많은 경우 이 시간대부터 거래가 열기를 띠기 시작하는데, 이것이야말로 이 시간대에서 가장 중요한 점이다. 때때로 반전이 확연히 드러나기 때문에 이 시간대를 시장의 2차 개장 시간으로 보는 마스터 트레이더도 많다(그림 11.40 및 11.41).

● **그림 11.40** 7월 16일 콘코드 EFS(CEFT)가 15분 차트에서 200일 단순 이동평균선 위로 갭 상승했다. 그러고 나서 급락하다가 오전 10시 30분 반전 시간대로 들어선 후 추세가 전환된다. CEFT는 반등해서 200일 단순 이동평균선을 향하고 오후 2시 30분 반전 시간대에 정점을 찍는다. 나머지는 당신이 예상하는 바대로다.

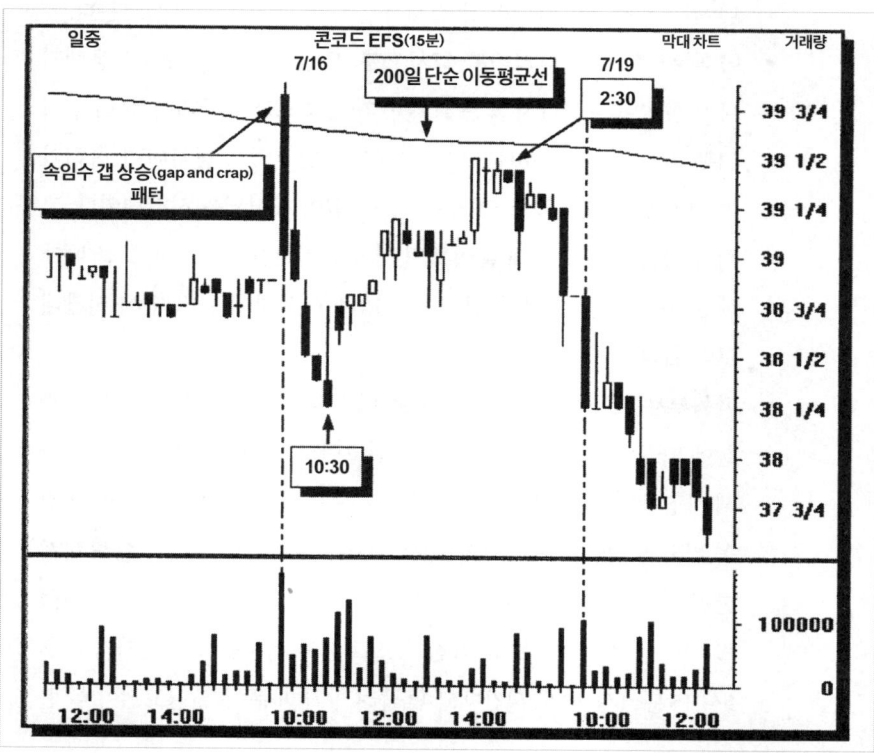

- **그림 11.41** 앤드류(ANDW)의 이른 오전 하락 움직임이 오전 10시 25분~10시 35분 반전 시간대에 바닥을 찍는다. 뒤따라 나온 상승 움직임이 오전 11시 15분~11시 30분 반전 시간대로 들어가며 정체된다. 오후 1시 30분 반전 시간 무렵에는 다시 한번 매우 소규모로 하락하다가 오후 2시 15분~2시 30분 반전 시간대에서 바닥을 찍는다.

- **미 동부시간 오후 3시**: 채권 마감 시간과 겹치기 때문에 변화가 많이 일어나는 시간대다. 채권이 주식 시장에 미치는 영향은 종종 두드러지지만 일단 거래가 해결되고 나면, 채권은 시장에 도움을 주거나 해를 끼치지 못한다. 채권 거래가 마감되면 트레이더들은 걱정 하나를 덜었다고 느끼는 것이다. 결국 개별 종목 혹은 시장 움직임의 성격이 달라지면서 속도가 붙는다. 우리가 관찰한 바로는 오후 3시 반전 시간이 S&P 선물을 선도하는 가장 중요한 시간대다.

- **미 동부시간 오후 3시 30분**: 오후 3시대에 앞서 시작된 움직임이 이 시간대에 반전되는 경우는, 시장이 횡보 중일 때 특히 자주 발견된다. 시장이 오후 3시에 하락하기 시작하고 3시 30분 반전 시간대에 들어갈 때까지 하락을 지속한다면 다음 움직임은 상승일 가능성이 높다. 반대의 경우도 같은 상황이 발생한다. 마감 전 30분은 마지막 거래가 몰아치는 시간대로, 많은 데이 트레이더들이 가장 활발해지는 시간대임을 기억하라.
- **미 동부시간 오후 4시**: 이 시간대 직후에는 거의 모든 활동이 중단된다. 이것이 시장이 오후 4시에 마감하는 사실과 관련이 있을까? 당연하다. 하지만 곧 24시간 매매가 가능해진다는 사실을 염두에 두라. 거래 시간이 연장되면 그때는 오후 4시가 주요 반전 시간대가 될 것이다.

마스터 트레이더가 반전 시간대를 매매에 이용하는 법

- 마스터 트레이더는 주요 반전 시간대를 노려 매수를 준비하며, 위험이 가장 낮은 금액대가 어디인지 꼼꼼히 점검한다.
- 마스터 트레이더는 좁은 폭 막대, 꼬리, 절정 거래량, 지지와 저항 등 다른 여러 가지 매매 도구와 반전 시간을 조합해서 잠재적인 추세 반전의 가능성, 방향 및 힘을 예측한다.
- 마스터 트레이더는 반전 시간대를 수익 실현의 기준으로도 이용한다.
- 주요 반전 시간대에는 수많은 매수 및 공매도를 포함하는 매도 기회가 나타날 것이다.

여덟 번째 차트 도구 :
극적인 거래량(climactic volume)

정의

주식에 있어서 거래량은 자동차의 연료와 같다. 매수, 매도자의 관심 수준을 나타낼 뿐만 아니라 탐욕과 공포의 척도이기도 하다. 거래량, 특히 극적인 거래량은 가격 변동을 예측하는 데 가장 중요한 열쇠다. 가격과 거래량의 관계를 읽는 기술을 터득한 트레이더는 놀랍도록 정확히 추세 변환 지점을 찾아낼 수 있다.

너무나 많은 트레이더들이 폭발적으로 거래량이 증가하면서 상승 중인 종목을 긍정적으로, 하락 중인 종목을 부정적으로 본다. 그런 막연한 추론이 맞을 때도 있지만 대부분은 그렇지 않다. 거래량의 가장 중요한 용도는 매수 연료 혹은 매도 연료가 떨어지고 있는 지점을 잡아내는 것이다. 그런 이유로 우리는 다음이 거래량과 관련해서 존재하는 모든 법칙 중 가장 중요하다고 믿는다. **강한 상승세 혹은 하락세 이후 나타난 극적인 거래량은 가까운 기간 내에 추세 반전이 임박했다는 징후다.** 이 법칙에

● **그림 11.42** 컴팩 컴퓨터(Compaq Computer, CPQ)의 일일 차트가 주요 바닥에서 극적인 거래량이 얼마나 급작스럽게 바닥을 만들어낼 수 있는지 보여준다. 바닥 꼬리와 함께 강세형 반전 막대 또한 저점 형성을 거들었다. 이 현상은 큰 규모의 매수자들이 남긴 흔적이다.

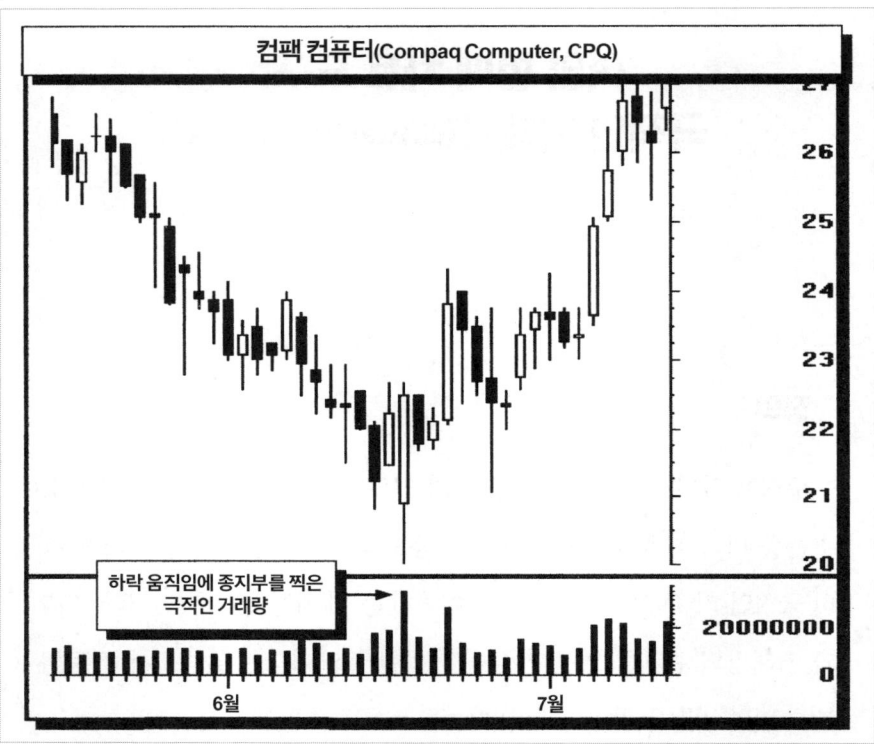

서 가장 영향력 있는 구절은 '강한 상승세 혹은 하락세 이후'다. 거래량과 관련해 유용한 법칙들이 여러 개 있지만, 지금 밝힌 이 법칙이 트레이더에게 가장 중요하다. 그림 11.42 및 11.43에서 그 예를 볼 수 있다.

마스터 트레이더가 극적인 거래량을 해석하는 법

- 거래량이 최근 10일 거래량 평균의 두 배를 초과하면 극적인 거래량

● **그림 11.43** 베리오(Verio Inc, VRIO)의 일일 차트가 주요 바닥에서 극적인 거래량이 얼마나 급작스럽게 주요 정점을 만들어낼 수 있는지 보여준다.

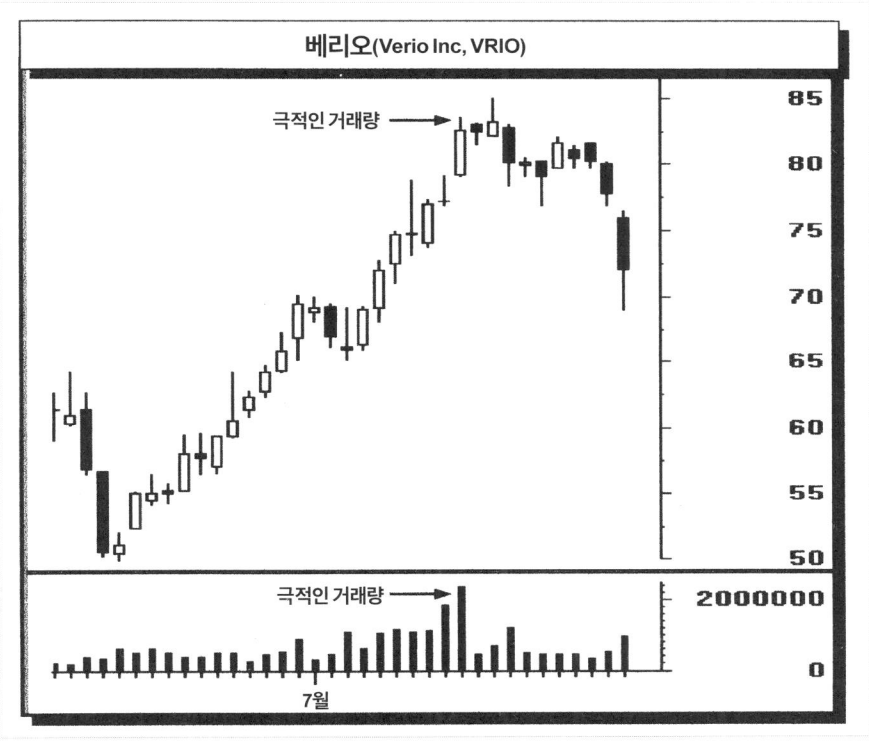

으로 본다.
- 극적인 거래량은 일반적으로 앞선 상승 혹은 하락 움직임에 종지부를 찍는다.
- 상승 방향으로 여러 개의 막대가 출현하며 강한 상승세가 형성된 후 나타난 극적인 거래량은 정점의 징후다. 이는 매수자가 연료를 모두 소모한 경우다.
- 하락 방향으로 여러 개의 하락 막대가 출현하며 강한 하락세가 형성된 후 나타난 극적인 거래량은 바닥의 징후다. 이는 매도자가 연료를

모두 소모한 경우다.
- 극적인 거래량은 다른 차트 도구와 조합하면 더욱 강력해지는 개념이다.

마스터 트레이더가 극적인 거래량을 매매에 이용하는 법

- 강한 상승세 이후 극적인 거래량이 발생하면 마스터 트레이더는 매도 태세에 들어간다.
- 강한 하락세 이후 극적인 거래량이 발생하면 마스터 트레이더는 매수 태세에 들어간다.
- 매수 포지션이 있는 상황에서 상승 방향으로 여러 개의 막대가 출현한 후 극적인 거래량이 발생하면, 마스터 트레이더는 수익을 실현하고자 한다.
- 매도 포지션이 있는 상황에서 하락 방향으로 여러 개의 막대가 출현한 후 극적인 거래량이 발생하면, 마스터 트레이더는 수익을 실현하고자 한다.

아홉 번째 차트 도구 : 이동평균

정의

이동평균(moving average, MA)은 막대 하나하나의 '소음'을 효과적으로 제거하며 가격 차트의 미가공된 거친 데이터를 매끄럽게 고른다. 존재하는 그 어떤 도구보다도 우수한 추세 추종 도구이며, 그런 이유로 다음 다섯 가지의 주요 이동평균을 동반하지 않는 가격 차트는 검토 대상이 되지 않는다. 이동평균에는 여러 유형이 있는데 우리는 '단순' 이동평균을 이용한다. 논쟁은 존재하지만, 주식 관련해서는 지수 이동평균(exponential moving average), 삼각 이동평균(triangular moving average), 가중 이동평균(weighted moving average)처럼 멋들어진 유형이 더 신뢰할 만하다는 확실한 증거는 아직 없다. 그러나 선물 거래에는 지수 평균 유형을 더 많이 사용해야만 한다. 이제는 선물 트레이더 대다수가 지수 이동평균을 지배적으로 이용하기 때문이다.

$$단순\ 이동평균 = \frac{가격1+가격2+\cdots+가격N}{N}$$

여기서 가격은 평균을 구할 주가, N은 이동평균에 포함시키고자 하는 막대의 개수다. 일례로 최근 종가 다섯 개가 20달러, 20.75달러, 22달러, 21.25달러, 21달러라면 이 다섯 막대 종가의 단순 이동평균은 이 다섯 숫자를 모두 합하고 5로 나눈 값인 21달러로 구할 수 있다[(20달러+20.75달러+22달러+21.25달러+21달러)/5].

5가지 주요 단순 이동평균(SMA)

1. **10 SMA**: 10일 단순 이동평균. 주식에서 가장 강력한 상승 및 하락 추세에 이용하는 단기 이동평균이다.
2. **20 SMA**: 20일 단순 이동평균. 단기~중기 이동평균. 우리가 주로 이용하는 이동평균이다. 우리는 트레이더들이 차트의 시간 기준과 무관하게 모든 차트에서 **20일 이동평균을 항상 고려하도록** 훈련한다.
3. **50 SMA**: 50일 단순 이동평균. 중기 이동평균. 특히 기관이 가장 많이 쓰는 이동평균이다. 전문가들이 관심을 기울이므로 자주 **봐야 한다**. **참고**: 우리의 관찰에 따르면 40일과 50일 이동평균은 혼용할 수 있다.
4. **100 SMA**: 100일 단순 이동평균. 중기 이동평균. 데이 트레이더가 자주 이용하는 이동평균은 아니지만 종목 혹은 시장이 가까워지면 중요할 수 있다.
5. **200 SMA**: 200일 단순 이동평균. 장기 이동평균. 가장 신뢰할 수 있는 이동평균 중 하나다. 우리는 일일 차트와 15분 일중 차트에서 사

용하는데, 이때 정확성은 그 무엇도 따라가지 못한다.

단순 이동평균을 구축하는 수학적 계산 방법은 기본적이며 쉽다. 요즘 컴퓨터와 주요 차트 소프트웨어는 이를 모두 자동으로 계산해준다. 오늘날 대부분의 마스터 트레이더는 차트를 포함해 트레이더에게 필요한 모든 것을 제공하는 직접 연결 전자 매매(direct access electronic trading, DAET) 시스템을 이용한다. 우리가 이용하는 엑시큐셔너닷컴의 DAET 시스템은 실시간 호가, 실시간 차트, 실시간 뉴스, 나스닥 레벨 II 정보, ECN 정보, 실시간 포트폴리오 추적 기능을 제공하며 디자인과 형식도 사용자가 원하는 대로 변경할 수 있다. 특히 차트 관련 기능이 강력하며 쉽게 이동평균을 설정하고 그릴 수 있다. 이제 마스터 트레이더가 이동평균을 보는 관점을 알아보자.

마스터 트레이더가 이동평균을 해석하는 법

- 상승세나 하락세를 다룰 때 이동평균은 가장 신뢰할 수 있는 도구다.
- 변덕스럽게 횡보하는 종목을 다룰 때 이동평균은 최악의 도구다.
- **상승하는** 이동평균, 특히 10일, 20일, 50일 단순 이동평균의 상승은 종목의 밝은 전망을 의미한다. 그러므로 하락은 짧게 끝나며 결과적으로 매우 괜찮은 매수 기회를 제공한다.
- **하락하는** 이동평균, 특히 10일, 20일, 50일 단순 이동평균의 하락은 종목의 어두운 전망을 의미한다. 그러므로 상승은 짧게 끝나며 결과적으로 매우 괜찮은 매도 기회를 제공한다.

- 이동평균의 기울기가 가파를수록 추세는 더 강력하다.
- 강한 종목은 상승하는 이동평균 혹은 그 근처에서 하락을 멈추는 경향이 있다.*
- 약한 종목은 하락하는 이동평균 혹은 그 근처에서 상승을 멈추는 경향이 있다.

● **그림 11.44** 어플라이드 머티어리얼즈(AMAT)가 상승하는 20일 단순 이동평균선에서 지지를 받고 있다.

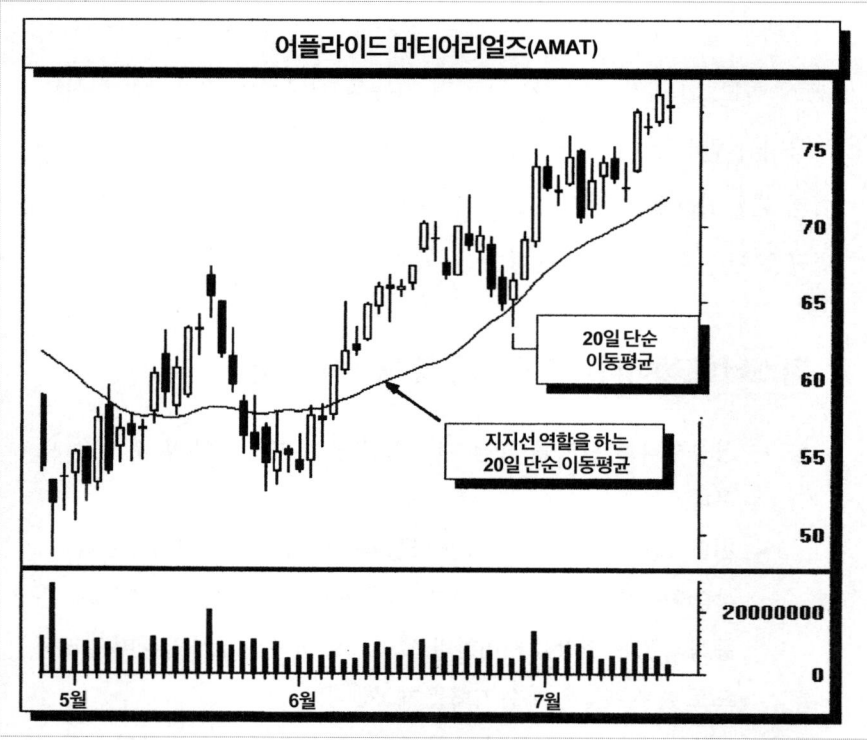

---

* 일반적으로 거래량이 많고 상승세가 강하거나 펀더멘털이 좋거나, 시장 수익률보다 높은 수익률이 예상되는 주식을 강한 종목, 그 반대를 약한 종목이라고 한다.

- 10일 단순 이동평균은 일일 차트로 매우 강한 상승 혹은 하락 추세가 있을 때 사용하는 것이 가장 적합하다.
- 20일 단순 이동평균은 가장 많이 사용되며 실질적으로 모든 차트에서 이를 이용해야 한다(그림 11.44 및 11.45).
- 50일 단순 이동평균은 일일 차트에서 참고해야 한다.
- 100일 단순 이동평균은 종목이 상승 혹은 하락 추세에 있는 종목이 50일 단순 이동평균을 깼을 때 집중적으로 본다.

● **그림 11.45** 일렉트로닉 아츠(Electronic Arts, ERTS)가 20일 단순 이동평균선이 얼마나 강한 지지선이 되는지 나타낸다.

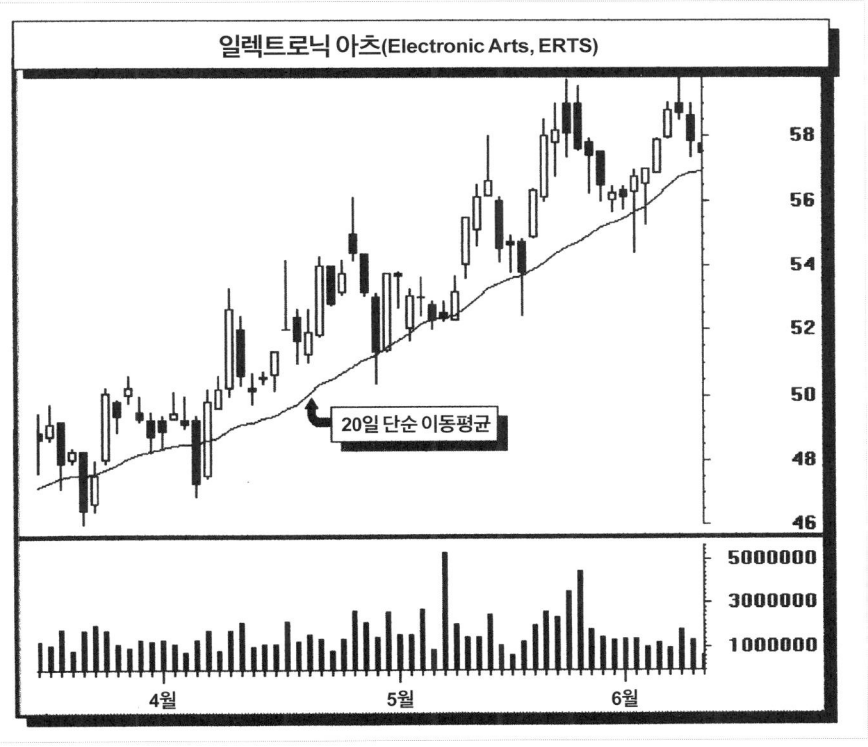

11장 차트 도구와 전술　　445

● **그림 11.46** 쓰리콤(3COM Corp, COMS)이 200일 단순 이동평균선을 향해 상승하다가 급락했다.

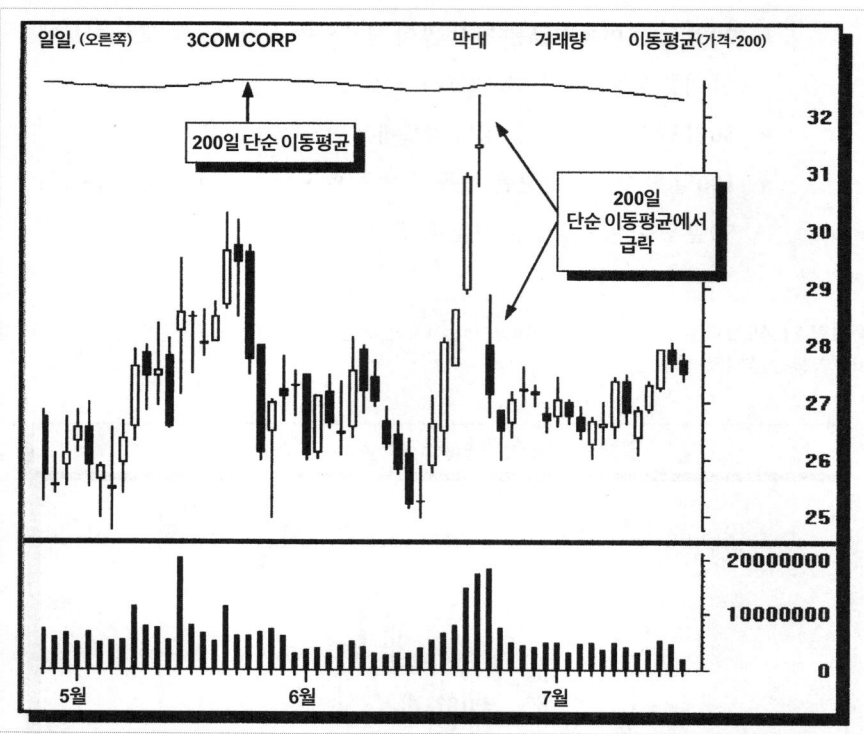

- 200일 단순 이동평균의 쓰임새는 일일 차트와 15분 일중 차트에 가장 적합하다(그림 11.46).
- 모든 종목은 크게 (1) 매수 대상으로 새로 편입하기에 적당한 20일 이동평균이 상승하는 종목, (2) 매도 대상으로 새로 편입하기에 적당한 20일 이동평균이 하락하는 종목, (3) 방향성 없는 매매 구간 혹은 횡보하는 통합 구간임을 나타내는 20일 이동평균이 평평한 종목의 세 집단으로 분류된다.
- 좁은 폭 막대 혹은 반전 막대, 극적인 거래량 등이 상승 또는 하락하

는 이동평균이나 근처에서 형성될 때는 매우 훌륭한 매수 및 매도 기회가 발생한다.

마스터 트레이더가 이동평균을 매매에 이용하는 법

- 강한 상승 추세가 형성된 종목이 후퇴해서 **상승하는** 이동평균을 다시 시험할 때 마스터 트레이더는 매수 태세로 들어간다.

● **그림 11.47** 알테라(Altera Corp, ALTR)의 5분 차트는 200일 단순 이동평균이 얼마나 강력한지 명확히 보여준다. **도움말**: 200일 단순 이동평균선이 일일, 5분, 혹은 15분 차트 위에 걸쳐져 있으면 훌륭한 수익 실현 구간이다.

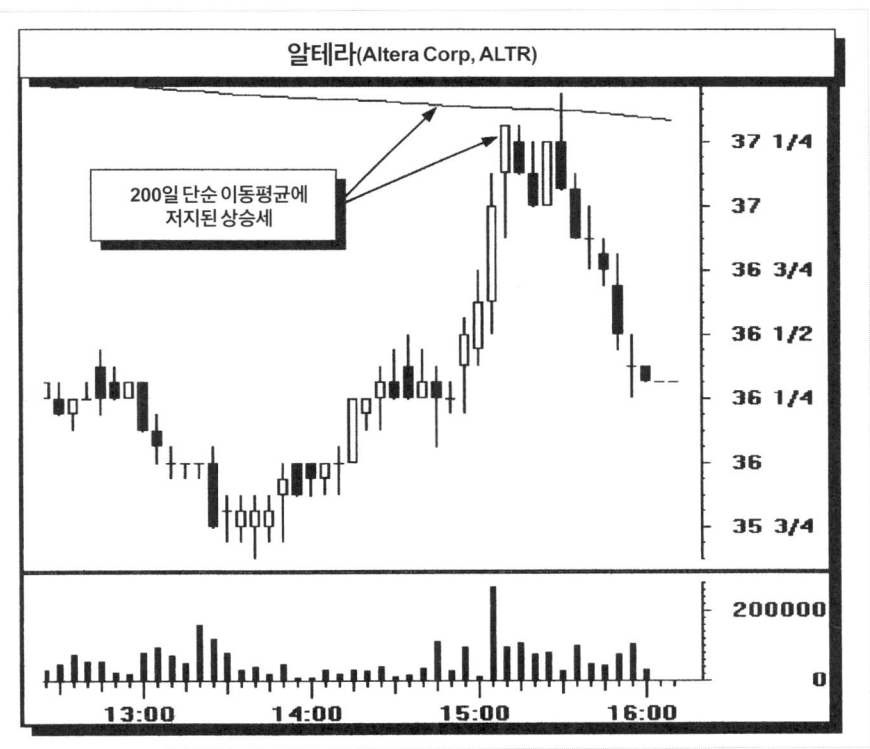

● **그림 11.48** 15분 차트에서 200일 단순 이동평균은 곧 '법'이다. 아래 마이크로소프트의 15분 차트가 이를 뚜렷이 보여준다. 급격한 하락이 200일 단순 이동평균에서 저지된 점에 주목하라. **도움말**: 마스터 트레이더는 200일 단순 이동평균이 표시되지 않은 15분 차트는 볼 생각도 하지 않는다.

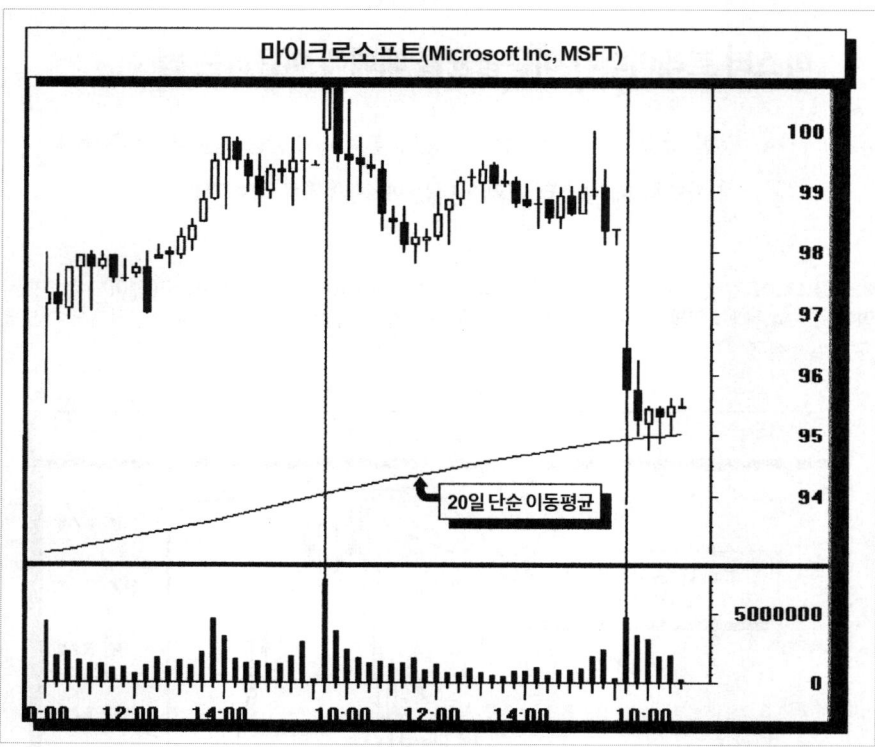

- 강한 하락 추세가 형성된 종목이 상승해서 **하락하는** 이동평균을 다시 시험할 때 마스터 트레이더는 매도 태세로 들어간다(그림 11.47, 11.48, 11.49).

● **그림 11.49** 신트릭스(Cintrix Systems, CTXS) 5분 차트는 200일 이동평균선이 얼마나 강력한 지지선이 되는지 보여준다. 200일 이동평균 위에서 나온 상승세가 얼마나 강력했는지 주목하라.

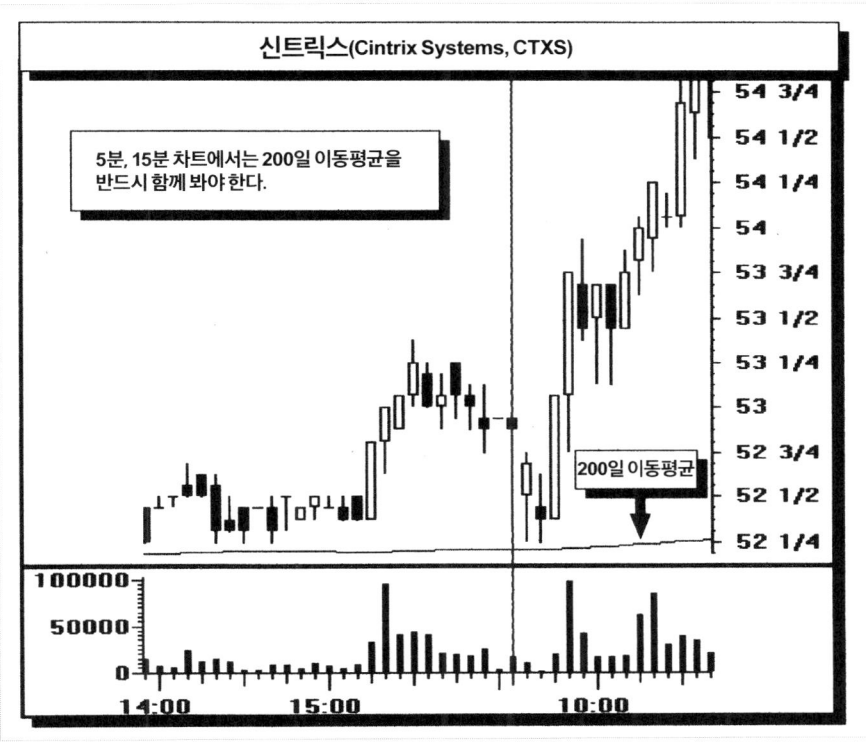

열 번째 차트 도구 : 3~5 하락 막대

정의

수많은 유리한 매매 기회의 토대를 형성하는 매우 단순한 가격 움직임이다. 3~5 하락 막대는 우리가 아는 한 낮은 위험의 진입 지점을 찾는 만능열쇠이며, 결국 10여 년 동안 우리의 일상적인 매매 분석에 상당 부분을 차지하게 되었다. **단 하나의 트레이딩 개념만 가르쳐야 한다면, 우리는 3~5 하락 막대에 대해 가르칠 것이다.**

3~5 하락 막대는 단순히 3~5개의 연속하는 하락 막대로 구성되었는데, 여기서 중요한 단어는 **연속**이다. 차트에서 발생하는 여러 사건 중 필수인 이 개념에 대해 더 깊게 들어가기 전, 우선 하락 막대가 무엇을 의미하는지부터 살펴보자. 3~5 하락 막대에서 **하락 막대**를 정의하는 기준은 다음과 같다.

- 현재 막대의 종가가 이전 막대의 종가보다 낮다.
- 현재 막대의 종가가 현재 막대의 시작가보다 낮다.

● **그림 11.50** 네 가지 기준을 만족하는 3~5 하락 막대. 이 기준은 대략적인 지침으로만 이해해야 한다. 너무 엄격하고 정확하게 기준을 적용하려다가 수익으로 이어질 거래 여건이 형성되었는데도 놓칠 수 있다.

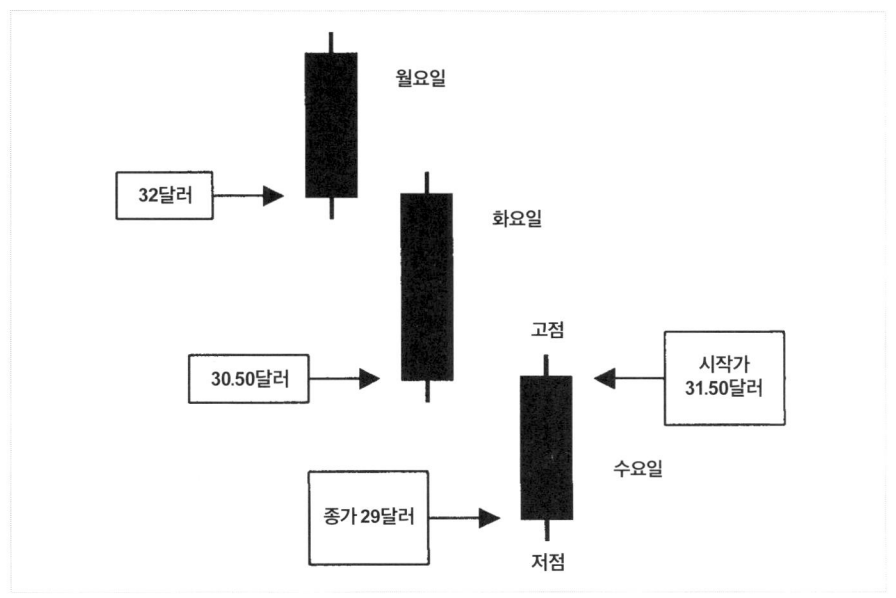

- 현재 막대의 시작가가 현재 막대의 변동 폭의 고점 혹은 그 근처에 있다.
- 현재 막대의 종가가 현재 막대의 변동 폭의 저점 혹은 그 근처에 있다(그림 11.50).

우리는 (상승 추세에 있는) 강한 종목이 3~5일 연속 하락을 경험한 후 급격히 반등하는 경향이 있음을 깨달았다. 강한 상승 추세의 종목은 3 하락일 이후 반등하는 반면 적당한 상승 추세에 있는 종목은 4~5 하락일 이후 반등하는 경향이 있다. **도움말:** 하락 막대가 5개를 초과한다면 약세 신호가 나온 것이다. 3~5 하락 막대가 나왔다면 (문제의 신호가 잡히자마자 포지션을 청산하는) 약한 손이 제거되고 적당한 과매도 상태가 되며, 이로 인해 다시 매수자가 들어오고 공급이 실질적으로 고갈된다. 마스터 트레이더는 이렇게 단순하지만 강력한 사건이 발생한 후에야 경기장으로 들어서면서 일격을 가할 (진입할) 적절한 시기를 찾는다. '적절한 시기가 언제일까?'라고 묻는다면 우리는 이렇게 답하겠다. **"마스터 트레이더는 3~5 하락 막대 이후 처음으로 이전 막대의 고점보다 높게 거래될 때 매수한다."**

● **그림 11.51** 마스터 트레이더는 3~5 하락 막대 출현 후 처음으로 이전 막대의 고점보다 높게 거래될 때 매수한다. 이 경우 마스터 트레이더는 목요일에 31달러 위에서 매수한다.

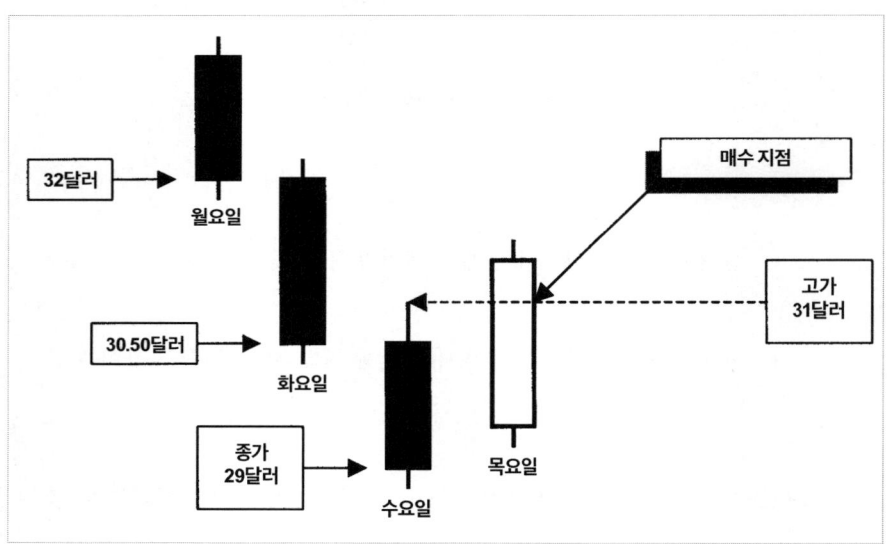

마스터 트레이더가 3~5 하락 막대를 해석하는 법

- 강한 상승 추세의 종목은 하락할 때 3~5개의 연속 하락 막대 이후 하락을 멈추는 경향이 있다.
- 3~5 하락 막대 이후에는 낮은 위험으로 매수할 수 있는 훌륭한 매수 기회가 형성되는 경향이 있다.
- 3~5 하락 막대는 각 하락 막대의 시작가가 이전 막대의 종가와 가까울 때 가장 좋다. 위 또는 아래로 갭이 포함된 3~5 하락 막대는 패턴이 깨지거나 힘이 약해진다.
- 하락 추세 중에 3~5 상승 막대가 출현했다면 좋은 매도(공매도) 기회가 형성된다. 이때의 3~5 상승 막대는 물론 역추세 매매 기회다.
- 3~5 하락 막대가 좁은 폭 막대, 꼬리 극단적 거래량, 지지와 저항, 이동평균 등 다른 트레이딩 도구나 사건들과 조합되면 거의 완벽한 거래 여건이 조성된다. **참고**: 이런 조합이 우리가 제시하는 거의 모든 트레이딩 전술과 기술의 토대를 형성한다.

마스터 트레이더가 3~5 하락 막대를 매매에 이용하는 법

- 강한 종목이 3~5 하락 막대를 보이면 마스터 트레이더는 보통 이전 막대의 고점 위에서 매수를 계획한다(그림 11.52 및 11.53).
- 약한 종목이 3~5 상승 막대를 보이면 마스터 트레이더는 보통 이전 막대의 점점 밑에서 매도를 계획한다(그림 11.54).

● **그림 11.52** 바이오젠(Biogen Inc, BGEN)의 일일 차트는 거의 완벽하게 형성된 3~5 하락 막대 거래 여건을 보여준다. 3~5 하락 막대가 출현하면 마스터 트레이더는 이후 종목이 처음으로 이전 막대의 고점보다 위에서 거래될 때 매수한다. **도움말:** 공격적인 마스터 트레이더라면 3~5 하락 이후 나타나는 어떤 강세형 반전 막대에서든지 매수할 것이다.

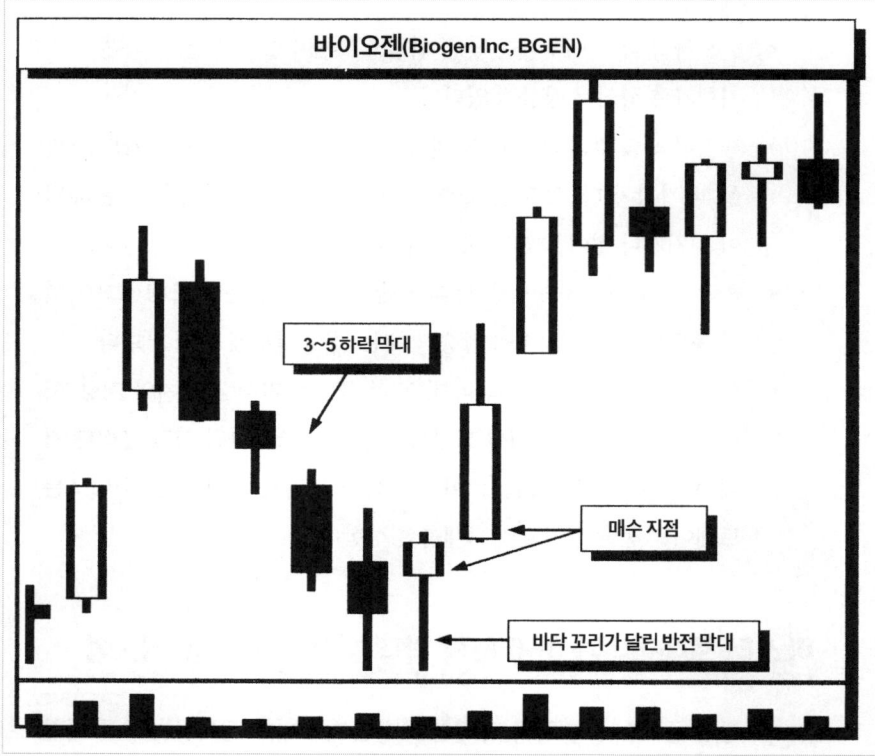

● **그림 11.53** 렉스마크(Lexmark Int'l, LXK)의 일일 차트에 3~5 하락 막대가 두 번 만들어지고 매수 지점 두 개가 형성됐다. **도움말**: 마스터 트레이더는 3~5 하락 막대가 출현한 후 해당 종목이 처음으로 이전 막대의 고점에서 거래될 때 매수한다.

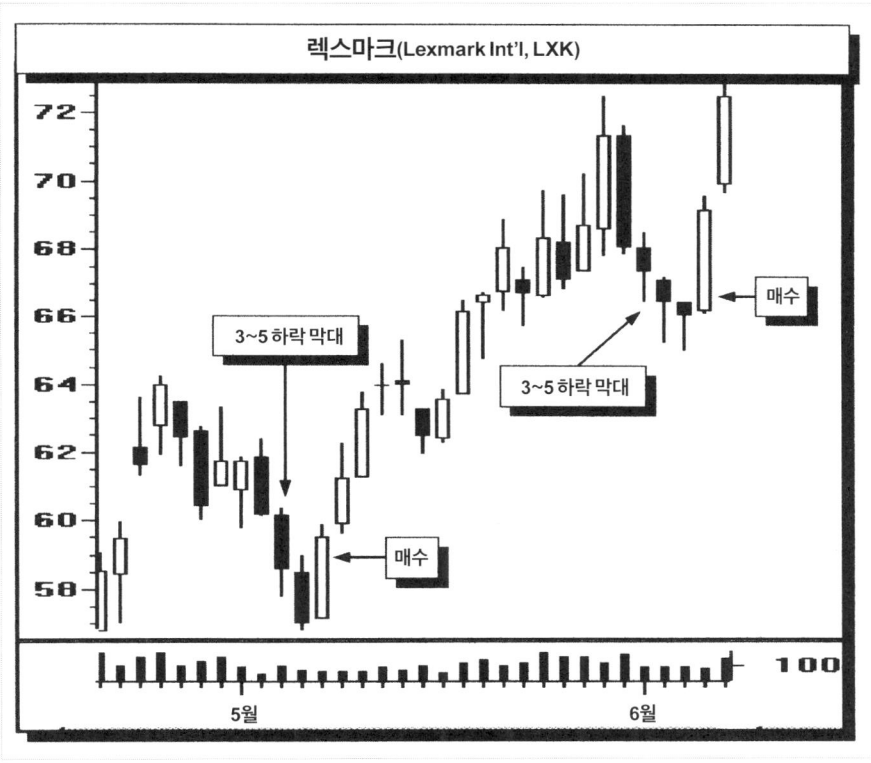

● **그림 11.54** 아메리카 온라인(AOL)의 15분 차트가 완벽하게 형성된 매도(공매도)를 위한 거래 여건을 보여준다. 마스터 트레이더는 하락 추세의 맥락에서 나타난 3~5 하락 막대 이후 종목이 처음으로 이전 막대의 저점 밑에서 거래될 때 매도한다.

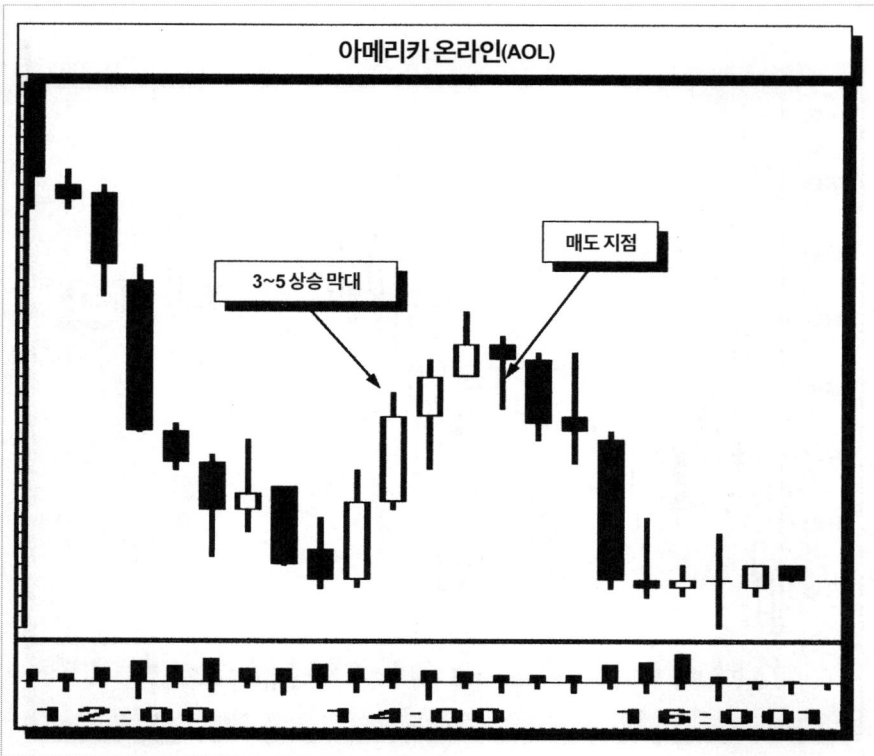

12장

거래 처리를 위한 도구와 전술

전략을 결정하고 매매 기회를 파악했다면, 트레이더는 기회를 수익으로 바꿀 수 있는 최상의 방법을 정해야 한다. 마스터 트레이더는 주문을 넣는 방식이 트레이딩의 성공에 큰 영향을 끼친다는 사실을 안다. 성공적일 수 있는 트레이딩 전략이 주문을 넣는 기술이 부적절해서 결과적으로 순손실로 끝날 수 있다. 트레이딩의 어려운 부분 중 하나가 최선의 주문 실행 방식을 결정하는 일이다.

대부분 투자자는 시장가 주문(market order)이나 지정가 주문(limit order)처럼 가장 기초적인 주문 방식 간의 차이를 안다. **시장가 주문**은 잡을 수 있는, 최종 지급해야 할 가격에 아무 제한도 없이 최선의 가격에 즉시 매수/매도하라는 요청이다. **지정가 주문**은 특정 가격 혹은 그보다 좋은 가격으로 제한해서 매수/매도하라는 요청이다. 일례로 인텔(Intel Corporation, INTC)을 주당 82달러 혹은 이보다 더 낮게 매수하려면 지정가 주문을 넣을 수 있다.

마스터 트레이더는 이런 기초적인 주문 유형은 주문을 내는 전략을 발전시키고, 시장에 직접적으로 접근할 때의 이점을 극대화하기 위한 기초에 불과하다는 사실을 안다. 다양한 트레이딩 방법에 따라 필요한 주문 기법도 달라질 것이다. 스프레드를 버는 '시장 조성자 역할'을 하고자 하는 트레이더는 모멘텀 트레이더가 빠르게 움직이는 주가를 잡으려 하는 것과는 다른 주문 전략을 취해야 한다. 마스터 트레이더라면 다행히 유용할 수 있는 주문 방식이 폭넓고 다양할 것이다. 나스닥 주식의 경우 ECN(Electronic Communication, Network, 전자 통신 네트워크), SOES(Small-Order Execution System, 소액 주문 처리 시스템), SNET(SelectNet system, 비통화 전산 주문 시스템) 그리고 아키펠라고 시스템(ARCA) 같은 한 단계 더 발전한 자동 주문 발송 방식 등 다양한 선택지가 있다. 뉴욕증권거래소의 경우 마스터 트레이더라면 주로 슈퍼닷(SuperDOT-Designed Order Turnaround) 시스템으로 주문을 거래소 객장으로 전달할 것이다. 이러한 주문 처리 방식은 모두 엑시큐셔너닷컴 같은 기업이 제공하는 강력한 주문 입력 소프트웨어를 쓰면 이용 가능하다. 엑시큐셔너닷컴*은

● **그림 12.1** 엑시큐셔너닷컴의 주문 처리 기본 화면에서 마스터 트레이더가 주문을 처리하는 다양한 방식을 볼 수 있다. 엑시큐셔너닷컴 사용자는 두 개의 ECN, 즉 아키펠라고(ARCA)와 아일랜드(ISLD) 그리고 SOES, SNET, SuperDOT에 직접 접속할 수 있다. 이 주문 처리 수단은 마스터 트레이더에게 매우 중요한 도구이며 각각의 작동 방법과 적절한 사용 시점을 철저히 이해하는 것은 필수다.

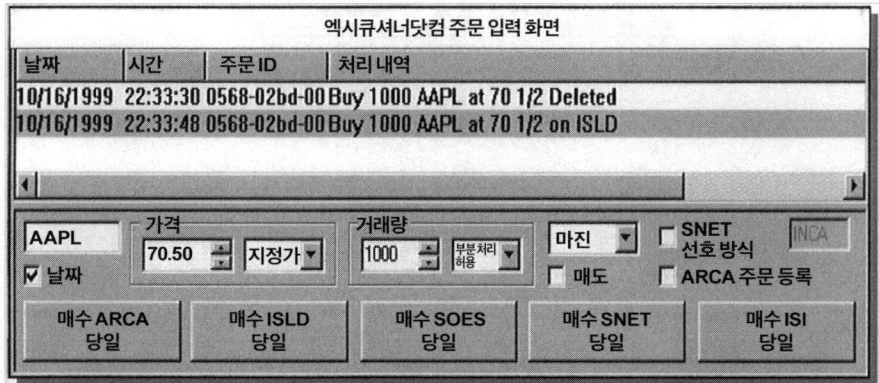

* 현재는 운영하지 않음

이렇게 강력한 기능의 트레이딩 소프트웨어를 개인에게 제공한 최초의 기업 중 하나이며 모든 프리스틴의 트레이더가 이 소프트웨어를 사용한다(그림 12.1).

마지막으로 다테크(Datek), 이트레이드(E-trade), 아메리트레이드(Ameritrade), 피델리티(Fidelity) 등 할인형 증권 중개사(discount broker)를 이용하는 트레이더도 있다. 이렇게 처리된 주문은 시장 조성자에게 팔린다.

그러면 이제 다양한 주문 처리 방식을 알아보고 각 방식이 언제 가장 적절한지 살펴보자.

첫 번째 주문 처리 도구 :
ECN(Electronic Communication Network, 전자 통신 네트워크)

정의

ECN은 1997년 나스닥이 지정가 주문을 체결하기 위해 만들었다. 이 책을 쓰고 있는 지금 아일랜드(Island, ISLD), 아키펠라고(Archipelago, ARCA), 인스티넷(Instinet, INCA), 블룸버그 트레이드북(Bloomberg Tradebook, BTRD), 스피어, 리즈 앤드 켈로그(Spear, Leeds and Kellogg, REDI), 어테인(Attain, ATTN), 스트라이크(Strike, STRK), BRUT, 넥스트 트레이드(Next-Trade, NTRD)의 9개 ECN이 구축되었고 향후 더 구축될 예정이다. 레벨 II에 보이는 이들을 통한 호가를 제외한 다른 모든 호가는 시장 조성자가 올린 것이다. 레벨 II 화면에서 ECN은 'ISLD#', 'INCA#'처럼 기호 다음에 '#'를 붙여 표시하기도 하는데, 이는 ECN을 통해 들어온 주문을 빠르게 식별하기 위해서다. ECN을 시장 조성자와 혼동하면 안 된다. 시장에는 골드만삭스, 메릴린치, 솔로몬 스미스 바니 등 매우 많은 시장 조성자가 있다(그림 12.2).

● **그림 12.2** 마이크로칩 테크놀로지(Michrochip Technology, MCHP)의 나스닥 레벨 II 호가 화면이다. 마스터 트레이더는 레벨 II 화면을 통해 ECN과 시장 조성자의 매수 및 매도 호가를 의미하는 종목의 깊이를 볼 수 있다. 두 ECN, 즉 INCA, ISLD는 동그라미로 눈에 띄게 표시했다. 다른 모든 매수, 매도 호가는 시장 조성자가 넣은 것이다. 나스닥의 레벨 II 호가와 시장 조성자의 특성에 대해서는 13장에서 더 철저히 살펴보겠다.

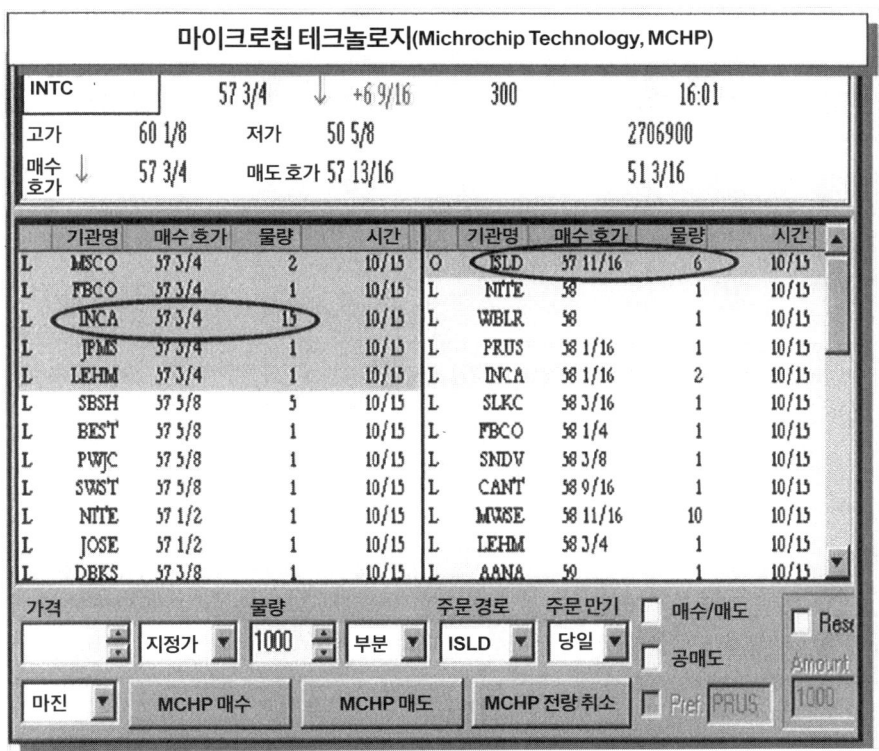

ECN은 수백, 수천 개의 특정가로 매도 또는 매수하겠다는 개별 주문으로 구성된 지정가 주문 장부를 단지 컴퓨터로 옮겨 놓은 것이다. ECN의 기능은 트레이더나 시장 조성자, 즉 사람이 개입할 여지를 제거하고 매수자와 매도자를 전자적으로 짝지어주는 것이다. ECN은 소형 주식 거래소(ministock exchange)와 매우 흡사하다. 각 종목의 최고 매수,

매도 지정가 주문은 나스닥에 전달되고 ECN 매수, 매도 호가로 표시된다. INTC 주식에 다음과 같은 지정가 주문이 ISLD에 올라왔다고 가정하자.

$70\,^7/_8$*에 100주 매수	$71\,^1/_{16}$*에 400주 매도
$70\,^7/_8$*에 200주 매수	$71\,^1/_4$에 1000주 매도
$70\,^5/_8$에 200주 매수	72에 100주 매도
$70\,^1/_4$에 300주 매수	

지금 장부에서 최선의(*) 매수 호가는 $70\,^7/_8$*이며 이 가격의 총 매수 대기 물량은 300주다. 최선의(*) 매도 호가는 $71\,^1/_{16}$*이며 400주가 매도 물량으로 나왔다. 그러므로 나스닥 레벨 II의 ISLD에는 이들 최선의 매수, 매도 호가와 물량이 표시된다(그림 12.3).

트레이더는 SNET시스템을 이용하는 모든 ECN에서 기존의 지정가 호가 주문에 맞춰 주문을 체결할 수 있다. 하지만 나스닥 레벨 II에 표시되는 ECN 지정가 장부에 지정가 주문을 실제로 등록하는 것은 직접 접속*이 가능한 트레이더만 할 수 있다. 트레이더가 직접 접속이 가능한 ECN은 보통 ISLD, ARCA, REDI 같은 일반적인 ECN 몇 개로 한정된다.

---

* direct access: 증권 중개사를 거치지 않고 직접 시장에 접속할 수 있는 네트워크

● **그림 12.3** 인텔(INTC)을 매수하기 위한 두 개의 매수 주문은 나스닥 레벨 II 호가창에서 ISLD의 매수 300주 주문 하나로 등록된다. 왼쪽에서 이를 볼 수 있다. 오른쪽에는 INTC 400주를 매도하기 위한 주문, 즉 매도 호가 한 개가 보인다.

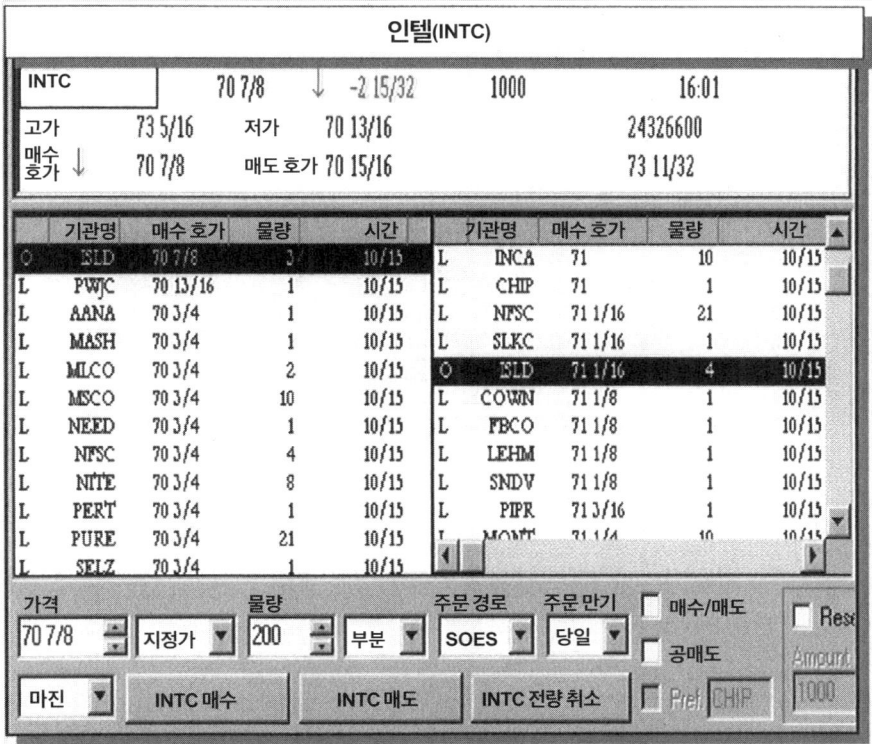

ECN의 장점

- ECN 호가 장부에 이미 존재하는 지정가 주문에 맞출 때는 짧게는 0.2초까지 신속한 체결이 가능하다.
- ECN의 호가는 진짜다. ECN에서 호가가 보인다면 그 가격과 물량에 나온 진짜 호가다. 당신이 기존 ECN 호가에 맞춘 주문을 보낸 첫 번째 사람이라면 주문이 체결될 것이다.

- ECN은 (주문자가 각별히 주문이 표시되지 않도록 요청하지 않았다면) 물량 전체를 보여준다. ECN에 최선의 가격인 81에 집합적으로 14,200주 매수 주문이 있다면 레벨 II 호가창에는 14,200주 모두가 보일 것이다.
- ECN은 트레이더가 올린 지정가 주문이 나스닥 레벨 II에 표시되도록 한다. 따라서 모든 시장 참여자가 올린 주문을 볼 수 있도록 광범위하게 광고할 수 있다.
- ECN은 나스닥보다 훨씬 더 적은 가격 변화분에 따라 호가를 낼 수 있다. 예를 들어 ISLD는 10달러 이상 주식이라면 1/128 달러 단위까지, 10달러 미만 주식이라면 1/256 달러 단위까지 미세하게 호가를 낼 수 있다. 이런 주문은 나스닥 레벨 II에서 (10달러 미만인 주식의 경우) 가장 가까운 1/16 혹은 1/32로 반올림되지만, ECN 장부에는 실제 가격으로 표시되며 실제 가격을 기반으로 체결될 것이다.
- ECN을 통해 SOES와 SNET 시스템을 통해 직접 시장 조성자와 연계될 때의 많은 단점을 피할 수 있다.

ECN의 단점

- 일부 ECN은 유동성이 매우 부족해서 매수도 짝짓기를 통한 체결이 드물다. 가장 유동성이 풍부해서 주문을 올리기에 가장 좋은 ECN은 INCA, ISLD, ARCA, REDI다. 우리는 수강생들에게 ISLD 및 ARCA에 직접 주문을 올리는 기능을 제공하지 않는 직접 접속 트레이딩 시스템은 고려하지 말라고 한다. ISLD, ARCA, 이 두 ECN은 필수다. ARCA의 특징에 대해서는 잠시 후 더 깊게 살펴보자.
- 급상승 종목은 ECN을 사용해서는 내부 매도 호가 혹은 그보다 낮은 가격에 매수하기 힘들 것이다. 다시 말해, 당신의 매수 주문이 종

목의 내부 매도 호가에 체결될 가능성은 거의 없으며 보통 ECN 지정가 주문에 올라온 매도 호가 중 당신의 매수 주문과 짝지을 내부 매도 호가 가격만큼 좋은 매도 호가는 없을 것이다.
- 주문 물량의 일부만 체결되는 경우가 많을 수 있다. 이와 관련해서는 ISLD가 가장 빈번하게 문제를 만든다. 1주까지도 단주 주문을 받는 등 ISLD는 작은 주문을 받기 때문이다. 1000주를 주문했는데 14주만 체결된다면 얼마나 당황스럽겠는가. **참조**: 다른 모든 ECN은 100주 단위로 주문을 받는다.

마스터 트레이더가 ECN을 매매에 이용하는 법

- 마스터 트레이더는 ECN의 수많은 장점을 인식하고 이를 자주 이용한다. ECN을 특별히 이용해야 하는 상황을 예로 살펴보자.
- 현재 매도 호가보다 낮게 매수 주문을 내는 경우. ECN 중 보통 가장 유동성이 큰 ISLD에 주문을 올릴 때 최고의 결과를 거둘 수 있다.
- 현재 매수 호가보다 높게 매도 주문을 내는 경우. ECN 중 보통 가장 유동성이 큰 ISLD에 주문을 올릴 때 최고의 결과를 거둘 수 있다.
- 나스닥 종목을 매도 호가에 매수하거나 매수 호가에 매도하려는 모든 경우. ECN에 체결할 만한 적절한 주문 규모가 있다면 마스터 트레이더는 가격 안정성이 떨어지는 시장 조성자의 호가에 체결하기보다는 우선 ECN에 올라온 주문을 잡아 체결한다. **참조**: 많은 트레이더가 원하는 호가를 올린 ECN이 없을 때는 시장 조성자로 주문을 돌린다. INCA에 올라온 호가를 잡아 매매하려면 추가 비용이 들기 때문이다.
- 주가가 빠르게 상승하는 종목의 매수 주문을 체결해야 하는 경우 마스터 트레이더는 매도 호가보다 호가 단위가 몇 단계 더 높은 가격

을 제공하지만 유동성이 높은 ECN을 선호한다. 마스터 트레이더는 급격히 상승하는 종목은 웃돈을 지불하더라도 포지션을 만들어 이후 따라오는 상승에서 수익을 취한다. 반대로, 급격히 하락하는 종목에 기존 매수 포지션이 있을 때도 마찬가지다.

두 번째 주문 처리 도구 :
SOES(Small-Order Execution System, 작은 주문 처리 시스템)

정의

SOES는 1984년 소규모 투자자들이 나스닥 시장에 더 쉽게 접근하기 위해 만든 시스템이다. 최근까지 SOES 시스템을 통해 매수 주문인 경우 내부 매도 호가에, 매도 주문인 경우 내부 매수 호가에 거의 즉시 1000주까지 체결할 수 있었다. 하지만 이 시스템이 널리 사용되기 시작한 것은 시장 조성자들이 실질적으로 전화 수신을 거부해서 거래가 불가능했던, 1987년 주식시장 폭락 이후다. 흥미롭게도 여전히 대중은 SOES를 모른다. 하지만 오늘날 활발하게 거래하는 트레이더에게 묻는다면 SOES가 그들에게는 일상적인 트레이딩의 일부가 된 중요한 단어임을 알게 될 것이다.

SOES는 시장 조성자들이 의무적으로 따라야 하는 유일한 체결 방식이다. 시장 조성자가 호가를 게재하고 표시했다면 SOES는 해당 시장 조성자가 표시한 물량만큼 주문을 이행하도록 한다. 단, 이 시스템을 이용할 때는 시장 조성자가 표시된 호가를 17초 이내에 새로 고칠 수 있다는 사실을 기억하라. 이 사실을 잊고 때때로 시장 조성자가 올린 가격이 더는 존재하지 않는 사실을 모른 채 SOES로 체결하려는 트레이더가 있다. 또한 앞서 게재된 주문이 많기 때문에 체결 가능성이 낮아지기도 한다. 하지만 시장 조성자의 호가가 실제로 존재하고 앞선 주문이 많지 않은 경우라면 시장 조성자가 의무적으로 주문을 이행할 것이다. 하지만 나스닥 시장에서 SOES를 통한다고 해서 주문 체결이 보장되는 것은 아니다. 이 책을 집필하는 지금 시점에 SOES 주문 체결률은 단 38%다. 즉, SOES를 통한 모든 주문의 38%만 체결로 완료된다. 그러니 SOES의 주문 이행 의무라는 본질적인 속성을 주문 체결을 보장하는 개념으로 혼동해서는 안 된다. 이렇듯 체결률은 낮지만, 마스터 트레이더가 적절히 이용하면 나스닥 주식에 조용히 빠르게 진입할 수 있는 창의적이고 앞선 방법이다. SOES 운영 시간은 동부시간 오전 9시 30분~오후 4시다. 이르게는 오전 7시 15분부터 시장가 주문을 낼 수 있는데, 이런 개장 전 주문은 오전 9시 30분에 장이 열리면서 체결된다는 점도 알아두자.

SOES 시스템은 나스닥 주식을 매매할 때 시장가 및 시장가 범위 지정가 주문(marketable limit order) 모두에 이용할 수 있다. 매수 호가 $70\,^7/_8$, 매도 호가 $70\,^{15}/_{16}$에 거래되고 있는 인텔을 **매수**한다고 가정해 보자. 이때 트레이더가 SOES 시스템을 이용해 주식을 매입할 수 있는 여러 방법이 있다.

- **SOES**에 $70\,^{15}/_{16}$로 지정가 매수 주문을 낸다. 이 가격에 매도하려는 시장 조성자가 있고 이 주문이 이 가격의 시장 조성자에게 가장 먼저

도달하면 체결될 것으로 예상할 수 있다. **참고: ECN 호가는 SOES를 통할 수 없으므로 유일한 호가가 ISLD, INCA 혹은 다른 ECN을 통해 올라왔다면 이 주문은 즉시 거절되고 되돌아간다.**

- SOES에 $71\frac{1}{8}$ 같은 내부 매도 호가보다 높은 가격으로 지정가 매수 주문을 낸다. 종목이 빠르게 상승하면 트레이더는 주문을 체결하기 위해, 필요한 경우 더 높은 가격을 지불할 의향이 있을 수 있다. 그러면 주문은 $70\frac{5}{16}$까지 싸게 체결되거나 지정가인 $71\frac{1}{8}$로 체결될 것

● **그림 12.4** 마스터 트레이더가 인텔(INTC) 100주 주문을 SOES를 통해 보냈다. ISLD에는 내부 매도 호가인 70 15/16 달러에 올린 것이 없다. 내부 매도 호가에 가장 가까운 ISLD의 호가는 71 1/16 달러다. ISLD에 70 15/16 달러에 올린 호가가 있다면 마스터 트레이더에게 최선의 방법은 ISLD를 통한 주문이었을 것이다. 매도 호가쪽에 시장 조성자들만 있으므로 여기서는 SOES가 더 나은 선택이다.

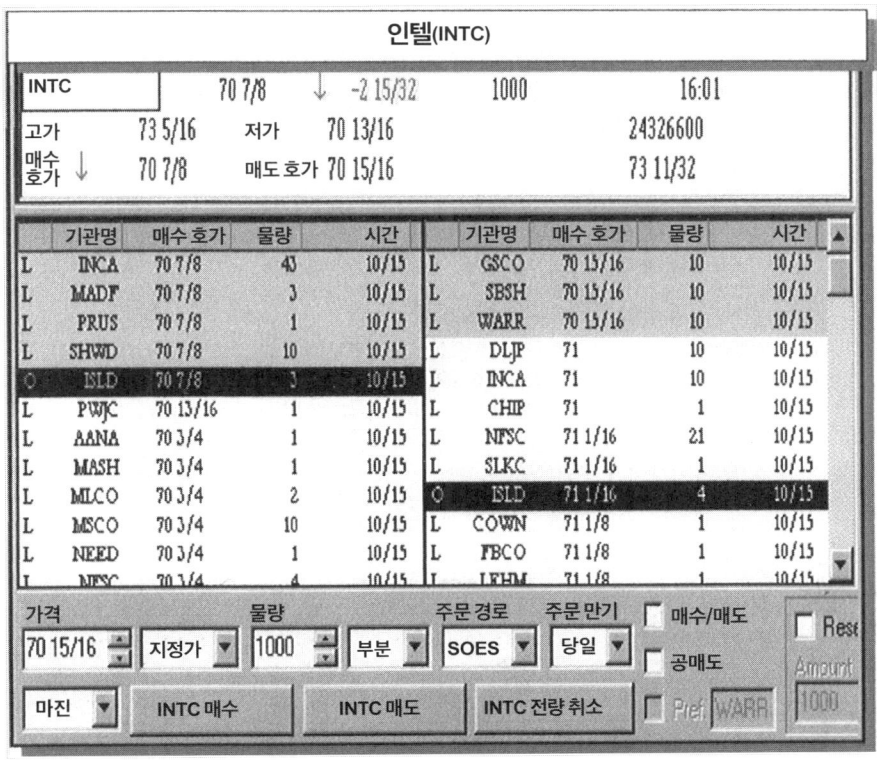

이다. 종목이 급상승하면 SOES에는 지정가인 $71\frac{1}{8}$를 초과하는 수많은 다른 주문들이 이 주문보다 앞에 대기 중일 수 있으며, 트레이더는 주문을 전혀 체결하지 못할 수도 있다. 그런 경우 매도 호가가 $71\frac{1}{8}$를 초과한 이후, 이 주문은 이용한 시스템에 따라 '거절' 혹은 '삭제'된다.
- SOES에 시장가 매수 주문을 낸다. 이 경우 트레이더는 주문이 체결되기를 간절히 바라기 때문에 모든 최선의 가격을 받아들일 것이다. 이 주문은 $70\frac{15}{16}$에 즉시 체결되거나 1분 정도 후 상당히 오른 가격에 체결될 수도 있다. 이런 주문 유형은 실제 체결 가격을 제한할 수 없고 통제가 불가능하기 때문에 이용할 때 주의해야 한다. 일반적으로 이런 주문은 예상의 반대 방향으로 빠르게 움직이는 종목의 포지션을 청산해야 할 때 이용한다(그림 12.4).

SOES의 장점

- 1초 혹은 그 미만으로 매우 빠른 체결이 가능하다.
- 누구를 통해서 주문을 보낼지 선택하지 않아도 되기 때문에 주문을 내는 과정이 복잡하지 않고 쉽다.
- SOES 시스템은 나스닥이 통제한다. 모든 SOES를 통한 체결은 SOES 시스템을 통해 전자 처리되고 거래 당사자에게 보고된다. 그러므로 주문을 남용할 수 있는 잠재력이 있는 시장 조성자를 피할 수 있다.

SOES의 단점

- 활발히 거래되는 주식의 경우 SOES 호가 대기열이 다른 트레이더들이 낸 주문이 많아서 길어지고, 이로 인해 당신의 주문은 원하는

가격에서 더 멀리 떨어진 가격에 체결될 가능성이 매우 크다.
- 최근 규칙이 변경되면서 시장 조성자들이 작은 단위로 100주까지 호가를 낼 수 있게 되었다. 그 결과로 1000주까지 이보다 더 큰 주문은 현재가에 체결되기 어려울 수 있다.
- 또 한 가지 규칙이 변경되었는데, 시장 조성자에게 게재한 호가로 주문을 체결한 후 17초 지연 시간을 갖고 호가를 변경하거나 추가 주문을 체결하도록 허용되었다. 그 결과로 시장 조성자들이 이미 주문을 체결하고 호가를 더 불리한 가격으로 조정하기 전 17초를 다 쓰면서 기다리기 때문에 시장 조성자들이 내는 내부 매수 혹은 매도 호가에 '정체' 현상이 발견된다. 시장 조성자가 올린 호가가 진짜 체결가가 될지, 아니면 잠시 후 조정될 정체된 가격인지 확인할 방법이 없다. **참고**: 종목의 매수 매도 호가가 동일해서 호가가 고정된 경우, 혹은 내부 매수 호가가 내부 매도 호가보다 높은 이 둘이 교차된 경우에는 17초 지연 시간은 5초로 감소된다.
- ECN은 SOES를 통할 수 없다. 결과적으로 SOES 주문은 기존 ECN으로 게재된 원하는 가격의 주문과 짝지어 체결할 수 없다. 이런 단점은 주문을 체결에 가장 적합한 통로로 보내주는 ARCA 시스템 같은 더 고도의 주문 전송 시스템을 이용하면 극복할 수 있다.
- 이름에서 알 수 있듯이 SOES는 작은 주문용으로 고안된 시스템이다. 주문 크기가 가장 활발히 거래되는 종목의 경우 최대 1000까지로 제한되며, 거래가 덜 활발한 종목은 500 혹은 200주로 제한된다.
- 내부 매도 호가에 매수하거나 내부 매수 호가에 매도하는 두 가지 선택만 가능한데, 이런 유형의 주문에서는 항상 매수 매도 호가 스프레드만큼 손해를 본다.

마스터 트레이더가 SOES 시스템을 매매에 이용하는 법

마스터 트레이더는 SOES 시스템의 단점을 알기 때문에 이를 매우 제한적으로 이용한다. 그래도 SOES가 적절한 경우가 종종 있다.

- 마스터 트레이더는 내부 매수, 매도 호가의 총 물량이 주문 물량을 체결하기에 충분하다는 전제하에 움직임이 느린 종목은 스프레드를 포기하면서 SOES를 통해 주문한다. 종목이 활발히 움직이지 않을 때는 SOES에 다른 주문이 앞에 있을 가능성이 매우 낮다. 그러므로 마스터 트레이더는 이런 상황의 주문은 즉시 체결되리라 예상할 수 있다.
- SOES는 종목이 막 방향 전환을 시작할 때 마스터 트레이더가 이용하는 효율적인 주문 방법이다. 이때 주문 체결을 위한 가장 중요한 핵심은, 다른 트레이더들이 추세 전환을 눈치채기 전에 이를 탐지하는 것이다. 조기에 결정하고 빠르게 주문할 때는 SOES를 통한 이런 주문이 자주 체결된다. 그렇지만 추세 전환이 모두에게 뚜렷해질 때까지 기다려서는 안 된다. 그런 경우의 주문은 SOES 주문 대기열에서 뒤로 밀려 예상한 방향으로 종목이 움직이는 동안 체결되지 못한 채 남겨진다.

세 번째 주문 처리 도구 :
SNET(Selectnet, 선별 네트워크)

정의

나스닥이 매수 및 매도 주문을 다른 기관으로 넘기기 위해 개설한 컴퓨터 시스템이다. 운영 시간은 동부 시간 오전 9시 30분~오후 4시다. 추가 '시간 외' 거래 시간은 오전 9시~9시 30분과 오후 4시~5시 15분이다.

SNET 시스템은 세 가지 방식으로 이용할 수 있다.

1. 시장 조성자보다 SNET 우선
2. ECN보다 SNET 우선
3. SNET 분산

이제 각각의 선택에 대해 알아보자.

시장 조성자보다 SNET 우선

당신이 시장 조성자인 골드만삭스(GSCO)보다 SNET 우선 조건으로 델 주식 1000주를 $36\frac{1}{2}$에 매수하는 주문을 낸다고 가정하자. 이 주문은 즉시 델의 시장 조성자인 GSCO의 레벨 III 화면에 나타난다. **참고:** 레벨 III 시스템은 시장 조성자들이 주문을 내는 데 이용하는 시스템이다. GSCO가 이 주문을 처리하는 방법에는 다음과 같은 수많은 선택지가 있다.

- 주문 물량 전체인 1000주를 매도하고 싶다면, 즉시 주문을 체결한다.
- 주문 물량 1000주 전체를 매도하고 싶지 않다면 그중 100~900주까지 부분적으로 주문을 체결한다.
- 주문을 거절하고 거절/취소 상태로 돌려보낸다.
- 주문을 무시하고 응답하지 않는다.
- 주문 물량 전체인 1000주를 $36\frac{9}{16}$같은 다른 가격에 매도하겠다는 메시지로 응답하며 협상한다. **참고:** 이런 일은 일반적으로 시장 조성자 간의 큰 주문일 때 일어난다. 보통 트레이더가 이런 메시지를 받을 일은 없다.
- 더 나은 가격으로 이 주문의 전체 혹은 부분을 체결한다. 보통 트레이더들에게 이런 일이 일어날 가능성은 없다. 앞에서 언급했듯 월가에 선물은 없다.

이제 당신의 주문과 관련해서 시장 조성자가 해야 하는 일을 살펴보자. 당신이 GSCO가 현재 게시한 매도 호가로 GSCO 우선 조건으로 주문을 넣었고 GSCO가 최근 17초 동안 다른 주문을 체결하지 않았다면? GSCO는 게시한 호가에 게시한 물량으로 가능한 만큼 당신의 주문을 체결해야 한다. 그러나 최근 17초 이내에 다른 주문을 체결했다면 17초 이내에 언제든지 게재했던 매도 호가를 내리고 추가 주문을 체결하지 않아도 된다. 또한 GSCO의 매도 호가보다 이롭지 않은 가격(종목 현재 매수 호가가 $36\,^3/_8$, 매도 호가가 $36\,^9/_{16}$이고 GSCO의 매도 호가가 $36\,^9/_{16}$이며, 당신이 GSCO의 $36\,^1/_2$ 매도 호가에 우선 매수 조건으로 매수 주문을 넣어 스프레드가 나뉘는)인 주문은 체결할 의무가 없다.

ECN보다 SNET 우선

당신이 ECN보다 SNET 우선 조건으로 레디북(RediBook, REDI) ECN에 델 1000주를 $36\,^1/_2$에 매수 주문을 낸다고 가정하자. ECN은 단순히 컴퓨터상의 호가 장부이므로 당신의 주문을 다음 방법으로 처리한다.

- 호가 장부에 이 주문과 맞출 충분한 물량이 있고 주문이 장부에 우선 도착하는 경우 ECN은 즉시 이 주문을 처리한다. ECN은 주문 체결 직후 변경된 장부가 반영되도록 호가를 새로 고치고 체결된 주문을 차감한다.
- ECN이 당신의 매수 요청 물량의 전체가 아닌 일부만 맞출 수 있다면 100~900주 중 가능한 물량만큼 즉시 부분 체결된다. ECN은 주문 체결 직후 변경된 장부가 반영되도록 호가를 새로 고치고 체결된 주문을 차감한다.
- 다른 누군가가 당신보다 먼저 ECN에 주문을 보냈고 ECN 지정가 주문 장부에 이 주문과 맞출 남은 주문이 더는 없다면, ECN은 이 주문을 즉시 거절하고 돌려보낸다. 그 즉시 ECN은 호가를 새로 고치고 당신의 주문은 레벨 II 화면에서 본래 가격에 표시되지 않는다. 본래 가격의 지정가 주문은 체결되었으므로 더는 표시되지 않는다.

게임도, 17초도 상관없다.

주문은 사실상 시장 조성자 우선 조건 주문과 똑같다. 이 둘은 단지 ECN으로 처리할 때의 시장 조성자와 하는 게임을 피할 수 있는지 여부만 다르다. 선착순으로 처리되는 ECN의 특성 때문에 ECN을 이용할 때 경기장은 실질적으로 평평하다. 당신도 알다시피 시장 조성자를 대할 때는 그렇지 않으며, 그래서 그들은 (좀 불공평하지만) 우월하다.

몇 가지 언급하고 싶은 일반 사항

시장 조성자는 주문 크기를 드러낼 의무가 없다. 그들은 10만 주 이상을 매도하려고 하면서도 100주 매도 호가만 올릴지도 모른다. 이와 비교해서 ECN은 주문 생성자가 특별히 요청하지 않는 한 보통 90% 이상의 경우에 주문 크기 전체를 표시한다. 때때로, 특히 INCA의 주문 물량이 1000주로 표시되는 경우가 눈에 띌 것이다. 그러고는 400주가 체결되고 600주가 남는다. 마침내 600주가 체결되고 주문이 즉시 1000주로 새로 고쳐진다. 이런 일은 전형적으로 '최대 표시 크기'(이 예시에서 1000주) 선택으로 들어온 기관 주문일 때 발생한다. 많은 ECN에 이 기능이 있지만 기관 이외에 이를 이용하는 트레이더는 거의 없다. 기관이 많이 이용하는 INCA, REDI, BRUT 등의 ECN에서만 주로 보인다.

SNET 분산 주문(broddcast order)

당신이 SNET(비우선) 분산 주문으로 델 1000주를 $36\frac{1}{2}$에 매수 주문을 낸다고 가정하자. 이 주문은 델의 모든 시장 조성자의 레벨 III 화면에 즉시 보인다. 이제 이 주문을 체결할 기회는 모든 시장 조성자에게 있다. 하지만 주문 전체 혹은 일부라도 체결해야 할 의무는 누구에게도 없다. 게다가 이 주문은 이 종목의 레벨 II에 보이지 않으며 내부 매수 혹은 매도 호가에 영향을 주지 않는다. SNET 분산 주문은 약간의, 말하자면 1/4+포인트 정도를 포기하고 매도 주문일 때 내부 매수 호가보다 낮은, 매수 주문일 때 내부 매도 호가보다 높은 가격을 받을 의향만 있다면 급격히 악화 중인 포지션을 성공적으로 청산하는 방법일 수 있다.

SNET의 장점

- 트레이더가 주문을 전송하는 경로를 통제할 수 있다.
- ECN 중 하나를 우선 조건으로 주문을 내면 매우 빠르고 안정적으로 체결할 수 있다.
- 전부 또는 비체결(All-or-none, AON) 주문으로 부분 체결 가능성을 차단할 수 있다. 일례로 시장 조성자가 100주 규모로 호가를 냈다면, 트레이더는 전부 또는 비체결 주문으로 1000주를 시장 조성자 우선 조건으로 매수해 100주씩 체결될 때에 비해 효과적으로 수수료를 줄일 수 있다.
- 특히 ECN 우선 조건으로 주문을 내면 오전 9시~9시 30분, 오후 4시~5시 15분에 시간외 거래를 할 수 있다.

SNET의 단점

- 시장 조성자를 통한 주문 체결은 17초 규정 때문에 안정적이지 않다.
- 시장 조성자는 최소 100주까지 게재한 물량만큼만 체결하면 되기 때문에 원하는 물량만큼 체결되지 않을 수 있다.
- SNET 주문은 주문을 받은 사람이 거절 혹은 수락을 결정하는 데 필요한 충분한 시간을 주기 위해 최소 10초간 유효해야 하기 때문에 이 시간 동안 주문을 취소할 수 없다.
- 우선 조건 주문은 누구를 통해서 주문을 전달할지, 즉 주문 전달 경로를 선택해야 하기 때문에 주문에 걸리는 시간이 다른 방법보다 길어서 빠르게 돌아가는 시장에서는 불리할 수 있다.

마스터 트레이더가 SNET 시스템을 매매에 이용하는 법

마스터 트레이더는 SNET 시스템에서 얻을 수 있는 유연성의 중요함을 인식하며 다음과 같은 다양한 방법으로 이 시스템을 이용할 수 있다.

- 시장 조성자 우선 주문을 보내 시장 조성자가 표시한 것보다 더 많은 물량을 표시하도록 하는 방법으로 SNET을 진실을 알아내는 추적 도구로 이용한다. 시장 조성자들이 내부 매수 혹은 매도 호가에 100주만 표시하고 있는데도, SNET 우선 주문에서 1000 혹은 그 이상 체결될 때가 많다. 이때 그들의 매수자 혹은 매도자로서의 진짜 의도가 드러난다.
- 빠르게 움직이는 시장에서 주문을 체결하기 위해 가격을 몇 포인트 포기하려고 할 때가 자주 있다. 매수 포지션 주문을 체결하기 위해 마스터 트레이더는 특정 시장 조성자 우선 조건으로 호가를 몇 단위 높게 주문하거나, 주문을 체결하려고 시도하는 과정에서 비우선 조

건의 SNET 분산 주문으로 주문을 낼 수 있다.
- 대부분 트레이딩사는 전 ECN에 접근성을 제공하지 않기 때문에 SNET으로 직접적으로 접근할 수 없는 ECN에 SNET을 통해 주문을 낸다. ECN에 게시된 주문과 맞추어 보는 것이 SOES 혹은 SNET 주문을 시장 조성자를 통해 체결하는 것보다 항상 더 낫다는 점을 기억하라.
- ECN 주문과 맞추어 보기 위해 시간 외 주문을 낼 때 SNET을 이용한다. 일반적으로 시장 조성자는 시간 외 거래 시간에는 반응하지 않기 때문에 하루 중 이 시간대에는 ECN이 더 자주 이용된다.

네 번째 주문 처리 도구 :
ARCA(Archipelago, 아키펠라고)

정의

ARCA는 SelectNet과 ECN에 더 빠르고 효과적으로 접근하기 위해 고안된 고급 자동 주문 경로 선택 시스템(Automated Order-Routing Systems)이다. SelectNet과 ECN 시스템들은 광범위하게 사용되지는 않지만 접근할 수 있다면 기술적으로 매우 유용하다. 일례로 엑시큐셔너닷컴은 체결 주수를 최대한 늘리기 위해 자동으로 주문 전송 경로를 선택하는 고급 ARCA, 즉 주문 경로 선택 시스템을 제공한다. 이는 작은 주문으로 쪼개어 전달할 필요가 있는 큰 주문을 적절한 전송 경로로 보내는, 매우 긴급하게 처리해야 하는 힘든 일을 덜어주는 매우 빠르고 복잡한 시스템이다. **참고**: ARCA는 ECN 및 고급 주문 전송 시스템 역할 둘 다 하는 양면적 기능이 있다. 매매 서비스 제공사에 따라 ARCA의 ECN 기능만 제공되기도 한다. 사용할 직접 접속 트레이딩 시스템을 고를 때는 주문 게재 기능(ECN)뿐만 아니라 ARCA의 자동 주문 경로 선택 기능까지 제공하는지 점검하라. 그래야만 많은 기관들과 동일한 접근성을 갖출 수 있다.

이제 이 복잡한 주문 경로 선택 시스템의 작동법을 알아보자. ARCA는 주문을 처리, 체결할 때 다음의 우선순위를 따른다.

- 첫째, **ARCA**는 **ARCA ECN**의 호가 장부에서 내부적으로 주문을 짝지을 대상을 찾는다.
- 둘째, 다른 **ECN**에서 대상 주문을 찾는다.
- 다음으로, 시장 조성자를 대상으로 주문의 가격과 크기를 바탕으로 짝지을 주문을 찾는다.
- 마지막으로, 남은 물량이 있다면 이를 이미 찾아낸 시장 조성자들에게 균등하게 분배한다.

이 복잡한 과정은 예시를 통해 더 쉽게 이해할 수 있다. 트레이더가 인텔 5000주를 내부 매도 가격 80에 매수하려 한다고 가정하자. 레벨 II에 게재된 매도 호가는 다음과 같다.

크기	시장 조성자	호가
1	GSCO	80
10	MLCO	80
14	SLD#	80
4	ARCA#	80
3	MSCO	80
4	REDI#	80 $\frac{1}{16}$
1	HRZG	80 $\frac{1}{8}$
10	NITE	80 $\frac{1}{8}$

위에서 보듯이 주문의 크기는 5000주인데 내부 매도 호가 80에 나온 물량은 3200개뿐이다. 앞서 설명한 주문 처리 우선순위는 다음과 같은 결과를 낳는다.

- **400주가 ARCA로 간다.**
- **1400주가 ISLD로 간다.**
- 시장 조성자인 **GSCO, MLCO, MSCO**는 각각 **100주, 1000주, 300주**를 **SNET** 우선 주문으로 받는다.
- **5000주**에서 남은 **1800주**가 추가 배분되어야 하기 때문에, 남은 **1800주**는 위의 세 시장 조성자들에게 각각 **600주**씩 균등하게 할당된다.

이 과정의 결과로 ARCA주문 경로 선택 시스템이 다음 주문을 동시에 생성하고 아래 주문들이 즉시 전달되어 체결된다.

> ARCA에게서 400주를 80에 ARCA 호가 장부에서 직접 차감하여 매수
> ISLD에게서 1400주를 80에 ISLD 직접 접속을 이용해서 매수
> GSCO에게서 700(100+600)주를 80에 SNET를 이용해 매수
> MLCO에게서 1600(1000+600)주를 80에 SNET를 이용해 매수
> MSCO에게서 900(300+600)주를 80에 SNET를 이용해 매수

주문 경로 선택 시스템은 궁극적으로 주문 체결을 위해 이런 방식으로 매우 빠르고 효율적으로 처리한다. 이들 중 거절되고 체결되지 않은 주문이 있다면 시스템이 자동으로 남은 미체결 물량을 이 가격에 잡을 수 있는 다른 가능한 시장 조성자 혹은 ECN으로 경로를 재탐색한다.

마지막으로, 원하는 가격에 주문을 체결하려는 시장 조성자 혹은 ECN이 없는 경우에는 남은 미체결 물량은 ARCA ECN 지정가 주문 장부에 게재되고 나스닥 레벨 II에 주당 80달러에 ARCA# 매수 호가로 표시된다.

ARCA의 장점

- 해당 시점에서 잡을 수 있는 최선의 ECN 및 시장 조성자에게 신속히 주문을 낼 수 있도록 한다.
- 여러 ECN과 시장 조성자를 통해 신속하게 주문 다수로 부분 체결하면서도 단일 수수료를 청구한다. **참고:** 이 점 하나만으로도 ARCA는 모든 트레이더가 반드시 갖추어야 할 필수 트레이딩 도구다.
- 빠르게 상승하는 시장에서 효율적으로 주문을 체결하는 방법이다.

ARCA의 단점

- 시장 조성자가 ARCA가 생성한 SNET 우선 주문을 무시하기로 한다면, 주문은 30초 동안만 활성화되었다가 자동 취소되어 되돌아간다. 시장이 매우 활발하게 돌아가는 상황이라면 이 30초는 영원의 시간일 수 있다.

마스터 트레이더가 ARCA를 매매에 이용하는 법

마스터 트레이더는 이런 주문 경로 선택 기술을 이해하고 이와 관련해 훌륭한 의사 결정을 내리는 능력이 있다. 마스터 트레이더는 ARCA가 수동보다 훨씬 빨리 주문을 낸다는 사실도 안다. 결과적으로 마스터 트레이더는 이 기술을 이용하는 여러 방법을 찾는다. 그중 몇 가지를 살펴보자.

- 작은 여러 개의 주문으로 쪼개야 하는 큰 주문을 넣을 때 ARCA 주문 경로 선택 시스템을 이용한다.
- 매우 빠르게 움직이는 시장에서는 ARCA를 통해 내부 매도 호가보다 몇 호가 단위 위에서 매수 주문을 내서 주문이 체결되도록 한다. 매도 주문을 낼 때도 마찬가지다. **참고:** ARCA 시스템은 본 주문 체결 시도 후 체결 거절된 남은 잔량이 있으면 신속히 두 번째, 세 번째 선택지로 주문을 다시 보낼 수 있다.
- 광범위한 선택지를 놓고 신속하고 효율적으로 주문을 내는 데 적합한 방법을 찾는 데 도움이 필요한 성장 중인 마스터 트레이더라면 오직 ARCA만 이용한다.

다섯 번째 주문 처리 도구 : 슈퍼닷 시스템

정의

뉴욕증권거래소(NYSE, 나이스)에 상장된 주식을 거래하고자 하는 마스터 트레이더라면 보통 슈퍼닷(SuperDOT-Designated Order Turnaround, 특급 주문 우회) 시스템을 이용해 주문을 낼 것이다. 뉴욕증권거래소가 나스닥처럼 전자 증권 거래소는 아니지만 슈퍼닷 시스템은 고객의 주문을 특정 종목을 처리하는 거래소의 특별경매인에게 전자적으로 직접 전송한다. 그러면 특별경매인은 사람을 통해 주문을 처리하거나 자신의 지정가 호가 장부에 해당 주문을 올린다.

슈퍼닷의 장점

- 보통 주문 대상 종목에 훨씬 큰 유동성이 생긴다. 5000주 혹은 그 이상의 주문도 별 어려움 없이 체결된다.
- 슈퍼닷 지정가 주문은 특별경매인이 그들의 지정가 호가 장부에서

관리한다. 모든 고객의 지정가 주문은 높은 우선순위를 가지며 특별 경매인의 계정에 있는 같은 가격의 다른 주문보다 반드시 먼저 체결되어야 한다. 이에 따라 거래소 특별경매인이 주문에 반하는 행동을 취하지 않게 되어 시스템의 근본적인 공정성을 성립된다. 나스닥은 그렇지 않다.

슈퍼닷의 단점

- 슈퍼닷 시스템은 완전히 전자적으로 운영되는 나스닥 시스템에 비해 매우 느리다. 시장가 주문이 체결되는 데 매우 짧은 5~10초 혹은 데이 트레이더에게 영원의 시간처럼 느껴지는 몇 분까지도 걸린다.

마스터 트레이더가 슈퍼닷을 매매에 이용하는 법

- 마스터 트레이더는 슈퍼닷의 한계를 인식하는 한편 모든 뉴욕증권거래소와 미국증권거래소(America Stock Exchange, AMEX) 상장 증권 거래에 슈퍼닷 시스템을 이용한다. 슈퍼닷은 엑시큐셔너닷컴 같은 직접 접속 서비스를 제공하는 중개사(direct access broker)를 이용해서 뉴욕증권거래소 상장 주식을 거래할 수 있는 유일한 선택지다.

여섯 번째 주문 처리 도구 : 온라인 증권 중개사

정의

이트레이드(E-trade), 아메리트레이드(Ameritrade), 피델리티(Fidelity), 이슈왑(E-Schwab) 등 전통적인 할인형 증권 중개사를 이용하면서 성공적으로 매매하는 트레이더들이 있다. 이런 증권사들은 고객의 주문을 시장을 조성하는 기관에 판매하기 때문에 업계에서 '주문 흐름 지급(payment for order flow)' 중개사라고 한다. 할인형 증권사는 고객의 주문 수수료보다 시장 조성자에게서 더 많은 돈을 받을 수 있다. 그로 인해 할인형 증권사는 최선의 체결가를 제공할 시장 조성자와 가장 많은 돈을 지급할 시장 조성자 중 누구에게 주문을 보낼지 결정하는 이해 충돌 문제가 발생할 가능성이 있다. 이런 사업 형태는 조만간 과거의 유물이 될 것이다. 직접 접속 서비스를 제공하는 증권 중개사와 온라인 증권 중개사의 경계는 결국 트레이더에게만 이익이 되는 방향으로 흐려질 것이다. 그때까지는 온라인 증권사와 거래할 때의 불이익은 트레이더가 감수해야 한다. 한편 이런 업계의 새로운 거물들이 휘두를 영향력을 무시하거나 경시하면 안 된다. 이들의 힘은 항상 고려해야 할 대상이기 때문에 현명한 트레이더라면 온라인 중개 계좌뿐만 아니라 직접 접속 계좌 모두를 보유해야 한다. 온라인 증권사에 대해 얘기하자면 이트레이드가 단연코 가장 혁신적이고 최고의 무료 서비스를 제공하고, 사업 구조도 전반적으로 가장 좋다. 직접 접속 서비스 증권사 중에는 엑시큐셔너닷컴의 시스템이 가장 매끄럽고, 제공하는 교육도 최상이며 가장 중요한 부분인 고객 지원도 최고 수준이다. 우리는 이런 이유로 이 두 증권사를 통해 거래하고 있다. 가장 인기 있는 온라인 증권사는 다음과 같다.

찰스 슈왑(Charles Schwab, www.eschwab.com)
이트레이드(E-Trade, www.etrade.com)
아메리트레이드(Ameritrade, www.ameritrade.com)
뮤리얼 시버트(Muriel Siebert, www.siebertnet.com)
데이테크 온라인(Datek Online, www.datek.com)
브라운 앤 컴퍼니(Brown and Company, www.brownco.com)
슈어트레이드(SureTrade, www.suretrade.com)
워터하우스 웹브로커(Waterhouse WebBroker, www.waterhouse.com)
웹 스트리트 증권(Web Street Securities, www.webstreetsecurities.com)
스캇트레이드(Scotttrade, www.scottrade.com)

온라인 증권 중개사의 장점

- 주문을 체결해주는 시장 조성자에게 받는 보상 덕분에 직접 접속 서비스 증권사보다 보통 더 낮은 수수료를 청구한다.

- 보통 일반적인 시장가 주문과 지정가 주문 이외에도 나스닥 종목에 스톱 주문을 넣을 수 있는 기능을 제공한다.
- 지정가 주문 체결이 선택 사항으로 있어서 이용하기 쉽다.

온라인 증권 중개사의 단점

- 시장가 주문을 체결하기에는 매우 느릴 수 있다. 급격히 움직이는 시장에서 이는 매우 불리한 시장가로 주문이 체결되는 결과로 이어질 수 있다. 예를 들어, 1998년 추수감사절 다음날 ONSL 주가가 90~95달러 가격에서 흔들리고 있었을 때 매도 주문을 넣은 투자자가 많았다. 15~30분 후 이들이 넣은 주문은 60달러 밑에서 체결됐다. 뼈아픈 경험이다.
- 지정가 주문을 나스닥에 게재하는 데 시간이 매우 오래 걸릴 수 있다. 나스닥 지정가 주문 표시 규칙(NASDAQ Limit Order Diplay Rule)에 따라 시장 조성자는 의무적으로 지정가 주문을 수신한 지 30초 이내에 체결하거나 표시해야 한다. 그러나 시장 조성자들이 이 규칙을 실질적으로 잘 준수하는 것 같지는 않다.
- 할인형 증권 중개사가 주문을 전송하거나 체결할 때의 선택이 제한적이다. 따라서 주문을 가장 효율적인 방식으로 전송하지 못할 수 있으며 성공적인 트레이딩을 방해한다.

마스터 트레이더가 할인형 증권 중개사를 매매에 이용하는 법

- 할인형 증권 중개사가 며칠 혹은 조금 더 긴 스윙 거래에 어느 정도 적합할 수 있으나 일반적으로 마스터 트레이더는 이들을 단기 거래에 쓰지 않는다. 주문 체결이 늦을수록 가격이 나빠지고 직업 트레이

더나 비정규적으로 트레이딩을 하는 마스터 트레이더가 받아들이기 힘든 불리한 점이 너무 많아진다. 하지만 트레이딩을 막 배우기 시작하고 24시간 쉽게 주문을 낼 수 있는, 인터넷을 기반으로 한 단순한 중개 회사가 필요한 신규 트레이더에게는 할인형 증권사가 실용적일 수 있다. 또한 스톱 주문을 낼 수 있는 기능은 이런 트레이더에게 확실히 유용하다.

13장

나스닥 레벨 Ⅱ 도구와 전술

나스닥 레벨 II 입문을 위한 기초

레벨 I 호가: 무엇이며 왜 불완전한가

레벨 I 호가는 주로 나스닥 종목의 내부 (최상의) 매수 및 매도 호가를 표시한다. 어떤 레벨 I 호가창에는 내부 (최우선) 매수와 매도 호가에 매매하려는 시장 조성자 수까지 나타나기도 한다. 일반적인 레벨 I 호가창은 최우선 매수, 매도 호가와 더불어 거래 당일의 총거래량, 고가, 저가, 최근 체결가, 최근 체결 거래량, 기간 순변동폭 등 기술적인 항목을 포함한다. 레벨 I의 이 모든 정보는 1단계(first tier) 호가라고 한다(그림 13.1).

레벨 I 정보만으로는 종목의 시장이 어떻게 형성되고 있는지 실질적

● 그림 13.1

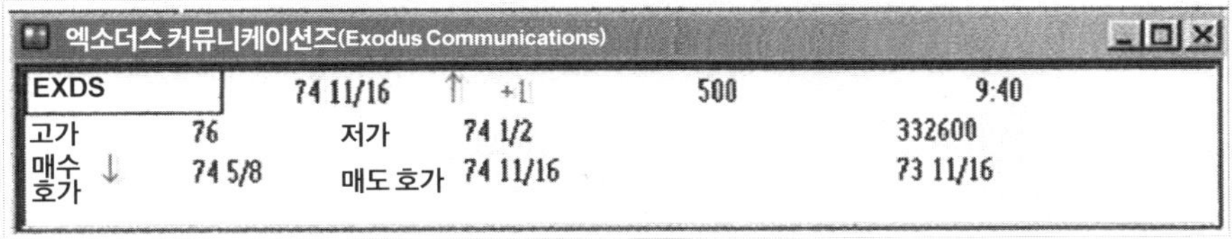

엑소더스 커뮤니케이션즈(Exodus Communications)				
EXDS		74 11/16 ↑ +1	500	9:40
고가	76	저가 74 1/2		332600
매수 ↓ 호가	74 5/8	매도 호가 74 11/16		73 11/16

으로 평가하기 부적절하다. 많은 면에서 시장을 측정하지 못하기 때문이다. 우선 누가 종목에 매수 혹은 매도 호가를 내고 있는지 알 수 없다. 둘째, 각 시장 조성자 혹은 ECN이 매수 혹은 매도하겠다고 공시한 호가의 수량에 대한 정보가 없다. 그림 13.1을 보면, 엑소더스 커뮤니케이션즈(EXDS)를 $74\,^5/_8$달러에 매수하기 위한 매수 호가와 $74\,^{11}/_{16}$달러에 매도하기 위한 매도 호가가 있다. 이를 보고 트레이더는 누가 매수, 매도 호가를 넣는지 혹은 현재 호가에 얼마나 많은 참여자들이 주문을 냈는지 알 수 없다. 게다가 현재 호가 스프레드를 벗어나는 대기 중인 호가는 누가 냈는지, 주문 수량은 얼마인지도 표시되지 않는다. 다시 말해 1단계 호가로는 종목의 현재 상황에 대해 심도 있는 관점을 가질 수 없다. 따라서 1단계 호가는 불완전하며 트레이딩의 도구로 이용하기에 부적합하다. 레벨 I 정보만 갖춘 트레이더는 종목의 실질적인 강세 및 약세 여부를 판단하기 위한 진정한 그림을 파악할 수 없다.

안타깝게도 월가의 증권사들이 전통적으로 고객에게 제공하는 호가 정보의 형태는 레벨 I이 유일하다. 오늘날처럼 발달한 세상에도 개인 고객에게 서비스를 제공하는 모든 증권사 중 95%가 넘는 곳이 레벨 I 호가에 접근조차 하지 못한다. 그렇기 때문에 이런 증권사들은 고객에게 불완전한 정보를 제공할 수밖에 없으며 결국 큰 피해를 끼친다. 다행히 기술이 발달하고, 투자자의 지식 수준이 높아지며, 중개사들이 의지를 가진 덕분에 개인이 더 투명한 심도 있는 호가 정보에 더 쉽게 접근할 수 있게 되었다. 그런 심층적인 정보를 제공하는 수단은 레벨 II 호가 표시(Level II Quote Display)라고 불린다.

레벨 II

레벨 II는 단타를 주로 활발히 거래하는 트레이더에게 실제로 뒷단에서 벌어지는 일에 대한 정보를 제공한다. 색으로 정보가 분류된 이 창은 모든 시장 조성 기관, 특별경매인, 해당 종목을 사고팔며 시장을 조성하는 ECN을 보여준다. 각 매수(자)와 매도(자)는 나스닥 주식의 경우 부여된 네 자리, 뉴욕증권거래소와 미국증권거래소 주식을 거래하는 기관의 경우는 부여된 세 자리 기호로 식별된다. 레벨 II 호가창은 1단계 레벨 I 매수, 매도 호가뿐만 아니라 그 밑에 있는 2단계, 3단계 호가 또한 보여준다. 이 2단계 호가에 레벨 II 호가의 진정한 가치가 담겨 있다.

레벨 II 호가창은 **시장 조성자의 창**(market maker windows)이라고 한다. 이

● **그림 13.2** 어댑테크(Adaptec Inc, ADPT)의 호가창 화면의 윗부분이 레벨 I 호가를 보여주고 아랫부분이 매수, 매도 중인 모든 시장 조성자를 보여준다. 각 호가 단계는 참조하기 쉽게 다른 색 혹은 진하기로 구별된다.

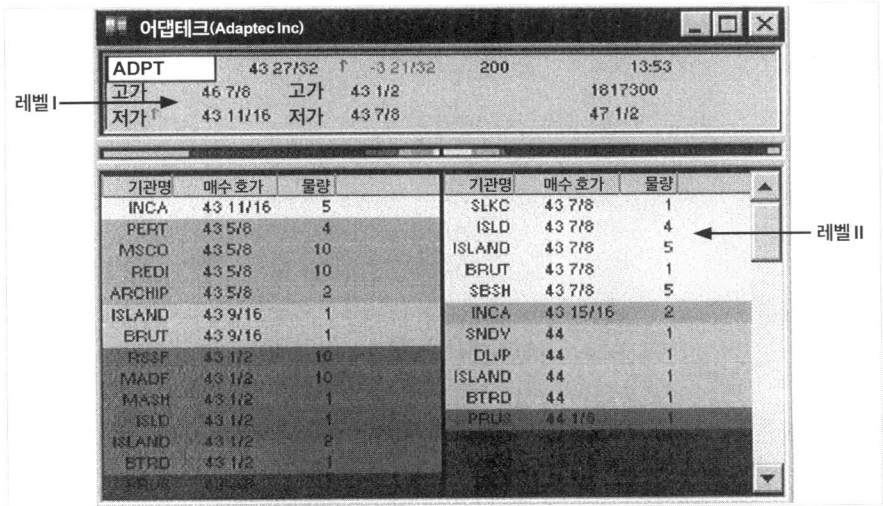

창은 두 부분으로 되어 있다. 창의 윗부분은 전형적으로 레벨 I을 설명할 때 언급한 정보를 보여준다. 창의 아랫부분은 각 호가마다 참여 중인 모든 시장 조성자와 ECN이 제시한 수량과 함께 표시된다. 호가는 색으로 구분된다. 대부분 시스템에서 내부 매수, 매도 호가는 보통 노란색인데 이를 제외한 다른 색으로는 각 호가 단계가 구분된다(그림 13.2).

상승 모멘텀

레벨 II 화면에서 상승 모멘텀 혹은 호가의 꾸준한 상승은 매수 호가에 참여하는, 즉 매수 의사가 있는 시장 조성자의 수가 증가하고 매도 호가에 참여하는, 즉 매도 의사가 있는 시장 조성자의 수가 감소하는 것으로 나타난다. 시장 조성자들이 경쟁하면서 매수, 매도하기 위해 호가를 계속 높임에 따라 계단을 오르듯 한 단계씩 바뀌면서 화면에서 시계 반대 방향으로 동작이 발생하는 것처럼 보인다. 가격이 더 높이 움직이고 있을 때 레벨 II 화면에서 시장 조성자는 실제로 한 단계씩 높은 호가로 다른 참여자를 방해하면서 서로를 견제하고 매수를 위한 최상의 위치를 차지하려고 한다. ECN을 이용하는 트레이더 역시 매수를 위해 경쟁하고 종목 수요가 커짐에 따라 스프레드를 좁혀가며 시장 조성자를 방해한다. 그리고 이렇게 상대를 제치고 더 좋은 위치를 차지하기 위한 견제와 경쟁이 지속되면서 매도 호가에 많은 거래가 일제히 집중적으로 체결된다. 가장 상단의 매수 호가와 매도 호가는 꾸준히 오른다. 화면의 호가가 새로 고쳐질 때마다 깜빡이며 시계 반대 방향으로 일어나는 동작처럼 보인다. 레벨 II 화면의 오른쪽의 새로운 매도 호가가 최

● **그림 13.3** 상승 모멘텀이 있을 때는 화면의 매도(오른)쪽은 옅어지면서 올라가는 반면, 매수(왼)쪽은 내려가면서 더 짙어지는 경향이 있다.

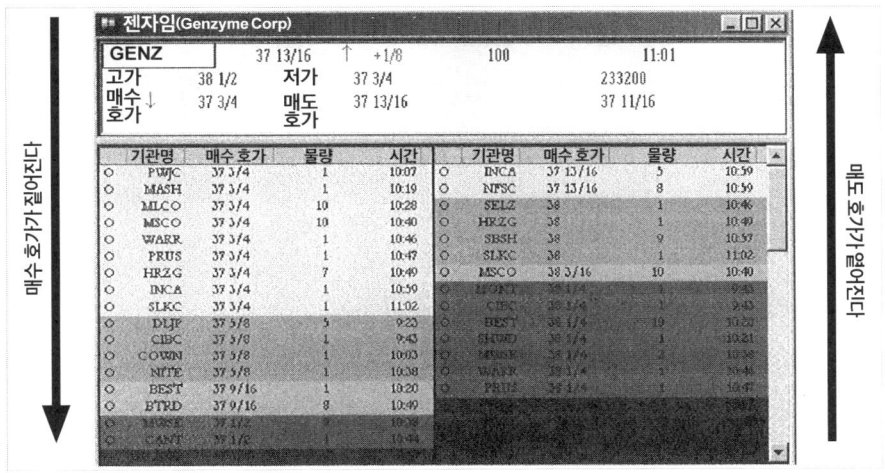

상단으로 올라가는 동안 매수 쪽은 더 높은 매수 호가가 최상단에 나타나면서 압력을 받는다. 즉, 색상으로 구분된 호가 수준이 매수 쪽에서는 점점 커지고, 매도 쪽에서는 매도 공급보다 더 큰 매수 수요를 보여주며 매수 쪽과 비교해 점점 작아진다(그림 13.3).

하락 모멘텀

하락 모멘텀, 혹은 꾸준한 가격 하락은 레벨 II 화면에서 매수 호가를 내는 시장 조성자의 수가 증가하고 매도 호가를 내는 시장 조성자의 수가 감소하는 것으로 나타난다. 양쪽 최상단에 있는 호가가 꾸준히 감소하면서 레벨 II 화면이 시계 방향으로 움직이는 것처럼 보인다. 하락 모멘텀 기간에는 다수가 매수 호가에서 빨간색으로 거래 체결로 날인된

● **그림 13.4** 하락 모멘텀이 있을 때는 화면의 매도(오른)쪽은 내려가면서 더 짙어지는 반면, 매수(왼)쪽은 옅어지면서 올라가는 경향이 보인다.

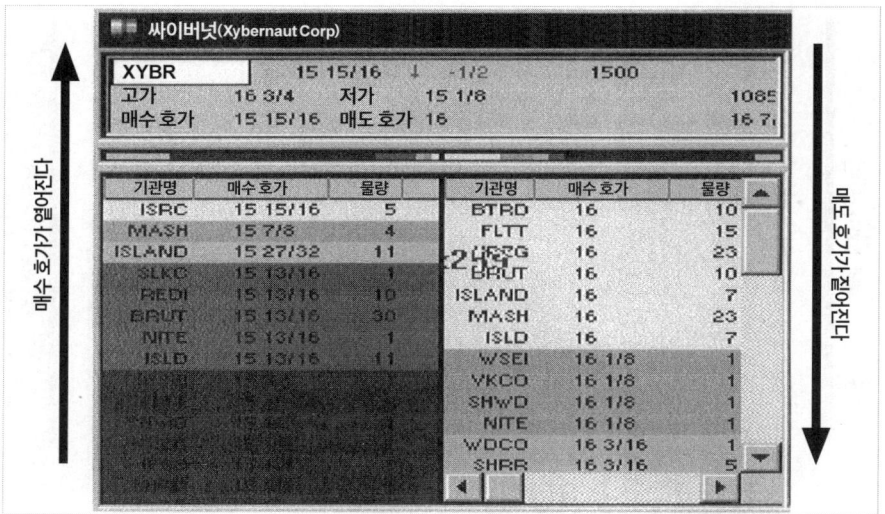

다. 오른쪽 매도 호가 영역은 매수 호가 영역보다 더 넓고 커지는데, 이는 수요가 감소하고 공급 혹은 매도 압력이 증가한다는 의미다. 시장 조성자뿐만 아니라 일반 투자자까지 매도 호가 영역에서 앞다투며 종목에서 나가기 위해 경쟁한다. 이로 인해 스프레드는 좁아지고 매수 호가가 낮아진다(그림 13.4).

모멘텀 없음 혹은 균형

포화점으로 더 잘 알려진 매수자와 매도자 사이의 균형점에 이르면 각 호가를 구분하는 색 띠가 균등하게 맞춰진 것이 눈에 띌 것이다. 즉, 양측 매수자의 수와 매도자의 수가 균형을 이루기 시작한다. 그러고 나

● **그림 13.5** 모멘텀이 없을 때는 화면의 매수(왼)쪽과 매도(오른)쪽이 균형을 맞춘 중립 상태로 보이며 거래 체결 빈도가 낮아진다.

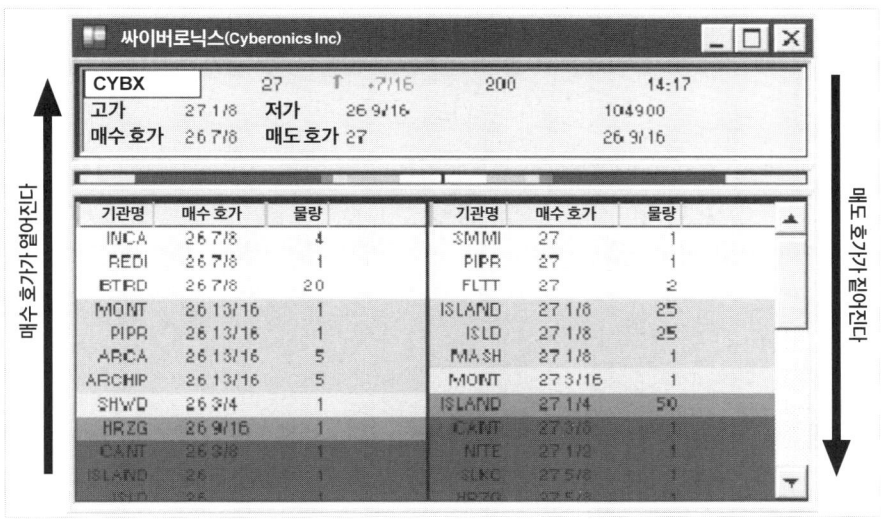

서 모멘텀이 속도를 잃는데, 마스터 트레이더라면 열려 있는 포지션의 위험을 줄이거나 방향성에 대한 편향에 따라 새로운 포지션에 들어가는 기회를 찾을 것이다(그림 13.5).

ISLD이용한 모멘텀 측정

모멘텀을 측정하는 훌륭한 방법 중 하나가 ISLD의 매수 혹은 매도를 지켜보는 것이다. 당신이 마스터 트레이더로서 상승 중인 주식에 매수 포지션을 갖고 있다고 하자. 내부 매수, 매도 호가의 색이 양쪽에서 모두 균등하게 맞춰지기 시작한다. 일반 투자자를 대표하는 ISLD 매도 호가는 그냥 걸려 있다. 다시 말하자면 아무도 ISLD 매도 호가에 사려 하지 않는다. 이를 본 당신은 마스터 트레이더로서 매수 호가를 잡아 포지션을 청산하기로 결심한다. ISLD로 대표되는 일반 투자자가 매수할 의향이 없다면 적어도 단기간 종목에 대한 열망이 분명히 사라졌으므로 얼마가 되든 수익을 확정해야 한다고 판단했다. 전문가들은 종목이 오르면 매도 쪽으로 더 기울어진다는 것을 잊지 말라. 상승 모멘텀 기간의 매수는 전형적으로 일반 투자자로부터 나온다. ISLD는 마스터 트레이더에게 대중의 공포와 탐욕을 볼 수 있는 거울 중 하나다. 그런 면에서 전문가와 대중 모두의 움직임을 들여다볼 수 있는 레벨 II 호가는 꼭 필요하다.

알맹이는 어디에?

나스닥 종목을 거래할 때는 우리가 '알맹이'라고 부르는 종목을 거래하는 것이 중요하다. 알맹이는 시장 조성자의 참여와 관심이 높은 종목이다. 다시 말해 우리가 거래하고 싶은 종목은 깊이가 있다. 나스닥 종목의 거래 진입 여부를 판단하려 한다면 항상 레벨 II 화면의 각 호가마다 시장 조성자가 얼마나 깊게 참여하고 있는지 확인해야 한다. 그러면 몇 가지를 거래에 앞서 판단할 수 있다. 각 호가 단계에 몇 안 되는 시장 조성자가 호가를 게재했다면 종목은 거래량이 적고 스프레드가 크다. 우리는 트레이더들에게 이런 유형의 거래를 피하라고 가르친다. 스프레드가 크고 종목을 통제하는 손이 부족하기 때문이다. 큰 스프레드는 의도한 가격에서 더 멀리 체결되는 결과를 낳고 통제하는 손이 적으면 통제권을 쥔 전문가들이 가격을 마음대로 조종할 수 있는 여지가 더 커진다.

이렇게 알맹이가 없고 '얇은' 종목에는 ISLD를 통해 나온 주문이 거의 없거나 전혀 없는데, 이는 전문가들이 종목을 완전히 장악하고 있다는 뜻이다. 일반 투자자가 종목에 참여하고 있지 않으면 돈 벌기는 훨씬 어렵다. 왜일까? 마스터 트레이더가 수익을 낼 수 있는 가장 큰 기회는 대중의 실수와 정보 부족이 만들어내기 때문이다. 그러므로 호가가 얇고 ISLD의 참여가 없다면 풀을 뜯을 더 비옥한 목초지를 찾아봐야 한다는 경고 신호가 나온 것이다.

반대로 시장 조성자가 호가 별로 꽤 많이 참여 중인 종목은 우리가 거래하고 싶은 유형의 종목이다. 우리는 나스닥 종목에 매수 거래에 들어가려고 할 때면 매수 쪽에 한두 참여자가 없어졌을 때 다음 호가가 50센트 이상 벌어지지 않았는지 확인한다. 그런 상황의 위험은 종목에 새로 들어가는 트레이더가 얻을 보상을 훨씬 초과한다. 이런 얇은 종목의 보상은 상당할 수도 있지만 그때의 위험은 보상보다 훨씬 크다는 것을 마스터 트레이더는 안다(그림 13.6).

일반적으로는 양쪽 대기열에 있는 시장 조성자의 수가 종목이 강한지 혹은 약한지를 알려준다고 받아들인다. 내부 호가 뒤로 대기열의 시장 조성자가 매수 쪽에 10명이고 매도 쪽에 단 두 명만 있다면, 기본적으로는 종목을 매수하려는 참여자가 매도하려는 참여자보다 많다는 의미다. 이럴 때 우리는 시장이 강세인 상황이라면 이 종목이 더 오를 것으로 예측할 것이다. 하지만 약세인 상황에서는 오히려 더 낮은 가격의 암시로 생각할 것이다(이후 팬케이크 놀이 부분에서 이에 대해 더 논한다). 그 반대의 경우도 마찬가지다(그림 13.7). '알맹이가 어디에 있는가'라는 추가

● **그림 13.6** (a) ISLD 참여가 없는 얕은 호가가 위험을 추가한다. 파머 브로스(Farmer Bros, FARM)의 내부 호가 차이, 즉 스프레드가 10달러다. FARM 가격이 소수점 이하 숫자가 잘 보이지 않고 주로 정수로 거래되는 것도 눈여겨보아야 한다. 알맹이가 없다. (b) 알맹이가 찬 호가 단계가 일반 투자자와 전문가 모두 상당한 관심을 갖고 있음을 보여주고 매도 호가도 데이 트레이딩에 안정성을 더해주었다.

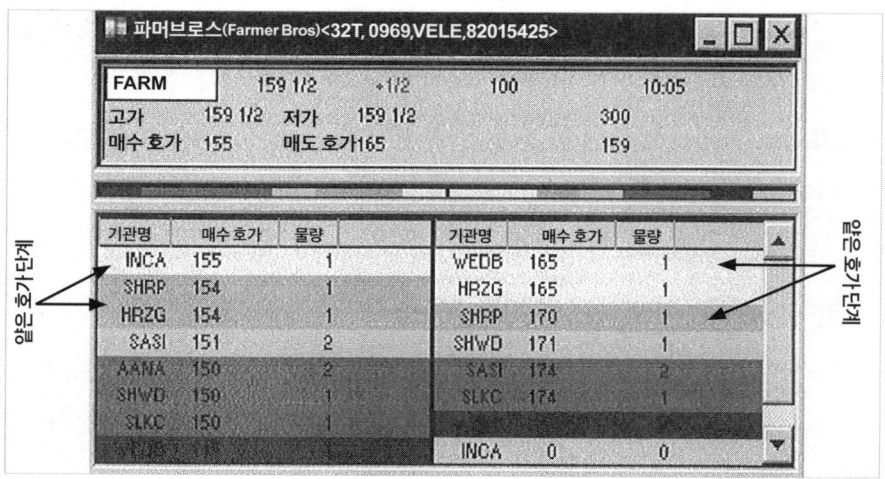

(a)

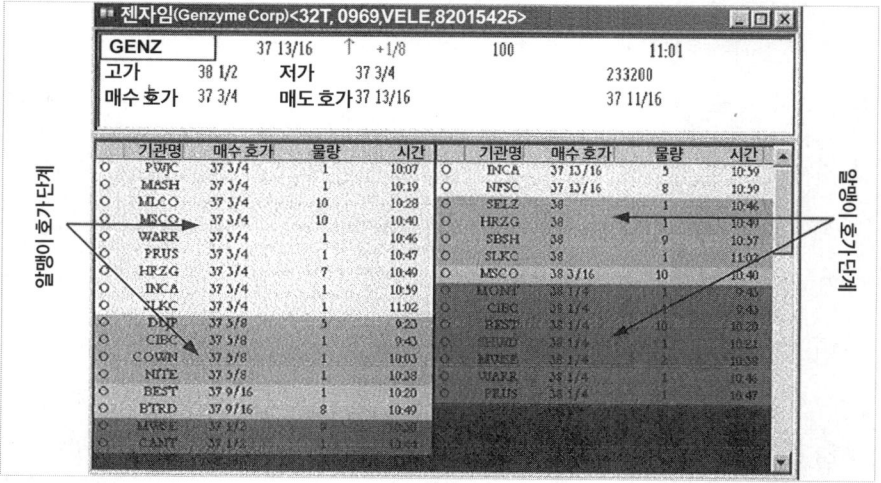

(b)

요소가 작용하기 때문이다.

참여도의 깊이도 중요하지만 그만큼 중요한 것이 '이 밥상에 누가 앉을 것인가' 하는 참여자의 질이다. 마스터 트레이더라면 언제나 골리앗이나 300킬로의 고릴라 편에 서고 싶지, 이들과 맞서고 싶지 않다. 시장에서는 항상 골리앗이 이긴다. 마스터 트레이더는 자신에게는 골리앗의 자금력이 없으며 그들의 무제한적인 주문 흐름 데이터에도 접근할 수 없다는 것을 충분히 이해한다. 기관이 가진 이런 자금력과 무제한적인 주문 흐름에 대한 접근성 때문에 큰 시장 참여자들과 대적하기란 불가능하다. 감정적으로 반응하고 이들과 맞서려 하다가는 자본으로 얻은 이익만 빠르게 잃을 뿐이다.

만약 WXYZ 주식에 매수 주문을 하려는데 GSCO가 매수 호가에 참여한다면, 마스터 트레이더는 옳은 편에 섰음을 안다. MSCO가 ABCD 종목에 매도 호가를 거두어들이지 않고 계속 물량을 늘리며 새로 고치고 있다면, MSCO가 호가를 높이거나 내부 매수 호가로 뒤집지 않는 한(그런 경우 매수 의도를 알린 것이다) 거래에 들어가지 않을 것이다. 먼저 상대를 재봐야 한다. 상대가 진짜인지 확인한 후 그들이 얼마나 센지 확인하라. 그러고 나서 계획을 실행에 옮기라. 마스터 트레이더라면 트레이딩을 하는 동안에도 항상 상황을 다시 잰다. 정보와 트레이딩의 환경은 고정적이니 않으며 변화가 있을 때를 대비해 끊임없이 추적 관찰해야 한다. 트레이더로서 우리는 우리가 거래하는 시장을 통제할 수 없다. 하지만 우리 자신은 확실히 통제할 수 있다.

● **그림 13.7** (a) 전반적으로 강세인 시장 환경에서 큰 매수 호가는 매도자보다 매수자의 관심이 더 큰 사실을 암시한다. 주의: 시장이 전반적으로 약세라면 반드시 그렇지는 않다. (b) 전반적으로 약세인 시장 환경에서 큰 매도 호가는 매수자보다 매도자의 관심이 더 큰 사실을 나타낸다. **주의:** 시장이 전반적으로 강세라면 반드시 그렇지는 않다.

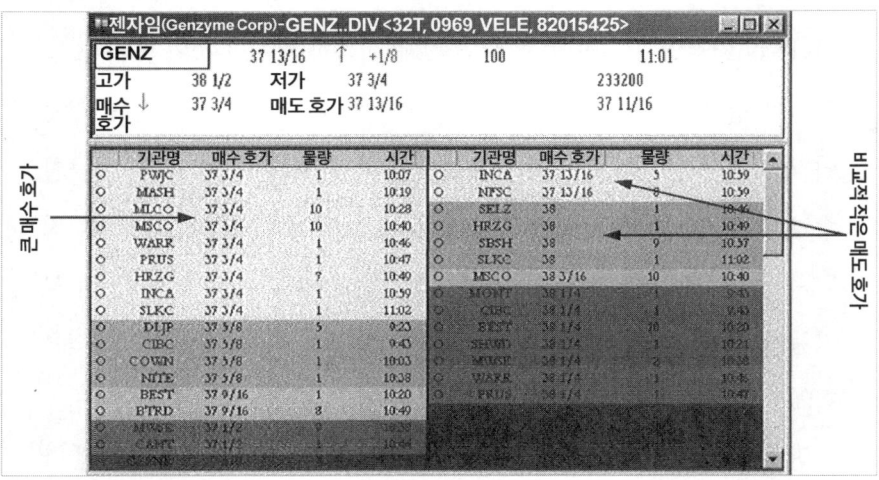

(a)

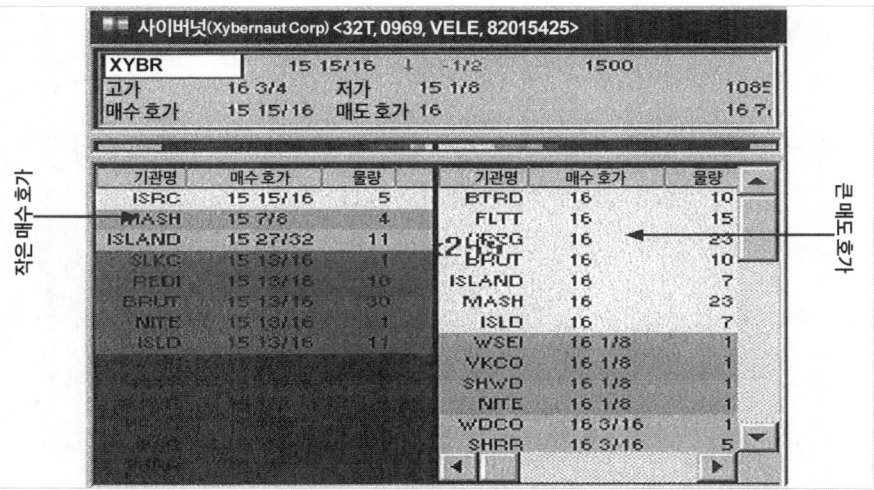

(b)

시간별 체결 정보(Time and Sales, T&S): 개별 거래의 흔적

진실은 언제나 기록으로 남는다. 시장 조성자들이 나에게 보여주는 것이 아니다. 그들이 하는 행동, 그들이 하는 거래가 그들의 진정한 의도에 대한 가장 잘 통찰할 수 있게 한다. 기관과 개인의 개별적인 흔적을 보여주는 것이 T&S로 알려진 시간별 체결 정보창이다. 시간별 체결 정보에 별도의 식별 코드(ticker)를 설정하거나 이용하는 소프트웨어에 기존 기능으로 탑재된 경우 시장 조성자 창 내에서 화면을 상하좌우로 움직여 찾아볼 수 있다. 트레이더에게 매수 호가가 빨간색으로 깜박하고 주문이 체결되면 주가가 하락할 거라고 가르치는 곳이 많다. 역으로 매도 호가가 녹색으로 깜박하고 주문이 체결되면 주가가 상승할 거라고 가르친다. 기초적인 이런 주장이 옳을 때도 있지만 항상 그런 것은 절대로 아니다.

시간별 체결 정보는 레벨 II 호가 정보 그리고 차트와 조합되면 강력해진다. 시장 조성자는 대부분 트레이더들이 시장의 핵심 선수들의 움직임을 관찰하도록 배운 것을 알고, 이를 자신에게 유리하게 이용한다. 가짜 움직임을 보이거나, 가격을 흔들어대거나, 알 수 없는 오만 가지 방법으로 모든 약한 손과 느슨하게 달린 열매를 털어버린다. 마스터 트레이더라면 이를 인식하고 맞서야 한다. 가짜 움직임으로 털어내는 방식은 여러 가지로 나타난다. 매수자 혹은 매도자로서 시장을 원하는 대로 보이게 만들 수도 있고, 표시되는 주문 크기를 조정할 수도 있으며, 체결되는 거래 규모를 조정할 수도 있고 체결되는 시각과 가격대를 조정할 수도 있다(그림 13.8).

시간별 결제 정보창이 얼마나 통찰력 있는 정보를 제공하는지 다음 사건의 전개를 통해 알아보자. 레벨 II 호가창을 띄워 보니 시장 조성자들이 자신들이 매수자임을 광고하며 매수 호가를 쌓아 놓았다. 이 종목의 주가는 당일 저가 근처에 있다. 매도 쪽에는 시장 조성자가 몇 없다. 벌써 불안해진다. 뭔가 잘못되었다. 불안감이 정당한지 확인하기 위해 시간별 체결 정보창을 찾아간다. 체결 거래가 매도 쪽에서 깜박한다. 화면에 녹색이 깜빡한다. 이 정도면 긍정적일까? 아니다. 매도 쪽의 체결을 자세히 들여다보니 100주짜리 작은 물량이거나 매수 쪽에 가끔 발생하는 체결 거래의 크기와 비교하면 보잘것없는 규모다. 매수 쪽에는 1000주가 체결되는데, 매도 호가에는 미미한 몸부림 같은 작은 거래들이 체결된다. 이 종목은 당일 아마도 하락할 것이라고 알려주고 있다. 자, 여기서 무엇을 배워야 할까? 우리가 주의 깊게 보아야 할 것은 어디서 규모 있는 거래가 이루어지고 있는지다. 큰 규모의 주문은 매수 쪽과 매도 쪽 중 어디서 체결되는가? 이것이 기본처럼 들리겠지만 컴퓨터 앞에 앉아 있다 보면 어느새 잊어버리는 질문이다. 엄청나게 쏟아지는 정보 속에 파묻히면서 잊히는 것이다.

마스터 트레이더는 항상 시장 조성자와 ECN이 표시하는 주문의 크기, 시간과 체결 정보를 주의 깊게 관찰해 시장의 주요 선수들의 진의를 파악한다. 인스티넷이 실제로는 훨씬 더 많은 수량이 거래되고 있는데, 매수 혹은 매도 호가에는 1000주만 표시하기로 유명하다. 가격 움직임이 일어나고 있으므로 SNET 같은 다른 시스템에도 해당 가격으로 거

● **그림 13.8** (a) 시간별 체결 정보창의 기본 화면이 개별적인 주가의 움직임이 찍힌 체결 정보를 시간과 함께 보여준다. 체결된 주문의 주수도 시간별 체결 정보창에 함께 표시된다. (b) 엑시큐셔너닷컴 및 다른 직접 접속 트레이딩 시스템 중 일부는 확장된 시간별 체결 정보창을 제공한다. 확장된 정보창을 통해 개별 시장 조성자의 움직임 및 각 움직임의 방향을 관찰, 분석할 수 있다.

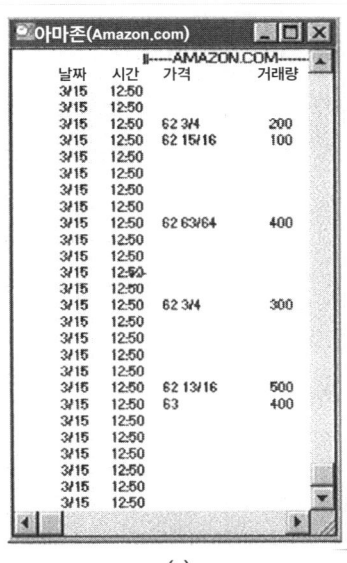

(a)

(b)

래가 체결되고 있는 것을 확인할 수 있다. 큰 규모의 매수자 혹은 매도자가 물량을 계속 다시 올리면서 진짜 의도를 가리고 있다고 생각할 수밖에 없는 것이다. 그런 기회는 그냥 넘기거나 그런 매수자 혹은 매도자가 정리되기를 기다린 후 거래에 들어가야 한다.

시간별 체결 정보는 시장 조성자가 큰 매수 혹은 매도 호가를 표시했다가 즉시 거두어들이며 종목을 띄우거나 누르려 할 때 도움이 된다. 이런 주문이 출현했는데 체결 정보가 없다면 주요 선수들이 단지 더 좋은 가격을 받으려고 주가를 올리려 한 것임을 알 수 있다. 거래가 실제로 시간별 체결 정보에 올라온다면 그때는 큰 규모의 매수자 혹은 매수자가 있다는 사실을 믿을 수 있으며 거래를 고려할 만하다.

시장 조성자의 특징

주요 시장 조성자 각각은 알고 있으면 통찰력 있는 단서가 되는 일련의 독특한 특징을 갖고 있다. 경쟁자의 생각과 행동을 파악하면 게임의 결과를 개선시키는 데 도움이 될 것이다.

- **GSCO**: 골디(Goldy)라고도 하는 골드만삭스는 월가에서 가장 막강한 상대다. 월가 안팎의 모든 시장 조성자를 통틀어 특히 데이 트레이더들에게 최고의 평가를 받는 기관이다. 왜 그럴까? 존재하는 모든 시장 조성자 중 가장 강력할 뿐만 아니라, 그들이 내는 매수, 매도 호가가 진짜라는 의미로 가장 정직하다고 여겨지기 때문이다. 여기서 또 다른 중요한 문제로 연결된다. 대부분이 부유한 개인, 대형 기관, 지방 정부 및 정부 기관인 중량급 고객 덕분에 GSCO는 한두 랏(lot)씩 거래하는 선수들보다 시장에서 더 큰 영향력을 행사한다. 참고: 1랏

은 1000주에 해당한다. 다시 말하자면 GSCO의 전형적인 거래는 게재된 매도 혹은 매수 호가당 3000주 혹은 그 이상이다. GSCO가 시장을 형성하는 종목을 거래할 때는 해당 시장에서 GSCO가 핵심 시장 조성자라고 보면 된다. 핵심 혹은 통제력이 있는 시장 조성자를 도끼(ax)*라고 부르는 트레이더도 있다. GSCO의 매수 및 매도 활동을 지켜보면 중요한 가치 있는 정보를 얻을 수 있다. 우리는 엑시큐셔너의 레벨 II 화면에서 GSCO를 어둡게 강조 설정하고 사용할 때가 많은데, 그렇게 하면 GSCO의 모든 움직임을 쉽게 관찰할 수 있다.

- **SBSH**: 솔로몬 스미스 바니**는 수많은 중요한 대형 기관을 고객으로 두고 있는, 월가에서 가장 큰 기관이다. SBSH가 시장 조성자로서 미치는 영향은 너무나 중대한데, 우리는 SBSH를 종종 '주식 정지 담당자(stock stopper)'이라고 부른다. 그 끈기를 생각해서 '개아드님'으로 부르기도 한다. 우리가 발견한 가장 흥미로운 점은 SBSH가 매수 (호가)보다는 매도 (호가) 쪽에 더 큰 무게를 둔다는 것이다. 다른 모든 시장 조성자들도 대체로 비슷한데, 여기에는 일반적으로 기관이 종목에 진입할 때보다 나올 때 더 공격적인 점이 반영되어 있다. SBSH가 꾸준히 내부 매수 및 내부 매도 호가에서 사업을 펼치고 있다면 그때 SBSH는 핵심 선수이며 주의 깊게 관찰해야 할 대상이라는 점을 알아두자.

- **MLCO**: 메릴린치는 미국에서 가장 큰 증권 중개사다.*** 따라서 레벨 II 화면에서 MLCO를 본다면 존중할 필요가 있다. MLCO가 폭넓게 확보한 기관과 개인 고객들을 감안하면 이 시장 조성자의 움

---

* 1800년대 우화로부터 쓰인, 숨겨진 동기를 뜻하는 '갈아야 할 도끼(ax to grind)'에서 온 표현이다.

** 솔로몬 스미스 바니는 1998년 시티그룹에 투자 은행 부문으로 최종 합병되었고 몇 년 후 시티그룹이 부문명을 바꾸면서 이 이름은 사라졌다.

*** 2024년 5월 운용 자산 기준으로 가장 큰 증권 중개사는 찰스 슈왑(Charles Schwab)이다.

직임을 주의 깊게 살펴봐야 한다. GSCO만큼 막강하지는 않지만 MLCO는 나스닥에서 가장 널리 거래되는 종목들의 핵심 시장 조성자 혹은 도끼일 때가 많다. 시장을 조성 대상 종목을 줄이기 전까지 MLCO는 가장 많은 종목을 거래하는, 어딜 가나 보이는 시장 조성자 중 하나였다. 시장에서 존재감은 약간 줄었지만 무시해도 좋을 만큼 줄진 않았다.

- **NITE**: 나이크/트라이마크(Knight/Trimark)는 갑자기 나타나서 몇 년이라는 짧은 기간만에 전 세계에서 가장 큰 시장 조성자가 됐다.* NITE는 새로운 유형의 시장 조성자를 대표하며 온라인 증권 중개 시장에서 큰 역할을 하며 오늘날 가장 눈에 띄는 시장 조성자가 되었다. GSCO나 MLCO만큼 무게감 있진 않지만 내부 매수, 매도 호가에서 꾸준히 시장을 형성할 때는 특별히 살펴야 할 상대다. NITE의 물량은 주로 개인 거래에서 나온다는 점에 유의한다. 즉, NITE의 물량의 상당 부분은 온라인 중개사와의 관계에서 오는 것이다. 따라서 NITE는 일반 투자자 혹은 개인 시장 참여자의 행동을 들여다볼 수 있는 완벽한 거울이다. NITE는 온라인 트레이더가 좋아하는, 모두가 탐내는 인터넷 주식을 다룰 때 막강하다.

- **SLKC**: 스피어, 리드 앤 켈로그는 뉴욕증권거래소의 가장 큰 특별경매인이며, 마스터 트레이더라면 이 사실만으로 이들을 뒷받침하는 힘의 중요성을 알 것이다. 비록 들어가는 모든 종목에서 지배적인 역할을 하진 않지만 그 힘과 끈질김은 놀라울 정도다. SLKC는 어떤 때는 믿을 수 없을 정도의 물량을 받아내면서 혼자서도 종목의 모멘텀을 떠받칠 수 있다. 하지만 시장 조성자로서 중요하지 않을 때도 있다. 그러므로 종목에 따라 그 역할을 판단해야 한다.

---

* 후에 나이트 그룹으로 바뀌었고 2012년 8월 소프트웨어 엔지니어의 실수로 4억6천만 달러 손실이 발생해 파산했다. 2024년 현재 미국의 시타델(Citadel)이 가장 큰 시장 조성자 중 하나로 꼽힌다.

- **MASH:** 마이어 슈와이저(Meyer Sschweitzer)는 미국 온라인 증권 중개사 중 가장 큰 찰스 슈왑의 자회사다. MASH 물량 중 상당 부분이 소매 시장을 대표하긴 하지만 때때로 큰 규모를 보여준다.
- **HMQT:** 함브레트 앤 키스트(Hambrecht & Quist)는 중소 규모의 기술 기업에 특화된, 매우 호평 받는 부티크* 증권사다. 최고 수준이라는 기업 조사 분석 능력 덕분에 큰 규모의 투자자를 고객으로 끌어들이고 있다. 시장 조성자로서 HMQT의 중요성은 종목별로 판단한다. HMQT가 종목의 핵심 시장 조성자가 되었다면 HMQT의 힘과 무게가 엄청나다고 느낄 수 있다. HMQT를 가장 자주 볼 수 있는 곳은 중저가 종목 시장이다.
- **HRZG:** 헤르조그(Herzog)는 작지만 급격히 성장하는 기술주에 집중하는 평판이 좋은 또 다른 부티크 증권사다. HRZG의 특성은 HMQT와 비슷하다. 중저가 종목 시장에서 가장 자주 볼 수 있다.
- **PRUS:** 프루덴셜 증권(Prudential Securities)은 규모가 있지만 볼 때마다 큰 중량감을 느끼지는 않을 것이다. 하지만 다른 많은 2류 시장 조성자와 마찬가지로 PRUS도 가끔 막강한 힘을 갖는다. 한 가지 확실한 것이 있는데, 종목 시장에서 PRUS가 큰 규모로 참여한다면 그 끈기는 믿기 힘들 정도다. 시장 조성자로서 PRUS의 중요성은 종목별로 판단한다.

시장 조성자에 대한 평가

오랫동안 우리는 핵심 선수들의 개략적인 '인물 사전' 역할을 한 시장 조성자 평가법을 발전시키고 사용했다. 아래 등재한 가장 영향력 있는

---

* 전문성 있는 작은 규모의 회사

시장 조성자 순위는 당신이 일상에서 이들을 대하는 데 분명 도움이 될 것이다. 목록은 1부터 10까지 평가 점수순이며 10이 가장 큰 영향력을 나타낸다.

GSCO	10
MLCO	9.5
MSCO	9
FBCO	9
SBSH	8.5
NITE	8
PWJC	8
HRZG	7
HMQT	7
MASH	7
MONT	7
PRUS	7

이들을 대할 때는 다음을 알아두는 것이 중요하다. GSCO, MLCO, MSCO, FBCO는 모두 기관 시장 조성자로 간주한다. 다시 말해 그들은 알맹이를 갖고 있다. 알맹이는 그들이 보유한 진짜 주문이며, 그들이 가진 진짜 물량은 상당하므로 항상 그들을 시장의 진지한 참여자로 받아들여야 한다. 진짜는 그들이 주문을 한 번 체결하고 즉시 떠나기보다는 호가에 남아 당신과 계속 거래할 가능성이 실재한다는 의미다. 그들은 '제대로 보여주려고' 들어온 거다. 놀라운 것이 아니므로 그들을 마주할 때는 헬멧 끈을 조이고 단단히 준비하라. 그들 중 하나에게 도전해 규

칙대로 싸워보고 싶다면, 무엇인가를 해볼 겨를도 없이 다른 취미거리를 찾아봐야 할 것이다. 당신이 상황이 어떻게 돌아가는지, 무엇을 해야 하는지 모른다면 그들은 여지를 주지 않고 당신이 가진 것을 빼앗을 힘이 있다.

장기 포지션을 보유하거나 확정적으로 자본을 투자하기를 꺼리는 시장 조성 기관도 있다는 사실을 아는 것 역시 중요하다. 그들은 전형적으로 개인 주문의 큰 물량을 유혹하려 한다. 이런 관행은 주문 사이에 들어간다(getting in between orders)라고 한다. 그들은 주문 흐름을 받기 위해 소매 서비스 기관과 합의하고 매우 적은 수익에 주식을 재빨리 넘긴다. 마이어 슈와이저(MASH)와 헤르조그(HRZG)처럼 시장을 조성하는 기관은 '거래 하우스(trade house)'라고 하며 그들이 주문을 쥐고 있을 때만 가끔 진짜 주문을 가져온다. 포지션에 자본을 거의 고정하지 않으며 주문을 들고 있지 않을 때는 가격에 영향을 미치는 일이 드물다. 다시 말해, 그들은 스프레드를 위해 거래한다.

빅 치즈 파악하기

일반적으로 각 나스닥 종목에는 가격 움직임 전부 혹은 대부분을 통제하는 적어도 하나의 주 시장 조성자가 있다. 우리는 이 시장 조성자를 '빅 치즈'*라고 한다. 마스터 트레이더의 첫 번째 임무는 정확히 누가 빅

---

* big cheese: '대단한 것'에서 파생된 중요 인물, 힘을 가진 사람이라는 뜻이다. '사물'을 가리키는 파키스탄, 인도 일부 지역 언어인 우르두어 단어 'chiz'가 영어식으로 'cheeze'로 표기되며 'big cheeze'로 정착했다.

치즈인지 판단하는 일이다. 그다음으로는 빅 치즈가 매수, 매도하며 무엇을 하고 있는지 파악한다. 물론 말로 할 때는 쉽지만, 손에 쥔 것을 기꺼이 보여주는 시장 조성자는 없기 때문에 실제로는 무척 어려운 일이다. 그래서 우리는 누가 빅 치즈이며 빅 치즈가 무엇을 하고 있는지 판단할 수 있는, 도움될 만한 몇 가지 단서를 상당히 정확하게 정리했다. 다음 지식을 갖춘다면 진입 및 청산 시점의 정확도를 개선할 수 있을 것이다.

- 내부 매수 혹은 매도 호가를 꾸준히 가장 마지막에 떠나는 시장 조성자가 빅 치즈다. 화면에서 그 시장 조성자를 눈에 띄게 바꾸고 관찰하라.
- 각 호가에서 3000주 혹은 그 이상 꾸준히 거래하는 시장 조성자가 전형적으로 빅 치즈다. 빅 치즈는 미미한 호가 단위 차이로 움직일 때가 많다. 즉 핵심 선수들은 서로 가까운 호가 수준에서 거래하는 경향이 있다. GSCO가 $40\,^3/_8$달러에 매수 호가를 냈다고 가정하자. 몇천 주를 $40\,^3/_8$달러에 받은 후 GSCO가 $40\,^1/_4$달러로 내려간다. 빅 치즈는 전형적으로 $39\,^3/_4$달러까지 내려가지 않는다. 그런 경우가 때때로 있기도 하지만, 종목의 핵심 선수들은 평평한 가격대에서 활발히 거래할 것이다.
- 표시된 물량보다 더 많은 거래를 꾸준히 하는 시장 조성자는 보통 핵심 선수 중 한 명이다. 일례로 PWJC가 1000주만 매도로 보여주면서 8000주를 매도한다. 혹은 HRZG가 100주만 매수로 보여주지만 100주 단위로 호가를 계속 새로 고치면서 2000주를 받아간다(매수한다).
- 하락하는 종목에 다른 시장 조성자보다 높은 매수 호가를 계속

올리는 시장 조성자가 빅 치즈다. 이런 것을 '종목을 지지한다'라고 하며 보통 시장이 전체적으로 하락하거나 약해질 때 발생한다. WXYZ가 점차 하락하는 중이라고 가정하자. WXYZ 현재 호가는 매수가 40달러, 매도가 $40\frac{1}{4}$달러다. PWJC가 매도 호가로 $40\frac{1}{4}$달러를 올렸는데 SBSH, MLCO, HRZG, SHWD가 종목을 40달러에 매수 호가를 올리는 상황이다. SBSH가 매수 호가를 $40\frac{1}{8}$달러로 한 단계 올리고 $40\frac{1}{8}$달러 호가 단계에 유일한 시장 조성자가 된다. SBSH의 주문이 1000주 체결되고 SBSH가 매수 호가를 다시 40달러로 내린다. 수 분이 지나고 SBSH가 매수 호가를 다시 $40\frac{1}{8}$달러로 올리고 수 천주를 받은 후 40달러 다시 한번 매수 호가를 내린다. 시장이 약해지는 상황에서 SBSH는 매수 호가를 다시 한번 올리고 다른 시장 조성자들이 이를 인식하기 시작한다. 이로써 게임이 막 시작되었고 ECN(INCA 혹은 ISLD일 확률이 크다)이 매수에 합류하는 것이 보인다. 이 행동은 시장 조성자가 종목을 축적하는 핵심 참여자이며 이러한 행동이 계속된다면 시장이 개선되는지, 실제로 개선된다면 그 시점을 알기 위해서 미래의 가격 움직임을 주의 깊게 관찰해야 한다는 신호다.

혼잡 구간 만들기

주가가 급격히 혹은 꾸준히 상승하도록 불을 붙여서 핵심 시장 조성자가 가장 큰 이익을 볼 때가 있다. 시장 조성자가 대형 기관 고객 한곳에서 ABCD사 주식 10만 주 매수 주문을 받았다고 하자. 주로 인스티넷을 써서 10만 주 주문 중 벌써 7만8,000주를 축적(매수)했고, 아직 체결되지 않은 2만2,000주가 남은 상황이다. 이때 시장 조성자가 2만2,000주를 매수할 수 있는 구매력을 주가를 띄우는 데 사용하기로 결심한다. 만약 시장 조성자가 이를 완수하면 고객은 7만8,000주 매수로 수익을 낼 수 있고, 시장 조성자는 남은 2만2,000주 중 일부를 그가 보유한 재고에서 훨씬 높은 가격에 체결하면서 그 과정에서 두둑한 수익을 챙길 수 있다. 즉 시장 조성자는 고객의 돈으로 가격 상승을 견인할 힘을 얻고 힘을 써서 더 이로운, 수익성 있는 가격까지 종목을 보낸 후에 고객이 요청한 매수 주문의 마지막 작은 일부 물량을 직접 고객에게 매도해서 성사시킬 것이다. 매수에 인위적으로 대량 주문을 유발하는 것(jamming)은 핵심 시장 조성자들이 주가 상승 촉발에 이용하는 방법이다. 자세한 작동 과정은 이렇다.

- **ABCD의 매수 호가가 40달러 매도 호가가 $40\frac{1}{4}$달러다.** GSCO가 이미 7만8,000주를 축적했고 2만2,000주를 더 매수해서 전체 10만 주 매수 주문을 체결해야 한다.
- GSCO가 인스티넷(INCA)을 이용해 1/16 폭으로 '매수 호가를 고정' 한다. GSCO가 INCA를 매수 수단으로 이용하면서 INCA에게 현재가와 상관없이 최우선 매도 호가보다 1/16만큼 더 밑에서 매수 호가를 유지하라는 지시를 내린다는 의미다. 이 경우 최우선 매도 호가는 $40\frac{1}{4}$달러다.
- GSCO의 조종을 받은 INCA가 갑자기 레벨 II 화면의 매수 쪽에 $40\frac{1}{4}$달러에서 1/16달러 낮은 $40\frac{3}{16}$달러 호가에 뜬다. 공개적으로는 GSCO는 종목의 매도자로 표시되며 매도 쪽에 머물 것이다. 마스터 트레이더는 눈에 보이는 명백한 것의 너머를 보고 시간별 체결 정보를 친구로 삼는다. 일반 투자자는 GSCO가 매도자이며 주식을 내던지고 있다고 믿지만, 실상 매도가 체결되고 나면 GSCO는 '사라지'고 매도 호가를 높인다.
- INCA의 공격적인 움직임으로 인해 종목의 매력이 너무 커져서 가격을 급격히 올리더라도 종목을 살 큰 매수자가 있다고 알려진다.
- 이 움직임을 보고 다른 트레이더, 투자자, 시장 조성자들이 매수에 합류한다. $40\frac{1}{4}$달러 매도 호가를 잡기(매수하기)로 결정하는 사람들도 있다. 그로 인해 INCA를 이용하는 매수자가 상승하는 주가를 쫓아갈 만큼 종목을 매수하길 원한다는 메시지가 계속 퍼져 나간다.
- 매도 호가가 빠르게 $40\frac{3}{8}$달러로 올라가고 GSCO가 1/16만큼 '묶어

놓은' INCA가 새 매수 호가를 40 $5/16$달러로 상승시킨다.

- 매도 호가를 받는 참여자가 있는 반면 다른 시장 조성자들이 다시 한번 INCA의 매수 호가에 합류한다. 기억하겠지만, GSCO는 추가 2만 2,000주를 체결해야 하고, 방법은 두 가지다. (1) 몇몇 매도자가 GSCO의 INCA 매도 호가를 받는다는 전제하에 INCA를 통해 매도 호가에 매수, 혹은 (2) 공격적으로 매도 호가를 받아 없애며 상승을 제대로 일으키는, 더 가능성이 큰 전개 방식. GSCO는 체결되어야 할 남은 수량을 이용해 매도 호가를 맹공격하는 동시에 매수 쪽으로 전환하고 레벨 II에서는 공개적으로 매수자로 표시된다. 트레이더들은 골디가 방향을 전환한 것을 깨닫고 그에 따른 매도 쪽의 주문 체결 정보가 쌓이는 것을 보게 된다. 전국에 있는 트레이더들의 주가 정보 인쇄기가 잡음을 내며 녹색 체결 정보를 찍어낸다. 일반 투자자들도 흥분해서 뛰어들고 상승 방향으로 추가 모멘텀이 발생한다. 로켓이 발사된 것이다.

- 이 잘 연출된 탱고가 계속되면서 INCA가 매도 호가로 대량 주문을 지속적으로 쏟아낸다. 매도 호가가 없어진다. INCA가 매수 호가를 1/16만큼 높여 대량 주문을 넣으며 한 계단 가격을 높인다. 이 과정이 반복되다가 ABCD의 매도 가격은 결국 40 $7/8$달러가 된다.

- GSCO는 매수 호가에 대량 주문을 내기 위해 INCA를 이용해 마른 불쏘시개에 불을 붙이고 불꽃에 바람만 조금 불어넣어서 효과적으로 주가를 올려 고객의 포지션에서 더 큰 수익이 나도록 만들었다. GSCO는 가격이 이렇게 높아졌을 때 마지막 모멘텀이 터진 후 가격이 낮았을 때 매수했던 주식 중 일부를 대중에게 ECN을 통해 5/8포인트 이상 두둑한 수익을 챙기면서 매도한다. 멋지다! 기억하라. 우리의 핵심 시장 조성자는 INCA였다. 일단 INCA가 더는 매수 호가를 올리지 않고 종목의 움직임에 정체가 시작된 것을 깨달으면, 우리는

이 혼잡 구간을 마무리하고 현금을 챙겨 나가야 한다.

'혼잡 유발 구간'이라고 부르는 구간이 시작될 때 이 움직임을 포착하고 제대로 해석할 수 있는 마스터 트레이더라면 활동에 동참할 수 있다. 상황을 파악한 후 매수 호가를 내면서 ISLD를 통해 시장에서 INCA와 함께 행동하거나 심지어 SNET의 분산 주문을 이용해서 은밀하게 매수할 수 있다. 일단 포지션을 구축했으면, 앞서 언급한 징후를 찾은 후 참여하고 싶어 하는 사람들에게 더 높은 가격에 포지션을 매도하면서 이들을 기꺼이 돕는다. 이런 움직임은 보통 크지 않지만, 때로는 매우 강하고 안정적이며 꽤 괜찮은 데이 트레이딩 수익을 만들어낸다.

우리는 혼잡 유발 구간을 찾으면 트레이더들에게 단 2회만 매수하고 2~3회 매도하라고 가르친다. 그렇게 하면 가격 꼭대기 혹은 그 가까이면서 벌써 정점에서 미세한 움직임으로 매도 기조가 이미 형성될 때 대량으로 매수하는 것을 방지할 가능성이 커진다. **도움말**: 초단타로 트레이딩할 때 초보는 문제의 징후를 기다려서 매수하지만, 고수는 상승세에 매도한다. "팔아야 할 때가 아닌 팔 수 있을 때 판다." 하방으로 혼잡 구간이 만들어진 종목을 공매도할 때는 반대다.

쌓인 팬케이크

'팬케이크'는 고급 요리와 트레이딩에 모두 조예가 깊은 우리 사내 트레이더인 마이크 캠피언(Mike Campion)이 트레이딩이라는 예술을 새로운 '맛'으로 승화시키면서 붙인 이름이다.

나스닥 레벨 II 호가에 접속할 수 있는 대부분의 초보 트레이더들은 많은 시장 조성자들이 매수 호가 쪽에 쌓여 있으면 수요가 많으니 강세, 매도 호가에 쌓여 있다면 약세를 자동적으로 떠올린다. 정보가 부족한 그들이 이렇게 추정하는 이유는 알겠으나, 대부분의 경우 이는 사실이 아니다. 안타깝게도 상급 훈련 프로그램조차 이 잘못된 개념을 가르치는 곳이 많다. 마스터 트레이더는 '반짝인다고 모두 금은 아니다'라는 사실을 알 뿐만 아니라 반짝인다면 아마도 금은 아니리라는 것을 안다. 명백해보이는 것을 경계하라! 팬케이크 쌓기를 사례로 설명하겠다.

EGGS가 당일 고가에 거래되고 있다. 현재 매수 호가가 $10\,\tfrac{7}{8}$달러이고 당일 고가이기도 한 매도 호가가 11달러다. 5분 차트를 재빨리 훑어보니 주가가 오전 이른 시간 $9\,\tfrac{7}{8}$달러에서 당일 고가까지 상승한 후 거의 후퇴하지 않았다. 둘째, 레벨 II 화면에서 $10\,\tfrac{7}{8}$달러에 매수 호가가 나온 ECN매수가 하나밖에 없는 반면, 시장 조성자가 11달러 매도 호가에 브런치 식당의 높게 쌓인 팬케이크처럼 엄청나게 쌓여 있다. 그러면 이 시점에서 '흠, 이상한데'라고 여길 것이다. 지금 제시된 그림은 약세 형국의 하나다. 즉, 주요 시장 조성자들이 자기가 매도자라고 세상에 대놓고 광고 중이다. 레벨 II상의 그림 또한 매수 호가를 올리고 매수하려고 나서는 사람이 없음을 암시한다. 자연스럽게 공급이 포화해 수요가 없는 약세인, 하락할 준비가 되었다고 볼 수 있다. 우리는 이런 그림이 계속되면 뭔가가 맞아떨어지지 않는다는 것을 깨닫는다. 우리를 털어내기 위해 핵심 선수들이 허위로 보여주는 그림일까? 실제 매도자라면 온 세상에 그렇게 열정적으로 큰 규모의 매도자로 보이고 싶어 할까? 마스터 트레이더라면 이런 식으로 상황이 전개될 때 다음과 같이 자문할 것이다. '만약 모두가 이 주식을 정말 팔고 싶어 한다면, 왜 고가에 거래되고 있을까? 게다가 14달러에 공급이 그렇게 포화했다면 왜 주가가 후퇴하거나 유일한 매수 입찰자가 $10\frac{3}{4}$달러에 없어지지 않고 있을까?' 종목의 매도 호가가 쌓인 것으로 알 수 있듯이, 정말 엄청난 매도 압력을 받고 있었다면 금방 주가가 하락하기 시작했을 것이다. 이 그림은 분명히 이상하다!

더 자세히 들여다보니 큰 주문은 매도 호가에서 체결되고 매수 호가에는 이와 비교해 매우 미미한 크기의 계약이 체결된다. '시장 조성자들'은 '양'들이 지켜보고 있으며, 레벨 II를 지켜보는 사람 중에 잘못된 정보를 보유한 사람들이 이렇게 '허위'로 보여주는 약세에 속아 넘어가기 쉽다는 사실을 아는 거다. 그들은 모든 잠재적인 상승 움직임이 이어지기 직전에 당신의 주의를 돌리고 주식을 지나치게 싸게 포기하라고 종용한다. 하지만 우리는 '팬케이크 현상'이 $12\frac{1}{8}$, $15\frac{3}{16}$, $25\frac{11}{16}$ 등 분수에 비해 13, 19, 22 등 정수에서 발생한다는 점을 놓치지 않았다. 그 모든 가격대를 눈여겨보면서 우리는 5분과 15분 차트에서 14달러를 깨고 상승할 모든 시도가 실패하는 원인이 될 지속적인 저항의 모든 징후를 찾는다. 근처의 이전 고가나 200일 단순 이동평균만큼 강한 저항은 없다. 마지막으로는 한낮의 무풍지대(오전 11:15~오후 2:15)일 때 EGGS에 진입하지 않도록 하루 중 언제인지를 확인한다. 일반적으로 브레이크아웃을 만들고 일일 고가를 형성하면 대부분 이 시간대에 실패한다. 이쯤이면 이미 EGGS로 건강한 팬케이크 한 접시를 주문하고 있다. 많은 경험을 통해 이런 전개 방식이 시장 조성자가 속임수를 쓰고 이런 '쌓인 매도 호가'가 곧 먹히고 EGGS를 신고가로 보낼 것을 알고 있다.

  종목에 포지션을 쌓기 전에 발생해야 하는 일이 두 가지 있다. 첫째, 선결 조건은 14달러에 체결된 1000주 주문 두어 개가 있는지 시간별 주문 체결창을 통해 확인하는 것이다. 일단 14달러에서 주가가 일시적으로 작게 소요하는 것을 목격하면 다음이자 마지막으로 매도 호가의 두세 명의 시장 조성자들이 호가를 올리거나 매수 쪽으로 넘어가는 것이 보여야 한다. 현재 매도 호가를 낸 시장 조성자가 얼마나 많은지는 중요하지 않다. 매도 호가에서 두 세명이 사라지는 것만 보면 된다. 그것이 종목이 급등할 준비를 마쳤다는 신호다. 이 신호를 받았다면 우리는 14달러 매도 호가에 나온 주문을 매수한다. 그러고 나서 안전벨트를 맨다. 과거 수천 번 수행한 팬케이크 거래법이 안내하는 바가 유효하다면, 우리는 멋지게 추세를 탔다. 이렇듯 약세인 것처럼 보여서 초보자를 속이려는 수는 오히려 횡재의 기회를 제공한다. 당신이 그 기회를 찾기 바란다.

  쌓인 팬케이크는 하락 모멘텀일 때 공매도 주문을 없애는 것이 상승 모멘텀에서 매수 포지션을 없애는 것보다 훨씬 힘들지만, 반대 방향으로도 똑같이 작동한다는 것을 명심하라. 쌓인 팬케이크 전략은 스캘핑 같은 초단타 매매 전략이라는 것도 알아둬야 한다. 이 전략은 다음날이 될 때까지 종목을 보유하는 것이 필요한, 큰 수익을 찾는 사람들을 위한 것은 아니다. 쌓인 팬케이크 전략은 '매수하고 금방 파는' 전략의 정수다.

14장

입문 도구와 전술 : 프로처럼 종목에 들어가기 위한 단계별 안내서

거래의 성공은 85%가
적절한 진입에 달려 있다

당신이 확실히 알아둘 것이 있다! 진입은 모든 거래에서 가장 결정적이고 중요하다는 사실이다. 적당한 시기에 적절히 종목에 진입하는 트레이더는 잘못 진입하는 트레이더보다 훨씬 높은 승률을 만끽한다. 제대로 진입했다면 거래 전체의 85%를 처리했다고 해도 과언이 아니다. 나머지 15%는 거래 관리와 수익 실현 기술에 불과하며, 이 부분은 이후 장에서 상세히 설명하겠다.

거래할 때마다 당신은 힘들게 번 자본을 위험에 노출한다. 그러니 제대로 된 방식으로 거래해야 한다. 모든 건전한 트레이딩 전략 혹은 계획은 세 개의 요소가 이룬다. 하나의 진입점과 두 개의 청산점이다. 하나는 최초 손절가로 더 잘 알려진 진입가보다 낮은 청산점이고 다른 하나는 목표가로 더 잘 알려진 진입가보다 높은 청산점이다. 그런데 잘못 진입하면 거래 전체를 망가뜨릴 위험이 있다. 정확히 언제, 어디서, 어떻게

치고 들어가야 하는지, 즉 진입해야 하는지 명확히 알아야만 한다. 적절한 방법으로 종목에 들어가는 이 너무나 중요한 분야를 지금부터 본격적으로 살펴보자.

우리는 오랫동안 우리에게 많은 도움이 된 세 가지 진입 기법을 고안했고, 전 세계 수많은 트레이더에게 이를 가르쳤다. 이 기법을 일단 소화하면 적시에 거래하는 솜씨와 트레이딩 기술이 마스터의 단계로 올라갈 것이다.

첫 번째 진입 기법 : 핵심 매수점

정의

성공적인 거래는 잘못된 정보를 가진 두 개인 투자자 집단을 찾아내는 능력을 필요로 한다. (1) 공포와 초조함에 사로잡혀 자신의 상품(주식)을 당신에게 과하게 싸게 넘길 사람들과 (2) 탐욕에 이끌려 당신의 상품(주식)을 과하게 비싸게 떠안을 사람들이다. 핵심 매수 조건은 마스터 트레이더들이 공포와 불안에 사로잡힌 집단이 게임을 떠나려고 초조하게 기다리고 있는 정확한 시점에 매수자로 시장에 들어갈 수 있도록 고안했다. 이 간단한 진입 기술은 우리가 갖춘 트레이딩 무기고에서 가장 강력한 개념이다. 이를 제대로 이해하고 적절히 이용하면 시장을 대하는 당신의 기술 수준은 상당히 향상될 것이다.

핵심 매수 조건은 세 가지 단계를 거쳐 이루어진다. 거래 여건 기준을 맞추는 두 단계와 방향을 타는 한 단계다. 하나씩 살펴보자.

핵심 매수 조건

- **신고가**: 종목이 이 기준에 맞추려면 이전 상승의 고점보다 더 높은 고점을 만들어야 한다. 사상 최고가 혹은 52주 신고가와 혼동하지 말라. 우리가 관심 있는 것은 실제로 공격적인 매수의 대상임을 확인할 수 있는, 최근 강하게 지속되고 상당히 오른 상승세를 경험한 주식이다. 일반적인 규칙으로 말하면 종목이 막대 8개 이전에, 일례로 일일 차트를 보고 있다면 8일 전에 신고가를 기록해야 한다.
- **세 개 이상의 이전 고가보다 낮은 고가**: 이 기준에 맞추려면 막대 세 개나 그 이상의 하락을 경험해야 한다. 이전 장에서 설명한 3~5 하락 막대 전략과 비슷한 기준이다. 하지만 3개 막대 하락만으로는 충분치 않다. 3개 혹은 그 이상의 하락 막대가 이전 저가보다 더 낮은 고가와 함께 나타나야 한다. 즉, 하락 막대의 고가는 직전 막대의 고가보다 반드시 낮아야 한다.

여기서 기준과 관련해서 의식적으로 '일' 대신 '막대'라는 용어를 사용한 점을 주목하자. 이 개념은 일일 및 주간뿐만 아니라 일중 시간대에도 적용할 수 있다. 종목이 이 기준을 충족하면, 마스터 트레이더는 3단계인 실행을 위한 준비를 끝낸다.

실행

주식이 이전 막대 고점보다 1/16~1/8에서 거래될 때 매수한다.

그림 14.1에서 핵심 매수 조건을 도식으로 살펴보자.

기준 1: 최근 신고가
기준 2: 3회 이상 나타난 전고가보다 낮은 고가
기준 3: 전고점보다 1/16~1/8 높은 가격에 매수

● **그림 14.1** 핵심 매수 조건

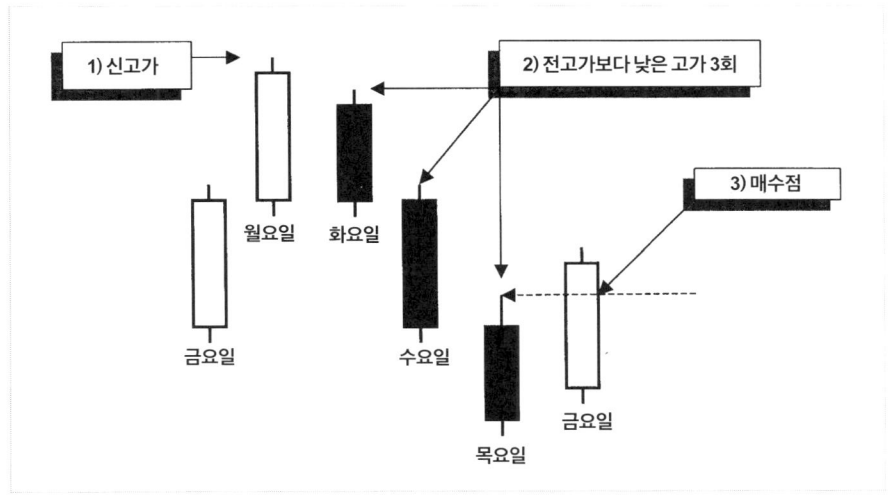

몇 가지 실제 사례를 살펴보자(그림 14.2 및 14.3).

매수하려는 종목이 첫 두 조건을 만족하고 장이 시작했을 때 크게 갭 상승(매도의 경우에는 하락)했다고 하자. 이 상황을 어떻게 처리해야 할까? 시작가가 생기자마자 매수해야 할까 아니면 나중에 매수해야 할까? 아예 거래 기회를 무시하는 것이 옳은 행동일까? 핵심 매수 조건의 첫 두 기준을 충족한 후 시작가에서 갭 상승(매도의 경우 하락)했을 때 주식을 대하는 적절한 방식을 알아보자. 변동성이 큰 오늘날 시장에서 갭은 매우 흔한 일이다. 따라서 갭을 대하는 능력이 부족한 트레이더는 뚜렷한 약점을 지닌 채 게임을 해야 한다. 프로처럼 갭을 처리할 수 있는 능력을 갖추면 갭은 적이 아닌 친구가 된다. 30분 매수라는 진입 기술에서 이를 어떻게 처리해야 하는지 배워보자.

● **그림 14.2** 바이오젠의 일일 차트에서 거의 완벽한 핵심 매수 조건이 형성되었다. 바이오젠은 신고가를 경신한 후(기준 1) 전고가보다 낮은 고가를 5회 연속 만들었다(기준2). 하락이 긴 꼬리가 두드러진 강세형 반전 막대로 끝난 점도 주목하라. 이 지점에서 핵심 매수 조건의 3단계, 즉 강세형 반전 막대의 고가보다 위에서 매수하는 실행 단계로 넘어가야 한다. 이곳이 바이오젠이 이전 막대의 고가 위에서 거래될 수 있었던 첫 번째 지점이다. 매우 급격한 상승이 잇따랐다. **도움말:** 공격적인 마스터 트레이더라면 3~5 하락 막대를 따라 출현한 모든 강세형 반전 막대에서 (종가 근처에서) 매수에 들어갈 수 있다.

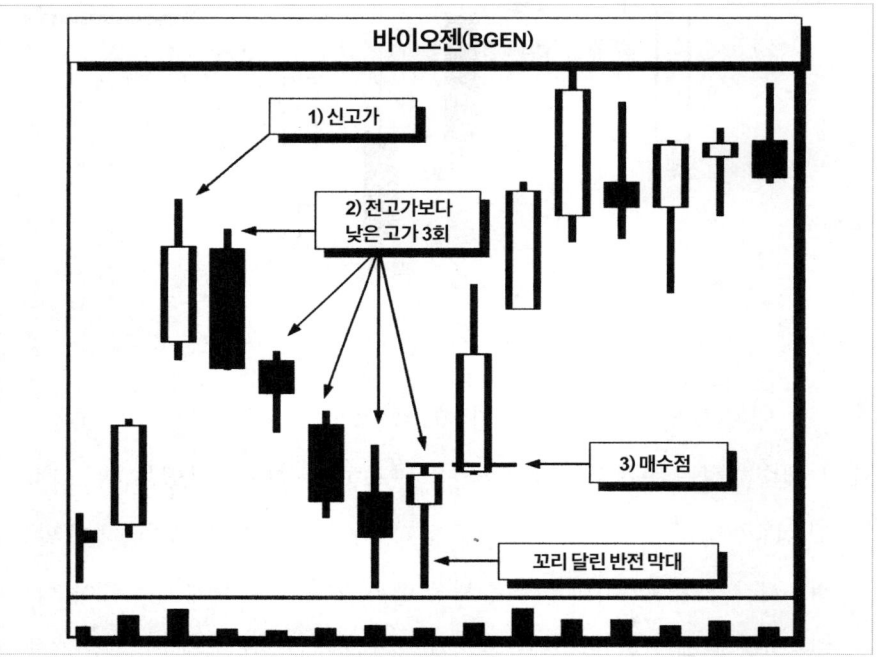

● **그림 14.3** 렉스마크(Lexmark Int'l, LXK)의 일일 차트가 3~5 하락 막대를 보여준다. 렉스마크가 두 번째 하락에서 완벽한 핵심 매수 조건을 형성했다. 신고가(기준 1)를 경신한 후 곧 3개 이상 연속 고가를 동반하며 하락했다(기준 2). 렉스마크가 이전 막대의 고가 위에서 거래되면 곧바로 매수에 들어간다(3단계).

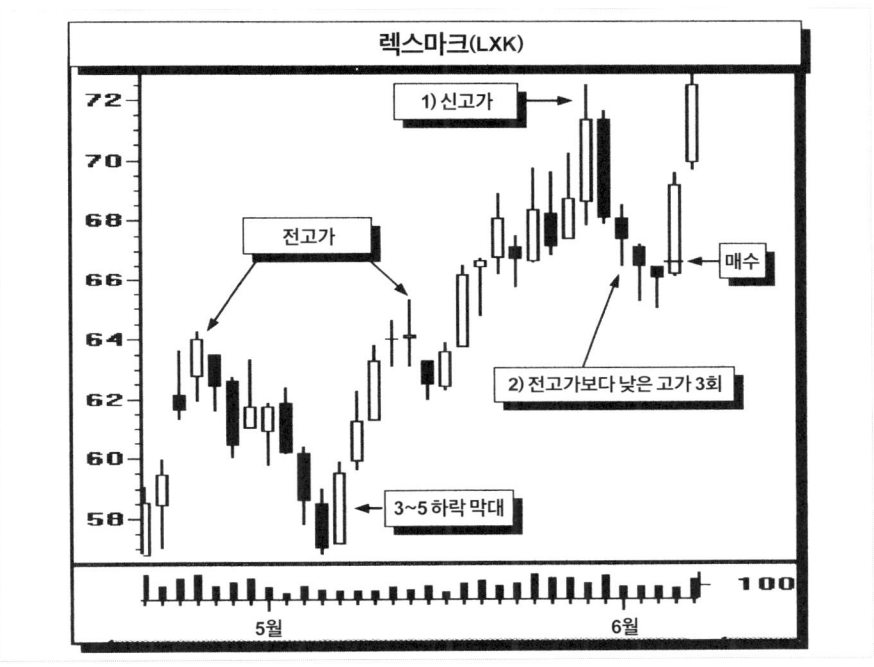

두 번째 진입 기법 :
30분 매수법

정의

마스터 트레이더라면 개장 후, 특히 강한 상승으로 시작할 태세를 갖춘 날이라면 첫 20~30분이 하루 중 가장 까다로운 트레이딩 시간이라는 것을 알아야 한다. 밤새 그리고 개장하기 전까지 축적된 매수 주문 덕분에 전문 시장 조성자와 특별경매인이 하루 중 다른 시간에는 얻기 힘든 우위를 점하기 때문이다. 이 축적된 시장가 주문이 종목에 수요가 풍부하다는 내부자 정보라고 할 만한 정보를 그들에게 제공하는 덕분에 그들은 시작가에 훨씬 큰 영향력을 갖게 된다. 이렇게 시장이 열리기 전에 나온 축적된 많은 매수 주문으로 종목에 갭 상승이 발생한다.

그런데 여기에 매우 중요한 핵심이 있다. 많은 경우 시장이 열릴 때 전문 시장 조성자 혹은 특별경매인이 과도한 주문을 넣고 우리가 강세 함정이라고 부르는 여건을 만든다. 좋은 종목 뉴스가 나왔거나 종목이 강세처럼 보이는 단순한 이유로 매수하는 초보 매수자를 끌어들여서 프로들이 나올 수 있도록 인위적으로 높은 가격으로 거래가 시작되는 것이다. 모든 매수 거래의 반대편에는 이에 호응하는 매도 거래를 하는 누군가가 있다는 사실을 기억하라. 문제는 이때 누가 더 현명한가다. 매수자일까 매도자일까? 종목이 과도하게 갭 상승한다면 현명한 사람은 매도자다. 이것이 많은 갭 상승한 종목들이 거래 시작 10~20분 만에 급격히 주가가 후퇴하는 이유다. 개장 전 넘쳐나던 매수 주문이 모두 체결되면 수요가 사라지고 종목은 '전문가의' 매도 및 수요 부재로 위축되기 쉽다. 하지만 예외가 있으며, 이 예외 덕분에 가장 강력한 일중 트레이딩 기술의 하나를 위한 여건이 형성된다.

우리가 경험한 바에 따르면 갭 상승을 겪고 개장 30분 후에 신고가까지 오른 종목의 경우 개장 때 나타난 강세는 인위적으로 만들어진 것이 아닌 진짜다. 거래가 시작된 후 첫 20여 분 동안 일어나는 이른 아침 시간의 매수세에 기인하기 때문이다. 이런 현상을 발견한 덕분에 우리는 진정으로 강세인 종목을 이용해 수익을 만들 수 있는 단순하면서도 강력한 방법을 고안할 수 있었다. 30분 매수법이라는 기법이다. 이 기법이 작용하는 방법은 다음과 같다.

30분 매수법을 적용할 수 있는 거래 여건

- 개장 때 종목이 5/8 이상 갭 상승해야 한다. 1달러 이상 상승하는 경우 대부분 긍정적인 실적 발표, 증권사의 투자 의견 상향 등 뉴스와 관련되었을 것이며, 이는 문제가 없다. **참고**: 주가가 시작가에서 크게 급상승하지 않을 때가 가장 좋다. 전적으로 필요조건은 아니지만, 우

리가 관찰한 바에 따르면 갭 상승 후 정체되는 주식이 이 전략에 가장 좋은 종목이다.

30분 매수법 매수 실행

- 종목이 일단 갭 상승으로 시작하면 마스터 트레이더는 종목 거래를 30분 동안 관찰해야 한다. 그동안 다른 행동은 필요 없다. 이때 앞서 설명한 거래 여건을 성립하는 종목을 여러 개 보게 될 것이다.
- 일단 30분이 지났다면 당일 고점보다 1/16 위에 알림 기능을 설정하는데, 많은 경우 이 가격은 현재가에서 그다지 멀지 않다.
- 알림 기능이 켜지면, 즉 종목이 당일 고가를 깨면 포지션을 보호해 줄 스톱을 당일 저가보다 1/16 아래에 설정한다. 이렇게 해서 거래 위험을 낮출 수 있다. **참고**: 거래가 시작되고 첫 30분~1시간 이후가 이상적이지만 이상적인 상황이 아니라고 해서 매수 실행을 주저할 필요는 없다. 거래가 시작된 후 30분 후 신고점을 경신했다면 이 기법을 실행할 수 있다. 단, 우리 연구에 따르면 거래가 여러 시간 동안 진행된 후 브레이크아웃을 만드는 종목이 더 큰 상승을 보였다.
- 일단 종목에 들어갔다면 이후 설명할 거래 운영 및 수익 실현을 위한 단계를 밟는다.

실례를 통해 이를 살펴보자(그림 14.4). 갭을 활용한, 간단하지만 강력한 방법이 담겨 있다. 이 전략은 방어적 스톱(protective stop)으로 더 많이 알려진 안전장치가 본질적으로 탑재되어 있으며 평균 이상 수익을 얻을 수 있는 잠재력이 있다. 또한 인위적으로 만들어진 강세로 거래를 시작하는 종목과 순수하게 폭발하는 종목을 자동으로 구별해준다. 30분 매

● **그림 14.4** 리얼네트웍스(RealNetworks, RNWK)의 5분 차트가 핵심 매수 조건이 모든 시간대에서 얼마나 잘 적용되는지 보여준다. 이 예에서 두 개의 매수 기회를 볼 수 있는데, 고가인 꼭대기가 우선 나오고(1), 이후 세 개 이상의 각각 더 낮은 고점이 따라왔다(2). 마스터 일중 트레이더라면 일단 이전 막대의 고점 위에서 거래되면 공격(매수)한다. 이후 따라 나온 상승이 얼마나 강력한지 눈여겨보자.

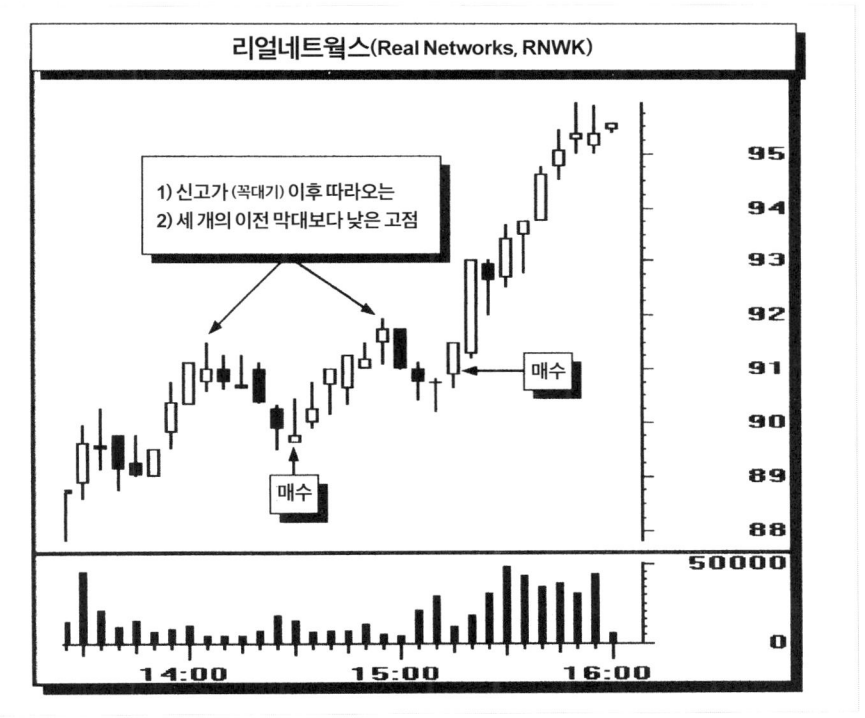

수법은 강력한 전략이며 제대로 사용한다면 시장에 대해 배우고 있는 학생인 당신에게 충분한 도움이 될 것이다.

자, 이제 당신은 챔피언의 모임에 들어왔다. 이제 프로처럼 갭을 해독하고 이용할 수 있는 능력을 갖게 되었다. 이제는 마지막 진입 기법을 살펴봐야 한다. 활발하게 거래하는 매우 많은 데이 트레이더들이 좋아하는 스캘핑, 즉 마이크로 트레이딩에 주로 이용하는 진입 기법이다. 이 마지막 기법은 우리가 오랜 기간 매일 수익을 낼 수 있었던 토대가 된 일중 혹은 마이크로 트레이딩 유형을 위한 현명한 방법이다. 당신도 분명히 이 기법으로 큰 깨달음을 얻을 것이다.

세 번째 진입 기법 :
늦은 오후 브레이크아웃

진정한 마스터 트레이더는 일차원적으로 접근하지 않는다. 우리가 통달의 경지에 도달했다고 말하는 베테랑 트레이더는 다양한 시간대와 다양한 트레이딩 유형을 다양한 차원으로 통제하고 운용한다. 일중 혹은 마이크로 거래는 모든 거래 유형을 통틀어 가장 많은 것을 요구한다. 가장 높은 수준의 기술이 필요하고 감정적, 정신적 상태도 가장 안정적이어야 한다. 이제 설명할 거래 진입 기법은 우리가 구축한 마이크로 트레이딩 방식 상당 부분의 기초를 형성한다.

늦은 오후 브레이크아웃 기법은 기민한 스캘퍼로서 장기간 성공적으로 거래하기 위해 모든 마이크로 트레이더에게 필요한 주요 도구다. 기민함과 기술을 갖추고 마이크로 트레이딩을 하려는 열망을 가진 사람이라면 다음 내용을 심도 있게 공부해야 한다. 그러면 이 책에서 당신에게 평생 보상을 얻게 해줄 실력을 얻을 것이다. 이 기법은 적어도 우리에게는 확실한 보상을 주었다.

정의

하루 중 후반부는 마스터 트레이더가 마이크로 트레이딩으로 탄탄한 수익을 챙길 수 있는 가장 좋은 기회가 발생하는 때다. 우리는 학생들과 사내 트레이더에게 하루를 시작, 중간, 마지막의 세 부분으로 나누라고 교육한다. 당연하게 들리겠지만, 중간 시간대는 이전 장에서 설명했듯이 밤사이 거래 및 이른 아침의 마이크로 거래로 힘들게 얻은 수익을 종종 다시 내놓게 되는 때다. 우리는 미 동부시간 오전 11시 15분부터 7장에서 설명한 한낮의 정체기인 오후 2시 15분을 중간부라고 부르는데, 마이크로 트레이더에게는 블랙홀처럼 위험한 경우가 많은 시간대다. 하지만 활동이 미진한 이 세 시간은 '늦은 오후 브레이크아웃 기간'으로, 기회가 잉태되는 하루 중 거래에 가장 좋은 시간대이기도 하다.

마이크로 트레이더에게 이 시간대가 좋은 이유는 무엇일까? 시장이 한낮의 정체기 이전 상태를 이어가며 완전히 새로운 일련의 매매 가능성이 생기는 경우가 많기 때문이다. 미 동부시간 오후 2시 15분~4시 시간대는 그 자체가 마치 별도의 하루처럼, 이 기간만의 고유한 일련의 기회가 존재한다. 이 시간대의 트레이딩을 통달하기 위한 도구와 기술을 습득한 트레이더라면 마이크로 트레이딩 수익 대부분이 이 시간대에 발생한다는 것을 안다. 실제로 우리가 단 하나의 마이크로 트레이딩 방식만 가르쳐야 한다면, 오후 2시 15분 이후에 발생하는 단 하나의 가격 패턴을 가르칠 것이다. 지금부터 우리가 늦은 오후 브레이크아웃 매매라고 부르는 기법의 사용하기 위한 거래 요건과 거래 방법을 심도 있게 알아보자. 우선 늦은 오후 브레이크아웃에는 5분 차트를 이용한다는 중요한 사실부터 기억하라.

늦은 오후 브레이크아웃 거래 요건

- 당일 상승이어야 한다. 즉, 전일 종가보다 더 높게 거래되어야 한다.
- 시작가에 혹은 그보다 더 높게 거래되어야 한다.
- 현재 당일 고가 혹은 근처에서 베이스를 만들며 횡보해야 한다.
- 횡보 움직임이 적어도 한 시간 반 지속했어야 한다(5분 차트를 이용한다).

일단 이 조건을 충족하는 종목을 찾았다면 다음의 행동을 취한다. 이 모두가 5분 차트에서 일어나는 일이다.

늦은 오후 브레이크아웃 실행

- 5분 차트를 보면서 최근 연속으로 나타난 동일 고가의 1/16 달러 위에서 매수한다. **참조**: 이 진입점은 당일 고점보다 낮을 때가 많을 텐데, 이렇게 매수하는 것이 대부분 트레이더가 배우듯 신고가에 매수하는 것보다 오히려 더 좋다. 우리는 당일 신고가 직전에 이미 종목에 들어가 있을 확률이 높은 기법을 가르친다. 주가를 끌어올리는 것은 뒤늦게 급히 들어오는 매수자들이 도와주도록 하면 된다.
- 일단 종목에 들어갔다면 횡보한 베이스, 혹은 5분 막대 중 브레이크아웃이 발생한 막대, 즉 진입 막대 바로 밑에 방어적인 스톱을 설정한다. 방어적 스톱에 대해서는 15장에서 더 상세히 논한다.

● **그림 14.5** 시만텍(Symantec Corp, SSCC)의 5분 차트에서 거의 완벽한 30분 매수 여건을 볼 수 있다. 10월 11일 아침 장이 시작할 때 SSCC는 5/8 달러만큼 갭 상승해서 첫 번째 갭 상승 기준(기준 1)을 충족했다. 마스터 트레이더라면 SSCC가 30분을 채우고 거래된 후 알림 설정으로 고가를 표시한다(기준 2). 그리고 종목이 당일 늦은 시간에 신고가를 경신하며 거래될 때, 3번 지점에서 당일 저점보다 1/16달러 밑에 스톱을 설정하고 SSCC를 매수한다. 차트에서 보듯이 브레이크아웃을 따라 나온 상승 움직임이 훌륭하다. 늦은 오후 브레이크아웃의 강력한 힘이 다음날인 10월 12일 아침까지 확산되었다.

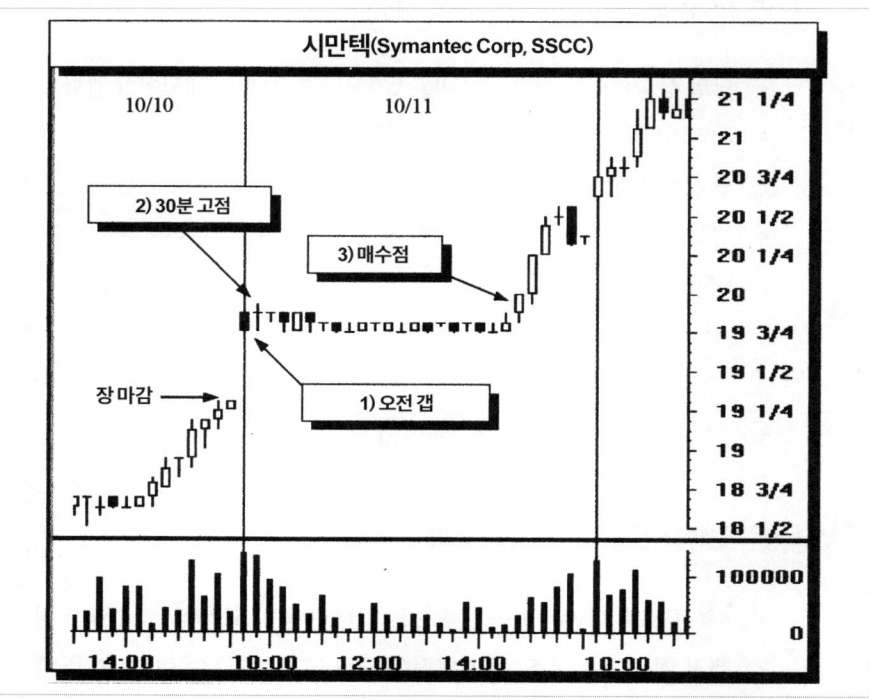

- 종목이 더 상승함에 따라 점증적으로 매도를 꾀한다. 매도에 관한 더 자세한 사항은 15장을 참조하라.

늦은 오후 브레이크아웃의 예를 살펴보자(그림 14.5).

늦은 오후 브레이크아웃 기법은 일일 차트에도 적용할 수 있다. 물론

● **그림 14.6** 이뮤넥스(Immunex Corp, IMNX)의 15분 차트가 30분 매수 여건을 하나 더 보여준다. 10월 18일 아침 IMNX는 개장 때 $2\frac{1}{2}$달러 이상 상승해 첫 갭 상승 조건(기준 1)을 충족했다. INMX 주가는 첫 15분 동안 하락하고 이후 15분 동안 안정됐다. 이 30분 시간 틀의 고점은 개장 때 형성되었다. 마스터 트레이더라면 이 당일 고점에 알림을 설정해 표시한다(기준 2). 그리고 3번 지점에서 종목이 신고가에서 거래될 때 당일 저점보다 1/16 달러 밑에 스톱을 설정하고 IMNX를 매수한다. 차트가 보여주는 것처럼 브레이크아웃 이후 주가가 매우 강하게 상승했다. 진정한 강세가 갭을 통해 드러난 경우다.

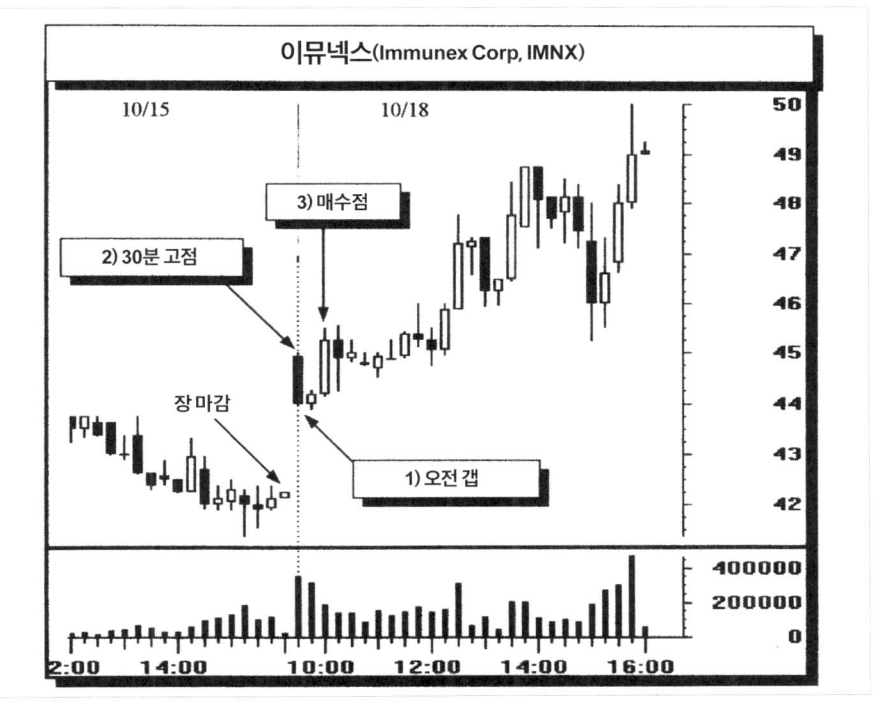

이때 시간적으로 늦은 오후라는 단어가 적용되지는 않는다. 중요한 것은 차트의 패턴이지 시간대가 아니다. 5분 차트에서 작동하는 가격 패턴은 일일, 주간, 시간별로 보아도 유효하다. 차트는 돈의 흔적일 뿐임을 기억하라. 이 흔적은 시장 참여자들의 공포, 탐욕, 불확실성을 드러낸다. 그런 공포, 탐욕, 불확실성은 모든 시간의 틀을 막론하고 같다. 흥미롭게도 다음 그림에서 일일 브레이크아웃 매수 여건이 마치 5분 시간 틀에서 늦은 오후 브레이크아웃 여건처럼 전개되었다. 시간 틀에서는 큰 차이가 있지만 POST와 SSCC의 차트가 얼마나 비슷한 형태인지 주의 깊게 살펴보자(그림 14.6).

이제 프로처럼 종목에 진입할 수 있는 세 가지 고유한 방식에 대한 공부가 끝났다. 앞서 언급한 것처럼 거래에서 진입은 무엇보다도 결정적이며 중요한 부분이다. 진입을 잘하면 트레이딩이라는 수식의 85%를 해결한 것이다. 그런데 진입이 중요하긴 하지만 거래 운영 계획이 없다면 마스터 트레이더의 계획은 미완성이다. 다음 장에서 거래 운영 계획을 상세히 살펴보자.

15장

거래 운영의 도구와 전술 : 프로처럼 거래를 운영하기 위한 단계별 지침

인생은 완벽하고 들어가는 모든 거래는 술술 풀릴 거라고 당신에게 말하고 싶다. 손실의 고통을 경험할 일도 없으며, 은행에 입금 명세서를 쓰는 기쁨만 누리게 되리라고도 말해주고 싶다. 하지만 당연히 현실은 그렇지 않다. 손실은 언제나 모든 트레이더 인생의 한 부분이며 앞으로도 영원히 그럴 것이다.

성공하는 트레이더와 실패하는 트레이더의 핵심적인 차이 중 하나는 손실을 관리하는 방법이다. 성공하는 트레이더는 손실을 커지지 않도록 작게 관리하지만, 실패하는 트레이더는 손실이 커지고 곪도록 내버려두다가 결국 손실에게 통제당한다.

트레이딩은 사업이다. 다른 모든 사업체와 마찬가지로 트레이딩 사업에도 예기치 못한 재난에 대비해 자신을 보호할 보험이 필요하다. 트레이더의 주된 보험 수단은 다름 아닌 강력한 손절 스톱이다. 우리는 이를 보험 증서라고 부른다. 이제 이 소중한 자금 관리 도구를 더 자세히 살펴보자.

첫 번째 도구 :
최초 스톱-보험 증서

최초 스톱(initial stop)의 정의

모든 거래에 들어가기 전에는 반드시 각 거래에 손실을 끊고 그만둘 가격을 미리 설정하라. 그 가격이 당신을 보호할 최초 스톱이다. 당신이 그어야 하는 선이며, 당신의 삶에서 해당 종목을 완전히 제거해야 할 지점이다. 스톱은 실제로 뉴욕증권거래소(나스닥은 스톱을 허용하지 않는다)의 호가 장부에 올리거나 심리적으로 생각해둘 수 있다. 스톱이 깨지자마자 행동하는 한, 스톱을 낸 방식은 중요하지 않다. 이미 들어간 종목의 스톱이 활성화된다면 그때 즉시 포지션을 정리해야만 한다. 망설이지 말라. '만약에', '그래도', '그런데' 같은 말은 필요 없다. 당장 나오라! 물론 종목이 청산하자마자 곧 반등할 때도 있다. 그러면 아쉽고 짜증나기도 한다. 그러나 시간이 지나면 이런 엄격한 조치 덕분에 재무적인 생명을 구할 수 있다는 사실을 깨달을 것이다.

주식을 매수하는 것은 어떤 면에서 직원을 고용하는 것이다. 이 직원

(주식)의 업무는 단 하나, 열심히 수익을 내는 일이다. 모든 직원에게 필요하듯 주식도 실력을 발휘할 시간과 여유가 주어져야 한다. 그 여유가 바로 당신의 진입 가격과 최초 스톱 가격 사이의 거리다. 이 최초 스톱은 회사를 망가뜨리는 나쁜 직원으로부터 스스로를 보호할 유일한 보험이다. 그러므로 종교를 믿듯이 이를 준수해야 한다. 직원을 해고한 후 사실은 그에게 재능과 능력이 있었음을 뒤늦게 깨달을 때가 있듯이, 주식을 매도한 이후 그 종목이 상승 잠재력이 있고 수익을 낼 힘이 있었다는 것을 발견할 수도 있다. 완벽한 것은 없다. 이미 말했듯 트레이딩은 사업이다. 그리고 똑똑한 사업가라면 어딘가에는 선을 그어야 한다는 사실을 안다. 어느 지점에서는 손실을 끊어내야 한다. 보험 없이 사업을 운영한다면, 즉 최초 스톱 없이 거래하는 행위는 재난을 자초하는 것이다. 그리고 최초 스톱을 준수하는 데 계속 실패한다면 결국 파멸한다. 최초 스톱을 설정할 때 우리가 따르는 지침은 다음과 같다.

마스터 트레이더가 최초 스톱을 설정하는 방법

- 이전 막대의 고점 위에서 진입할 때 마스터 트레이더가 스톱을 설정하는 두 가지 방법이 있다. 첫 번째는 이전 막대 스톱 설정법(prior bar stop method)이다. 이 방법을 따르자면 이전 막대의 저점보다 1/16~1/8 밑에 최초 스톱을 설정하면 된다. 그 예를 그림 15.1에서 볼 수 있다. XYZ 주식이 수요일 당일 고점인 30달러와 저점인 29달러 사이에 거래되었다고 하자. 마스터 트레이더라면 목요일에 수요일 고점보다 1/16 달러 높은 $30\frac{1}{16}$ 달러에 XYZ를 매수한다. 일단 매수를 완료하면 수요일 저점보다 1/8 달러 낮은 $28\frac{15}{16}$ 달러에 최

● **그림 15.1** 마스터 트레이더라면 $28^{15}/_{16}$ 달러에 최초 스톱을 설정해서 하락 위험을 $1^1/_8$ 달러로 맞추고 $30^1/_{16}$ 달러에 XYZ를 매수한다.

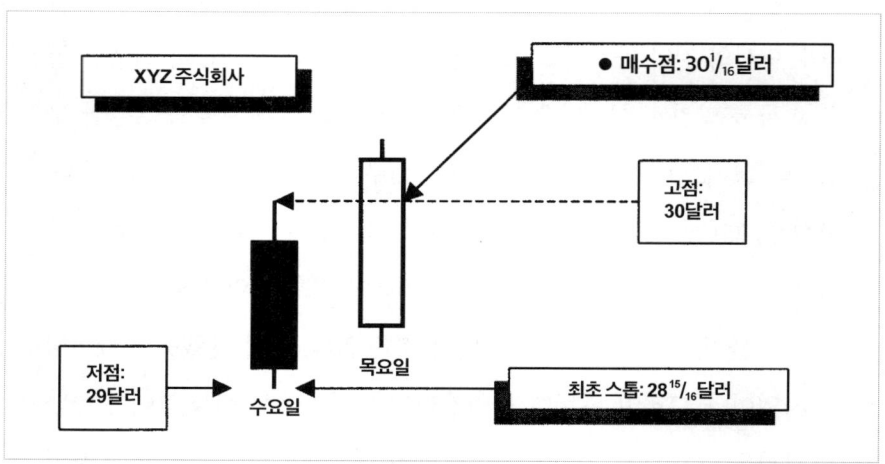

초 스톱을 설정할 것이다.

- 이전 막대 스톱 설정법을 따랐을 때 너무 많은 자본이 위험에 노출된다면, 두 번째 스톱 설정법인 현재 막대 스톱 설정법(current bar stop method)을 이용하라. 이 방법은 현재 막대, 즉 진입 시점 막대의 저점보다 1/16~1/8 밑에 최초 스톱을 둔다. 예를 또 하나 보자(그림 15.2). ABC 주식회사가 수요일 당일 고점인 $40^1/_2$ 달러와 저점인 $38^1/_2$ 달러 사이 2달러 변동 범위 내에서 거래되었다고 하자. 마스터 트레이더라면 목요일에 수요일 고점보다 1/16달러 높은 $40^9/_{16}$ 달러에 ABC를 매수한다. 일단 매수를 완료하면 현재 막대 스톱 설정법을 이용해 수요일 저점보다 낮은 $39^7/_{16}$ 달러에 $1^1/_8$ 달러를 위험에 노출하며 최초 스톱을 설정할 것이다. 앞선 이전 막대 스톱 설정법을 따랐다면 위험 노출액이 받아들이기 힘든 $2^1/_8$ 달러로 늘어난 $38^7/_{16}$ 달러에 스톱을 설정하게 될 것이다. 제대로 훈련된 우리 회사 트레이더를 포함

● **그림 15.2** 마스터 트레이더가 ABC 주식에 40$^9/_{16}$달러로 38$^7/_{16}$달러와 39$^7/_{16}$달러의 선택지를 갖고 진입한다. 최초 스톱 38$^7/_{16}$달러는 2$^1/_8$달러의 손실을 의미하기 때문에 1$^1/_8$달러 손실만 감당하면 되는 39$^7/_{16}$달러를 합리적인 최초 스톱으로 결정한다.

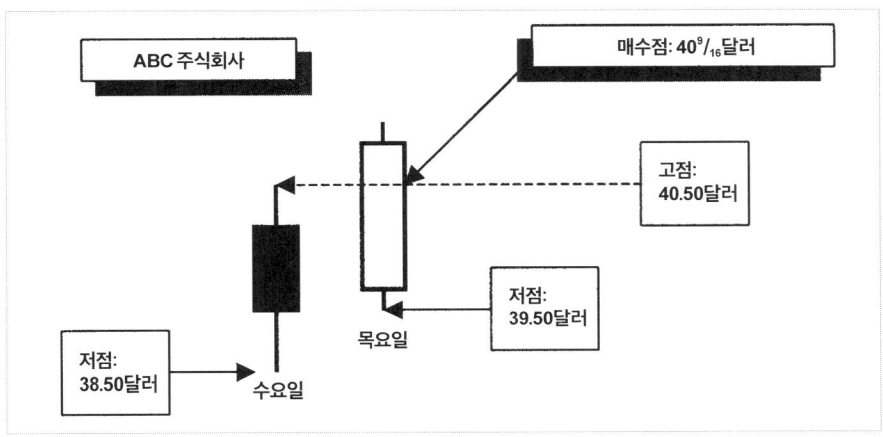

한 많은 트레이더들은 이런 경우 현재 막대 스톱 설정법을 택할 것이다. **도움말**: 이전 막대 스톱 설정법과 현재 막대 스톱 설정법 중 무엇을 이용할지는 온전히 개인의 선택이다. 각 설정법은 장단점을 모두 갖고 있다. 이전 막대 스톱 설정법은 스톱에 더 큰 여유를 두기 때문에 털어내기의 영향을 덜 받는다. 현재 막대 스톱 설정법은 털어내기에 더 취약하지만 손실이 발생하면 상대적으로 작을 때가 많다.

- 횡보한 베이스에서 발생한 브레이크아웃에 거래에 진입할 때 선택할 수 있는 스톱 설정법은 두 가지다. 첫 번째는 베이스 스톱 설정법(base stop method)이다. 이 방법을 따르면 최초 스톱을 횡보하는 베이스 전체의 1/16~1/8 밑에 최초 스톱을 설정한다. 그림 15.3에서 예를 볼 수 있다. 포스트(Post Holdings Inc, POST)가 수 주 동안 4$^5/_8$달러와 4$^3/_8$달러 사이를 오가며 좁은 횡보 구간에서 거래되었다. 마스터 트레이더가 4$^5/_8$달러를 위로 돌파한 브레이크아웃에서 베이스 가격

대의 저점인 $4\,^3/_8$ 달러보다 1/16달러 낮은 $4\,^5/_{16}$ 달러 스톱으로 매수한다.

- 언급한 베이스 스톱 설정법으로 위험에 노출되는 자본이 너무 크다면 두 번째 스톱 설정 방법인 브레이크아웃 막대 설정법(breakout bar method)을 선택할 수 있다. 이 방법은 브레이크아웃 막대 혹은 진입 막대의 저점보다 1/16~1/8 밑에 최초 스톱을 설정하므로 현재 막대 스톱 설정법과 동일하다고 볼 수 있다. 즉 브레이크아웃에 매수할 때는 최초 스톱을 횡보 베이스 구간 전체 혹은 브레이크아웃을 발생시킨 막대의 바로 밑에 최초 스톱을 설정할 수 있다.

최초 스톱에 대한 당부의 말

성공할 때는 일이 저절로 풀린다. 그러나 손실이 발생할 때는 뛰어난 기술, 엄격한 규율, 성숙한 태도가 필요하다. 우리 프리스틴에서는 손실 차단을 얼마나 어려워하는지로 초보 여부를 판단한다. 베테랑 트레이더는 가장 귀중한 자원은 초기 자본이며 이를 무사히 지킬 수 있는 단 하나의 도구는 최초 스톱임을 안다. 노련한 트레이더라면 내일은 다른 날, 다른 거래가 기다리고 있다는 사실을 인지하고 빛과 같은 속도로 스톱을 실행하고 손실 상황을 넘긴다. 최초 스톱을 지키는 트레이더에게 트레이더로서의 삶은 언제나 계속된다. 하지만 최초 스톱을 지킬 정도로 훈련되지 못한 트레이더의 삶은 갑자기 끝나는 경우가 많다. 싸게 거래하려고 하지 말라. 제발 현명하게 굴라. 보험료를 내라. 최초 스톱을 지키라는 말이다. 언젠가는 그 스톱이 당신의 생명을 지켜줄 것이며, 그때 당신은 스톱을 권한 우리에게 고마워할 것이다.

두 번째 도구 :
본전 스톱-시장의 돈으로 게임하기

본전 스톱(break-even stop)의 정의

일단 거래에 들어가고 최초 스톱을 설정했다면 첫 번째 목표는 당신의 돈을 위험에 처하지 않게 하는 대신 시장의 돈으로 게임하는 단계로 도달하는 것이다. 각 거래의 첫 번째 단계에서 위험에 노출되는 것은 당신의 돈이다. 거래에 문제가 금방 발생한다면 최초 스톱이 활성화되어 작긴 해도 자본에 손실을 끼친다(이 장 앞부분의 최초 스톱 부분 참고). 때때로 이렇게 되긴 해도 많은 경우 종목은 진입가로 스톱을 옮기기에 충분히 상승(매도하는 경우라면 하락)할 것이다.

1.75~2달러 수익을 취하려는 목적을 갖고 XYZ 주식을 20달러에 매입한다고 가정하자. 최초 스톱은 19.25달러로, 위험에 노출된 금액은 78센트다. 1.75~2달러의 잠재 수익을 노릴 권리, 혹은 가능성에 대해 지출해야 하는 금액이다. 비율상 나쁘지 않다. 금방 거래가 안 좋게 흘러간다면 잃을 금액은 75센트다. 그런데 주가가 충분히 상승한다면 그때는 재

빨리 최초 스톱을 19.25달러에서 진입가인 20달러로 높여야 한다. 진입가로 스톱을 높일 때 얻을 수 있는 것은 두 가지다. 무엇보다도 위험이 거의 제거된다. 이 시점부터 당신은 당신 돈이 시장의 돈으로 게임하기 시작한다. 밤새 나온 부정적인 뉴스를 제외하면 최악으로 발생할 일이라고는 진입가 혹은 그 근처에서 거래를 청산하는 것이다. 수수료는 잃겠지만, 수수료는 실질적 손실이 아닌 트레이더로서 사업을 하는 비용으로 생각해야 한다. 다른 사업에서 지불하는 비품 비용, 월세, 공과금과 같다. 사업 운영에 필요한 비용이며 우리가 어떻게 할 수 없는 부분이다.

두 번째로는 말 그대로 편히 앉아 다리를 쭉 뻗고 쉴 수 있다. 이쯤 되면 실질적으로 발생하는 비용 없이 이익을 얻거나, 그게 아닌 경우 포지션이 나오면 된다. 결과는 시장에 달려 있으며 당신은 이 상황을 즐겨야 한다. 그런데 주의할 점이 있다. 스톱을 본전으로 옮길 시기를 알아야 한다. 너무 일찍 시기상조로 스톱을 올리면 조기에 포지션에서 나가게 된다. 너무 늦게 올리면 힘들게 얻은 수익을 특별한 이유 없이 잃게 된다. 그렇다면 올바른 시기는 언제일까? 그것에 대해 알아보자.

1달러 규칙: 한 번 승자는 영원한 승자

종목이 일단 1달러 유리하게 움직였다면 본전 가격으로 최초 스톱을 조정한다. 여기서 '일단 1달러의 수익을 냈다면'이라고 하지 않은 점을 유념하라. 종목 자체가 이상적인 진입 가격 대비 1달러 상승(매도 포지션일 때는 하락)하면 스톱을 본전으로 조정하는 거다. 같은 말처럼 들리지만 이 둘 사이에는 큰 차이가 있다. 앞선 사례로 이어서 설명하면, 당신이 XYZ 주식을 20달러에 매수했다. 최초 스톱은 19.25달러이고 1.75~2달러 수익을 내고자 한다. 종목이 21달러로 움직여 1달러 상승했다. 이 시점에서 매도하고자 한다면 21달러를 얻지 못할 수도 있다. 1달러 상승이 항상 1달러 수익은 아니다. 중요한 것은 따로 있다. 종목이 1달러 상승했으므로 당신이 해야 할 행동은 스톱을 19.25달러에서 본전인 20달러로 올리는 일이다. 그때부터는 남은 과정은 순항이다. 잘되면 수익을 내고 최악의 경우 본전이니 편하게 뒤로 물러앉아 있으면 된다. 지금부터 시장이 당신의 거래에 돈을 지급한다. 그리고 당신은 이를 즐겨야 한다. **도움말**: 우리 사내 트레이더들은 12달러 미만 주식을 거래할 때면 75센트 규칙을 따른다. 당신에게도 이 방법을 권한다.

본전 스톱에 대한 당부의 말

1달러 규칙은 스윙 거래, 즉 하룻밤 이상 보유하는 포지션을 위한 것임을 유념하라. 일중 거래에는 1/4달러, 3/8달러처럼 훨씬 작은 단위를 적용해야 한다.

세 번째 도구 :
추적 스톱 설정법
-수익으로 이어진 계단

추적 스톱 설정법(Trailing Stop Method)의 정의

가장 소중한 자산은 두말할 필요 없이 초기 자본금이다. 다음으로 소중한 자산은 힘들게 얻은 수익이다. 마스터 트레이더라면 수익을 잃거나 다시 돌려주는 일은 절대 없어야 한다. 시장에서 꾸준히 수익을 내는 것만으로도 충분히 어려운데, 꽤 큰 수익을 냈다가 잃는 일만큼은 하지 말아야 한다. 우리가 이미 발생한 수익을 보호하면서 성공적인 종목은 잠재적인 큰 수익을 위해 그대로 유지하도록 하는 추적 스톱 설정법을 고안한 이유다. 이 설정법을 적용하는 방법은 간단하지만 강력하며 초보적이지만 효율적이다. 추적 스톱 설정법은 다음과 같이 작동한다.

XYZ 주식을 20달러에 최초 스톱을 19.25달러로 설정하고 매수했다고 가정하자. 이 종목에 들어간 날을 당신이 XYZ라는 직원을 고용한 첫날로 생각하라. 당신은 XYZ를 당신 회사를 위해 일하라고 고용했고, XYZ는 열심히 일해야 한다. 안 그러면 해고다. XYZ가 1달러만큼 상승하면 1달러 규칙에 따라 스톱을 본전으로 옮길 것이다. 그런데 XYZ가 일을 시작한 첫날 고점까지 1/2달러만 상승한 후 $20\,{}^{3}\!/_{8}$달러에 마감했다면? 이 경우 스톱은 $19\,{}^{1}\!/_{4}$달러에 그대로 두어야 한다.

둘째 날 XYZ가 $20\,{}^{5}\!/_{8}$달러까지 상승해 겨우 고점을 형성했지만 다시 한번 $20\,{}^{3}\!/_{8}$달러에 마감했다면? 이제부터는 추적 스톱 설정법을 적용해야 한다. 둘째 날에는 거래가 마감될 때 당일 저점보다 1/16달러 낮게, 매도 포지션이라면 당일 고점보다 1/16달러 높게 최초 스톱을 이동하라. 다시 말해 둘째 날 XYZ의 고점이 $20\,{}^{5}\!/_{8}$달러, 저점이 $19\,{}^{7}\!/_{8}$달러, 종가가 $20\,{}^{3}\!/_{8}$달러라면 스톱을 $19\,{}^{1}\!/_{4}$달러에서 저점보다 1/16달러 낮은 $19\,{}^{3}\!/_{16}$달러로 옮겨야 한다. 그리고 이후 매일 장이 마감된 후 당일 저가보다 1/16달러씩 스톱을 올리는 단순 작업을 반복하라. 이것을 저가 추적(tracking the lows)이라고 한다. 첫날, 즉 진입한 날 최초 스톱을 $19\,{}^{1}\!/_{4}$달러에 설정했다. 둘째 날 거래 마감 때는 스톱을 $19\,{}^{3}\!/_{4}$달러로 옮긴다(이전 설명 참조).

이제 셋째 날에 XYZ가 21달러까지 오른다. 이 시점에서는 앞서 언급한 1달러 규칙에 따라 재빨리 스톱을 본전, 즉 20달러로 옮겨야 한다. 이 조치를 통해 위험 노출액은 당신에게서 시장으로 임시로 이동했다. 그리고 이 시점부터 시장이 마감한 후 적용해야 하는 방법은 추적 스톱 설정법이다. $1\,{}^{3}\!/_{8}$달러의 수익이 났으므로(종가 $20\,{}^{3}\!/_{8}$ 달러-진입가 20달러=수익 $1\,{}^{3}\!/_{8}$ 달러) 수익의 일부를 방어하는 작업을 시작해야 한다.

넷째 날 XYZ가 $19\,{}^{3}\!/_{4}$~22달러까지 도달하면 목표 수익인 1.75~2달러를 충족할 정도로 열심히 달렸으므로 종목을 매도한다. 넷째 날 마감 때 목표 수익에 도달하지 못했다면 스톱을 넷째 날 저가보다 1/8달러 낮게 설정한다. 스톱이 활성화되어 거래가 종료되거나 목표 수익에 다다를 때까지 이 작업을 반복한다. 그런데 다른 방법도 있다. 이제 그것에 대해 알아보자.

네 번째 도구 :
시간 스톱 설정법-시간은 돈이다

시간 스톱 설정법(Time Stop Method)의 정의

트레이딩은 돈의 게임이다. 그리고 돈을 구성하는 것은 시간이므로 시간을 낭비하지 않는 것은 매우 중요하다. 우리는 모든 사내 트레이더들에게 '시간 스톱'을 활용하라고 가르친다. 우리의 다른 모든 전술과 마찬가지로 단순하지만 매우 효율적인 기법이다. 시간 스톱은 실적이 없는 종목에 자금이 너무 오래 묶여 있는 것을 방지한다. 시간 스톱의 도움으로 돈은 흘러 다니며 탐색하고 기회를 찾는다. 단기 트레이더는 보상 없이 너무 오랜 시간 한 곳에 돈이 머물도록 놔두지 않는다. 우리가 하는 것은 투자가 아니라 트레이딩이다. 트레이딩할 때의 당신은 워런 버핏이 아니다. 치고 머무르는 것이 아니라 치고 빠져야 한다. 그러기 위해서는 다음 규칙을 따르라.

시간 스톱 규칙

종목이 목표 수익에 다다르지 못하거나 다섯 번째 날 스톱이 활성화되었다면 매도하라. 손실 혹은 수익이 얼마인지 상관없이 종목을 해고하고 다음 종목으로 넘어가라. 종목 하나하나를 5일이라는 특정 시간 내에 목표가를 치는 특별 업무를 위해서 고용했다고 생각하라. 다섯째 날 목표 달성에 실패했다면 그 종목은 해고하라. 시간은 돈이다. 이 책에서 설명하는 스윙 트레이딩 전술은 1~3일 이내에 목표가에 달성하도록 설계되었다. 진입일을 첫날로 세기 시작해서 다섯째 날까지 목표가에 도달하지 못했다면 일이 예상대로 진행되지 않았으니 해당 거래안은 폐기되해야 한다. 다시 말하지만 시간은 돈이다. 마스터 트레이더는 시간을 낭비하지 않는다!

중요 참고 사항: 일중 거래의 시간 스톱은 매우 다르다. 일중 거래는 1~2시간까지의 여유를 주려고 할 때가 많다. 하지만 그 시간을 넘어서는 모든 거래는 트레이더를 우리가 '희망 회로'라고 부르는 것을 돌리기 시작하게 만든다. 시장과 관련되었을 때 희망은 매우 위험하다. 이를 꼭 기억하라.

16장

청산을 위한 도구와 전술 : 프로처럼 거래를 청산하는 단계별 지침

수익을 확정하는 기술은 전문성의 결정체다. 제대로 된 진입이 거래 성공을 결정하고, 수익을 언제 어떻게 확정할지 알면 들어갈 지점을 알아서 발생하는 이익을 극대화할 수 있다. 너무 많은 트레이더들이 그만두어야 할 때를 모르고 욕심을 부리며 종목에 너무 오래 머무르다가 재앙을 불러들인다. 거래의 최후 1/8달러가 가장 비싼 1/8달러다. 종종 힘들게 얻은 수익 전체를 그 마지막 1/8달러를 얻는 비용으로 치른다는 사실을 절대 잊지 말라. 진정으로 노련한 마스터 트레이더라면 종목이 절정에 도달하기 훨씬 이전에 종목을 떠나려 한다. 왜 그럴까? 단기 움직임의 모든 정점은 초보 트레이더들로 포화 상태이기 때문이다. 전문가가 되고 싶지만 되지 못한 사람들이 모인 곳이 정상이다. 게임을 할 줄 모르는 사람들이 그곳에서 돌아다니며, 마스터 트레이더는 전염병 피하듯 그들을 피한다. 대부분 마스터 트레이더는 트레이딩이라는 게임에서 이기려면 각 가격 움직임의 중간부를 활용해야 한다는 것을 안다. 움직임의 가장 낮은 바닥과 가장 높은 꼭대기를 잡으려는 행위는 쓸모없는 헛된 시도에 불과하다. 지속적으로 바닥에서 사고 꼭대기에 파는 트레이더는 거짓말쟁이일 뿐이다.

　이제 인구가 희박한, 제대로 된 수익 실현의 세계를 더 깊게 파헤쳐보자. '인구가 희박한'은 13년 동안 트레이딩을 하면서 트레이딩 계획을 갖고 거래하는 사람은 거의 없으며, 수익 실현을 위한 계획을 갖고 거래하는 사람은 더더욱 없다는 사실을 깨닫고 사용하게 된 표현이다. 장기 트레이더와 투자자에게는 현명한 수익 실현 지침이 결여되었지만 이는 은퇴라는 모호한 개념으로 가려져 있다. 게임을 치를 계획이 없고 그저 '시간이 보상해주리라' 생각한다. 하지만 긴 보유 기간은 흐리멍덩한 실행 계획에 대한 변명이 될 수 없다.

단기 트레이더들도 문제가 있다. 많은 마이크로 트레이더, 일중 트레이더들이 손실을 피하는 데 급급하다가 수익이라 하기에도 모호한 것을 잡아버린다. 1초가 흐를 때마다 두려움이 가중되고 요구하기만 하면 주어질 매우 큰 수익을 충분히 잡지 못하고 놓친다. 견고한 진입 계획은 매우 결정적이고 중요하다. 전문적으로 거래를 운영하는 방법 또한 시장에서 성공하기 위해 갖추어야 할 핵심 요소다. 그리고 이 중요한 두 가지에 대해서 지금까지 상세히 설명했다. 이제 마지막 부분인 기존 거래를 전문가처럼 청산하는 기술이자 예술을 심도 있게 살펴보자.

점증적 매도

　진입 방법 중 하나 덕분에 좋은 거래에 들어왔다. 잘 키운 거래 운영 능력 덕분에 종목의 움직임의 전체 과정 내내 침착함, 차분함, 냉정함을 유지했다. 얼마 전 구매한 상품의 가치가 구입가보다 상당히 높아졌다. 명백히 너무 싼 가격에 주식을 내어준, 정보가 부족한 사람에게 잠깐 동정심이 생긴다. 하지만 현재 수익을 검토하고 나니 죄책감, 부적절함 같은 감정은 금방 치유된다. 이제 거래의 세 번째 국면에 들어설 때다. 수익 실현, 혹은 일부 실시간 거래 회원들이 부르듯 샐러드를 가져오는 일만 남았다. 언제, 어디서 수익을 실현해야 할까? 이 문제를 푸는 중요한 열쇠가 다음 문장에 담겨 있다. 최고의 선수들은 거의 절대로 한 지점, 한 가격에 재고, 주식을 전부 처분하지 않는다. 그런 행위가 길거리의 행상인이 잠재된 매수자가 더 높은 가격을 부를 가능성을 차단한 채 첫 매수 호가에 재고 전체를 파는 것이나 마찬가지임을 알기 때문이다. 물론 지금 이 순간의 가격도 좋지만, 제대로 된 종목을 갖고 있다면 가격은 훨씬 더 좋아질 수 있다. 주식이 올랐다는 사실 자체가 제대로 된 재고를 보유했다는 증거 아닐까? 하지만 한편으로 더 달콤하고, 더 높은 가격을 기다리며 보유하다가 취할 수 있었던 가격마저 바람처럼 쉽게 사라져버린 적은 또 얼마나 많았나? 바로 지금 수익을 취하고 싶은 마음은 조급함일까 신중함일까? 더 큰 수익을 향한 열망은 탐욕일까 현명함일까? 이 딜레마를 어떻게 풀어야 할까?

답이 하나 있다. 바로 점증적인 매도다. 우리는 한 종목 보유분을 둘 혹은 그 이상으로 쪼개서 매도하는 것이 최고의 방법이라는 사실을 깨달았다. 수익을 취할 것이냐 말 것이냐의 딜레마를 해결할 뿐만 아니라 훨씬 큰 수익을 실현할 기회도 제공한다. 간단히 말해 점증적인 매도는 트레이더가 수익을 내고 있을 때 끊임없이 발생하는 마음속 내전을 종식시킬 답이다. 매도할 것인가 매도하지 않을 것인가는 매분 묻는 질문이다. 이 영원의 질문에 대한 답은 거의 항상 '매도'여야 하지만, 포지션의 일부에 한해서다.

예를 하나 들어보겠다. 벨레즈 씨라는 마스터 트레이더가 있다. 그가 가진 1000주의 주당 미실현 수익이 1달러다. 본전 규칙에 따라 벨레즈 씨는 최초 스톱을 본전으로 올렸다. 그때부터 1달러 미실현 수익이 그의 주머니를 비우기 시작했다. 벨레즈 씨는 손에 들고 있는 수익이 2달러 가치가 있다는 것을 알고 500달러 수익을 확정하려고 포지션의 반을 매도하기로 결심했다. 이렇게 간단히 수익을 취하고 싶은 욕구를 충족했다. 미실현 수익 모두를 잃을지도 모른다는 초조함이 완전히 없어졌고 여전히 더 큰 점수를 낼 수 있는 가능성은 남았다. 통제감이라는 멋진 감정이 다시 형성되기 시작한다. 어떻게 그런 감정이 생겼을까? 감정의 줄다리기 싸움을 시키던 심리적인 악마를 물리쳤기 때문이다. 다시 한번 명료함과 극도로 중요한 침착함을 되찾은 것이다. 벨레즈 씨는 이제 수익을 만드는 여정의 다음 단계인 수익 극대화 단계로 넘어갈 준비를 끝냈다. **도움말:** 트레이더의 마음을 자주 괴롭히는 심리적인 악마와 싸워야 하는 침착함을 갖추는 문제는 중요하지만 관심을 거의 받지 못하는 주제다. 마크 더글라스의 《훈련된 트레이더(The Disciplined Trader)》는 이 주제에 관해 우리가 본 중 가장 훌륭한 책이다. 단타 위주로 하는 활동적인 트레이더를 위한 실속 있는 양서는 많지 않다. 이 책은 알맹이가 가득한 좋은 책이다.

올리버 벨레즈가
개인적으로 전하는 당부의 말

나는 위에 언급한 딜레마 때문에 항상 괴로웠다. 트레이더로 성장하는 동안 너무 빨리 매도하는 바람에 정말 큰 수익을 빈번히 놓쳤기 때문이다. '현금 챙기기'를 너무 좋아하는 것이 문제였다. 내가 더 오래 보유하며 이 문제를 고치려고 할 때는 항상 하필 종목에 열기가 빠지는 시기였고, 얻을 수 있던 수익은 사라지기 일쑤였다. 보유한 종목의 이런 일관성 없는 톱날 같은 움직임과 역시 일관성 없는 나의 수익성 때문에 항상 어떻게 해야 할지 몰라 혼란스러워하고 당황했다.

그러다가 두 가지 욕망 사이에서 다투기를 멈추고 둘 다 충족하기 시작했다. 그것이 답이었다. 그렇게 상황을 타개했다. 오랜 기간 나는 이것 아니면 저것을 선택하려고 자신을 한쪽으로 몰아넣으며 하나만 택하려고 노력했다. 처음에는 둘 중 중 하나만 선택할 필요가 없다는 사실을 떠올리지 못했다. 그러다가 둘 다 할 수 있다는 사실을 빠르게 깨달았다. 초조한 악마와 탐욕스러운 악마를 모두 만족시킬 수 있으며 이 둘의 균형을 맞추니 결과가 더 좋다는 것을 발견했다. 점증적인 매도법을 이용하기 시작하면서부터였다. 이 방법의 효과는 확실하다. 오늘날까지도 나는 점증적인 매도법을 열심히 이용하고 있다. 이 방법은 견고한 우리 사내 교육 프로그램의 중요한 부분이 되었다. 마이크로 트레이더 및 스윙 트레이더 모두 이를 적절히 사용하는 방법에 대해 철저히 교육받는다.

    트레이딩을 통달하는 단계를 향한 사다리의 마지막 디딤대는 제대로 된 매도다. 총알을 여러 개 장전하고 있다면 전문가처럼 이를 제대로 수행할 확률은 급격히 높아진다. 그러니 이 방법을 써야 한다. 점증적인 매도 방법을 연습하면 후회가 없다. 이제 수익의 영역에 들어선 첫 기회에 내가 말한 두 악마가 추한 모습을 다시 드러낸다면 절반을 매도하는 방법으로 그 둘을 쏘아버린다. 일단 무엇이라도 쥐버리고 남은 절반으로 수익을 최대치로 끌어올리는 일에 집중한다.

수익을 극대화하는 법

됐다! 노련한 트레이더처럼 부드럽고 자신감 있게 거래에 들어왔다. 보험, 즉 최초 스톱을 설정한 후 잘 다듬은 거래 운영 기술을 이용하기 시작한다. 월가의 가장 명민한 전문가들조차 감탄할 정도로 침착하고 정밀하게 추적 스톱 설정법을 이용해 단계별로 스톱을 움직인다. 잠시 후 1.50달러 수익 구간에 당당히 입성한다. 스톱을 본전으로 재빨리 옮겨 수익성을 해칠 손실이 발생할 가능성을 차단한다. 이 시점에서 비교적 간단하지만 강력한 결과를 불러오는 이 행동이 한때는 얼마나 하기 어려웠는지 회상하니 얼굴 전체에 큰 미소가 서서히 번진다. **도움말:** 거래의 전 단계에서 해야 할 일을 아는 트레이더는 승자의 자세를 불러일으키는 자신감과 확신을 갖고 행동한다.

커질 대로 커진 미소를 지은 후에는 아기처럼 침이 고인다. 점점 커진 미실현 수익이 이제 익숙한 뇌하수체 반응을 불러일으키고 본격적으로 군침이 돌기 시작한다. 현재 보유한 포지션을 볼 때마다 더 많은 군침이 꿀꺽 넘어간다. 손등으로 입을 훔치고 맛깔스러운 수익을 확정하기로 결심한다. 눈 깜짝할 새 1,000주 중 500주를 매도에 부친다. 명민하지 못해서 당신이 발견했던 기회를 못 잡았던 누군가가 저렴하게 내놓자마자 금방 미끼를 탁! 하고 낚아챈다. 이제 절반은 확보했다. 가슴이 벅차오른다. 어떤 비밀스럽고 강력한 힘이 어깨를 뒤로 쫙 펴게 한다. 이런 감각이 바로 자부심임을 깨닫는다. 느린 사람, 무지한 사람이 종종 갖는 어리석은 자만심이 아니다. 이 순간 느끼는 감정은 일련의 복잡한 행동을 매끄럽고 오차 없이 해낸 결과로 얻은 자부심이다. 전문성의 표식이며 우수함을 기리는 견장이다. 온몸에 자부심이 불끈 솟아오르고 가득 찬다. 성공을 만끽하는 이 황홀감을 경험하며 잠시 멈춘 후에는 남은 수익을 극대화하는 데 주의를 다해야 한다. 한 번 붙잡은 성공의 파도를 계속 타려면 다음은 단계를 밟는다.

성공의 파도를 타기 위한 쉬운 세 단계

- **남은 보유분에 대해 해당 거래 시간 동안 본전 스톱을 유지한다.** 절반을 거래 시간 중에 매도했다는 사실을 명심하라. 아직 거래일이 끝나지 않았다. 최악의 경우가 매도한 분량에서 확정한 수익이 남고 남은 분량의 본전도 맞추는 것이므로 긴장은 풀려 있다. 이 시점에는 아무도 수익도 평온함도 빼앗아갈 수 없다.

- **다음날 이전 막대 스톱 설정법으로 스톱을 새로이 설정한다.** 참고: 새 스톱이 본전 스톱보다 낮다면 본전을 스톱으로 설정하라. 전일 막대의 저점이 본전보다 약간 높으면 역시 본전을 스톱으로 써도 된다. 어디

까지나 선택의 문제다. 물론 전일 저점이 본전보다 상당히 높다면 전일 저점을 써야 한다.
- **이후 다음 매도를 촉발하는 사건 중 하나가 발생할 때까지 나날이 추적 스톱 설정법을 이용해 스톱을 조정한다.**

매도 촉발 사건 인식하기

1. **장이 열리고 50% 이상 오른 갭 상승이 발생했다면 나머지 보유분을 매도해야 한다.** 시장 조성자와 특별경매인은 매수가 아닌 매도하려 할 때 갭을 만든다는 점을 알아두라. 마찬가지로 매도가 아닌 매수를 하려 할 때는 갭 하락을 만든다.

2. **거래일 마지막 30분 동안 종목이 당일 저가 혹은 근처에서 거래된다면 나머지 보유분을 매도해야 한다.** 이런 현상은 상승 중인 종목이라면 매도자가 매수자를 압도하기 시작했다는 첫 경고 신호다.

3. 종목이 당일 상당히 오른 후 **시작가 밑으로 후퇴한다면 나머지 보유분을 매도해야 한다.** 시작가는 경주의 출발선과 같다. 종목이 시작가 위로 유지된다면 강세론자, 즉 매수자가 경주를 이기고 있다. 종목이 시작가보다 낮게 거래된다면 약세론자, 즉 매도자가 당일 경주에서 이기기 시작한 것이다. 2번과 3번을 혼동하지 말라. 차이가 있다.

4. **장이 열리고 50% 이상 떨어진 갭 하락이 발생하고 이후 30분이 지나서 당일 저가를 깨고 계속 하락했다면 나머지 보유분을 매도해야 한다.** 갭 하락

이 나오고 30분 후 당일 신저가를 경신했다면 약세장이다.

참고: 위에 언급한 사항은 매도가 아닌 매수 거래 기준이다. 매도 거래에는 모든 사항을 반대로 적용하면 올바른 지침이 될 것이다.

최악의 상황이 발생했다면

지금까지는 많은 시간을 들여 성공적인 거래를 운영하는 방법에 대해 논했다. 하지만 다들 알고 있듯이 마스터 트레이더의 삶이 항상 장밋빛은 아니다. 다른 유형의 트레이더에 비해 단타 위주로 활발히 거래하는 트레이더의 삶은 더더욱 그렇기 때문에, 최악의 상황이 발생했을 때 이를 처리하는 방법을 반드시 숙지해야만 한다. 상상할 수도 없는 끔찍한 악몽이 냉혹한 현실이 되었을 때 정확히 무엇을 해야 하는지 알아야 한다. 5분 후, 10분 후에 해야 할 일이 아니라 당장, 그 순간 취해야 할 행동을 정확히 알아야 한다는 말이다. 단타 위주의 트레이더는 우리가 시간이라고 부르는 사치를 누릴 수 없다는 점을 기억하라. 폭풍우를 머금은 먹구름이 드리우기 시작할 때 얼음처럼 얼어붙거나 무너져 내리거나 겁에 질려 포기할 여유가 없다. 성난 시장에서는 단 한순간도 약해져서는 안 된다. 신속하게 움직이는 사람이 승리하거나 생존할 수 있는 때가 바로 시장이 시한폭탄을 직접 전달했을 때다. 철저하게 설계된 비상계획이 있어야만 즉각적으로 행동하고 전문적으로 사태를 처리할 수 있다. 광폭하게 움직이는 주식에 물린 노련한 트레이더를 지켜보는 것만큼 아름다운 것도 없다. 진정한 전문가는 위험이 덮쳤을 때 더욱 영민해진다. 사자의 입에 머리를 들이미는 조련사처럼, 그들의 감각은 극도로 민감해지고 신경은 더욱 예민해지며 행동은 완벽하게 신중하고 확실하다. 자세히 살펴보면 긴 세월 동안 고된 경험을 통해 단련된 마스터 트레이더의 인식과 경계가 최고조에 달한 모습을 볼 수 있다. 모든 사고와 행동이 거래가 잘되고 있을 때 오히려 어울릴 만한 확신을 뿜어낸다. 모든 위대한 트레이더들은 적을 대할 때 이런 종류의 통제감을 유지해야 한다는 걸 안다. 안 그러면 약세장은 커다란 백상아리처럼 우리를 산산조각낼 것이다.

친애하는 당신에게 알려줄 것이 있다. 시장은 친구이자 적이다. 트레이딩이라는 게임을 통달한 사람은 그저 시장의 이 두 모습을 모두 다룰 줄 아는 사람이다. 이 책에서도 상세히 설명하겠지만, 몇 가지 간단하지만 강력한 행동을 통해 당신도 그렇게 할 수 있다. 우리는 모든 사람이 위대함이란 무엇인지 알기를 바란다. 큰 어려움이 코앞에 닥쳤을 때 자신을 통제할 확실한 방법을 모르는 사람은 위대할 수 없다. 다음과 같이 그 방법을 제시한다.

갭 하락이라는 괴물을
처리하는 방법

우리는 뉴스가 이끌어가는 세상에 살고 있다. 이는 피할 수 없는 사실이다. 활발하게 거래하는 트레이더로서 우리는 이 사실을 우리에게 유리하도록 최대한 활용한다. 하지만 가끔 예상치 못한 뉴스가 장 마감 직후나 개장 직전에 발표되어 이미 포지션을 보유한 종목이 진입가보다 한참 밑에서 거래를 시작하기도 한다. 곧 24시간 거래로 바뀔 테지만, 시간 외 거래가 밤사이 발생하는 이런 위험을 줄이기도 할 것이다. 하지만 거래 시간이 본격적으로 확장되기 전에는 할 수 있는 한 최대로 상황을 통제하면서 손실을 최소화하려고 노력해야만 한다. 장기 보유로 잃은 돈을 되찾겠다는 생각은 절대로 떠올리지도 말라. 이따금 발생하는 이런 불상사는 단타를 위주로 하는 트레이더가 되는 비용으로 여기고 최대한 전문적인 방식으로 처리하라. 반갑지 않은 이런 상황에 놓인다면 다음과 같은 단계를 밟아야 한다.

최악의 상황이 덮쳤을 때
취해야 할 행동

1. **거래가 시작되면 총 5분을 오롯이 들여 거래 활동을 관찰하라. 그동안 아무것도 하지 말라.** 매도하지 말고 더 매수하지도 말라. 해야 할 유일한 행동은 당신의 아픈 종목이 어떻게 거래되는지 주시하는 것뿐이다. **도움말:** 시장 조성자와 특별 경매인이 싼값에 종목을 매수하기 위해 과도하게 갭 하락을 일으키는 경향이 있다고 해도 거래 시작 후 첫 5분 이내에 보유 종목을 포기하는 것은 확률적으로 현명하지 않다. 종목이 더 낮은 가격에 거래될 수 없거나 거래되지 않는다는 것이 아니다. 단지 5분 관찰을 통해 무리의 움직임에 편승해 매도에 뛰어들지 않으려는 것이다. 공황 상태는 보통 거래 시작 후 첫 5분 이내에 최고조에 달하는데, 그럴 때는 매도는 물론 어떠한 행동도 해서는 안 된다. **규칙: 절대로 공황 상태에서 보유 종목을 포기하지 말라.** 종목을 포기하는 것이 옳을 때도 있다. 실질적으로 둘 다를 한꺼번에 할 수는 없다. 종목은 명료하고 침착하게 사고하며 통제력을 유지한 상태에서만 포기해야 한다. 행동하기 전 총 5분이 모두 흐를 때까지 기다리는

것이 그런 상태를 이루는 데 도움이 된다. 이렇게 생각하라. 거래는 벌써 망가졌다. 고가의 인터넷주를 거래하지 않는 한, 추가 5분으로 더 크게 나아지거나 더 망가지지 않는다.

2. **5분이 지난 후 당일 저점**, 즉 종목이 첫 5분 동안 가장 낮게 거래된 지점을 표시하라. 다음 30분 동안 당신의 삶에서 이것이 가장 중요한 가격일 것이다.

3. **5분 저점**, 즉 첫 5분 이내에 형성한 당일 저가 **밑으로 하향 돌파했다면 적어도 절반을 매도하라**. 때때로 절반만 매도하는 것이 괜찮은 이유가 무엇일까? 30분 저점(5분 저점이 아니다)은 정말 중요한 가격이다. 30분 전체가 소요되지 않았다면 반등 시간이 충분하지 않은 것이다. 그러면 5분 저점이 깨졌을 때는 왜 절반을 매도해야 할까? 첫 30분 거래 시간 동안 종목이 난폭하게 하락할 경우를 대비해야 하기 때문이다. 여기 기술된 행동 지침은 안내의 역할을 할 뿐이다. 어리석게 행동하지 말라. 문제는 이미 발생했으니 이제는 피해를 제어해야만 한다. 문제의 반을 팔아버리면 언제나 더 명료한 사고를 할 수 있다. 부담은 적을수록 좋다. **5분이 지났을 때 당일 저점이 붕괴된 상황에서** 골칫거리 절반을 포기하는 것이 최선의 행동인 이유다. **참고**: 이 시점에서라면 보유 전량을 매도하는 것이 많은 트레이더들에게 최선의 대응일 수 있다는 점을 놓쳐서는 안 된다. 절반 매도법은 과도하고 난폭한 갭 하락이 아닐 때만 고려할 수 있다.

4. **첫 30분 거래 후 당일 저점을 다시 한번 표시하라.** 이 30분 저점은 5분 저점과 같거나 더 낮을 수 있다는 점을 기억하라. 30분 이내에 5분 저점을 하향 돌파했다면 30분 지점을 지난 후 트레이더가 이용할 저점은 더 낮아질 것이다. 5분 저점이 첫 30분 이내에 깨지지 않으면 5분 저점은 30분 저점과 같거나 더 낮을 것이다. 이 점을 이해하는 것은 결정적으로 중요하다.

5. 거래 개시 후 첫 30분 만에 형성된 **30분 저점을 깨고 주가가 하락한다면 모든 보유분을 매도하라**. 이 선은 확실히 그어야 한다는 점을 명심하라. 이 책의 갭 매수와 갭 매도 부분에서 설명했듯이 거래 시작 후 첫 30분 후에 일어나는 일로 모든 것을 알 수 있다. 종목이 첫 30분 거래 이후 당일 신고가를 경신했다면 강세는 실질적으로 존재하며 이를 존중해야 한다. 첫 30분 거래 이후 당일 신저가를 경신했다면 주의해야 한다. 그런 주식은 추가 하락이 기다리고 있는, 매우 약세인 종목으로 제거해야 한다. 혹시나, 그런데, 그래도 같은 말은 의미 없다. 벌써 끝난 종목이다!
6. **추적 스톱 설정법**을 이용하라. 거래 당일 30분 저점 위로 거래가 유지되었다면 취해야 할 행동이다. **참고**: 우리가 교육한 트레이더 중 일부는 당일 저점에 스톱을 유지하고자 한다. 즉, 추적 스톱 설정법을 쓰지 않는다. 종목 움직임이 갭 다운 당일 저점 위에서 유지되는 한 바닥을 다졌다고 보기 때문이다. 때때로 이런 관점을 따를 때 수익이 커지기도 하지만, 그런 경우 트레이더는 손실을 줄일 기회를 영영 잃을 수도 있는 위험을 안는다. 이런 대안적인 접근 방식은 인텔, 델, 마이크로소프트 같은 기술 주도주가 갭 하락했을 때 가장 유용하다.

공격적인 접근 방식

프리스틴의 가장 공격적인 트레이더들 몇몇은 상승세일 때 5분 규칙을 이용해 망가진 포지션을 추가 매수한다. 다시 말하면, 종목이 거래 시작 후 첫 5분 동안 형성된 고점을 깨면 호가 단위 몇 단계 위에서 금방 차익을 내고 매도할 요량으로 추가 매수한다. 우리가 설명회에서 교육하는 이런 공격적인 전략은 총알 작전(bullet play)이라고 하는데, 노련한 트레이더가 이미 발생한 손실을 줄일 때 유용하게 사용한다. 이때도 5분 규칙은 그대로 동일하게 적용된다는 점을 명심하라. 유일한 차이점은 추가 매수이며, 5분 규칙의 매도 부분은 바뀌지 않는다. 이 부분은 본인이 공격적이라고 생각하는 트레이더만 참고하라.

임박한 위험을 알리는 신호

최악의 상황을 애초에 막을 수 있는 방법은 없지만 임박한 위험을 알리는 명확한 징후가 폭락을 경고할 때가 있다. 그 징후가 어떤 것인지 알면 트레이더는 평생 수천, 아니 수만 달러를 보존할 수 있다. 그뿐만 아니라 제대로 전개된다면 노련한 트레이더는 그런 경고성 징후를 역으로 수익을 내는 방편으로 이용할 수도 있다. 현실을 직시하자. 잘하는 트레이더에게 나쁜 일이 일어나기도 하지만, 앞으로 나열할 경고성 징후에 대해 알고 시장을 주의 깊게 살핀다면 나쁜 일에 닥칠 확률이 다른 트레이더에 비해 확실히 줄어들 것이다. 이 징후들에 익숙해져야 한다. 재무적으로 당신의 삶을 말 그대로 구원할 수 있다. 나는 그것이 한 번 이상이 되리라 확신한다.

위험이 가까이에 있음을 알리는 징후는 다음과 같다.

- 거래 시간 마지막 2시간 동안 그때까지의 수익 대부분을 도로 내놓는다.
- 상당히 상승하면서 거래가 시작되었지만 저점 혹은 그 근처에서 마감된다.
- 거래량이 평균 이상이며 수익을 전혀 혹은 거의 만들어내지 못한다.
- 거래 시작 때 과도하게 갭 상승한 후 전일 고점 밑에서 거래된다.
- 이전 하락이 시작된 가격대를 뚫지 못하고 고전한다.
- GSCO, SBSH, MLCO 같은 주요 시장 조성자들이 당일 노골적으로 꾸준히 종목을 매도한다.

이상은 종종 위험을 선행하는 징후들이다. 이들이 보이는지 잘 지켜보자. 매도 포지션을 거래할 때는 간단히 반대로 적용하면 된다.

PART III

앞을 내다보며

17장

종합하기

일일 차트에서 종합하기

에이브이넷(Avnet, Inc, AVT)

에이브이넷의 일일 차트(그림 17.1)가 200일 단순 이동평균이 다른 사건과 결합되었을 때 지니는 힘을 보여준다.

1. **200일 단순 이동평균선이 저항의 역할을 한다.** 약세 반전 막대와 정점 머리가 큰 매도자를 드러냈다.
2. 시작가 위에서 마감한 좁은 폭 막대가 이전 갭 영역에서 하락을 끝냈다. **도움말**: 시작가 위에서 마감한 좁은 폭 막대는 이례적으로 강하다. 갭이 뜬 빈 공간 역시 지지, 저항 역할을 한다는 사실을 잊지 말라.
3. 신고가를 경신한 후 갑작스러운 풀백이 극적인 거래량과 함께 **200일 이동평균 선**까지 갭 하락하며 끝났다.

브로드캐스트닷컴(Broadcast.com, BRCM)

1. 정점을 찍고 매우 큰 움직임으로 하락했다. **도움말**: 일반적으로 매우

● 그림 17.1

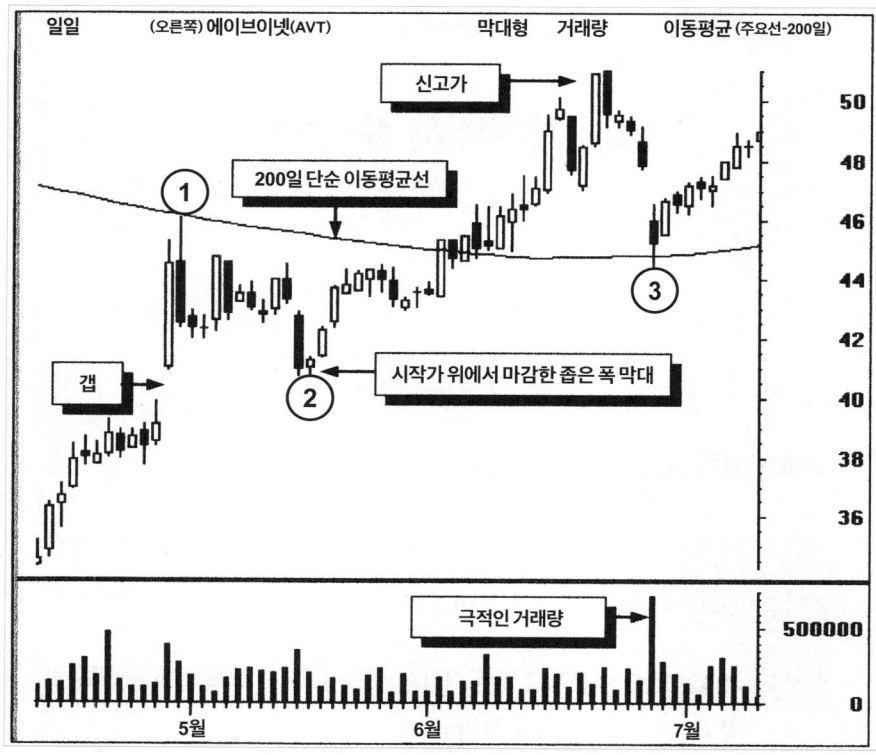

큰 하락이 따라온 정점은 주가가 해당 가격대를 재도전할 때 매우 중
요한 저항점이 된다.
2. 강세형 반전 막대를 바닥 꼬리와 함께 형성하면서 매우 큰 매수세를
드러냈다. 이 가격대는 재도전을 받을 때 핵심 기준점이 된다.
3. 전저점을 극적인 거래량을 바탕으로 시험하고 주요 지지선을 확인
했다. A로 표시된 상승분 전체가 거의 100% 반전되어 이전에 하락
했던 곳까지 다시 후퇴한 점을 주목한다. 이로써 전저점을 지킬 가능
성이 커졌다.

● **그림 17.2**

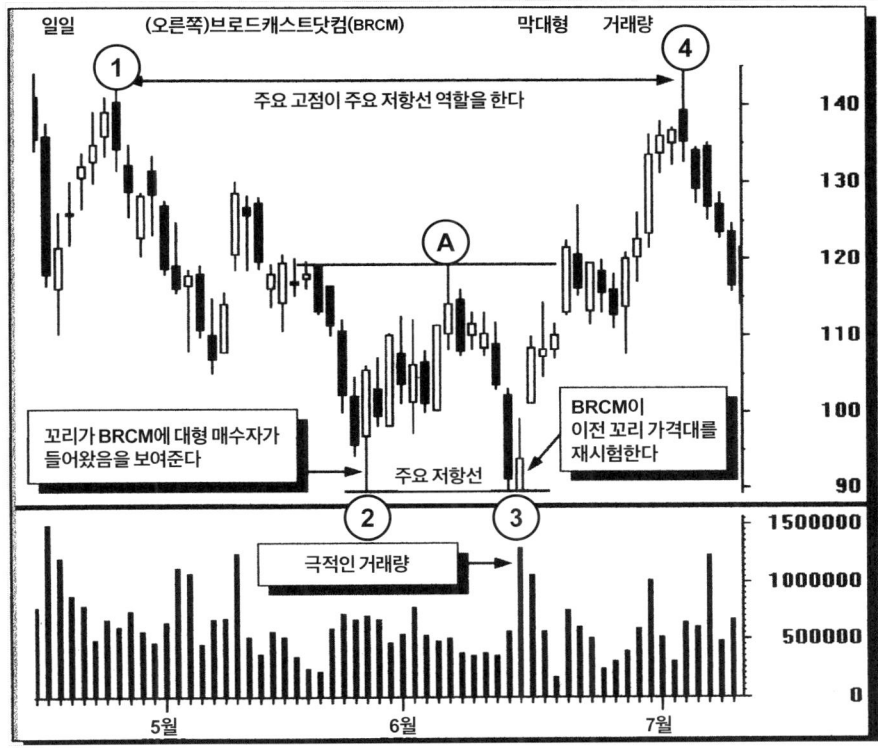

4. 전고점에 나온 정점 꼬리와 함께 약세형 반전 막대가 상당한 매도세를 드러낸다. **도움말**: 공격적인 트레이더라면 주요 지지선에 반전 막대가 형성되었을 때 매수하고 주요 저항선에 반전 막대가 형성되었을 때 공매도한다.

비엠씨소프트웨어(BMC SOFTWARE, BMCS)

1. 전문 세력 갭(professional gap)에서 시작된 폭발적인 상승(그림 17.3)이 평

평한 200일 단순 이동평균선을 만나 더는 전진하지 못하고 멈췄다.
2. 3~5 하락 막대를 만들면서 상승분의 50%를 되돌린 후 바닥 꼬리가 달린 강세형 반전 막대를 보이고 바닥을 형성했다. 동시에 일어나는 차트상의 이런 모든 사건이 매우 설득력 있게 매수 지점을 가리킨다.
3. 3~5 하락 막대를 다시 형성한 동시에 전저점과 200일 단순 이동평균선에서 주요 지지선을 형성했다.
4. 바닥 꼬리가 달린 강세형 반전 막대 이후 200일 단순 이동평균선상에 좁은 폭 막대 두 개가 출현했다. 시작가 위에서 마감한 두 번째 좁은 폭 막대는 폭발적으로 상승할 준비가 됐다는 주요 징후다.

● 그림 17.3

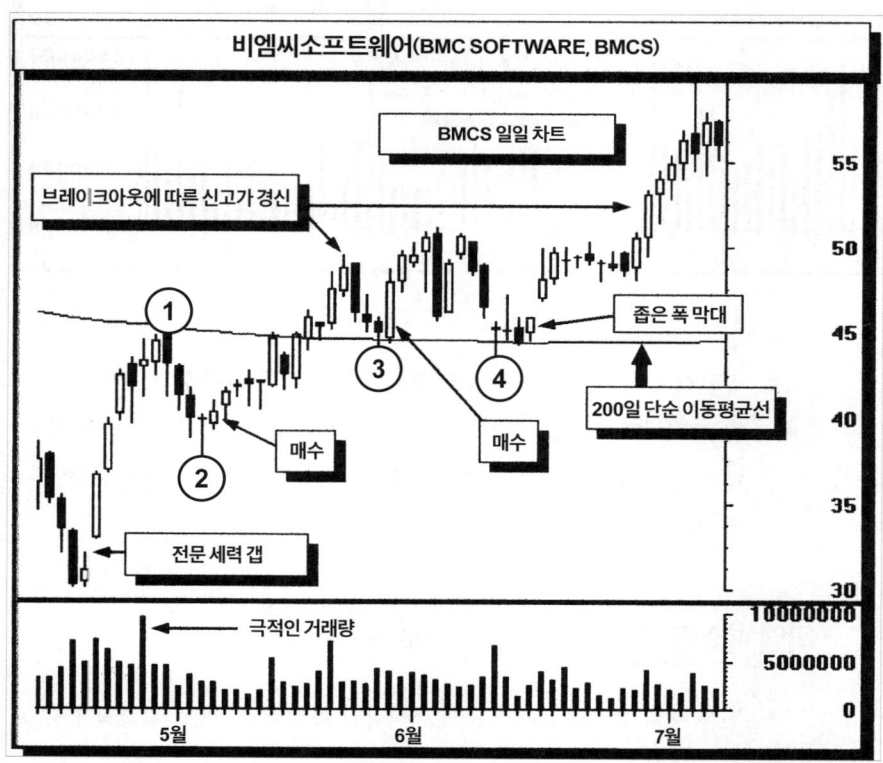

어드밴스드 파이버 커뮤니케이션즈(ADVANCED FIBER COM-
MUNICATIONS, AFCI)

AFCI(그림 17.4)가 이차 지지선이 다른 사건과 결합되어 얼마나 강력해질 수 있는지 보여준다.

1. 이차 지지선과 상승 중인 20일 단순 이동평균선까지 후퇴한 후 부상한다. 바닥 꼬리가 큰 매수세를 암시한다.
2. 신고가를 경신한 후 다시 이차 지지선과 20일 단순 이동평균선까지

● 그림 17.4

후퇴하고 바닥 꼬리가 달린 강세형 반전 막대를 형성한다. **도움말**: 신고가 이후 나온 풀백은 전형적인 매수 기회다.

바이오젠(BGEN)

6월 중순 BGEN(그림 17.5)이 주의 깊게 살피는 마스터 트레이더라면 발견했을 매우 흥미로운 매수 기회를 제공했다. 1번 지점에서 주가가 후퇴한 후 A 지점에서 전저점을 시험했다. **도움말**: 전저점은 특히 신고가를 경신하는 브레이크아웃이 따라온다면 주요 지지선 역할을 한다. 매

● **그림 17.5**

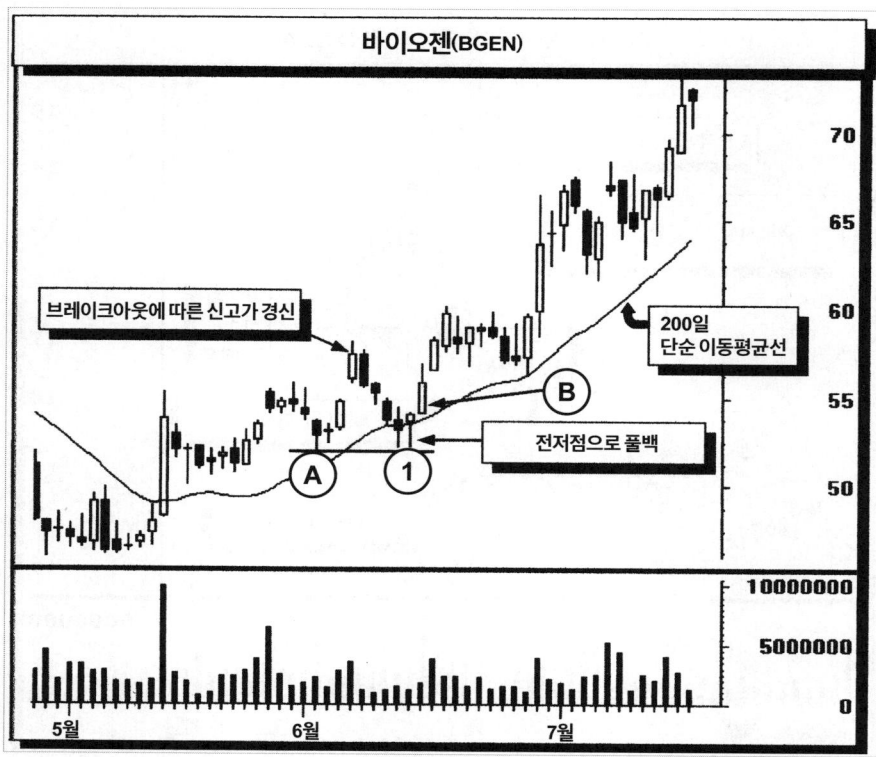

수 기회를 제시하는 가장 설득력 있는 부분은 시작가보다 높은 가격에 마감한 바닥 꼬리가 달린 강세형 반전 막대다. 마스터 트레이더는 강세형 반전 막대가 나왔을 때나 그다음 날 B 지점에서 매수한다.

컴퓨터 어소시에이츠 인터내셔널(COMPUTER ASSOCIATES INTERNATIONAL, CA)

1. CA(그림 17.6)가 좁은 폭 막대 두 개를 형성한 후 상승 중인 20일 단순 이동평균선 위로 반등했다. **도움말**: 마스터 트레이더는 시작가 위로

● 그림 17.6

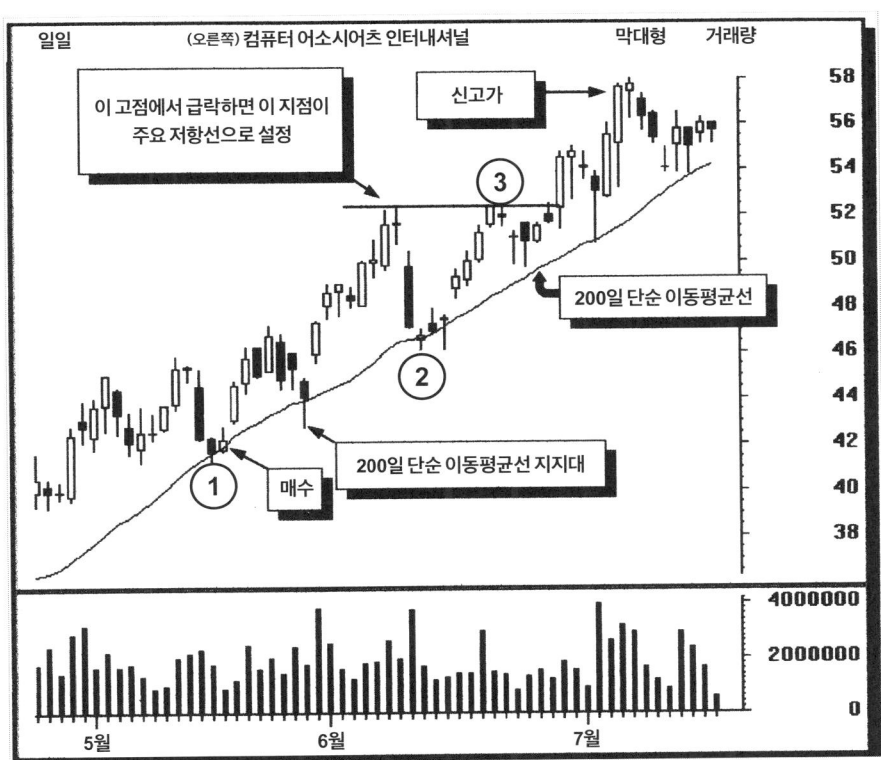

마감하는 좁은 폭 막대에서 매수할 때가 많다.

2. 신고가로 이동한 후 상승 중인 20일 단순 이동평균선으로 다시 후퇴하고 시작가보다 높게 마감한 좁은 폭 막대를 다시 한번 만들고 이후 상승한다.
3. 상승 후 도지*같은 좁은 폭 막대를 형성하면서 전고점에 재도전하지만 2달러 이상 하락으로 끝난다. **도움말:** 각 신고가에서 새로운 게임이 시작한다는 점을 유념하라. 마스터 트레이더라면 한 번 혹은 그 이상 이런 여건이 형성되면 다음 하락을 기대한다.

콩코드 EFS(CONCORD EFS, CEFT)

CEFT의 일일 차트(그림 17.7)가 거의 완벽한 매수 여건을 나타낸다.

1. 강하게 상승해서 신고가를 경신한다. 마스터 트레이더라면 이런 강력한 상승을 보고 하나 혹은 그 이상의 매수 여건을 구성하는 사건이 발생하면 다음 풀백에 매수할 만하다고 판단한다.
- 3~5 하락 막대가 출현하며 이차 지지선까지 하락한다. 짧은 꼬리가 달린 좁은 폭 막대 두 개가 20일 단순 이동평균선 가까이 형성된다. 이 모든 사건이 같은 지점에 정렬하면서 매우 설득력 있는 매수 기회를 만든다. 마스터 트레이더라면 이후 처음으로 전고점 위에서 거래될 때 3~5 하락 막대의 가장 낮은 저점보다 1/16~1/8달러 낮게 스톱을 설정하고 매수한다.
2. 이후 5포인트 상승 움직임이 따라왔다. **도움말:** 사건이 많아질수록 예상 움직임은 더욱 커진다.

---

* doji: 몸통이 거의 없고 머리와 꼬리가 긴 캔들

● 그림 17.7

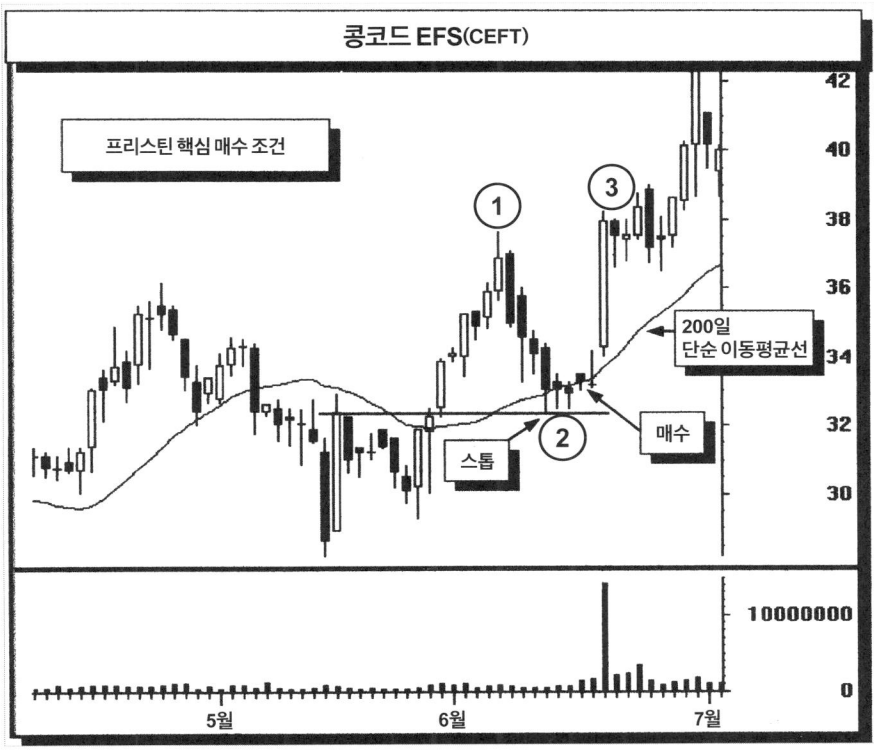

컴퓨터 사이언시스(COMPUTER SCIENCES, CSC)

CSC(그림 17.8)가 개별적으로 거래할 만한 세 가지 사건을 제시한다.

1. 신고가가 생성된 후 강세형 꼬리가 200일 단순 이동평균선에서 풀백을 멈춘다. 마스터 트레이더라면 머리가 긴 막대의 고점 위에서 매수한다.
2. 신고점을 또 한 번 경신한 후 3~5 하락 막대를 만들고 하락해서 전저점과 200일 단순 이동평균선을 시험한다. 이로써 거의 완벽한 매수

● 그림 17.8

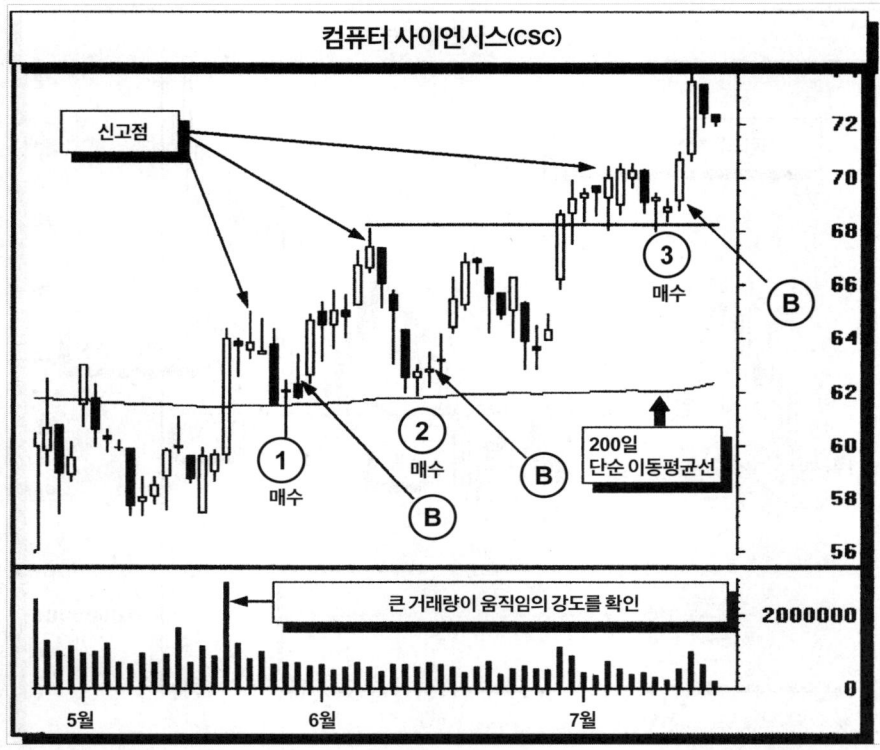

여건이 형성되었다. 마스터 트레이더는 CSC가 전고점 위에서 거래
되자마자 매수한다.
3. 신고점을 찍은 후 이차 지지선으로 후퇴하고 좁은 폭 막대를 만든
다. 마스터 트레이더라면 좁은 폭 막대 위에서 매수한다.

더블클릭(DOUBLECLICK, DCLK)

DCLK(그림 17.9)가 주요 지지, 저항선이 다른 사건과 결합했을 때의 힘을 보여준다.

1. 주가가 극적인 거래량과 함께 떨어지고 하락을 끝냈다. 거래할 만한 사건은 아니지만, 특히 앞서 거래량이 급상승하며 대형 매수자들이 타석에 들어섰다는 첫 신호가 나왔으므로 주의할 만하다.
2. 주요 저항선 역할을 하는 전고점을 향해 상승한다. 주요 저항선에 만들어진 약세형 반전 막대 형세가 매도 여건을 형성한다. **도움말**: 마스터 트레이더는 종종 거래가 끝날 때 즈음 반전 막대에 진입한다.
3. 하락 부분을 100% 되돌리며 상승한다. 주요 지지선 바로 위로 벗어

● **그림 17.9**

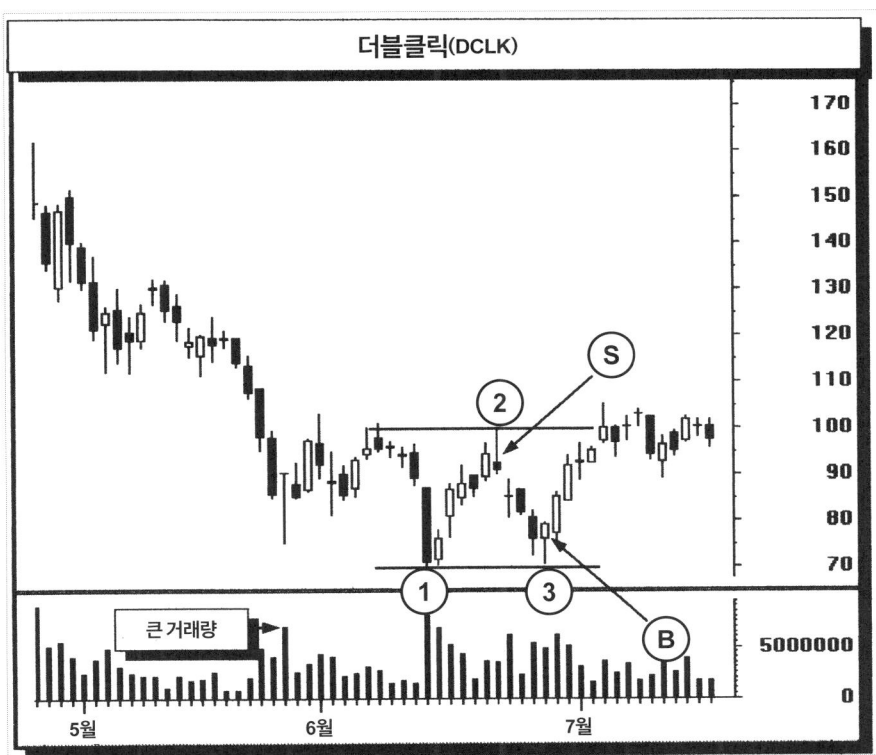

난 강세형 반전 막대가 완벽한 매수 여건을 조성한다. 마스터 트레이더라면 반전 막대에 매수하거나 다음 날 반전 막대의 고점 위에서 매수한다. **참고**: 마스터 트레이더는 주요 저항선에 매도하고자 할 것이다.

이뮤넥스(IMUNEX, IMNX)

IMNX의 일일 차트(그림 17.10)가 마스터 트레이더에게 주요 신호 혹은 징후 역할을 했을 많은 사건을 보여준다.

● 그림 17.10

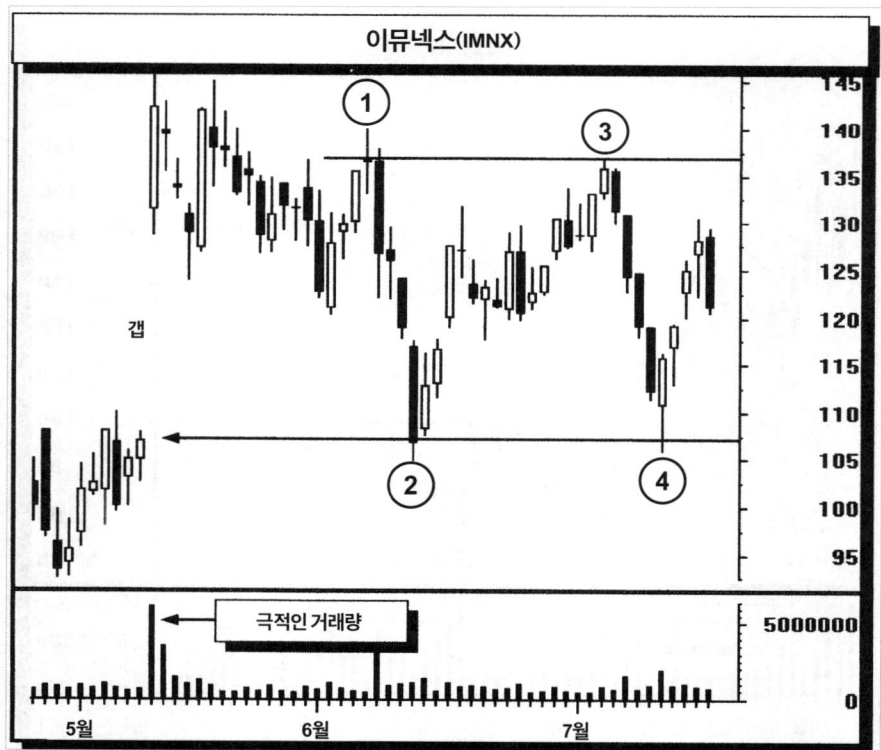

1. 도지 같은 정점을 만드는 막대가 매우 심각한 하락을 시작했다. **도움말**: 급락의 시작점이 되는 정점은 재도전을 받았을 때 주요 저항선 역할을 하는 경향이 있다.
2. 한 달 전 형성한 갭을 채운 후 하락을 멈췄다. **도움말**: 갭은 지지 및 저항 영역이 된다.
3. 전고점이 재도전을 받은 후 주요 저항선이 됐다.
4. 3~5 하락 막대를 만들며 주요 지지선 역할을 하는 전저점까지 떨어졌다. 이번 풀백에서 꼬리가 달린 완벽한 강세형 반전 막대가 형성된 점을 주목하라. 마스터 트레이더라면 반전 막대가 나온 날이나 다음 날 반전 막대의 고점 위에서 매수한다.

일중 차트에서 종합하기

브로드콤 주식회사(BROADCOM CORPORATION, BRCM)

BRCM의 15분 차트(그림 17.11)가 200일 단순 이동평균선이 주요 반전 시간대와 결합했을 때 갖는 힘을 나타낸다. 200일 단순 이동평균선이 네 군데에서 저항선 역할을 하는 것이 한눈에 보인다.

1. 200일 단순 이동평균선을 건드리고 곧 하락 방향으로 갭이 발생하고 4포인트 떨어진다.
2. 다음 날 개장 때 200일 단순 이동평균선으로 다시 갭 상승해서 돌아온 후 다시 크게 하락하다가 오전 10시 30분 반전 시간대에 꼬리 달린 막대로 바닥을 형성한다.
3. 평평한 200일 단순 이동평균선까지 반등한 후 시작가보다 밑에서 마감한 정점을 만드는 막대가 출현하고 상승세는 다시 사라진다. **도움말:** 위에 걸쳐진 200일 단순 이동평균선은 평평한 것이 경사진 것보다 더 강한 저항선이 된다.
4. 40% 얕게 하락으로 돌아간 후 오후 1시 30분 반전 시간대에 바닥을

● 그림 17.11

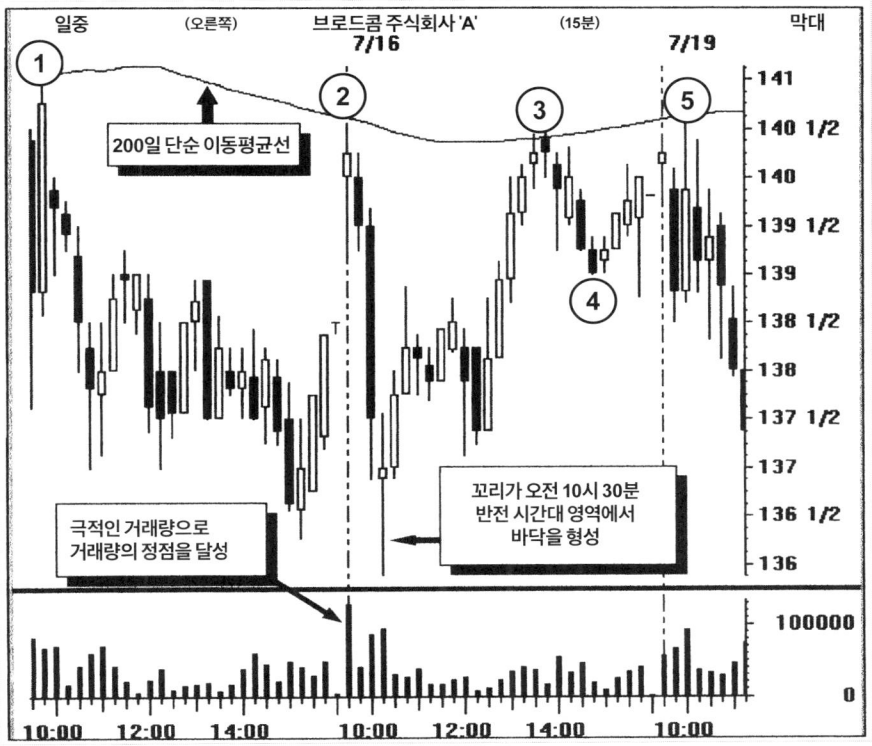

찍고 시작가보다 높게 마감한 좁은 폭 막대에서 200일 단순 이동평균선을 다시 향한 반등이 시작된다.

5. 다음날 200일 단순 이동평균선 가까이에서 거래가 시작되고 오전 10시 반전 시간대 영역에서 새롭게 하락이 시작된다.

여러 시간대에서 종합하기

사이버캐시(CYBERCASH, INC., CYCH): 일일 차트를 이용해서 행동 결정하기

CYCH의 15분 차트(그림 17.12)를 보면 여러 날에 걸친 베이스가 선명히 드러난다. **도움말**: 거래 시간 내 횡보하는 베이스에서 나온 브레이크아웃에 매수하는 것은 위험도가 낮은 트레이딩 전략이다. 마스터 트레이더라면 지금부터 최근 2일 거래에 대한 더 자세한 그림을 살펴본다는 점을 유념하라.

1. 마스터 트레이더가 횡보하는 베이스에서 나온 브레이크아웃에 매수한다. 이 베이스의 일부가 일일 차트에서 보면 좁은 혹 막대로 보인다는 점을 명심하라. 일단 매수했다면 일중 마스터 트레이더는 브레이크아웃을 낸 막대 밑에 심리적인 스톱을 설정한다. 그림 17.12의 'S(매도)'를 참고하라. **도움말**: 30분 거래 후 신고가로 이동하는 종목은 당일 전반에 걸쳐 강한 움직임을 보이는 경향이 있다. 14장의 30분 매수 규칙을 참고하라.
2. 상승 방향으로 움직임이 폭발하자 마스터 트레이더가 위로 걸쳐 있

● 그림 17.12

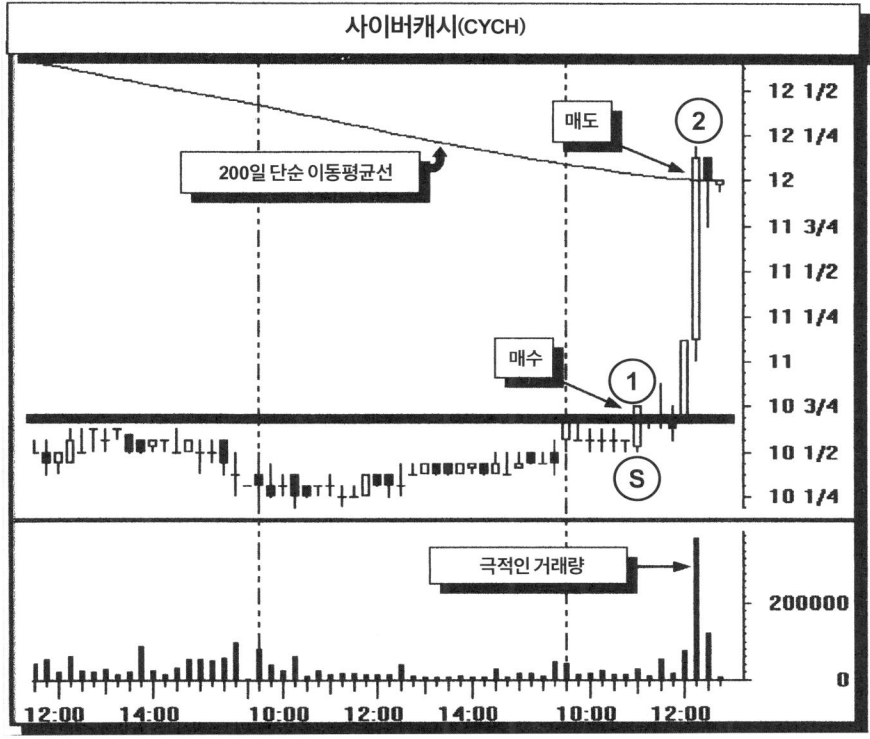

는 200일 단순 이동평균선을 인식한다. 극적인 거래량이 움직임을 200일 단순 이동평균선 매우 가까이에서 저지하는데, 이곳이 마스터 트레이더라면 실질적으로 1.25달러 수익을 확정하며 매도를 낼 지점이다. **도움말**: 위로 걸쳐 있는 200일 단순 이동평균선은 일반적으로 일중 상승 움직임을 저지한다. 그림 17.13에서 움직임의 전개를 살펴볼 수 있다.

사이버캐시(CYBERCASH, INC., CYCH): 15분 차트를 이용해서 행동할 때 판단하기

CYCH의 2분 차트(그림 17.13)가 200일 단순 이동평균선이 일중 상승에 미치는 영향을 잘 보여준다. 놀랍지 않게 CYCH가 급격히 하락한다.

도움말: 위로 걸쳐 있는 200일 단순 이동평균선은 훌륭한 수익 실현 안내선이다. 역방향으로도 효과적인 전술임을 기억하라.

● 그림 17.13

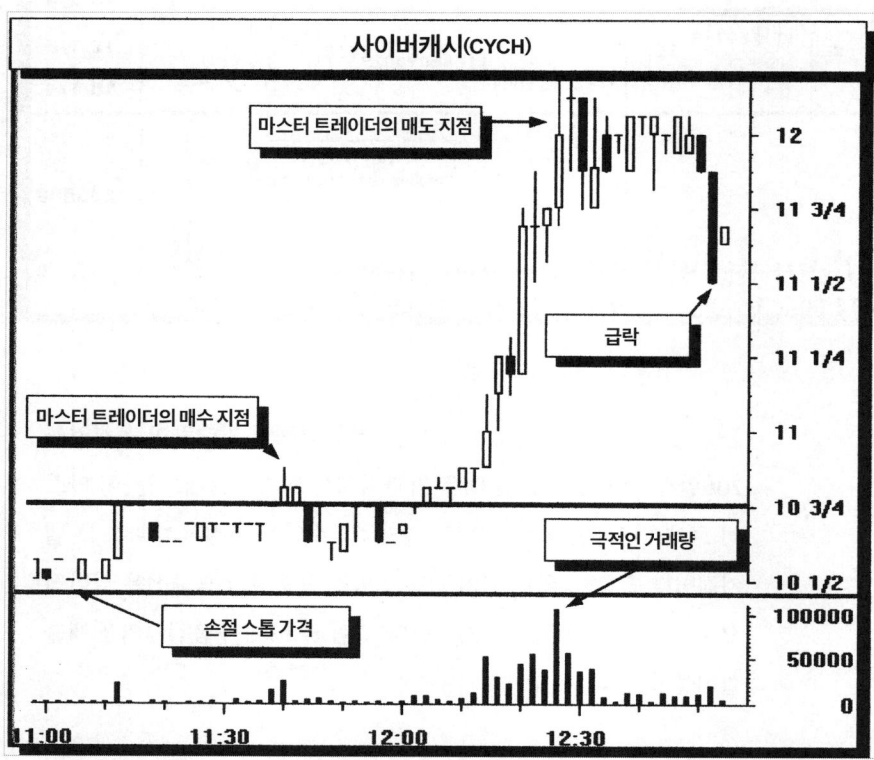

사이버캐시(CYBERCASH, INC., CYCH): 2분 차트를 이용해서 정확성 기하기

결과적으로 형성된 CYCH의 일일 차트(그림 17.14)에서 갭이 채워진 모습이 보이는데, 이는 매도할 또 다른 이유다. **도움말:** 갭은 지지 및 저항의 영역이 된다. 이 경우 하락 갭의 빈 공간은 저항의 한 형태다.

● 그림 17.14

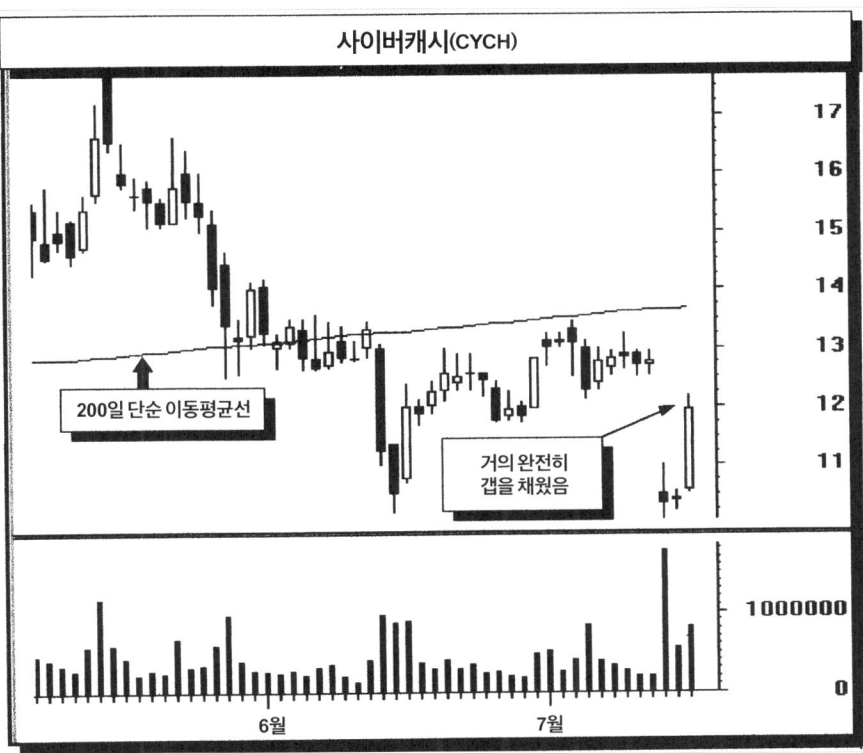

사이버캐시(CYBERCASH, INC., CYCH): 일일 차트를 이용해서 매도점 정하기

CYCH의 일일 차트(그림 17.15)가 마스터 트레이더라면 어떻게 주요 지지선과 결합된 극적인 거래량 개념을 활용할지 보여준다. 더 현명한 판단을 내리기 위해 마스터 트레이더가 여러 시간대를 다중으로 이용하는 방법 또한 이 그림에서 설명한다.

1. CYCH가 200일 단순 이동평균선 영역 밑으로 하락한다. 거래량이

● 그림 17.15

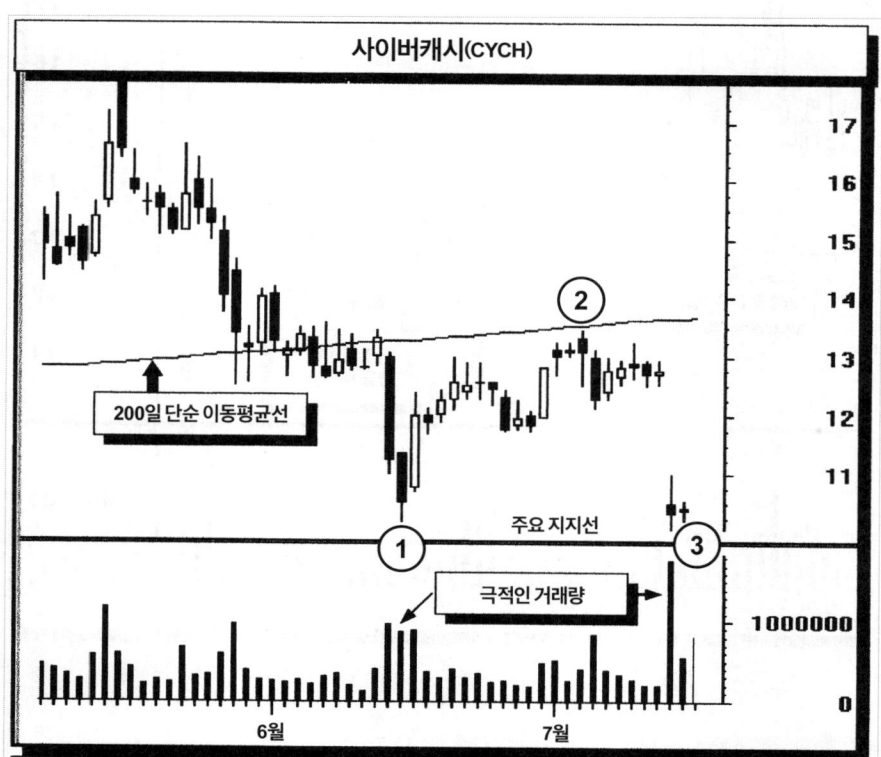

크게 증가하면서 하락이 끝난다. 마스터 트레이더는 이를 따라 나온 강한 상승세를 기억해 둔다. **도움말**: 급상승의 시작점이 된 전저점은 항상 재도전을 받을 때 주요 지지선을 형성하는 중요한 가격대다.
2. 200일 단순 이동평균선이 저항 역할을 하고 결국 또 하나의 급락이 시작되는 시작점이 된다.
3. 극적인 거래량을 바탕으로 갭 하락하다가 주요 지지선에 머문다. 갭 하락 다음 날 형성된 좁은 폭 막대가 강한 반등이 임박했을지 모른다는 신호를 보낸다. 마스터 트레이더라면 좁은 폭 막대의 고점 위에서 매수하기로 결정하지만 먼저 더 자세히 검토하기 위해 5분, 15분 차트로 넘어간다.

사이버캐시(CYBERCASH, INC., CYCH): 일일 차트를 이용해서 결과 보기

CYCH의 마지막 일일 차트(그림 17.16)에서 갭이 저항 영역으로서 얼마나 중요한지 알 수 있다. 얼마나 급격하게 하락했는지 눈여겨보라.

● 그림 17.16

마스터 트레이더를 위한 세 가지 시험

시험 1. 렉스마크 인터내셔널(LEXMARK INTERNATIONA, LXK): 네 가지 거래할 만한 사건을 적으라

[질문]

LXK의 일일 차트(그림 17.17)은 네 개의 주요 사건을 담고 있다. 네 가지 모두 말할 수 있는가?

1. _____
2. _____
3. _____
4. _____

[정답]

- **좁은 폭 막대가 두드러지게 형성된 핵심 매수 조건.** 좁은 폭 막대 저점보다 1/16달러 낮게 최초 스톱을 설정하고 좁은 폭 막대의 고점 위에서 매수한다. 그리고 약 13달러 정도 더 높은 곳에 나타난 반전 막대에 매도한다. **참고:** 모든 매도는 차트에 'S'로 표시한다.

5. **상승 중인 20일 이동평균선 위로 벗어난 곳에 형성된 핵심 매수 조건.** 2번 지점에서 이전 혹은 현재 막대의 저점보다 낮게 최초 스톱을 설정하고 매수한다. 다음 날 여러 포인트 손실을 보고 스톱이 활성화되어 포지션이 청산된다.
6. **상승 중인 20일 이동평균선 바로 위에 형성된 핵심 매수 조건.** 3번 지점에서 이전 막대의 저점 밑에 최초 스톱을 설정하고 매수한다. 매우 위험한 도지가 만들어진 가운데 전고점 근처에서 거의 6달러 수익을 거두고 매도한다. **도움말**: 마스터 트레이더라면 모든 거래에 1달러 규칙과 추적 스톱 설정법을 써서 수익을 방어한다.

● **그림 17.17**

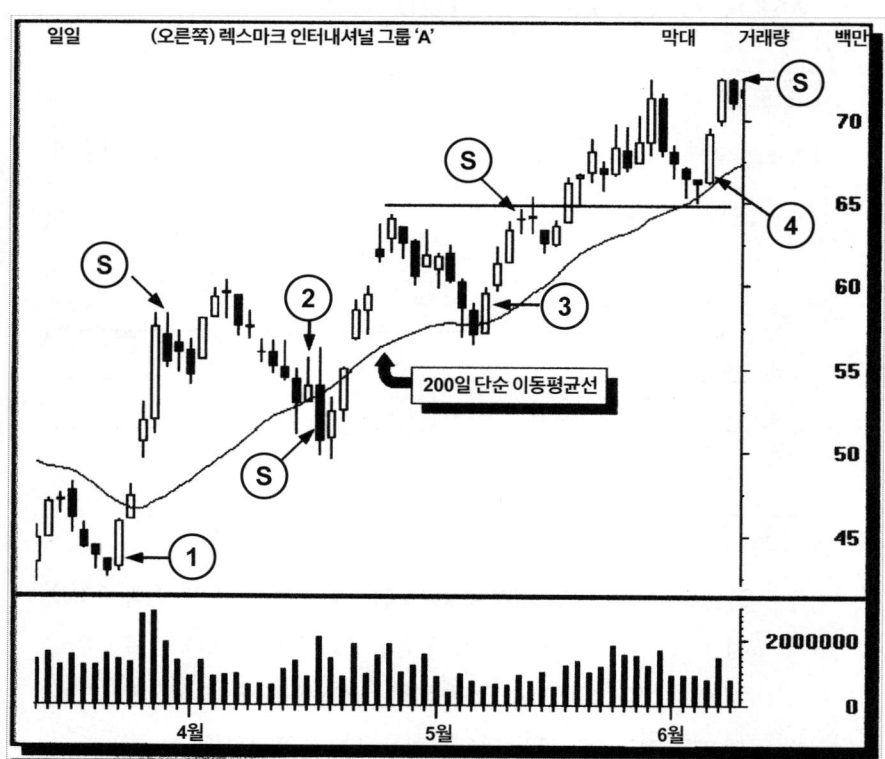

7. **상승 중인 20일 이동평균선 바로 위에서 강세형 꼬리가 두드러지게 형성된 핵심 매수 조건**. 4번 지점에서 이전 막대의 저점 밑에 최초 스톱을 설정하고 매수한다. 전고점 가까이에서 4~5달러 수익을 보고 매도한다.

시험 2. 컨센트릭네트워크(CNCX): 여섯 가지 거래할 만한 사건을 적으라

[질문]

CNCX의 일일 차트(그림 17.18)가 최소 여섯 개의 주요 사건을 담고 있다. 여섯 가지를 말할 수 있는가?

1. _____
2. _____
3. _____
4. _____
5. _____
6. _____

[정답]

1. **꼬리 달린 강세형 반전 막대가 두드러지게 형성된 핵심 매수 조건**. 반전 막대가 나타나면 반전 막대 혹은 그보다 위에서 매수한다.
2. **꼬리 달린 강세형 반전 막대**. 이를 통해 26~28달러 가격대에서 매수자가 매우 활발히 활동하고 있음을 알 수 있다. 이 사건에는 거래하기 힘든 점을 알아두라. 매수자가 활발하다는 징후를 보여줄 뿐이다. **도움말**: 신고가를 만들고 나온 풀백에서만 강세형 반전 막대 혹은 그

위에서 매수할 수 있다. CNCX는 전저점을 이미 깼으므로 하락 추세가 적격하다.

3. **이차 지지선에 형성된 핵심 매도 조건**. 이 매도 조건은 좁은 폭 막대로 두드러진다. 좁은 폭 막대의 저점 밑에서 매도 포지션에 들어간다.
4. **극단적 거래량이 나온 후 얼마 안 돼 주요 지지선에 형성된 좁은 폭 막대**. 좁은 폭 막대 위에서 공격적으로 매수한다.
5. **꼬리 달린 신고점**. 거래할 수 없는 사건이다. 신고가는 다음 풀백에 이 사건이 한 번 이상 발생한다면 매수할 수 있다는 것을 알려줄 뿐이다.

● **그림 17.18**

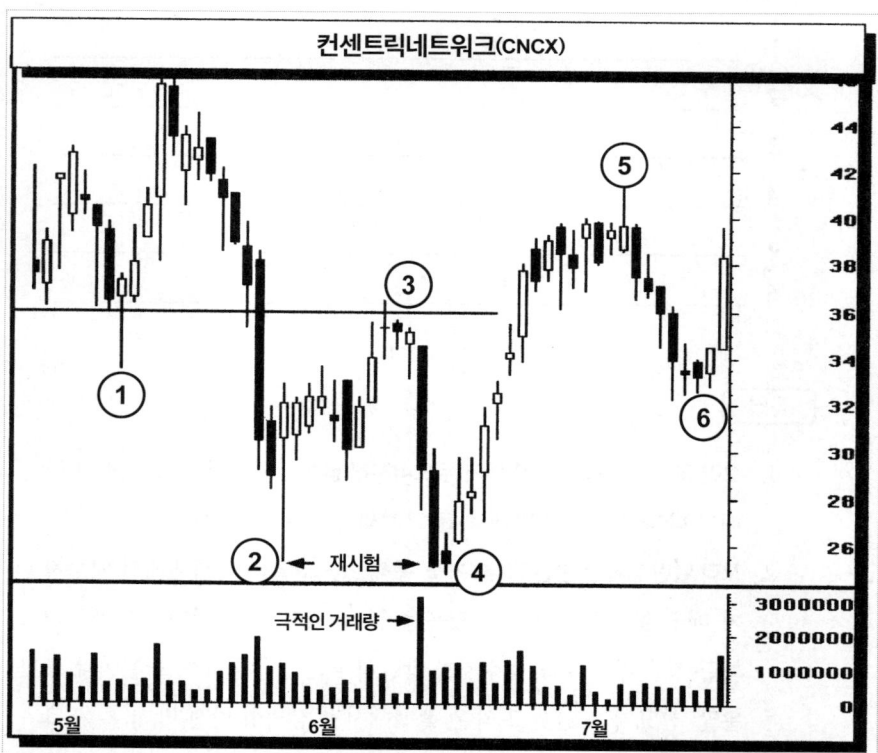

6. 좁은 폭 막대가 두드러진, 거의 완벽하게 핵심 매수 조건을 조성한 50% 되돌림. 좁은 폭 막대 위에서 매수한다.

코스트코(COSTCO COMPANIES, COST): 여섯 가지 거래할 만한 사건을 적으라

[질문]

COST의 일일 차트(그림 17.19)가 여섯 개의 주요 사건을 담고 있다. 여섯 가지를 말할 수 있는가?

1. _____
2. _____
3. _____
4. _____
5. _____
6. _____

[정답]

1. **극적인 거래량이 하락을 멈추고 잠재적인 지지 영역을 형성한다**. 거래할 수 있는 사건은 아니다.
2. **좁은 폭 막대가 두드러진, 핵심 매도 조건**. 좁은 폭 막대 밑에서 매도 포지션에 들어간다.
3. **주요 지지선과 200일 단순 이동평균선에 형성된 핵심 매수 조건**. 이렇게 전저점을 재시험하는 경우는 100% 되돌림으로 봐도 된다는 점에 유의하라. 바로 다음으로 전일 고점 위로 거래될 때 매수한다.
4. **주요 저항선에 형성된 머리가 긴 반전 막대**. 다음날 2포인트 이상 갭 하

● 그림 17.19

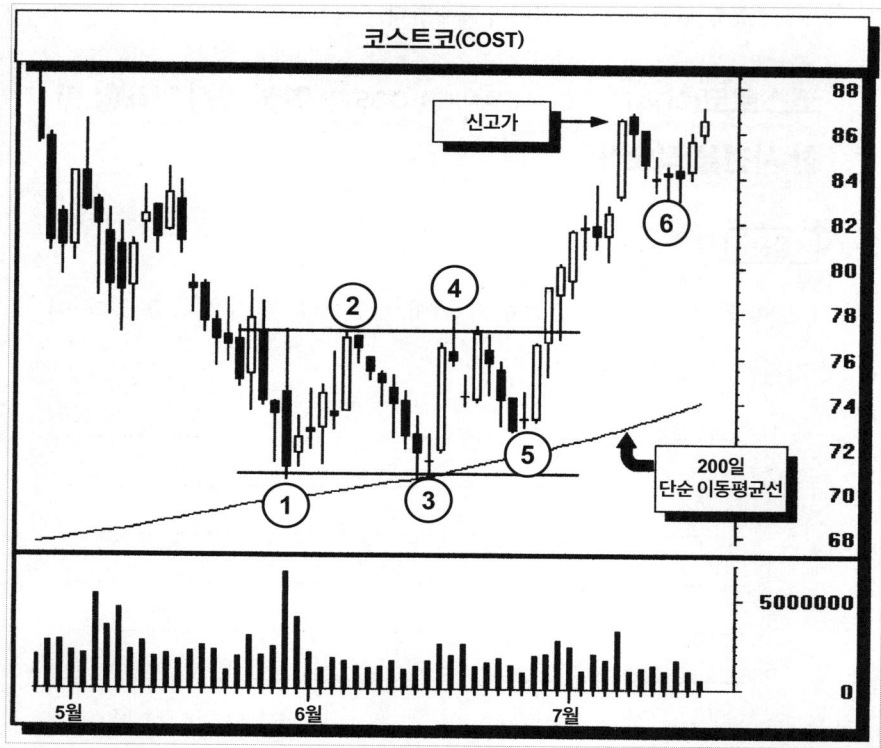

락한 점을 주의 깊게 보자.
5. **핵심 매수 조건**. 조건이 다른 사건과 결합하진 않았지만 바닥을 표시한 도지 같은 막대가 상승이 현실로 나타날 수 있다는 징후. 공격적인 트레이더라면 도지 같은 막대에서 매수한다.
6. **연속 강세형 꼬리와 함께 조성된 핵심 매수 조건**. 이 사건이 한 번 이상 모습을 갖춘다면 신고가 이후 첫 풀백에서 매수할 만하다.

18장

ESP : 전자 트레이딩 소프트웨어의 미래

차세대 트레이딩 도구

　시장에서 성공적으로 거래하기 위해 필요한 기술을 노력을 들여 힘들게 습득한 마스터 트레이더라면 단기 트레이딩의 주요 과제가 행동을 취해야 할 바로 그 순간에 양질의 거래 기회, 즉 형성된 거래 조건을 찾는 것임을 안다. 장기 트레이더는 거래가 열릴 때 일일, 주간 차트를 바탕으로 곧잘 거래할 수 있는 반면, 단타 전문 트레이더는 급격히 움직이는 일중 차트를 기반으로 판단할 때가 많다. 그래서 단기 트레이더는 거래 시간 중 기회가 형성되는 와중에도 기회를 빠르고 효과적으로 인식할 수 있어야 한다.

　성장하고 있는 단기 트레이더는 거래 기회를 인식할 수 있지만 대부분 행동을 취하기에는 너무 늦은 경우가 많다. 수백, 심지어 수천 개 종목의 일중 차트를 검토하는 동안 몇 분, 심지어 몇 시간 전에 이미 놓친 수익성 좋은 수많은 기회를 발견할 것이다. 행동을 취하고 성공적인 거래를 개시할 적절한 시기에 발견하는 양질의 거래는 몇 개 되지 않는다. 이는 피할 수 없는 현실이다. 더 나쁘게는, 아직 성장 중인 많은 트레이더들이 기회를 '창조'하기 위해서 진입 요건을 완화하며, 이로 인해 트레이딩 실적은 더욱 악화되는 경향을 보인다. 기술적인 발전이 크게 해낼 수 있는 지점이 바로 이 부분이다.

마스터 트레이더는 거래 선별 및 시기 선정을 향상시키기 위해 기술이 제공하는 모든 도구를 활용한다. 필요한 지식을 습득하지 않고 혜택 받기를 기대하며 기술에만 의존하지 않는다. 기술이 아무리 발전해도 그런 일은 절대 일어나지 않는다. 시장에서 수익을 낼 수 있는 능력을 이미 습득하고 이를 더 강화하는 데 기술을 이용해야 한다. 이 점을 이해하는 것은 매우 중요하다. 이를 이해하지 못하고 기술적으로 우세하기만 하면 성공할 수 있다는 잘못된 믿음을 가진 트레이더들 중 파멸을 맞이한 이가 아주 많다. 그 어떤 것도 지식과 능력을 대체할 수 없다. 기술을 쓰는 주요 목적은 지식과 능력을 더 효율적으로 활용하기 위해서다.

이를 바탕으로 한, 강력한 컴퓨터 시스템과 인공 지능 기술의 등장 덕분에 지식을 갖춘 단기 트레이더를 보조하는 기존 도구가 발전할 수 있었다. 우리는 프리스틴 ESP라고 하는 혁명적인 상품으로 이런 역동적인 새로운 변화의 최전방에 설 수 있었다.

자동 거래 발견 알림 기능

우리가 운영하는 1일 및 3일짜리 설명회에 참여하거나 자문 서비스를 받는 학생들은 이 책에서 많은 부분을 설명한 거래 조건이 파생시키는 가치를 오래전부터 알고 있다. 하지만 1만 개가 넘는 종목군을 대상으로 거래 기회가 형성된 순간에 프리스틴 기준을 충족하는 종목을 신속히 식별하기는 매우 어렵다. 다행히 컴퓨터의 연산 능력 및 인공 지능 기술 덕분에 수십 개의 거래 조건을 기준으로 프리스틴의 거래 요건이 충족되면 즉각 알려주는 실시간 기반 시스템으로 수천 개 종목을 추적 관찰할 수 있게 되었다.

ESP라는 상품은 이런 신기술을 이용해 모든 거래 요건에 잠재된 거래 기회를 알려주는 방법으로 트레이더를 보조한다. 이 시스템은 2~5일간 스윙 매수, 매도 요건을 포함하는 조금 더 긴 기간을 위한 방법부터 일중 브레이크아웃 매매 전략 같은 1~2시간 데이 트레이딩법까지 지원

범위가 다양하다. ESP에는 현재 각기 다른 20개 이상의 트레이딩 요건이 프로그래밍되어 있고 더 많은 요건이 추가 중이다. 마스터 트레이더라면 언제나 관심을 가질 만한 더 보편적인 기준을 만족하는 종목도 알려준다. 이 추가 알림 기능은 52주 신고가, 신저가 혹은 거래량이 갑자기 증가하고 급격한 가격 움직임을 동반하는 경우를 포함한다.

자동 종목 탐색 및 선별 기능

ESP가 가진 또 다른 강력한 특징은 탐색하고 선별하는 능력이다. 다음 주요 기준을 근거로 모든 종목을 대상으로 지속적으로 탐색한다.

- % 기준 수익 혹은 손실 종목
- 포인트 기준 수익 혹은 손실 종목
- 거래량 기준 가장 활발한 종목
- 최근 1분 거래를 기준으로 가장 활발한 종목
- 당일 신고가, 신저가 기록 종목
- 거래 기회가 촉발되는 지점에 가까운 종목
- ESP에 탑재된 기타 탐색 기준

이 목록은 엑시큐셔너 같은 직접 접근성을 가진 시스템에 쉽게 통합되기 때문에 거래 후보 종목의 일중 차트 및 레벨 II 정보를 빠르게 검토할 수 있다. 또한 계속 업데이트되기 때문에, 트레이더는 정확한 정보를 바탕으로 트레이딩에 관한 의사 결정을 내릴 수 있다.

작동 방법

    ESP 프로그램은 거래 시간 내에 시장에서 형성되는 핵심 조건을 식별하기 위해 작성됐다. 강력한 컴퓨터와 위성 통신을 통해 입력된 데이터가 인공 지능 엔진과 결합해 거래 가능한 기회를 촘촘히 탐색해서 찾아낸다. ESP는 모든 종목의 움직임과 변화를 지속적으로 추적 관찰한다. 클라이언트/서버 기술과 인터넷을 이용해서 거래 시간 전반에 걸쳐 즉각적으로 트레이더의 컴퓨터에 알림과 탐색 결과를 송신한다. 강력한 연산 능력을 가진 컴퓨터와 소프트웨어 시스템, 데이터 소스는 프리스틴에 두고 있다. 인터넷은 알림과 시스템이 처리한 탐색 결과 전송에만 사용된다. 그러므로 트레이더의 컴퓨터가 ESP를 사용하기 위해 따로 갖추어야 할 연산 능력이나 통신 대역폭은 무시해도 괜찮은 수준이다.

    우리는 앞으로 인공 지능 기술이 금융 시장에서 큰 역할을 하리라 보고 있다. ESP는 활발한 초단기 트레이더에게 유리한, 이 기술을 최대한 활용하는 초기 상품 중 하나다. ESP를 이용하면 잠재적인 거래 기회를 제공할 소수 정예 종목에만 주의를 기울이면 되므로 트레이딩 실적을 향상시킬 수 있다. ESP의 지능을 활용하면 이 책에 소개된 양질의 기회를 찾기 위해 가능성을 가진 수천 개의 종목을 뒤지는, 시간 소모적이고 어려운 과정 때문에 지체하지 않는 대신 빠르고 효율적으로 트레이딩에 관한 의사를 결정할 수 있다. 그 결과 상당히 극적으로 트레이딩 결과를 향상시킬 수 있다.

19장

마치며

당신이 리더다

독학하고 활발하게 거래하는 트레이더들을 교육하는 데 10여 년을 전념하고 월가에서 평등을 이루기 위해 쉼 없이 싸워온 덕에 전 세계 많은 사람들이 우리를 리더로 생각하고 있다. 우리의 교육과 지침을 따르는 수천 명과 함께 따라온 책임은 매우 무거웠다. 데이 트레이딩 세계에서 주목 받기 시작한 직후 느낀 압도감을 나는 아직도 생생히 기억한다. 당시 가장 지배적이었던 생각은 트레이더로서 개인적인 성장과 관련된 것이었다. '내가 뭐라고 조언과 제안을 할까?' '나도 아직 성장 중인 트레이더 아닌가?' '경험의 길고 짧음을 막론하고 나 또한 데이 트레이더를 괴롭히는 명백한 실수에 여전히 취약하지 않은가?' 물론 그랬다. 그러나 나의 지도력, 지식, 경험에 대한 요청은 끊이지 않았고 나를 따르는 사람들이 늘어갈수록 그에 상응해서 자신을 더욱 가치 있게 만들고 싶은 열망도 커졌다.

'리더'라는 단어를 찾아본 후에 나는 비로소 사람들을 이끄는 일에 온전히 몰입했다. 리더는 모든 언어에서 특별한 의미를 지닌다. 역사적으로 보면 그 원천은 적어도 고대 이집트까지 거슬러 올라간다. 리더라는 영단어는 수천 년 이상 오래되었으며, 그 뿌리인 고대 영어 '래더(laedere)'는 '여정에 있는 사람(person on journey)'을 의미한다.

리더(leader)는 사실 여정에 있는 사람들을 의미하는 복수 개념이다. 개인이 아닌 여러 명이다. 바로 이 깨달음 덕분에 나는 내가 리더로 여겨지는 것에 훨씬 더 나은 기분을 느낄 수 있었다. 발전 중인 트레이더로서 나 역시 아직 여정에 있으며 그것으로 리더라고 생각했다. 그 정의를 따르자면 우리는 모두 리더다. 여정에 있는 사람이다. 그러므로 실질적으로 나는 당신과 똑같은 리더다. 지금 이 책을 읽는 독자 각 사람은 아직 여정에 있는 한 "나는 리더다"라고 소리 높여 말할 권리가 있다. 트레이딩을 통달하는 보편적인 길은 없거나 있다 해도 몇 안 된다. 그런데도 우리가 제시한 길을 따르기 위해 기꺼이 시간을 할애한 당신에게 감사의 말을 전하고 싶다.

잘 소비한 시간

우리는 당신이 이 책에 들인 시간을 현명하게 소비했으리라고 믿는다. 이 책에 담긴 지혜, 교훈, 기술, 기법은 우리가 부르는 통달이라는 단계에 도달하는 데 유용할뿐더러 인생의 다른 모든 면에도 도움이 될 것이다. 성공적인 트레이더로 살아가는 데 필요한 것은 성공적인 인생을 살기 위해 필요한 것과 같다는 사실을 아는 사람은 거의 없다.

이 책으로 당신이 조금이나마 월가의 역사에서 멀리 떨어지지 않고 힘 있는 내부자들과 동등한 기회를 보유하는 것이 우리의 바람이다. 이 업계의 미래를 책임지는 최고의 방법 중 하나는 배움과 기술, 힘과 자세, 10년 넘게 근면하게 추구하며 힘들게 이룬 발전을 공유하는 것이다.

우리는 우리가 이룬 발전과 진보를 보호하는 동시에 공유하고자 열망하며 우리를 따라온 사람들에게 기댈 수 있는 어깨가 되고 싶다. 이 책으로 어느 정도 그 소망을 이루기를 기대한다.

당신은 성공'할 것이다'

책을 마치면서 '이 세상에는 할 사람과, 하지 않을 사람과, 할 수 없는 사람의 세 가지 부류의 사람이 있다'라는 철학자의 말에 우리가 진심으로 동의하는 것을 알아주기 바란다. 첫 번째 사람은 모든 것을 이룬다. 두 번째 사람은 모든 것을 반대한다. 세 번째 사람은 모든 것에 실패한다. 이 책을 구입하고 공부했다는 사실은 당신이 하지 않거나 할 수 없는 사람이 아니며 '할 사람'이라고 불리는 집단의 영원한 구성원이라는 반증이다. 그리고 약간의 인내심과 많은 공부와 헌신으로 당신은 하려고 했던 것을 이룰 수 있다.

나머지는 당신의 몫

지식은 전달할 수 있지만 경험은 전해 줄 수 없다. 노련한 트레이더가 초보에게 오랜 기간 다져진 경험을 공유할 수는 없다. 단 하나의 선택지는 지식과 경험을 쌓을 수 있는 기회를 주는 것이다. 이 책은 지식과 기회를 제공한다. 나머지는 친애하는 당신에게 달려 있다. 행운을 빈다!

'스윙 트레이딩' 창안자의 실전 도구와 기법
데이 스윙 트레이딩 바이블

초판 1쇄 발행 2025년 11월 30일

지은이 올리버 벨레즈, 그렉 캐프라
옮긴이 송미리
펴낸곳 ㈜이레미디어

전화 031-908-8516(편집부), 031-919-8511(주문 및 관리)
팩스 0303-0515-8907
주소 경기도 파주시 문예로 21, 2층
홈페이지 www.iremedia.co.kr
이메일 ireme@iremedia.co.kr
등록 제396-2004-35호

편집 장아름, 최혜영 **디자인** 황인옥 **마케팅** 장아름
재무총괄 이종미 **경영지원** 김지선

저작권자 ⓒ 올리버 벨레즈, 그렉 캐프라, 2025
이 책의 저작권은 저작권자에게 있습니다. 서면에 의한 허락 없이 내용의 전부 혹은 일부를 인용하거나 발췌하는 것을 금합니다.

ISBN 979-11-93394-82-3(03320)

· 가격은 뒤표지에 있습니다.
· 잘못된 책은 구입하신 서점에서 교환해드립니다.
· 이 책은 투자 참고용이며, 투자 손실에 대해서는 법적 책임을 지지 않습니다.

당신의 소중한 원고를 기다립니다.
ireme@iremedia.co.kr